中国艺术研究院基本科研业务费项目

（项目编号：2020- 补 -3 ）

新时代文化艺术思想
研究文库

韩子勇·主编

李彦平·编

守正致用
新时代文化遗产保护研究

文化艺术出版社
Culture and Art Publishing House

图书在版编目（CIP）数据

守正致用：新时代文化遗产保护研究 / 李彦平
编. — 北京：文化艺术出版社，2021.6
（新时代文化艺术思想研究文库 / 韩子勇主编）
ISBN 978-7-5039-6703-0

Ⅰ.①守… Ⅱ.①李… Ⅲ.①文化遗产—保护—研究
—中国 Ⅳ.①K203

中国版本图书馆CIP数据核字（2021）第114532号

守正致用：新时代文化遗产保护研究
（新时代文化艺术思想研究文库）

主　　编　韩子勇
编　　者　李彦平
丛书统筹　董良敏　赵　月　贾　茜
责任编辑　魏　硕　贾　茜
责任校对　邓　运
书籍设计　赵　蠡
出版发行　文化艺术出版社
地　　址　北京市东城区东四八条52号（100700）
网　　址　www.caaph.com
电子邮箱　s@caaph.com
电　　话　（010）84057666（总编室）　84057667（办公室）
　　　　　　　84057696—84057699（发行部）
传　　真　（010）84057660（总编室）　84057670（办公室）
　　　　　　　84057690（发行部）
经　　销　新华书店
印　　刷　国英印务有限公司
版　　次　2021年10月第1版
印　　次　2021年10月第1次印刷
开　　本　710毫米×1000毫米　1/16
印　　张　31
字　　数　374千字
书　　号　ISBN 978-7-5039-6703-0
定　　价　98.00元

总　序

　　文化艺术分期，从根本上说，总是和整个社会的变化紧密联系。文化艺术是社会生活的一部分，和生产力、生产关系、生产方式、经济基础、上层建筑、历史传统等等这些看上去或远或近、重重叠叠的构造，有着千回百结、直接间接的联系。它自身的规律性其实也存在于整个社会系统的规律性之中，它无法彻底地抽身而出、孤立于社会生活之外——文化艺术的道路就是历史走过的道路。

　　经过改革开放三十多年的持续积累和不断进步，从党的十八大开始，中国特色社会主义进入新时代。以习近平新时代中国特色社会主义思想为指导，中国社会方方面面发生了一系列影响深远的重大变化，中华民族伟大复兴的热切愿望和社会力量，从来没有像今天这样如此鲜明地浮现出来，碰撞着、隆起着、升腾着，塑造着新的格局与境界。我们感受着这一切，真切地触摸到历史发展的脉动，看到了风云激荡的百年变局里，中国人众志成城、奋楫扬帆的星辰大海之路。

　　从新时期到新时代，中国文化艺术波澜壮阔的发展变化值得梳理、总结和研究。特别是十八大以来，围绕着习近平总书记关于文化艺术的系列重要讲话、论述中的部分核心命题，新时代文化艺术思想研究呈现怎样的面貌？取得了哪些进展？我们编辑出版的这套《新时代文化艺术思想研究文库》，以期做一个在场的总结和描述，并拟随着深入和细化，不断续编，跟踪描述。

今年是党的百年华诞，也是中国艺术研究院建院七十周年。谨以此书献给党的百年华诞，献给中华民族伟大复兴的新时代，献给蓬勃而起的新时代的文化艺术。

韩子勇

2021 年 8 月 10 日

中国文化遗产保护研究报告

李彦平

　　文化遗产和非物质文化遗产的概念是联合国教科文组织在《保护世界文化和自然遗产公约》(1972)和《保护非物质文化遗产公约》(2003)中正式提出的，两者关系十分密切，以物质和非物质两种形态共同构成人类文化遗产。进入21世纪，我国经济发展蒸蒸日上，物质生活水平不断提高，民众对精神文化的需求日益增长，随着文化遗产保护工作的不断推进和深入，中国完成了从探索性的初步参与到取得丰富经验成果的过程。

　　党的十八大以来，党和国家高度重视文化遗产保护工作，习近平总书记多次前往文化遗产积淀深厚的省份开展考察调研并就文化遗产保护作出重要指示批示，党的十九大将"加强文物保护利用和文化遗产保护传承"作为坚定文化自信的一个部分写进报告中，文化遗产保护与传承作为党和国家的重要战略成为增强中华文化的创造力与凝聚力、推动当代中国文化大发展大繁荣的重要内容。截至2021年7月，我国世界遗产总数达到56项，入选"联合国教科文组织非物质文化遗产名录（名册）"项目42项，两者数量均居世界第一，文化遗产和非物质文化遗产保护的概念深入人心，在保护、管理、监测、展示等方面积累了令人瞩目的中国经验，相关的学术研究伴随着中国经验的积累更是收获了丰硕的成果。在中国知网以"文化遗产"为主题在总库进行搜索，可查到 1990 年至今的 171741 条结果，涉及学术期刊、学位论文、学术辑刊、特色会议、报纸、图书、标准等。① 梳理进入 21 世纪以来的研究成果可以发现，既有立足本国放眼世界全景扫描式的探究文化遗产保护理念、制度、法规等的宏观论述，也有从学科内部和我国遗产保护实践出发细部观照式的思考文化遗产保护的方法、模式、路径等的微观分析。本文选择其中有代表性的成果，概论基本内容，考察热点难点，提炼论述精髓，思考发展趋势，简明扼要地勾勒出我国文化遗产保护与利用相关研究的整体面貌，推动下一阶段文化遗产保护学术研究和实践工作的开展。

一、参考借鉴：文化遗产保护多维视野

连绵不断的 5000 年中华文明造就了数量巨大、种类丰富、分布广泛、特征鲜明的文化遗产，各类不可移动文物、可移动文物、非物质文化遗产见证了中华民族悠久丰富的历史和文化。与欧美等国相比，我国文化遗产研究起步较晚，在遗产保护理念、法律法规、管理机构、人才培养等方面尚有一定的差距。文化遗产的科学保护与合理利用是一项国际性课题，尽管世界各国历史背景、文化传统和文物多寡不同，但社会发展和文化遗产保护之间的矛盾是世界各国面临的共性问题。因此，国外文化遗产保护经验及教训的分析归纳对我国文化遗产保护事业的发展具有重要的参考价值和借鉴意义。

---

① 统计时间为 2021 年 8 月 23 日 11 时，统计结果来源于中国知网。

诸多学者紧跟国际学术研究动态，广泛关注世界各国文化遗产保护实践，及时引入国外新理念、新方法、新经验，立足我国文化遗产保护理论研究和实践工作现状，结合实际困难和障碍提出启示和建议，多维视野推进我国文化遗产保护。陈淳、顾伊在《文化遗产保护的国际视野》一文中结合日本、美国、丹麦等国解决文化遗产保护中普遍存在的发展和保护的矛盾、保护和研究的关系以及立法、操作和公众教育等问题中获得的成功经验，认为健全法制和加强公众教育是完善我国文化遗产保护工作的关键。① 邵甬、阮仪三在《关于历史文化遗产保护的法制建设——法国历史文化遗产保护制度发展的启示》一文中介绍法国文化遗产保护制度形成中概念的不断扩充与法律颁布实施之间的紧密关系，认为在文化遗产保护内容上应当是遗产保护与环境保护并重，保护方法上应当是专业保护与综合保护相结合，保护目标应当注重历史留存和价值重现。② 朱琰、吴文卓在《国外文化遗产基金制度及其借鉴》一文中提出在社会力量引入文化遗产保护方面我国可以借鉴西方发达国家基本完善的文化遗产基金制度或与文物保护相关的艺术基金制度，通过对英、美等国家基金会资金收入、投资战略、监督管理制度的介绍，指出我国文化遗产基金制度可以从制定管理制度以争取多渠道吸引资金、提升发展战略谋求多元化运营模式、完善监督保障确定多层次监督环节三个方面借鉴国外相关经验。③ 另有不少学者对国外文化遗产的选择标准、法律保障、管理体系、保护规划、监管机制、遗产维护与信息化、档案数据库建设等内容进行了介绍、归纳和

---

① 参见陈淳、顾伊《文化遗产保护的国际视野》，《复旦学报（社会科学版）》2003 年第 4 期。

② 参见邵甬、阮仪三《关于历史文化遗产保护的法制建设——法国历史文化遗产保护制度发展的启示》，《城市规划汇刊》2002 年第 3 期。

③ 参见朱琰、吴文卓《国外文化遗产基金制度及其借鉴》，《东南文化》2016 年第 4 期。

剖析。

随着对遗产认识的不断深入，在文化遗产和自然遗产之外，联合国教科文组织又先后提出了文化和自然双重遗产、文化景观遗产、线性文化遗产、水下文化遗产、农业文化遗产、非物质文化遗产的概念，文化遗产保护的范围逐渐扩大，内涵不断深化，在文化遗产保护共性的基础上不同类型遗产的保护呈现各自特征。

线性遗产概念由文化线路衍生并拓展而来，近年来，随着丝绸之路、茶马古道尤其是中国大运河"申遗"工作的逐步推进，我国对国外"遗产运河"类及其他线性遗产的保护与管理经验借鉴较多。刘庆余回顾了线性文化遗产研究与申遗的发展历程研究，结合英国、法国、日本、加拿大等国的线性文化遗产保护与利用经验，提出我国应该构建分工明确、责权统一的遗产管理体制，编制科学严谨、注重评议和公示的遗产保护与管理规划，构建遗产利益相关群体合作与参与机制、确保遗产资源的公益性，构筑完善的遗产法规体系等措施来实现有效保护和合理利用。①

2002 年，联合国粮农组织（FAO）提出了动态保护"全球重要农业文化遗产"（GIAHS）的概念，世界农业重要发源地中国、日本和韩国现已成为"全球重要农业文化遗产"的主要分布区。吴合显和李玮梳理了联合国教科文组织提出农业文化遗产的社会背景及概念、意义，选取学者们对智利、韩国、英国、澳大利亚等国的农业文化遗产保护研究成果，结合我国"重要农业文化遗产"的申报、保护和利用工作现状及面临的困难和障碍，提出四个"重新"，即重新界定申报范围、重新界定申报条件、重

---

① 参见刘庆余《国外线性文化遗产保护与利用经验借鉴》，《东南文化》2013 年第 2 期。

新界定所有权、重新界定系统要素并提供有效服务。①

　　非物质文化遗产国际经验的引入以 2001 年我国昆曲被联合国教科文组织列入"人类口头和非物质遗产代表作名录"和 2004 年我国加入《保护非物质文化遗产公约》成为缔约国之一为契机，迎来了国际经验借鉴和交流的高潮。廖明君②、高寿福③、刘晨④、赵滟⑤、葛建伟⑥、刘潇宇⑦、郑燕⑧等介绍了新加坡、英国、韩国、日本等国家非物质文化遗产保护与实践的经验，内容涉及管理措施、法律制度、品牌建设、档案保护与开发、保护经验等诸多方面，相关经验的介绍和教训的剖析归纳为我国文化遗产保护利用提供了有益借鉴和参考，引导我国文化遗产保护工作健康、规范、持续性发展。

二、文化强国：文化遗产保护鲜明特色

　　文化遗产保护的重要性和重要意义为世界各国所认可，但没有任何一个国家能像中国一样将文化遗产保护提升到国家战略的高度。党的十八大

---

① 参见吴合显、李玮《借鉴与启示：国外重要农业文化遗产研究再认识》，《原生态民族文化学刊》2020 年第 4 期。

② 参见廖明君、周星《非物质文化遗产保护的日本经验》，《民族艺术》2007 年第 1 期。

③ 参见高寿福《韩国非物质文化遗产保护工作经验之我鉴》，《延边党校学报》2008 年第 2 期。

④ 参见刘晨《新加坡非物质文化遗产保护的经验与启示》，《新丝路学刊》2019 年第 4 期。

⑤ 参见赵滟《新加坡非物质文化遗产档案保护与开发的经验与启示》，《秘书之友》2020 年第 4 期。

⑥ 参见葛建伟《英国历史文化环境保护对我国非遗传承的启示》，《重庆电子工程职业学院学报》2020 年第 4 期。

⑦ 参见刘潇宇《论日本非遗传承团体的法律制度及对我国的启示》，《湖南人文科技学院学报》2020 年第 3 期。

⑧ 参见郑燕、蔡艺《韩国体育非物质文化遗产保护现状、经验及启示》，《体育文化导刊》2020 年第 4 期。

以来，以习近平同志为核心的党中央高度重视文化遗产工作，习近平总书记从提升国家文化软实力、建设社会主义文化强国的战略高度，在国内外不同场合就文化遗产的保护和传承发表了一系列重要论述，深刻阐述了文化遗产的历史地位和时代价值，是新时代中国文化遗产保护最鲜明的特色。"要系统梳理传统文化资源，让收藏在禁宫里的文物、陈列在广阔大地上的遗产、书写在古籍里的文字都活起来。"[1]"历史文化是城市的灵魂，要像爱惜自己的生命一样保护好城市历史文化遗产。"[2]"一个博物院就是一所大学校。要把凝结着中华民族传统文化的文物保护好、管理好，同时加强研究和利用，让历史说话，让文物说话，在传承祖先的成就和光荣、增强民族自尊和自信的同时，谨记历史的挫折和教训，少走弯路、更好前进。"[3]习近平总书记关于文化遗产保护与传承的重要论述内容丰富、富含哲理，具有广泛的理论意义和深远的实践意义。

马克思主义文化观是习近平总书记关于文化遗产和非物质文化遗产重要论述的理论先导，是学者们的普遍共识，在此基础上，围绕习近平总书记的文化遗产足迹和文化遗产观，学者们和相关工作者们结合学术研究和工作实际进行了整理解读和深入阐释。习近平在正定、厦门、宁德、福州、杭州、上海、北京等地工作时一直重视文化遗产保护工作。在正定，习近平为正定的改革与发展做了大量开创性的工作，保护文物古迹、挂牌古树名木、保护革命遗址、建立爱国主义基地、挖掘历史文化、实施旅游

---

① 习近平：《建设社会主义文化强国 着力提高国家文化软实力》（2013 年 12 月 30 日），《人民日报》2014 年 1 月 1 日。

② 《习近平在北京考察 就建设首善之区提五点要求》，新华网（http://www.xinhuanet.com/politics/2014-02/26/c_119519301.htm）。

③ 《"一个博物院就是一所大学校"工作推进会在西安博物院召开》，光明网（https://m.gmw.cn/baijia/2018-03/21/28053349.html）。

兴县等工作实践，为保护古城的"根"与"魂"倾注了深厚的情感、付出了极大的心血。① 在福州，习近平创新文保制度，注重福州遗产保护，正如习近平为《福州古厝》一书所作的序中说的那样，"我曾有幸主持过福州这座美丽古城的工作，曾为保护名城做了一些工作，保护了一批名人故居、传统街区，加强了文物管理机构，增加文物保护的财政投入。衷心希望我的后任和全省各个历史文化名城的领导者比我做得更好一些"②。在敦煌，习近平总书记指出，研究和弘扬敦煌文化，既要深入挖掘敦煌文化和历史遗存背后蕴含的哲学思想、人文精神、价值理念、道德规范等，推动中华优秀传统文化创造性转化、创新性发展，更要揭示蕴含其中的中华民族的文化精神、文化胸怀和文化自信。③ 习近平总书记在敦煌研究院座谈时的讲话中提出了一系列新思想、新观点、新要求，立足敦煌面向全国，不仅为敦煌文化的保护传承、研究弘扬提供了遵循，而且为新时代我国文物事业的改革发展指明了方向④，习近平围绕敦煌历史文化遗产阐发的做好文物保护、弘扬民族精神、为实现民族复兴凝聚力量的论述，也启发学者们对敦煌历史文化呈现的中华民族包容精神进行深度发掘和弘扬⑤。

习近平文化遗产观博大精深、内涵丰富，其核心要义是让文化遗产活起来。《习近平文化遗产观及其时代价值》一文中指出这一要义不仅科学

---

① 参见王柠《保护古城文物瑰宝　传承正定历史文化——习近平在正定的文化遗产保护工作纪实》，《美术研究》2020 年第 2 期。
② 参见余池明《习近平文化遗产保护思想及其指导意义述论》，《中国名城》2018 年第 4 期。
③ 参见樊锦诗《保护传承敦煌文化　增强中华文化自信》，《求是》2020 年第 4 期。
④ 参见刘爱河《努力提升文物保护利用的专业化、科技化水平——深入学习贯彻习近平在敦煌研究院座谈时的讲话精神》，《中国文物科学研究》2020 年第 2 期。
⑤ 参见马德《论敦煌历史文化的包容精神——对习近平总书记考察敦煌等地讲话的一点认识》，《世界宗教文化》2019 年第 6 期。

阐明了保护传承文化遗产与推广优秀传统文化、展示中华文化独特魅力、提高国家文化实力的内在逻辑关系，而且点明了文化遗产作为传统文化资源的重要地位，指出了保护传承文化遗产的有效途径。[1] 努力走出一条符合国情的文物保护利用之路是习近平总书记关于我国文物保护利用的工作指南，《努力走出一条符合国情的文物保护利用之路——习近平总书记文化遗产观研究》一文认为这条道路厘清了认知与实践、政府与民众、文化与经济、保护与发展、专业化保护与法治环境、文化物质遗存与文化精神等关系，形成比较系统、全面、科学的文化遗产保护思想，增强政府、公众对文化遗产保护的意识。[2]《习近平文物事业法治思想研究》还指出，习近平敏锐地发现文物事业发展中存在的种种问题与法治有着直接的关系，并成功探寻到文物事业健康发展与文物事业法治化的内在理论，为全面建设文物法治奠定了重要的思想基础。[3] 同时，《习近平关于非物质文化遗产重要论述及其时代价值》中也阐明了非物质文化遗产包含的筑牢文化、实现中华文化的创造性转化和创新性发展、培育践行社会主义核心价值观等时代价值。[4] 正如卜宪群在《深入领会习近平关于文化遗产的思想理论》中所述，习近平关于文化遗产的理论是对古往今来一切优秀文化遗产理论的继承与发展，是以人民为中心的文化遗产观，是科学辩证的文化遗产观，是实现中华民族伟大复兴中国梦的文化遗产观，是新时代做好当

---

[1] 参见鲍展斌、李包庚《习近平文化遗产观及其时代价值》，《马克思主义研究》2019 年第 8 期。

[2] 参见欧阳雪梅《努力走出一条符合国情的文物保护利用之路——习近平总书记文化遗产观研究》，《湖南社会科学》2018 年第 6 期。

[3] 参见张舜玺《习近平文物事业法治思想研究》，《中国法学》2017 年第 4 期。

[4] 参见林青《习近平关于非物质文化遗产重要论述及其时代价值》，《南京理工大学学报（社会科学版）》2019 年第 6 期。

前和今后文化遗产工作的根本遵循。①

三、理论探索：文化遗产保护中国理念

任何一个学术领域的发展都离不开对其基本对象和概念内涵的阐释和不断丰富，理论探索是文化遗产保护实践工作的思想先导，是文化遗产保护实践的智力支持。文化遗产的概念自诞生起，其理论研究就伴随着保护实践不断深入和扩展，并形成符合我国文化遗产特点和实际的中国理念。

文化遗产蕴含丰富的历史价值、艺术价值和科学价值，科学保护是对文化遗产价值的保留和传承，合理利用是对文化遗产价值的发掘和弘扬，这就引发对文化遗产价值功能及保护利用原则和要求的研究探讨，甚至是分歧争论。在我国，文化遗产目前尚未有明确的定义，对于文化遗产的内涵和外延学者们持有不同的观点。朱祥贵在《文化遗产保护法研究：生态法范式的视角》一书指出目前文化遗产的定义以财产和环境角度为基点，仅揭示了文化遗产的历史、艺术、科学、环境等内涵，并没有揭示文化遗产的生态内涵，他从人类生态学角度出发，认为文化遗产的内涵是历史上形成的，由各民族创造的所有具有历史、艺术、科学、景观、经济、文化、社会、环境、生态价值的物质文化和非物质文化人文生态系统，狭义的物质和非物质文化遗产是其外延，自然遗产则不包含在内。②陈均远则将历史遗产的时间跨度延长至人类出现之前，认为现在人类拥有的遗产不能局限在与人类活动有关的历史事件中，应该包括人类出现之前重大生物

---

① 参见卜宪群《深入领会习近平关于文化遗产的思想理论》，《人民日报》2018 年 1 月 10 日。

② 参见朱祥贵《文化遗产保护法研究：生态法范式的视角》，法律出版社 2007 年版，第 25 页。

演化过程和重大自然演变过程中的历史遗产。[①] 喻学才和王健民认为联合国教科文组织的文化遗产定义存在着选词不当、概念不周延、文化遗产的信息性特征没有得到突出的问题，也存在文化遗产的经济价值没有得到重视、文化遗产在各个国家总资产中的定位缺少提示、片面强调保护而忽视旅游开发对遗产的合理利用等局限，建议将世界文化遗产分为静态文化遗产和动态文化遗产两个大类来研究，将目前的五个遗产类型整合到上述两个遗产类别中去。[②] 就文化遗产的形态而言，多数学者持有物质文化遗产和非物质文化遗产的二元划分观点，王福州[③]、顾军等[④] 则认为两者相辅相成、无法割离。另外也有学者认为联合国教科文组织提出的农业文化遗产、线性文化遗产、水下文化遗产等概念和分类，是无法涵盖目前文化遗产所有类型的。如尽管联合国粮农组织提出农业文化遗产在概念上等同于文化遗产，但农业文化遗产与其他类型的文化遗产有明显的不同，因为农业文化遗产除具有自然遗产、文化遗产、景观遗产、非物质文化遗产的特征外，还有非常重要的一点，即人类的参与，包括人在内的复合生态系统。[⑤]

    文化遗产价值和功能的探讨是对文化遗产内涵和外延的深度发掘和丰富补充。如刘斌等从良渚古城遗址考古发掘、申遗工作、博物院展陈更新、国家考古公园建设等方面分析和探究良渚古城遗址的价值和功能，认

---

① 参见陈均远《自然遗产的普遍教育意义》，载中国科学技术协会学会学术部编《遗产保护与社会发展》，中国科学技术出版社 2007 年版，第 38 页。

② 参见喻学才、王健民《关于世界文化遗产定义的局限性研究》，《云南师范大学学报（哲学社会科学版）》2007 年第 4 期。

③ 参见王福州《"文化遗产"的中国范式及体系建构》，《中国非物质文化遗产》2020 年第 2 期。

④ 参见顾军、苑利《文化遗产报告——世界文化遗产保护运动的理论与实践》，社会科学文献出版社 2005 年版，第 163 页。

⑤ 参见闵庆文《遗产类型的多样性与保护途径的多样性》，载中国科学技术协会学会学术部编《遗产保护与社会发展》，中国科学技术出版社 2007 年版，第 12 页。

为良渚古城遗址 80 多年来的考古发掘工作充分揭示了遗址的重要价值，证明它是良渚文明的都邑性遗址，是实证中华 5000 多年文明史的圣地，是规模庞大的世界级城址，遗址的价值得到国内外学界的高度关注和广泛认可，在各方的配合和努力下，良渚古城遗址已进入全面展示和利用的新时代。① 赵丛苍和张朝在《军事文化遗产的价值阐释》中指出军事文化遗产作为文化遗产的一部分具有其他类型的文化遗产共性的价值特征，包括社会价值、经济价值、历史价值等，对军事文化遗产的阐释应当遵循文化遗产的价值阐释规律，在文化遗产价值阐释的框架下进行价值阐释，通过媒介表达军事文化遗产的价值信息应当在理解的基础上进行解释，将其价值内涵展现给社会大众是军事文化遗产价值阐释的可靠路径。② 徐苏斌、青木信夫《关于工业遗产经济价值的思考》一文根据工业遗产改造和再利用的特点提出了工业遗产具有固有价值和创意价值，认为前者是遗产本身所具有的内涵价值，后者是改造和再利用后新创造的价值 。③

　　文化遗产保护原则是实践工作开展的方向指引和工作指南，相关探讨指导着国内的遗产保护不断向着更科学、更合理的方向发展。起源于欧洲遗产保护领域的原真性概念在国内的引入与普及过程中讨论和争议不断，其适用范围由最初的物质文化遗产延伸到非物质文化遗产，并结合中国文化遗产保护不断"汉化"，在外来学术概念的基础上注入中国元素，服务于我国文化遗产保护。学者们探究的内容涉及原真性表达准确性的争论、对原真性的衡量标准和适用范畴的探讨、对于原真性概念的批判和质疑、

---

① 参见刘斌、王宁远、陈明辉《从考古遗址到世界文化遗产：良渚古城的价值认定与保护利用》，《东南文化》2019 年第 1 期。

② 参见赵丛苍、张朝《军事文化遗产的价值阐释》，《文物春秋》2020 年第 3 期。

③ 参见徐苏斌、青木信夫《关于工业遗产经济价值的思考》，《城市建筑》2017 年第 22 期。

对东西方文化背景下原真性内涵的差异进行发掘四个方面，并达成原真性无法以统一的标准去衡量的普遍共识。① 整体性可以说是对原真性的丰富和补充，因为遗产作为一种文化存在，形成过程中必然有其特定的历史性和内在的空间性。整体性价值认知经历了对遗产真实性（原真性）价值认知的修正、对地方性价值作为遗产整体性价值的核心精神及其意义的确认、从遗产的"普遍性"的价值向"多样性"价值的回归三个层次。② 我国遗产保护与实践在此理念框架下形成了独特的整体性保护机制，充满中国特色与中国智慧，如文化遗产保护与国家战略设计进行整体融合，遗产保护自身专业化工作体系形成的同时与国家顶层设计保持着积极的互动，如通过生态博物馆（群）和文化生态保护区实践，探索特定区域文化聚落生态的整体性保护等，尤其是我国特有的文化生态保护区对以非物质文化遗产为核心的文化形态的保护受到国际社会广泛赞誉和好评。值得注意的是，对于非物质文化遗产概念和价值功能的研究从其概念进入中国后就一直没有停止。如巴莫曲布嫫在多篇文章中对非物质文化遗产概念、基本属性、领域范围进行探讨③；简万宁对非物质文化遗产概念中"非物质形态"的讨论和阐释④；许敏、王军平等分析非物质文化遗产文化概念的

---

① 参见祁润钊、周铁军、董文静《原真性原则在国内文化遗产保护领域的研究评述》，《中国园林》2020 年第 7 期。

② 参见林秀琴《整体性保护：价值、理念、实践及挑战——关于文化遗产保护创新的若干思考》，《福建论坛（人文社会科学版）》2020 年第 12 期。

③ 参见巴莫曲布嫫《非物质文化遗产：从概念到实践》，《民族艺术》2008 年第 1 期；《从语词层面理解非物质文化遗产——基于〈公约〉"两个中文本"的分析》，《民族艺术》2015 年第 6 期；《何谓非物质文化遗产？》，《民间文化论坛》2020 年第 1 期；《非物质文化遗产领域》，《民间文化论坛》2020 年第 3 期。

④ 参见简万宁《非物质文化遗产概念中"非物质形态"的讨论》，《东南文化》2014 年第 1 期。

英译内容[1]；韩成艳以"非物质性"为核心初步尝试非遗概念的理论建设，界定非遗的主体与非遗保护的主体，探索非遗保护分工合作的身份框架建立[2]，逐步深入地对非物质文化遗产这一外来概念进行解析和研究，促进中国非遗保护与传承工作一方面与国际接轨，另一方面也形成中国特色、中国理念。

四、守正致用：文化遗产保护中国模式

遗产保护与利用之间的矛盾是不可避免的，在"合理利用"的口号下，相关利益群体多注重经济价值而忽视或淡漠其历史、科学和艺术等本体价值，如何协调和平衡两者之间的关系、把握合理利用的界限或尺度、构建文化遗产保护中国模式是当下文化遗产保护中需要关注和重视的问题。

健全管理监督体制。随着文化事业的快速发展，我国文化遗产管理理念和技术方法逐步更新，服务质量不断提升，并形成了文化遗产概念特色化、文化遗产保护理念国际趋同化、文化遗产管理主体社会化、文化遗产管理客体制度化、文化遗产管理经费保障专项化的特点，但也存在文化遗产管理静态模式与动态生存环境不相适应、文化遗产管理主体与利益诉求

---

① 参见许敏、王军平《中国非物质文化遗产文化概念的英译研究》，《西安外国语大学学报》2016 年第 2 期；郑安文《〈保护非物质文化遗产公约〉中译本非遗定义中的误译：基于概念逻辑关系的解读》，《中国翻译》2016 年第 2 期。

② 参见韩成艳《"非物质文化遗产"概念的理论建设尝试》，《广西民族大学学报（哲学社会科学版）》2020 年第 2 期；《非物质文化遗产的主体与保护主体之解析》，《民俗研究》2020 年第 3 期。

不匹配、文化遗产管理手段评估体系不完备的问题。① 有学者认为应建立健全文化遗产行政管理体制、管理运行机制，如可以通过专门机构监督、人大和政协监督、群众监督、舆论监督等方式建立和健全文化遗产保护和利用的有效监督机制。② 也有学者认为文化遗产管理可运用柔性战略管理理论指导实践工作，积极应对环境变化，以特色管理理念、多元共治管理主体、刚柔共济管理方式、充备管理保障等多维举措构建文化遗产管理新模式。③

注重科学合理利用。文化遗产具有不可再生性，科学合理的利用是文化遗产保护的措施之一，也是使其蕴含的精神价值深入人心反哺保护的过程。如吕舟在《面向新世纪的中国文化遗产保护》一文中提出制定一个清晰的世界遗产申报和保护战略系统，展现中国文明对于世界的影响④；魏峻在《中国水下文化遗产的博物馆展示》一文中回顾中国博物馆水下文化遗产展示历程，在分析典型展示案例和借鉴国外相关保护展示实践的基础上，认为未来应加强博物馆展示与原址展示、数字化展示、公共空间展示的结合，以便更好地发挥水下文化遗产在文化服务、知识学习、提升生活品质和树立文化自信方面的积极作用⑤；霍晓卫等在《城市更新中遗产保护的阶梯式介入》中提出法定保护的文化遗产和尚未法定保护的历史文化

① 参见李丰庆、刘成《中国文化遗产管理发展与管理模式构建研究》，《西北大学学报（哲学社会科学版）》2021 年第 4 期。
② 参见陆建松《中国文化遗产保护管理的政策思考》，《东南文化》2010 年第 4 期。
③ 参见李丰庆、刘成《中国文化遗产管理发展与管理模式构建研究》，《西北大学学报（哲学社会科学版）》2021 年第 4 期。
④ 参见吕舟《面向新世纪的中国文化遗产保护》，《建筑学报》2001 年第 3 期；《国家历史身份的载体：中国世界遗产保护事业的发展与挑战》，《中国科学院院刊》2017 年第 7 期。
⑤ 参见魏峻《中国水下文化遗产的博物馆展示》，《中国博物馆》2020 年第 3 期。

遗存应当阶梯式介入城市更新，并根据工作实践建立阶梯模式[①]；王秀伟和延书宁从文化生态保护实验区的角度探讨文化空间转变背景下对保护对象及其生活环境的保护[②]。

有效引入信息技术。信息技术在文化遗产存档、管理、信息共享等方面的优势得到普遍认可，文化遗产数字化已经成为文化遗产保护和发展的新方向和新趋势。借助先进的数字技术对文化遗产数据、保存和展示多方面信息进行存储、再现和再利用是目前文化遗产保护的重要手段之一。早期研究中，学者们往往对某项技术进行介绍，或者以某个文化遗产的保护为例探究其在遗产保护和发展中的应用，进入 2000 年以后，文化遗产数字化的研究进入热点阶段，研究主题涉及复原重建、配准、数字图书馆、激光扫描、元数据、虚拟现实等，其中，数字图书馆和数字博物馆两个领域是研究的主流。[③] 同时，学者们也注意到现代技术在非物质文化遗产保护领域中发挥的重要作用，理论研究、技术研究、平台建设研究逐渐立体化、系统化。薛可、龙靖宜总结归纳我国非遗数字传播呈现的新特点及新挑战，结合数字传播与我国非遗特点提出应对策略。[④] 覃京燕[⑤]、叶丹[⑥]、

---

① 参见霍晓卫、徐慧君、胡笳、陈旭娟《城市更新中遗产保护的阶梯式介入》，《上海城市规划》2021 年第 3 期。

② 参见王秀伟、延书宁《从场所到场域：文化生态保护实验区的空间转变》，《民族艺术研究》2020 年第 1 期。

③ 参见赵智慧《文化遗产数字化研究演进路径与热点前沿的可视化分析》，《图书馆论坛》2013 年第 2 期。

④ 参见薛可、龙靖宜《中国非物质文化遗产数字传播的新挑战和新对策》，《文化遗产》2020 年第 1 期。

⑤ 参见覃京燕、贾冉《人工智能在非物质文化遗产中的创新设计研究：以景泰蓝为例》，《包装工程》2020 年第 6 期。

⑥ 参见叶丹、戴旸《以网络直播为途径的非物质文化遗产传播研究》，《黄山学院学报》2020 年第 2 期。

谭宏等^①分别讨论了人工智能、网络直播、动漫技术等在非遗保护中的应用。当然，目前文化遗产数字化缺乏科学化管理体系和统一的标准、数字化保护手段单一、相关人员素质不高等问题依然存在^②，需要在未来工作中给予重视。

构建保护标准体系。标准体系建设是遗产保护管理的重要基础性技术工作，有助于提高遗产的保护管理水平，然而目前我国文物遗产保护管理尚缺乏一套公认的、科学的行为准则和标准，如工作标准、技术标准、管理标准、评价标准等。陆建松在《我国遗产管理体制存在的问题》一文中提出遗产保护标准化体系建设中特别要考虑以下原则：一是保护为主和永续利用的原则，二是普遍性加特殊性原则，三是强制性加推荐性原则，四是突出关键性指标原则。^③比较而言，非物质文化遗产相关标准的讨论则较为丰富。戴旸、李财富提出构建非遗建档标准体系的思路与原则，并从"两条主线""三个维度"勾画出该体系的基本框架^④；李小苹从法律视角出发提出三个非物质文化遗产分类标准，即非物质文化遗产是否可市场化、是否习俗化、是否宗教化^⑤；于干千、程小敏提出通过系统摸底普查建立核心项目、打破申报项目界定单一性等方式确定中国饮食文化申报

---

① 参见谭宏、谭超《"动漫创作工程"：民间故事保护与传承的新路径》，《原生态民族文化学刊》2020 年第 6 期。

② 参见李英《文化遗产的数字化保护分析》，《文物鉴定与鉴赏》2021 年第 4 期。

③ 参见陆建松《我国遗产管理体制存在的问题》，载中国科学技术协会学会学术部编《遗产保护与社会发展》，中国科学技术出版社 2007 年版，第 45 页。

④ 参见戴旸、李财富《我国非物质文化遗产建档标准体系的若干思考》，《档案学研究》2014 年第 5 期。

⑤ 参见李小苹《法律视角下的非物质文化遗产分类标准研究》，《青海社会科学》2012 年第 2 期。

世界非物质文化遗产的标准[1]；哈尼克孜·阿布都外里认为可以从本体档案、实物档案和派生档案三个方面设定传统舞蹈类非物质文化遗产的建档标准[2]。

五、结语

联合国教科文组织在 1972 年正式提出文化遗产的概念后，文化遗产保护理论研究和实践工作迅速受到世界各国的普遍关注，成为 20 世纪后几十年人类文化领域中最为重要的文化活动之一。我国文化遗产保护经历了古物古迹保护观念的基本形成、文物保护体系的初步建立、文化遗产保护的新时代发展三个阶段，并在新时代取得了丰硕的研究成果，呈现对文化遗产价值认识的研究逐步深入及非物质文化遗产保护和利用研究分量逐步增大的态势。

在对遗产价值认识的研究中，对遗产本体保护的研究从单纯地探讨保护途径转向更多地关注文化遗产科学保护与合理利用的关系。学者们或是结合我国文化遗产保护和利用中存在的问题或挑战，阐述文化遗产保护的方向，提出应对策略和模式，讨论文化遗产保护和利用的关系；或是从城市保护规划、体系构建、旧城改造、文化遗产保护原则与思路等方面展开论述，构建城市建设与文化遗产保护路径；或是从思想观念、科学规划、宣传教育、资金保障等方面着手解决文化遗产保护与旅游开发间的矛盾；

---

① 参见于干千、程小敏《中国饮食文化申报世界非物质文化遗产的标准研究》,《思想战线》2015 年第 2 期。
② 参见哈尼克孜·阿布都外里《试论传统舞蹈类非物质文化遗产的建档标准——以刀郎舞为例》,《文化遗产》2020 年第 6 期。

或是介绍和引入先进技术、设备，提升文化遗产保护和利用水平，学术研究与实践工作相结合，推进中国物质文化遗产和非物质文化遗产保护克服重重障碍取得卓有成效的进展，构建文化遗产保护中国模式。

从单纯关注物质文化遗产研究到兼顾非物质文化研究是学术界研究的另一态势。在中国知网，以"文化遗产＋保护"为主题可搜索到 1990 年至今的 90977 项成果，以"非物质文化遗产＋保护"为主题可搜索到 1997 年至今的 26984 项成果。[①] 2005 年之前，文化遗产研究是学者们研究的重点，自 2005 年起，无论文化遗产还是非物质文化遗产的研究均呈直线上升趋势，2009 年起两者研究成果数量居高不下，并在 2019 年达到高峰，当年文化遗产研究成果 7145 项，占研究总量的 7.8%，非物质文化遗产研究成果 2029 项，占研究总量的 7.5%，研究成果比重基本持平（图 1、图 2）。当然，就研究成果总量及年研究成果总量来说，文化遗产相关研究还是占据较大优势，这与我国文化遗产数量巨大、种类丰富、研究起步稍早有较大关系。非物质文化遗产研究的迅速兴起与成果的增多与我国政府对非物质文化遗产的重视和相关文件的颁布和实施有一定关系，如 2005 年，通过《国务院办公厅关于加强我国非物质文化遗产保护工作的意见》，2006 年，发布《文化部关于申报第一批国家级非物质文化遗产代表作的通知》，非物质文化遗产保护实践工作迅速推进，2005 年以后非物质文化遗产研究成果数量直线上升正是在这一背景下产生的。

---

① 统计时间为 2021 年 8 月 23 日 11 时，统计结果及统计图来源于中国知网。

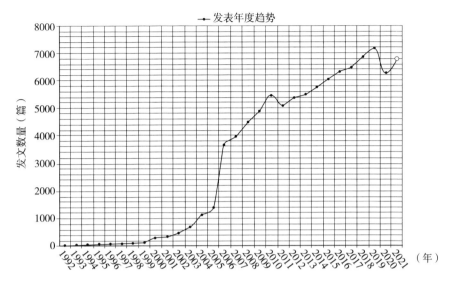

图 1　文化遗产研究成果年度分布图

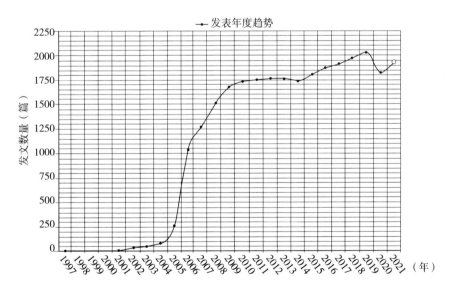

图 2　非物质文化遗产研究成果年度分布图

当然我们也看到无论是文化遗产还是非物质文化遗产的研究，多集中于城镇化发展、旅游开发及某种类型文化遗产或某个文化遗产本体的研究，局限于原则和策略方面的一般性分析和论述，科学保护和合理利用的理论研究较为薄弱，研究方法和研究学科背景较为单一。基础理论的完善、多学科的参与、遗产内涵的发掘和阐释、民众意识的提升等还需要在未来研究得以中进一步加强和关注。

我国文化遗产保护事业是在借鉴和参考西方国家文化机构和文化实践的过程中逐步走向成熟并形成独特的中国经验的。随着现代化和城镇化进程的加剧，文化遗产正面临着前所未有的威胁与挑战，在党和国家的高度重视及有关部门的深入贯彻落实中，我国文化遗产保护工作体系、管理模式、保护理念和思路、参与国际文化遗产保护等工作取得重大进展，文化遗产学学科体系逐步构建，跨学科、跨领域的研究稳步开展，"中华文明探源工程""文化遗产保护关键技术研究"等国家重大科研项目顺利进行，文化遗产宣传教育及民众参与活动逐渐丰富，保护利用和传承发展水平不断提高，文化遗产保护中国经验不断积累和丰富。这是我国积极参与文化遗产保护、勇于承担国际责任、共同守护人类文明成果的见证，也是我国为世界文化遗产保护做出的中国答卷。

目　录

上　编

上　编

努力提升文物保护利用的专业化、科技化水平

——深入学习贯彻习近平在敦煌研究院座谈时的讲话精神[*]

刘爱河

2019 年 8 月 19 日，习近平总书记深入敦煌莫高窟考察调研并发表重要讲话，强调敦煌文化是世界文明长河中的一颗璀璨明珠，是各种文明长期交流融汇的结晶，敦煌文化展示了中华民族的文化自信。明确要求要把莫高窟保护好，把敦煌文化传承好；要完善人才激励机制，支持和鼓励更多优秀专业人才从事文物保护研究；要继续加强基层文物保护和研究队伍建设，保持队伍稳定；要加强敦煌学研究，推动敦煌文化研究服务共建"一带一路"。习近平总书记的重要讲话立足敦煌、面向全国，不仅为敦煌文化的保护传承、研究弘扬提供了遵循，而且为新时代我国文物事业的改革发展指明了方向。深入学习贯彻讲话精神，对于我们进一步坚定文化自信，增强使命担当，筑牢文物事业改革发展的人才基石、专业基石、

---

[*] 本文为国家社科基金特别委托项目"符合国情的文物保护利用之路研究"（项目编号：17@ZH018）的阶段性成果。

科技基石，推动文明交流互鉴，铸就中华文化新辉煌有着深远意义和现实价值。

一、深入学习领会习近平总书记重要讲话精神

习近平总书记在敦煌研究院座谈时的重要讲话站在历史和时代发展的战略高度，以敦煌文化为"典范"，充分肯定了中华人民共和国成立以来敦煌文化保护传承所取得的成果，深刻阐明了敦煌莫高窟、敦煌文化形成发展的本质特征和丰富内涵，深刻揭示了敦煌文化在融汇各种文明、展示中华民族文化自信、服务共建"一带一路"中的独特价值和作用，提出了一系列新思想、新观点、新要求，与时俱进、内涵丰富，具有鲜明的思想性、理论性和指导性。

（一）深刻认识敦煌文化的重要价值和文化自信的重要意义

敦煌文化是中华文明与世界文明交流互鉴的璀璨明珠。习近平总书记在讲话中明确指出："敦煌作为中国通向西域的重要门户，古代中国文明同来自古印度、古希腊、古波斯等不同国家和地区的思想、宗教、艺术、文化在这里汇聚交融。"敦煌文化延续近 2000 年，是世界现存规模最大、延续时间最长、内容最丰富、保存最完整的艺术宝库，是世界文明长河中的一颗璀璨明珠，也是研究我国古代各民族政治、经济、军事、文化、艺术的珍贵史料。作为丝绸之路的战略要冲，作为东西文化交汇的重要枢纽，经过近 2000 年的交融交汇、创新发展，敦煌文化以其深邃的内涵、神秘的魅力，早已蜚声世界，成为古往今来世界了解中国、中国走向世界的文明之窗、文明之路。

敦煌文化是中华民族文化自信的生动展示。习近平总书记在讲话中明确指出："文化自信是更基础、更广泛、更深厚的自信，是更基本、更深沉、更持久的力量。中华文明5000多年绵延不断、经久不衰，在长期演进过程中，形成了中国人看待世界、看待社会、看待人生的独特价值体系、文化内涵和精神品质，这是我们区别于其他国家和民族的根本特征，也铸就了中华民族博采众长的文化自信。"总书记强调只有充满自信的文明，才会在保持自己民族特色的同时，包容、借鉴、吸收各种不同文明。敦煌文化是丝绸之路沿线东西方文明交流少有的至今仍然熠熠生辉的文化。敦煌文化形成发展的历史不仅展现了中华民族"天下大同""协和万邦"的宽广胸怀，而且彰显了中华民族"海纳百川""博采众长""开拓进取"的义化精神、文化胸怀和文化自信。正是因为充满自信，中华民族才会在保持自己特色的同时兼容并蓄，不断与时俱进，不断创新发展，铸造出一个又一个的时代辉煌。

敦煌文化是推进民心相通、服务共建"一带一路"的重要载体。习近平总书记在讲话中明确提出，共建"一带一路"，加强文明对话，倡导"和平合作、开放包容、互学互鉴、互利共赢"的丝路精神，就是在新的历史条件下加强同世界各国的合作交流、促进各国文明对话和文化交流的重要举措。要求在共建"一带一路"过程中，要积极传播中华文化，加强同沿线国家的文化交流，增进民心相通，共同构建亚洲命运共同体、人类命运共同体，共同创造更多更优秀的人类文明成果。习近平总书记的重要讲话深刻揭示了"国之交在于民相亲，民相亲在于心相通"的真谛，道出了文化交流的本质和规律。民心相通是政策沟通、设施联通、贸易畅通、资金融通的基础和支撑。敦煌莫高窟作为敦煌文化、丝路文化和丝路精神的杰出代表，作为著名的世界文化遗产，其高超的建筑艺术、彩塑艺术、壁画艺术，其深邃的宗教文化、宗教思想，以及千百年来流传下来的商贸传奇、人物故事，早已享誉世界。敦煌学、敦煌文化更成为人类研究东西文化交流、佛教文化传播的显学，受到了广泛关注。深刻认识敦煌文化的独特价值，深入挖掘和诠释敦煌文化蕴涵的人文精神和价值理念，深化文化交流合作，筑起共建"一带一路"的桥梁，既是时代赋予文化文物工作者的历史责任，也是我们应有的使命担当。

（二）深刻领会新时代文物保护利用和推动文明进步的基本遵循

习近平总书记在讲话中深情回顾和肯定了"70年来，一代又一代的敦煌人秉承'坚守大漠、甘于奉献、勇于担当、开拓进取'的莫高精神"，为敦煌石窟保护修复、敦煌文化艺术研究弘扬、文化旅游开发所做出的突出贡献，强调把莫高窟保护好，把敦煌文化传承好，是中华民族为世界文明进步应负的责任。要关心爱护科研工作者，完善人才激励机制，支持和鼓励更多优秀专业人才从事这项工作；要继续加强基层文物保护和研究队伍建设，保持队伍稳定；要加强敦煌学研究，推动敦煌文化研究服务共建"一带一路"，继续努力、更进一步，做新时代中华文化的继承者、创新者、传播者。

党的十八大以来，习近平总书记就加强文物保护利用做出一系列重要论述，明确指出文物承载着灿烂文明，传承历史文化、维系民族精神。保护文物就是保护国家与民族的历史，守护中华民族的根与魂。强调要秉承正确的文物保护理念，切实保护好文物的历史文化价值，要像爱惜自己的生命一样保护好文化遗产；要树立保护文物也是政绩的科学理念，增强对历史文物的敬畏之心；要统筹好文化遗产保护和经济社会发展，全面贯彻文物工作方针；要遵循保护规律，提高保护的专业化水平；要坚持创造性转化，创新性发展，让历史说话，让文物说话，把历史智慧告诉人们，激发我们的民族自豪感和自信心；要广泛动员社会力量参与，积极推动文化遗产保护利用融入人民群众生活，增强公众对文化遗产的认知和了解，不断提升人民群众的参与感、认同感、获得感。

习近平总书记的重要讲话不仅从理论的高度进一步明确了文物工作的目标定位和时代使命，而且从发展理念、实践要求上进一步明确了各级党委政府和文物工作者的责任义务，既有长远的战略性布局，也有改革发展的具体要求，这些新思想、新观点、新要求充分彰显了党对文物工作的坚定决心和鲜明态度，为新时期文物保护利用改革发展提供了根本遵循。

二、大力弘扬"莫高精神"，努力培养造就一支稳定的、高水平的专业队伍

人才是事业发展的重要基石，也是决定其他资源配置和利用效率的关键。我国是著名的文明古国，也是文物资源大国。第三次全国文物普查登记不可移动文物 766722 处，其中，世界遗产 55 处，全国重点文物保护单位 5058 处，还有国家历史文化名城 135 座，中国历史文化名镇名村 799 个；第一次全国可移动文物普查登记国有可移动文物 1.08 亿件 / 套，还有大量可移动文物收藏在民间，全国各级各类博物馆达到 5354 家，文物保护利用的任务十分繁重。深入学习贯彻习近平总书记在敦煌研究院座谈时的重要讲话精神，首要和根本的任务就是要大力弘扬"莫高精神"，破解文物保护利用"小马拉大车"，人才队伍和文物保护利用繁重任务不相协调、不相适应，基层文博人才匮乏，队伍不稳定的问题。

（一）强化事业感召，努力培养一批"择一事、终一生"的文物保护领军人才

领军人才是引领和带动一个行业、一个领域创新发展的重要推动力。"莫高精神"的形成就是因为在敦煌莫高窟数十年的艰苦环境里，始终有一批如常书鸿、段文杰、樊锦诗等甘愿"择一事、终一生"的领军人才，引领着几代莫高人不断开拓创新奉献一生，使得莫高窟得以保护传承发展。领军人才既有非凡的献身精神和独特的人格魅力，也有深厚的学术造诣和卓越的创造能力。我国文物事业的辉煌历程，正是在一代又一代领军人才的无私奉献和引领推动下，取得一项又一项重大突破，实现一次又一次重大进步。

文物保护利用呼唤领军人才。当前，我国文物事业面临的机遇和挑战前所未有，国际竞争也更加激烈，在文物考古、科技创新、博物馆发展、文物安全监管等领域，都迫切需要培养造就一批对文物事业高度热爱、对文物工作具有深厚感情、"择一事、终一生"，能够引领本学科发展方向、带领团队取得创造性成果、推动行业取得突破性进展的领军人才。领军人才的培养，需要相应的政策支持，需要科学的选拔、使用、评价和激励机制，在科研团队组建、研究方案制定、研究生招收等方面赋予其更大的自主权，在职称评定、薪酬分配、荣誉称号等方面予以倾斜。领军人才的培养，需要依托各级各类科技创新平台，得到国家重大文物保护科研计划、重大保护工程和项目、国际合作项目的资源支持。领军人才是团队的核心和灵魂，是行业的旗帜和标杆，在他们的引领和感召下，科研人员的热情会得到最大限度激发，专业团队的凝聚力和创造力会不断增强，进而推动学术前沿问题的深入研究和解决，带动文博人才队伍水平的整体提升，形成人才培养的良性循环机制。

（二）深化文化体制改革，加强基层文物保护和研究队伍建设

文物保护利用重在基层、重在队伍。随着我国经济社会的快速发展，文物工作的形势发生了深刻变化。一方面，全国文物总量大幅增加，文物安全、文物保护维修的任务日趋繁重，管理要求更加严格；另一方面，公众文化需求呈现爆发式增长，社会对文物博物馆单位提供文化产品、提高展示开放和社会服务质量的要求日益迫切。新的发展、新的形势，繁重的文物保护任务和社会需求，对健全文博机构、提高管理水平的要求更加迫切，对各类人才的需求特别是基层文博人才的专业素质要求更加迫切。

切实把文物保护好、利用好、管理好，必须建立一支稳定的基层队伍。从近年来机构改革和各地基层队伍的建设情况看，基层文物保护和研究队伍积贫积弱，机构队伍不稳定、人员专业素质不高已经成为制约文物事业发展的瓶颈，特别是一些文物资源数量较多的中西部省份，基层管理人才匮乏尤为严重，迫切需要尽快加以解决。要充分认识推进文物行业机构队伍建设的重要性和紧迫性，继续深化文化体制改革，推动机构队伍建设向纵深发展、向基层延伸，不断推进文博单位人事管理、收入分配和社会保障制度改革，通过创造成长平台和晋升空间吸引人才，通过完善激励机制、提高工资待遇留住人才，不断增强基层文博机构的吸引力和凝聚力。

切实把文物保护好、利用好、管理好，必须走专业化道路。文物保护利用既涉及人文社会科学，也涉及自然科学和工程技术科学，既需要深厚的人文底蕴，也需要丰厚的专业知识。随着时代的进步和事业的发展，文物工作的理念和方法不断发生变化，保护利用的途径和手段越来越多元化、科技化、现代化，对人才队伍的专业化水平提出更高要求。意大利、

法国、日本等文化遗产保护走在前列的国家的实践历程也表明，唯有走专业化道路，才是提升文物保护利用管理水平的有效途径。因此，要不断完善人才培养机制，建立开放多元的人才培养模式，与时俱进、多措并举，既要培养专业型、技术型人才，也要培养复合型、创新型人才。目前，在文物考古、文物保护管理等领域，已经形成较为成熟的人才培养体系，但在文物利用、文物风险防控、文物对外交流、文博创意产品开发、现代技术应用等方面，人才培养还相对滞后，亟须加强与高校的联动，增加相关专业设置，加大在职培训、研修交流等，切实加大培养力度，多管齐下提升专业人员业务素质，努力构建一支结构优化、素质优良的文博人才队伍。

切实把文物保护好、利用好、管理好，必须大力弘扬"莫高精神"。理想信念是建设队伍、凝聚人才的灵魂，大力加强基层文物保护和研究队伍建设，必须高度重视理想信念的塑造和优良品格的培育。坚持用崇高的精神塑造人，用高尚的情怀感染人，号召文博人以"文物保护杰出贡献者"、敦煌研究院樊锦诗先生为榜样，"择一事、终一生"，胸怀大局、守正创新，让"莫高精神"不断发扬光大、代代薪火相传，让文博人才队伍永远充满活力、充满朝气。

（三）加大政策扶持力度，为人才成长提供更多机会和平台

深入推进文博人才政策落实落地。近年来，在党中央、国务院的关心指导下，人力资源社会保障部和国家文物局先后出台《关于进一步加强文博事业单位人事管理工作的指导意见》（人社部发〔2019〕120号）和《关于深化文物博物专业人员职称制度改革的指导意见》（人社部发〔2019〕122号），就文博事业单位的用人机制、人事管理、能力建设、绩效分配、

职称评定等提出明确意见。推动两个文件落实落地,对于提振文博人才干事创业的主动性和积极性,培育和造就一批领军人才,稳定和壮大基层文物保护和研究队伍,不断优化人才队伍结构、提升人才队伍整体素质至关重要、影响深远。

学习借鉴敦煌研究院选人、用人、育人机制。多年来,敦煌研究院一直以人才为本,坚持以事业留人、以待遇留人、以情感留人,培养和造就了一支既有丰厚的专业素养,又有现代管理才能的人才队伍。敦煌研究院全面招聘各专业人才,鼓励科研人员到国内外高校及科研机构深造提高,鼓励科研人员勇挑重担、多出成果、出好成果,在很大程度上激发出科研人员的潜力和动力,同时还在思想上、生活上关心科研人员,为他们解除后顾之忧,因此吸引了一大批高层次人才扎根敦煌,长期致力于敦煌的保护研究,成为敦煌研究院事业发展的生力军。正是因为一代又一代敦煌人的无私奉献和开拓进取,敦煌研究院在石窟保护研究、永续利用等方面都达到世界领先水平。敦煌人为国为民奉献的家国情怀、为事业无怨无悔坚守的敬业品格、为文化传承发展拼搏奋斗的执着追求,是"莫高精神"的最好诠释,也是敦煌研究院 70 多年薪火相传、生生不息的动力源泉。2020 年 1 月,中宣部授予敦煌研究院文物保护利用群体"时代楷模"称号。要大力推广敦煌研究院的成功经验,探索不同地区、不同类型机构的选人、用人、育人机制,努力培养干部职工对文物工作的深厚感情,充分调动和激发干部职工爱岗敬业的工作热情,真诚地关心和爱护每一个人,为人才成长提供更多机会和平台,锻造一支稳定的高水平的专业人才队伍,为新时代文物事业提供源源不断的智力资源。

三、持续加大投入，不断提升文物保护利用科技水平

科学技术是第一生产力，也是文物事业创新发展的重要支撑和强大动能。党的十八大以来，我国文物保护利用科技手段不断创新，现代科学技术、信息技术被广泛运用于文物保护利用中，不仅提高了工作效率，而且提高了获取信息数据的准确度，为破解相关问题提供了新手段、新方法，有效提升了文物保护管理的整体能力。但与发达国家相比，我国的文物保护利用科技水平和能力还存在着明显不足，而且由于各地经济发展水平参差不齐，文物保护利用科技投入差异较大，对现代科技的运用存在不平衡和不充分现象，亟须大力提升、创新优化。

（一）不断加大文物保护技术和装备研发力度，增强文物科技创新能力

加大重点研发力度，加强集成创新。当今世界，科学技术日新月异，文物保护技术和装备的研发也不断升级。在文物科技工作者的努力和探索下，我国在土遗址、古建筑、古代壁画、石窟寺、竹木漆器、丝织品等领域的保护修复方面突破了一批关键核心技术，填补了行业空白，部分领域已进入国际第一梯队，同时研发了一批文物考古、保护修复专用工具和装备，大幅提升了文物保护工作的专业效率和科学化水平。为进一步加大科学技术和文物保护利用的融合创新和推广应用力度，需要准确了解科学技术的最新进展和文物保护利用的重大需求并找到最佳契合点，通过建立跨学科、跨行业、跨部门的机制协同推进。推动文物科技的创新发展，需要充分发挥国家文物局重点科研基地、国家重点实验室、文物保护装备产业基地的重要平台作用，加强自然科学、

工程技术和人文社会科学的交叉融合，不断提升高端人才培养和协同攻关能力，加大关键技术、应用技术和专用设备的科技攻关力度，同时加大成果转化和推广力度，有效提升对文物的价值认知、保护修复、安全监管、展示传播等多方面的能力和水平。

加大资金投入，强化政策支撑。要积极争取科技部、工信部、财政部、国家自然科学基金委、国家标准委等有关部门的支持，不断提高国家科技计划、专项、基金对文物科技工作的支持力度；要积极争取地方科技、工信、财政等部门的支持，不断提高地方科技投入用于文物科技的比重；要鼓励社会资金投入，形成多渠道、多元化的经费投入体系，尤其要鼓励高新技术企业参与文物科技研发推广，充分发挥其技术和资金的双重优势。只有形成稳定的投入机制，确保文物科技工作的持续有序开展，才能不断提升文物保护利用科技水平，增强我国文物科技的核心竞争力。

（二）不断提升文物展示传播的数字化和科技化水平，推动文物"活起来"

加快数字化进程，大力提升传播能力。近年来，文物展示传播进入新的发展阶段，科技化、智能化、数字化趋势越来越明显。故宫博物院、敦煌研究院、秦始皇兵马俑博物馆等文博单位较早提出数字化构想并积极推动，利用计算机技术和数字图像技术，实现文物的永久保存、永续利用。2020 年疫情期间，数字化、科技化的优势更加凸显。许多博物馆纷纷推出"云展览""云活动"，让人们足不出户就可以欣赏精美文物、品读传统文化，不仅彰显了现代科技对文物工作的重要支撑作用，也彰显了文博人的责任担当和创新精神。故宫博物院推出的"云游故宫"直播活动，敦煌研究院推出的"云游敦煌"微信小程序、"敦煌文化数字创意""精品展览"等一系列线上"云展览"活动，得到观众广泛好评。为进一步提升文物展示传播能力，需要不断推进文物数字化采集、存储、整合和展示，融入更多科技元素和文化创意，针对不同观众的需求开发不同类型的数字化产品，让古老文物更加鲜活，让传统文化在新时代焕发新的魅力。

拥抱 5G 新技术，加快智慧建设步伐。5G 的超高速、低时延、大连接、泛在网等特征，可以极大地提升信息采集、分析和运用的效率和精准度，大幅拓展信息传播的渠道，提升信息传播的效果。博物馆陈列展览中可以运用 VR/AR 等高新技术，突破传统的实物展示方式，将文物以数字化的形式逼真地呈现出来，给公众带来感知文物的全新体验，也可以通过开发智慧博物馆 App，将运用 5G 技术复原的文物更清晰、更立体地展现出来，更详尽地呈现文物细节，观众可以随时随地观赏文物，全方位、多视角了解文物的形状和特征。还可以运用 5G 无人机对长城、大运河等大型文化遗产进行高清直播和 360° 全景 VR 直播，观众可以通过大屏幕欣赏无人机在空中俯瞰的风景，也可以通过 VR 眼镜进行 360° 全景沉浸式体验。随着 5G 时代的来临，文物展示传播也将迎来重大变革。要积极拥抱 5G 新技术，开展以互联网、大数据、人工智能为代表的全方位科技变革，广泛运用智能导览、虚拟漫游等智能手段，加快推进智慧景区、智慧博物馆建设，推动"人 + 物 + 应用 + 管理"多端融合，为观众带来智慧化、沉浸式、个性化的参观体验，用科技力量推动文物"活起来"，用科技力量为文物保护传承注入新的动力。

（三）不断提升文物安全监管的信息化和智能化水平，进一步筑牢文物安全防线

加强安全实时预警，大力提升监管能力。近年来，国际国内文物火灾事故频发，文物安全越来越成为国际文化遗产界高度关注的热点问题。高新技术设备是文物安全监管和实时预警的重要保障。要充分运用互联网、大数据、云计算、人工智能等现代信息技术，开发智能巡查平台和智能终端产品，建立集巡查、统计、分析、监管于一体的监管体系，实现文物安全链条式管理。运用无人机、卫星遥感等高科技手段开展长城、大运河等超大体量文化遗产、偏远地区文物、水下文物的巡查监管，不断提升文物安全监测和执法巡查的效能。提升文物安全监管的信息化和智能化水平，需要不断加大投入，提升装备水平，同时完善监测、评估、调控的综合指标和方法，优化数据采集分析系统，不断提升文物安全防范和实时预警的整体能力和水平。

实施"互联网+"工程，不断提升应急处置能力。推动文物安全保护与现代信息技术融合创新是保障文物安全的有效手段。要大力推广运用"互联网+"、物联网等现代技术，围绕《文物保护装备发展纲要（2018—2025年）》的实施，进一步完善相关设施设备的标准化建设，分批分次、有重点地推进设施设备的更新换代，不断提升文物安防、消防、防雷设施设备的科技化、信息化、智能化水平，提升突发事故应急处理能力。要综合运用现代信息技术，加快文物安全管理和执法平台建设，通过大数据分析准确研判形势，使文物安全监管更精准，执法督察更高效，进一步筑牢文物安全防线。

四、服务共建"一带一路"，推动文明交流互鉴向纵深发展

文明之间需要和而不同的精神。只有在多样中相互尊重、彼此借鉴、和谐共存，这个世界才能丰富多彩、欣欣向荣。推进"一带一路"建设是党中央、国务院统筹国内国际两个大局做出的重大决策，"一带一路"不仅是一条经济发展之路，也是一条文明交流之路。文物具有跨越时空、穿越国度、传播文化、促进文明交流互鉴的独特魅力，充分发挥文物在文明交流互鉴的桥梁作用，让文明交流超越文明隔阂、文明互鉴超越文明冲突、文明共存超越文明优越，既是共建"一带一路"的追求，也是文物工作者的使命。

（一）持续加大政府间交流合作力度，不断增进相互了解和政治互信

当今世界是开放的世界，世界各国的经济和文化联系越来越紧密，你中有我，我中有你。习近平总书记提出"一带一路"倡议以来，截至2019 年已经得到 125 个国家和 29 个国际组织的响应，各国在共商共建共享法则的引领下互联互通，在共同发展繁荣的道路上不断前行。文物交流是促进双边关系改善的润滑剂和催化剂，不同文明只有相互理解、相互尊重才能交相辉映、相得益彰。我国政府相继与数十个"一带一路"沿线国家签署文化遗产领域交流合作双边协定或谅解备忘录，共同打击盗窃盗掘和防止非法进出境文物，共同开展文化遗产保护行动，在合作共赢的框架下取得丰硕成果。实践证明，近年来中国与柬埔寨、尼泊尔、乌兹别克斯坦、蒙古、缅甸等国合作开展的文物保护修复工程、联合考古、联合申遗

等项目，不仅促进了各国文物保护理念的交流融合，而且增进了不同文化、不同民族间的理解和尊重。唯有不断深化同"一带一路"沿线国家政府间的文物交流与合作，在交流交融中相互学习、相互借鉴，才能不断凝聚共识、增进互信，才能在"一带一路"框架下共治共赢、共建共享，为人类文明进步和世界和平发展做出更大贡献。

（二）加大文博机构间交流合作力度，不断拓展文明交流互鉴的深度广度

文明因交流而多彩，文明因互鉴而丰富。近年来，各地文博单位与"一带一路"沿线国家广泛开展交流合作，举办文物进出境展览、开展文物保护项目和学术交流的力度明显加大，取得一系列重要成果。深化文博机构间的交流合作，需要搭建更多平台，开辟更多渠道，既要引进来，也要走出去，依托丰富的文物资源，推出系列传播中国内涵、国际表达的对外文物展览和影视作品，深入挖掘文物背后的思想内涵和历史人文价值，讲好中国故事，阐释中国智慧，弘扬中国精神；依托数十年的文物保护成功经验，形成系列国际化表达的中国文物保护实践和理论研究成果，通过学术论坛、文化博览会和项目合作等多种形式，使中国特色文物保护理念、制度和技术得到更多认同；更加积极主动地学习借鉴世界一切优秀文明成果，通过与各国文化的交融、互动和碰撞，激活中华民族的文化基因，使开放包容、多元一体的中华文化体系在新时代得到创新和发展，不断增强中华文化的生命力、创造力和影响力。

（三）鼓励多层次多形式的民间交流合作，不断构筑广泛而深厚的人文基础

民心相通是"一带一路"建设的重要内容，也是"一带一路"建设的人文基础。"一带一路"倡议涉及120多个国家、数十亿人口，这些国家的政治制度、意识形态、文化传统等千差万别，通过广泛深入的民间交往可以消除隔阂、增进互信，实现文化相通、民心交融，构建良好的民间关系，为"一带一路"倡议的实施提供良好的国际舆论环境，提供源源不断的动力。企业、非政府组织、其他民间机构和留学生等都可以发挥重要作用，通过开展学术交流、打造文化旅游线路、开发文化创意产品、制作纪录片或影视作品等形式广泛传播本国文化遗产及其价值内涵，从而唤起沿线国家的历史记忆，让丝路精神在新时代焕发勃勃生机，彰显新的魅力。要充分发挥互联网平台优势，利用微博、微信等自媒体平台，推出丰富多彩的高质量文化产品，让各国人民深入了解中华优秀文化，让中国人民更多了解他国优秀文化，在相互了解的基础上互学互鉴、兼收并蓄，推动人类文明实现创造性发展，在相互理解的基础上相互尊重、相互支持，共同为构建亚洲命运共同体、人类命运共同体铺就阳光大道。

五、结语

我国是文明古国、文物大国，正处于建设文化强国的进程中。深入学习贯彻习近平总书记在敦煌研究院重要讲话精神，推动新时代文物保护利用专业化和科技化，需要各级党委政府高度重视，牢固树立保护文物也是政绩的科学理念，在机构建设、人员编制、经费投入等方面加大落实落地

力度，切实改善文物工作捉襟见肘的现状。文物系统应进一步建立健全激励机制，敞开胸怀、广纳贤才、人尽其才、才尽其用，不仅要大幅提升从业人员的专业素质，也要注重理想信念的塑造和"莫高精神"的培育，加强与高校、科研院所互动，通过优化学科设置、增加专业培训等形式，培养更多专业型、复合型、创新型人才，从根本上改变目前人员偏少、结构不合理现状。积极鼓励和引导社会力量与文博单位合作，利用各自资源优势和技术优势，在学术研究、保护利用、技术研发、对外交流等方面深度参与，为文物事业提供更多智力支持、资金支持，注入更多活力和动力。新时代面临新机遇，新时代呼唤新作为，只有围绕大局，勇于担当，筑牢文物保护利用改革发展的人才基石、专业基石、科技基石，才能不断开创文物工作新局面，谱写文物事业新篇章。

（原载《中国文物科学研究》2020 年第 2 期）

参考文献

［1］马峰：《"一带一路"倡议的全球治理意义》，《中国发展观察》2019 年第 8 期。

［2］习近平：《在敦煌研究院座谈时的讲话》（2019 年 8 月 19 日），《求是》2020 年第 3 期。

［3］《铸就中华民族博采众长的文化自信》，《求是》2020 年第 3 期。

［4］樊锦诗：《保护传承敦煌文化　增强中华文化自信》，《求是》2020 年第 4 期。

［5］科技部、文化部、国家文物局：《国家"十三五"文化遗产保护与公共文化服务科技创新规划》，2016 年 12 月，中华人民共和国科学部网站（http：//www.Most.gov.cn/kjbgz/201612/t20161229_130008.htm）。

［6］张立文：《中华传统文化与人类命运共同体》，《光明日报》2017年11月6日。

［7］赵声良：《打造敦煌文化时代新坐标》，《人民日报》（海外版）2020年3月9日。

［8］刘远富：《莫高人为什么坚守大漠？》，《中国文物报》2019年9月13日。

［9］《让民间人文交流为"一带一路"提供助力——访丝绸之路和平奖基金会主席邵常淳》，2017年5月9日，新华网（http：//www.Xinhuanet.com/world/2017-05/09/c_1120942645.htm）。

论敦煌历史文化的包容精神

——对习近平总书记考察敦煌等地讲话的一点认识

马　德

一、民族精神：敦煌历史文化遗产保护的意义

2019 年 8 月 19—20 日，习近平总书记先后考察了位于甘肃河西的历史文化遗产敦煌莫高窟、嘉峪关长城和高台烈士陵园，并先后发表了重要讲话。

习近平总书记的三次讲话涉及面广、寓意深远。他首先一再指示保护好历史文化遗产：

> 要十分珍惜祖先留给我们的这份珍贵文化遗产，坚持保护优先的理念，加强石窟建筑、彩绘、壁画的保护，运用先进科学技术提高保护水平，将这一世界文化遗产代代相传。①

---

① 《习近平在甘肃考察时强调　坚定信心开拓创新真抓实干　团结一心开创富民兴陇新局面》，2019 年 8 月 22 日，新华网（http://www.xinhuanet.com/politics/2019-08/22/c_1124909349.htm）。

为什么要保护好文化遗产让其代代相传呢？习近平总书记反复强调了一个词语：民族精神。

> 敦煌文化是中华文明同各种文明长期交流融汇的结果。我们要铸就中华文化新辉煌，就要以更加博大的胸怀，更加广泛地开展同各国的文化交流，更加积极主动地学习借鉴世界一切优秀文明成果。研究和弘扬敦煌文化，既要深入挖掘敦煌文化和历史遗存蕴含的哲学思想、人文精神、价值理念、道德规范等，更要揭示蕴含其中的中华民族的文化精神、文化胸怀，不断坚定文化自信。[①]

而对于历史文化遗产工作者来说，认识其精神价值是从事这项工作的最原始的起点。因为我们都会常常遇到提问：你们保护这些东西，不能吃不能喝，还要花钱，到底是为了什么？所以这是一个一开始就必须要面对的问题。现在大家的答复一般都是：一方面文化遗产有教育方面的作用，包括知识和技艺，这样可以有利于提升每个人的修养；另一方面，就是古人早就明确了的"以史为鉴"。但随着社会的进步发展，这样的解释远远满足不了众人的认知需求，所以需要从文化遗产与社会发展关系方面做出解释，这就是：敦煌首先是一种精神。要通过对历史文化遗产的深入研究，深刻认识历史文化遗产在人类社会进步与发展的历史长河中作为精神财富的价值意义。

敦煌历史文化遗产是永久性的精神财富。几千年来，敦煌几十代的劳

---

① 《习近平在甘肃考察时强调 坚定信心开拓创新真抓实干 团结一心开创富民兴陇新局面》，2019 年 8 月 22 日，新华网（http://www.xinhuanet.com/politics/2019-08/22/c_1124909349.htm）。

动人民，特别是从事各种手工业劳动的工匠们，用他们的聪明和智慧，用他们的生命和鲜血筑造了敦煌石窟这座历史的丰碑，在创造光辉灿烂的敦煌历史文化的同时，把他们的精神一道留给了我们。了解敦煌的历史文化，就是要了解创造了敦煌历史文化的列祖列宗和他们留下的敦煌历史文化遗产所体现的中华民族的民族精神，体现的我们中华民族的先民们聪明智慧、吃苦耐劳和海纳百川的创造、奉献与包容精神。敦煌事业培养与造就了敦煌精神和民族精神，同敦煌宝库一样属于中华民族的宝贵财富。无论社会的发展和进步到什么程度，这种精神永远是促进社会进步发展的动力，而且在发展中不断得到升华。当然，这也是中华大地上所有先民们留给我们的历史文化遗产的共性。

习近平总书记在嘉峪关又强调了文化遗产与民族精神，特别是民族凝聚力问题：

> 长城凝聚了中华民族自强不息的奋斗精神和众志成城、坚韧不屈的爱国情怀，已经成为中华民族的代表性符号和中华文明的重要象征。要做好长城文化价值发掘和文物遗产传承保护工作，弘扬民族精神，为实现中华民族伟大复兴的中国梦凝聚起磅礴力量。[1]

习近平总书记这段话讲了三层意思，即做好文物保护，弘扬民族精神，为实现民族复兴凝聚起磅礴力量。这也就是我们文化遗产工作的三个层次和全部意义，通过对历史上各个民族共同创造的中华民族的优秀传统

---

[1] 《习近平在甘肃考察时强调　坚定信心开拓创新真抓实干　团结一心开创富民兴陇新局面》，2019年8月22日，新华网（http://www.xinhuanet.com/politics/2019-08/22/c_1124909349.htm）。

文化的认知，凝聚起强大磅礴的民族力量。

实际上，早在 2018 年 3 月 20 日，第十三届全国人民代表大会第一次会议闭幕时，习近平主席发表重要讲话，对"中华民族精神"做出了高度凝练与清晰阐发，概括为"四种伟大精神"，即"伟大创造精神""伟大奋斗精神""伟大团结精神"与"伟大梦想精神"。习近平主席说：

> 波澜壮阔的中华民族发展史是中国人民书写的！博大精深的中华文明是中国人民创造的！历久弥新的中华民族精神是中国人民培育的！……中国人民的特质、禀赋不仅铸就了绵延几千年发展至今的中华文明，而且深刻影响着当代中国发展进步，深刻影响着当代中国人的精神世界。中国人民在长期奋斗中培育、继承、发展起来的伟大民族精神，为中国发展和人类文明进步提供了强大精神动力。[1]

在张掖市高台县，习近平总书记瞻仰中国工农红军西路军纪念碑和阵亡烈士公墓，参观中国工农红军西路军纪念馆，向革命先烈敬献花篮。在这里，他又一次强调了民族精神：

> 新中国是无数革命先烈用鲜血和生命铸就的。要深刻认识红色政权来之不易，新中国来之不易，中国特色社会主义来之不易。西路军不畏艰险、浴血奋战的英雄主义气概，为党为人民英勇献身的精神，同长征精神一脉相承，是中国共产党人红色基因和中华民族宝贵精神财富的重要组成部分。我们要讲好党的故事，讲好红军的故事，讲好

---

[1] 习近平：《在第十三届全国人民代表大会第一次会议上的讲话》，《人民日报》2018 年 3 月 21 日。

西路军的故事，把红色基因传承好。①

习近平总书记在这里把长征精神、革命精神也作为中华民族的宝贵精神财富，革命精神也就是民族精神的传承和升华。

二、敦煌历史文化所见中华民族包容精神

因为经常遇到来敦煌参观的人们提出的各种问题，从 20 世纪 90 年代研究敦煌石窟营造历史开始，敦煌古代工匠与民族精神一直是我思考的研究内容。2012 年以来，我先后在不同的场合就敦煌历史文化的民族精神发表过一些粗浅的认识，包括包容、奉献和创造三个方面。② 我首先是从自己的专业、从历史学的角度去认识敦煌历史文化本身作为精神财富的价值、在过去曾经发挥过的作用和对当今以及未来有什么作用；二是从民族精神和精神财富的层面去探讨敦煌历史文化的艺术美学内涵；三是从佛教对社会的作用方面认识敦煌作为民族精神的意义。习近平总书记强调"要深入挖掘敦煌文化和历史遗存蕴含的哲学思想、人文精神、价值理念、道德规范等"。一般说来，从精神财富的层面了解敦煌，无论是敦煌石窟还是敦煌文献，抑或是保存在敦煌大地上的历史遗迹遗物，对先民们的奉献和创造精神都不难领会。而关于包容精神，则需要运用大量历史资料和文

① 《习近平在甘肃考察时强调　坚定信心开拓创新真抓实干　团结一心开创富民兴陇新局面》，2019 年 8 月 22 日，新华网（http://www.xinhuanet.com/politics/2019-08/22/c_1124909349.htm）。

② 参见马德《论敦煌石窟的民族精神》，载《佛教与当代文化建设学术研讨会论文集》第一编，西北大学出版社 2013 年版，第 156—168 页；马德《民族精神：敦煌艺术的美学内涵》，载《敦煌哲学》第二辑，甘肃人民出版社 2015 年版，第 117—128 页；马德"第十章　敦煌工匠的民族精神"，载《敦煌古代工匠研究》，文物出版社 2018 年版，第 292—311 页。

献记载、图像表现来说明。

敦煌历史文化体现出来的中华民族精神，首先就是包容精神。以汉文化为根基的敦煌，用自己博大宽广的胸怀，容纳、吸收了外来的佛教文化，让佛教深深地植根于敦煌的大地上，开出绚丽的花朵，结下丰硕的果实。而因为敦煌地处亚洲腹地，历史上一直是中国与西方各国进行经济、文化交流的中心地带。埃及文明、两河文明、印度文明、中华文明、希腊文明等在这块土地上神奇地进行了交汇和融合，形成了集东西方世界古代文明为一体的作为人类古代文明的象征，因此敦煌又被誉为人类古代文明的中心，而敦煌石窟就是这个中心的标志和见证，是人类古代文明的结晶。习近平总书记说"敦煌文化是中华文明同各种文明长期交流融汇的结果"，即是这个方面的高度概括。而这一切，首先有赖于敦煌这片土地上的世世代代的敦煌人宽广的胸怀和博大的包容精神，让敦煌石窟这座历史的丰碑永远高高耸立在世界民族之林！

佛教传入敦煌的时间较早，据传说，至少从西汉武帝开发河西时期就已经有了迹象。而佛教作为外来的意识形态，能在以汉文化为根基的敦煌大地上传播发展，这本身就是中华民族包容精神的突出体现。敦煌佛教文化就是敦煌的中华民族包容精神下的辉煌成果。由任继愈总主编、杜继文主编的《佛教史》特别强调了竺法护所译早期大乘佛教的重要经典之作《正法华经》在佛教史上的重要意义。

《正法华经》10 卷，晋太康七年（286）译于长安。中心思想是"会三归一""藉权显实"，也就是肯定了佛教在流布过程中广泛吸取别种宗教流派的做法是合理的。它把已经融会于大乘佛教之中而又异于原始佛教的思想信仰，解释成是佛陀教化众生的方便手段，同时也给原始佛教以恰当的地位，看作是同一"佛乘"的不同表现形式。这些说法，调和了佛教内部的派别对立，也为进一步容纳其他民族民间信仰崇拜进入佛教范围开创了道路。①

实际上，这里讲的不仅仅是佛教内部的事，"会三归一"等，也是讲一种文化的包容，是大乘佛教的包容，是敦煌历史文化的包容精神在特定社会背景下的体现，是包容精神在佛教文化在敦煌的传播和发展过程中的展示。我们从下著对竺法护的总体评价中也可以认识这一点。

> 竺法护……祖籍月支，世居敦煌，八岁出家，万里寻师。除诵读佛经外，还博览《六经》和百家之言。后随师游历西域各国，遍学36种语言，搜集大量胡本佛经，……他一生往来于敦煌、长安之间，先后47年（266—313），译经150余部，除小乘《阿含》中的部分单行本外，大部分大乘经典，包括《般若》类的《光赞般若经》，《华严》类的《渐备一切智德经》，《宝积》类的《密迹金刚力士经》，《法华》类的《正法华经》，《涅槃》类的《方等般泥洹经》等等。早期大乘佛教各部类的有代表性的经典，都有译介。这些佛籍的内容非常庞杂，既包括思想深沉的多种哲学流派，又含有形式粗鄙的原始宗教观念，大体反映了当时由天竺到西域佛教的基本面貌，在沟通西域同内地的早期文化上，做出了卓越的贡献。《高僧传》本传评论说："经法所以广流中华者，护之力也。"②

---

① 杜继文主编：《佛教史》，江苏人民出版社 2008 年版，第 141 页。
② 杜继文主编：《佛教史》，江苏人民出版社 2008 年版，第 139—140 页。

竺法护后，敦煌石窟创建。敦煌石窟一开始就是一座多种文化交汇融合的宝库，饱含了我们中华民族的包容精神和文化胸怀。

从敦煌石窟的佛教造像中首先就可以看到，外来的佛教诸神形象各个时期都有不同。早期的第 275 窟、北魏的第 259 窟、隋代的第 419 窟和唐代的第 45 窟，我们逐一进行比较的话，就不难看出，虽然表现的都是佛祖，但不仅都是根据时代不同而发生变化，更主要的是他们一起出现在同一崖面上，适应着各个时期的各种社会需求。敦煌石窟就是因为有了包容，才使得佛祖的形象丰富多彩。

在壁画中，有种题材叫"各国王子听法图"和"各国王子举哀图"，更是具体地绘制了各种肤色和各种装束的各国"王子"共处一室，这里体现的佛教文化的世界性也是敦煌石窟包容精神的展示。

这里最明显的例子，是石窟壁画上表现的中国人最喜闻乐见的观世音菩萨救难的情景之一商人遇盗：壁画上的外国商人与中国"强盗"。北周时代就有大量胡人形象出现在壁画上，隋代亦然：从第 302、303 窟开始，到第 420 窟的观音普门品，再到唐代盛期的第 217、45、444 窟等，商人是胡人，"强盗"是汉人，特别是全副武装的汉人。这些完全出自中国画家之手的画面，不仅反映了封建史学家们津津乐道的隋唐盛世的另一面，更体现了画家作为中国人的宽广胸襟，敢于直面盛世的另一面。这是敦煌的包容精神最突出的体现，是在中华民族傲然挺立在世界民族之林中的中国封建社会最盛期，敢于直面自己的短处，向世人暴露自己的黑暗，这也是先辈们留给我们最深刻、最有益的经验和启迪。

三、敦煌包容精神与中华民族共同体意识

习近平总书记在敦煌研究院的座谈会上又专门讲道：加强对少数民族历史文化的研究，铸牢中华民族共同体意识。

党的十九大报告曾经在"中华民族""人类命运""人与自然"三种意义上使用"共同体"一词。这次因为是在敦煌莫高窟讲这句话，自然应该和敦煌历史上的少数民族文化研究相关。敦煌数千年的历史是个多民族活动的大舞台，除了与西方各国的交流之外，国内的众多少数民族不断地你来我往，通过各种交流方式共同发展和进步，整合到以汉族为主体的中华民族大家庭中。如敦煌历史上的吐蕃治理时期就是历史上汉藏和睦相处的共赢共荣时期。中华民族是以汉族为主体的多民族国家，在中华民族的发展中，相对发达的汉民族用各种方式帮助其他各少数民族共同进步，形成了中华民族的共同体意识。敦煌历史文化也是由中华民族的各民族共同创造的，也有汉民族帮助其他民族实现历史的跨越性发展，共同进步的突出事迹。

这里以藏民族的祖先吐蕃民族为例：吐蕃起源于 1 世纪前后，最初是分散在青藏高原各地的原始农、牧业部落；大约从 600 年开始，高原诸部落中最强盛的雅砻部落渐次兼并了其他各部落，统一了青藏高原；此后不久，吐蕃在松赞干布的统领和治理下，平定内乱，安抚周边四境，创造文字，制定法律典章，引进佛教，通好天竺，特别是与唐朝和亲，结甥舅之好，学习唐朝的先进文化，使之成为中国历史上由藏族先民所建立的一个强大的奴隶制政权。从 7 世纪下半叶开始，处于奴隶制上升时期的吐蕃王朝发动了对周边各国的掠夺战争，占领了唐朝及西域各国的大片领土。在它最强盛的八九世纪的百余年间，它统治着中国西南、西北以及中亚的广

大地区。当时地处中西交通要道上的重镇敦煌也在吐蕃管辖和治理的范围之内，并且雄踞东西方中部，与吐蕃首府拉萨南北相望。

吐蕃王国从雅砻河谷的农耕开始算起，前后延续近千年。藏、汉文史籍都曾叙述过吐蕃历史文化的辉煌，而在吐蕃曾经占领和治理过的敦煌，我们就看到了大量的吐蕃历史文化遗迹和保存得最丰富、最集中的吐蕃史料，都体现出这种辉煌。吐蕃治理敦煌时期，几代吐蕃赞普曾在敦煌指挥作战和处理国家政务，吐蕃王朝也在敦煌大举进行过封建改革，真正接纳了唐朝等邻国的先进经济文化，大力发展农业、林业、畜牧业和手工业，促进了吐蕃社会的重大变革，实现了本民族历史的跨越性发展；吐蕃王朝代替唐朝担负起保护和管理中西经济文化交流的通道——丝绸之路的艰巨任务；敦煌曾经聚集了一大批汉、吐蕃和西域各民族的文化人；赞普的王妃和宰相在这里组织和主持了佛经的翻译、抄写和传播事业，传播汉唐文化与佛教文化。所以，敦煌在吐蕃历史文化的发展史上有着重要的地位、发挥过重要的作用、展示过巨大的历史意义：敦煌曾经一度成为吐蕃的文化中心和经济特区，是藏族古代历史上最辉煌的时期。① 这就是唐代中华民族共同体的具体体现。

敦煌文化的包容精神在吐蕃时期又得到很好的体现，主要反映在敦煌石窟的佛教文化方面，不仅在建筑方面创造性地吸收和运用了"窟塔一体"的格局，更重要的是在壁画内容方面，在佛教山头遍布、宗派林立的时代，一窟之中绘制十几幅、二十几幅各宗各派所尊奉的经典变相，形

---

① 参见马德《论敦煌在吐蕃历史发展中的地位》，载敦煌研究院编《敦煌吐蕃文化学术研讨会论文集》，甘肃民族出版社 2009 年版。

成"方太室内化尽十方，一窟之中宛然三界"①的完整的社会化佛教活动场所。这种佛教本身的包容只有在敦煌石窟这样的场所才能体现出来，而这里同时体现的也就是敦煌及中华各民族的共同体意识。

四、包容精神与文化自信

党的十八大以来，习近平总书记曾在多个场合提到文化自信，传递出他的文化理念和文化观，这里摘录几段："中国有坚定的道路自信、理论自信、制度自信，其本质是建立在5000多年文明传承基础上的文化自信""我们说要坚定中国特色社会主义道路自信、理论自信、制度自信，说到底是要坚定文化自信""文化自信，是更基础、更广泛、更深厚的自信"。中国传统思想文化"体现着中华民族世世代代在生产生活中形成和传承的世界观、人生观、价值观、审美观等，其中最核心的内容已经成为中华民族最基本的文化基因，是中华民族和中国人民在修齐治平、尊时守位、知常达变、开物成务、建功立业过程中逐渐形成的有别于其他民族的独特标识"。这里强调的文化自信都是建立在中华民族优秀传统文化基础上的自信。而这些年关于学习和贯彻文化自信方面的文章，仅我所见到的就有百余篇之多，其中不乏鸿篇佳作，对以民族传统为基础的文化自信的阐释也有深刻的见解和精辟的论述，兹不赘。

习近平总书记在敦煌的讲话实际上是他的一系列关于文化自信理论的进一步阐述和提升，因为敦煌足可以让任何一个中国人产生强烈的民族自

---

① 出自《敦煌遗书》第2762页《张淮深碑》，参见马德《敦煌莫高窟史研究》，甘肃教育出版社1996年版，第302页。

豪感！有了敦煌，就有了自豪——自豪即自信！敦煌是一种文化，敦煌自信首先是文化自信，而造就敦煌文化的重要基础条件之一就是中华民族的博大胸怀和包容精神。因为包容，才有敦煌；自信就是包容，就能包容；包容则是自信的最好展示。敦煌历史文化是中华民族几千年优秀传统文化的象征，文化自信首先是民族优秀传统文化的自信。传统文化自信的基础是文化胸怀，即包容精神。包容是一种胸怀，是一种境界，也是最大的自信。敦煌辉煌灿烂的历史文化所展示的包容精神和民族精神使我们的文化自信永远具有十足的底气！

"海纳百川，有容乃大"。包容精神不仅因为它是老祖宗留给我们的财富，更重要的是因为它是在人类社会进步发展的历史长河中所不能缺少的动力。敦煌历史文化的历代创造者和中华民族的先民们给予了子孙后代这样宝贵的财富，值得我们永远地继承和发扬光大。

（原载《世界宗教文化》2019 年第 6 期）

学习习近平新时期文物保护利用系列重要指示

邵 波

文物是历史发展的见证，是社会文明进步的载体，保护好、利用好文物对于弘扬中华传统优秀文化，培育社会主义核心价值观，促进经济社会发展具有非常重要的作用。习近平总书记历来高度重视文物保护利用工作，指出"文物承载灿烂文明，传承历史文化，维系民族精神，是老祖宗留给我们的宝贵遗产，是加强社会主义精神文明建设的深厚滋养。保护文物功在当代、利在千秋"[①]。本文通过系统梳理习近平总书记关于文物保护利用的工作实践和系列重要指示，深刻理解其蕴含的精神实质和丰富内涵，进而提出贯彻落实习近平总书记文物保护利用思想的举措和做法，以期进一步推动我国文物保护事业的发展。

---

① 潘婧瑶：《习近平谈文物保护工作的三句箴言》，2016 年 4 月 13 日，人民网（http://politics.people.com.cn/n1/2016/0413/c1001-28273470.html）。

一、习近平文物保护利用的工作实践及系列指示

一直以来，习近平总书记都是中华传统文化的热爱者、守护者，也是文物保护与创新利用的实践者。不论是在地方工作期间，还是带领全国人民开展中国特色社会主义建设时，习近平都一如既往地关注、关心和关爱文物保护利用工作，保护了一大批珍贵的文物古迹，做出了一系列保护利用的重要指示批示，提出了一整套完整全面的文物保护利用新思路、新论断，将我国文物保护事业引领到了一个新高度、新境界。

（一）习近平文物保护利用工作实践的开创期

1982 年，习近平来到河北省正定县工作。正定历史文化底蕴深厚，文物古迹资源丰富，在当时就有 9 处全国重点文物保护单位。然而，这些宝贵的文物在经历了 10 年"文革"之后，保存状况堪忧。习近平看在眼里，急在心里。他曾严肃地对身边的人说："我们对文物保管不好，就是罪人，就会愧对后人。"[①] 为此，他在繁忙的工作之余，经常抽出时间来视察正定文物保护工作，并拜当地熟知历史文化知识和古建筑保护的专家贾大山为师请教学习。在他的领导下，正定县对全县各类文物古迹、古树名木开展了普查工作，摸清了文物家底，并于 1982 年 11 月公布了一批县级文物保护单位名录和古树名木名单。针对不少重要文物亟须整治维修的现状，习近平多次邀请国内权威专家来为文物建筑的保护和修缮出谋划策，并积极向河北省委汇报正定文物事业面临的困难和发展思路。在他的不懈努力下，省里拨付 172 万元人民币用于隆兴寺方丈院、天王殿、戒坛等古

---

① 正定县政协文史委：《千年正定城》，人民出版社 2014 年版，第 342 页。

建筑的修缮和彩绘，从而让这些历经沧桑的古建筑再次焕发昔日光彩。在做好修缮的同时，习近平强调要将文物保护与全县城市建设规划相结合，为各类文物保护单位划定必要的保护范围并做出保护标志，将文物保护纳入城市的总体规划中。在当时，作为地方主官能统筹考虑文物保护与城市建设是非常难得且具有前瞻性的做法。

在做好文物保护的同时，习近平提出保护与开发利用并举的发展思路。他敏锐地意识到正定紧邻省会石家庄，地理位置优越，交通发达便捷，利用丰富的历史文化遗产资源发展文化观光旅游是实现正定经济社会发展的重要抓手。他对身边的人说："正定这里的文化是最好的，历史积淀也好，有得天独厚的优势开展旅游业，不应该失掉这个机会。"[①] 为此，他一方面指导文物部门做好隆兴寺大悲阁、临济寺澄灵塔、天宁寺凌霄塔等重要文物建筑的保护管理工作，另一方面修建了诸如停车场等旅游配套设施，提升了正定旅游业发展的水平和档次。在他的领导下，正定发展文化旅游产业、实施旅游兴县的战略得到有效贯彻落实，推动了正定经济社会的快速健康发展，探索出了一条文物保护与经济发展双赢的道路。在正定工作期间，他把保护好古建筑、保护好文物就是保存历史、保存城市文脉的思想贯穿于正定三年的治县实践中。[②]

（二）习近平文物保护利用工作实践的深化期

习近平在福建、浙江工作期间，着力推动文物保护的法制化、制度化建设，提出了许多具有前瞻性、建设性的思想和观点，开展了大量创新性

---

① 邓沛然：《情系党和人员的政治担当——从习近平在正定工作经历中汲取政治营养》，《学习时报》2018 年 7 月 25 日。

② 参见张福建《习近平在正定的历史文化思想探源》，《领导之友》2016 年第 21 期。

的探索和实践，为文物保护事业发展倾注了大量的心血。

习近平初到福建厦门工作，便提出要防止对文物的"建设性破坏"，指出："厦门是不能以这种代价（指建设性破坏）来换取其他方面发展的。"① 在主政福州期间，习近平更是不遗余力地推动文物保护事业的发展。当听闻重要文物林觉民故居面临拆迁的时候，他亲自到现场调研并组织召开市委市政府文物工作现场办公会。会上，习近平指出："把全市的文物保护、修复、利用搞好，不仅不能让它们受到破坏，而且还要让它更加增辉添彩，传给后代。"② 会议决定立即停止对林觉民旧居的拆迁，进行整修并开辟为福州辛亥革命纪念馆向社会公众开放。此次现场办公会确定了后来被福州文博界广为传颂的"四个一"制度，即一个局、一个队、一颗印和一百万元。会议提出要在全市范围内开展一次全面系统的文物普查，为各级文物保护单位树立保护标志并建立档案。同时一次性公布 64 处名人故居，制作并悬挂"福州市名人故居"搪瓷铭牌。此外，会议还确定尽快修订《福州市历史文化名城保护条例》，制定《福州市历史文化名城保护规划》和《三坊七巷历史文化街区保护规划（编修）》，用法律的方式严格保护文物物理形态和人文环境信息免遭破坏。③

习近平在担任福建省委副书记、省长期间，依然时常挂念文物保护利用工作。当他得知三明万寿岩旧石器时代遗址面临矿山开采的情况后做出了重要批示，指出万寿岩旧石器时代洞穴一直作为不可再生的珍贵历史文

① 段金柱、郑璜：《像爱惜自己的生命一样保护好文化遗产——习近平在福建保护文化遗产纪事》，《中国文物科学研究》2015 年第 1 期。

② 段金柱、郑璜：《像爱惜自己的生命一样保护好文化遗产——习近平在福建保护文化遗产纪事》，《中国文物科学研究》2015 年第 1 期。

③ 隋笑飞、吴晶晶、周玮：《留住历史根脉 传承中华文明——习近平总书记关心历史文物保护工作纪实》，《人民日报》2015 年 1 月 10 日。

物，任何个人和单位都不能为了谋取眼前或局部利益而破坏全社会和后代的利益。他要求三明市政府立即采取措施，加强对万寿岩洞穴遗址群的保护并指导三明钢铁厂尽快异地选取新的采矿点，确保文物保护和生产发展两不误。① 在习近平的关注下，万寿岩遗址得到妥善有效的保护，被评为"2000 年度全国十大考古新发现"，同年被公布为全国重点文物保护单位。2002 年，习近平为《福州古厝》作序，做出保护好古建筑、保护好文物就是保存历史、保存城市文脉等重要论断，阐明了经济发展和文物保护同等重要的关系。

习近平在浙江工作期间也高度重视文物保护利用工作。他曾两次考察萧山跨湖桥遗址，调研杭州南宋御街遗址和浙江省博物馆文澜阁修缮工程，视察西湖景区并三提建议，指出"西湖的周围，处处有历史，步步有文化。对这些历史文化遗存，我们一定要保护好，利用好，传承下去，发扬光大"②。他在调研浙江文化遗产保护工作时强调，"保护文化遗产，保持民族文化的传承，是各级党委、政府义不容辞的历史责任。要切实加强对文化遗产保护工作的领导，理顺文化遗产保护管理体制，加大投入力度。积极引导和鼓励社会力量参与文化遗产保护，建立完善文化遗产保护专家咨询制度、公众和舆论监督制度，充分发挥有关学术机构、大专院校、企事业单位、社会团体等各方面的作用，共同开展文化遗产保护工作"③。

---

① 参见段金柱、郑璜《像爱惜自己的生命一样保护好文化遗产——习近平在福建保护文化遗产纪事》，《中国文物科学研究》2015 年第 1 期。

② 《媒体披露习近平保护浙江文化遗产二三事》，2015 年 6 月 14 日，新华网（http://www.xinhuanet.com/politics/2015-06/14/c_127912919.htm）。

③ 周咏南：《加强文化遗产保护　传承优秀文化传统》，《浙江日报》2006 年 6 月 11 日。

（三）习近平文物保护利用工作实践的统领期

习近平从地方转入中央工作后，对文物保护事业发展始终高度重视。据不完全统计，党的十八大以来，习近平对文物保护利用累计做出重要指示、批示 100 多次，并多次出席文物领域重要活动，提出一系列事关文物事业发展的重要观点和重要论断，为新时期的文物事业指明了方向，提供了遵循。

2012 年 11 月，习近平带领新当选的党的十八大中央政治局常委集体到国家博物馆参观"复兴之路"展览，在此提出"中国梦"重要论述，体现了党中央对中华传统文化和历史文化遗产的尊重。2014 年 2 月，习近平在考察北京工作时强调，"历史文化是城市的灵魂，要像爱惜自己的生命一样保护好城市历史文化遗产。北京是世界著名古都，丰富的历史文化遗产是一张金名片，传承保护好这份宝贵的历史文化遗产是首都的职责，要本着对历史负责、对人民负责的精神，传承历史文脉，处理好城市改造开发和历史文化遗产保护利用的关系，切实做到在保护中发展、在发展中保护"①。党的十九大胜利闭幕之际，习近平带领中共中央政治局常委专程前往上海中共一大会址和嘉兴南湖红船瞻仰革命遗迹、参观革命展陈、回顾建党历史、重温入党誓词，宣示新一届党中央领导集体的坚定政治信念。2017 年 6 月，习近平总书记在中办调研室一份关于大运河文化带建设的调研报告中做出重要指示，指出"大运河是祖先留给我们的宝贵遗产，是流动的文化，要统筹保护好、传承好、利用好"。大运河文化带建设受到前所未有的重视，成为沟通和连接"一带一路"建设、长江经济带

---

① 习近平：《作为一个中国人，一定要了解我们民族的历史》，2019 年 12 月 27 日，党建网（https://baijiahao.baidu.com/sZdn654032098342086296&wfr=spider&for=pc）。

战略、京津冀协同发展三大战略的重要桥梁和纽带。2019 年 11 月，他在上海考察时指出，文化是城市的灵魂。城市历史文化遗存是前人智慧的积淀，是城市内涵、品质、特色的重要标志。要妥善处理好保护和发展的关系，注重延续城市历史文脉，像对待"老人"一样尊重和善待城市中的老建筑，保留城市历史文化记忆，让人们记得住历史、记得住乡愁，坚定文化自信，增强家国情怀。

二、习近平新时期文物保护利用系列重要指示的深刻内涵

习近平新时期文物保护利用系列重要指示蕴含着事关文物保护事业发展的重要战略思维和重大理论观点。学习和深刻领会这些重要指示，秉持科学的文物保护利用理念，正确处理保护利用与经济发展的关系，对于加强我国文物保护利用工作具有极其重要的指导意义。

（一）深刻揭示文物保护利用的重要作用

首先，做好文物保护利用有利于增强文化自信。习近平站在五千年中华文明史的高度，深刻指出文化自信的重要性。他在多个场合强调，我们要坚定道路自信、理论自信、制度自信，说到底要坚定文化自信，文化自信是更基础、更广泛、更深厚、更持久的力量。坚定文化自信，就是要深入研究和弘扬中华优秀传统文化，加大对传统文化的保护与利用。作为历史文化的真实见证和实物载体，文物不仅是一个民族的宝贵文化遗产，也是一个国家文化软实力的重要载体，其携带的文化信息不仅证实了历史的发展进程，而且也是激发民族自豪感、提升文化自信的深厚滋养。中国古

代和近现代大量的文物遗存对提升整个中华民族的凝聚力、向心力、自信心具有无可比拟的作用。保护好、利用好各类文物古迹是传承中华优秀传统文化、培育社会主义核心价值观的必然要求，是中华文明在世界文化潮流中站稳脚跟的坚实基础，在彰显文明大国形象、提升国家文化软实力、实现中华民族伟大复兴中国梦中发挥着不可替代的作用。

其次，做好文物保护利用有利于提高治国理政能力。文物是连接古代中国和现代中国的桥梁和纽带，通过保护、研究我国古代的历史文化遗产，能够最真实、最客观地分析和总结古代先贤治国理政的智慧和经验。习近平指出："要治理好今天的中国，需要对我国历史和传统文化有深入了解，也需要对我国古代治国理政的探索和智慧进行积极总结。"[①] 历史是现实的根源，任何一个国家的今天都来自昨天。一个国家对于治理结构的选择取决于其历史文化传统和经济社会发展水平，而我国的治理体系正是在此基础上长期发展、渐进改进、内生演化而来的。推进国家治理结构和治理体系的建设与改革，不能生搬硬套其他国家的治理理念和模式，而应从我国实际国情出发，围绕中华民族几千年来形成的文化传统和内在基因进行扬弃、创新与发展。文物作为历史文化的实物载体，是研究历代王朝政权更迭、兴衰成败，探索新时期治国方略的重要基石。保护文物就是保护文化基因、维系传统文化正本固元的重要手段，是创新治理体系和治理能力的重要基础。[②] 习近平将文物保护利用同治国理政密切结合的提法，为党推进国家治理体系和治理能力现代化水平建设提供了有益的参考和借鉴。

[①] 习近平：《在第十二届全国人民代表大会第一次会议上的讲话》，《人民日报》2013 年 3 月 18 日。

[②] 参见张舜玺《习近平文物事业法治思想研究》，《中国法学》2017 年第 4 期。

再次，做好文物保护利用有利于弘扬爱国主义精神。文物，尤其是革命文物，是中华文化的宝贵资源和革命精神的重要实物反映，是中华民族的力量源泉和精神动力，彰显坚定的政治立场，蕴含丰厚的革命信息，展现壮阔的革命场景，是中华民族最值得珍视的精神财富。习近平强调："革命传统资源是我们党的宝贵精神财富，每一个红色旅游景点都是一个常学常新的生动课堂，蕴含着丰富的政治智慧和道德滋养。"① 无论是在上海、嘉兴、徐州，还是在于都、高台、新县，习近平到各地考察调研，总不忘去参观当地革命旧址、瞻仰革命文物。在习近平看来，中国革命历史是最好的营养剂，革命先烈留下的红色文化和革命精神是激励中华民族砥砺前进的宝贵财富。弘扬革命文物饱含的优良传统，对于提升全民族的道德水平，激发爱国主义情感，培育社会主义核心价值观，树立正确的人生观、价值观和世界观，推动全面建设小康社会实现中华民族伟大复兴中国梦具有不可替代的作用。

最后，做好文物保护利用有利于增进对外文化交流。文物在我国对外交往中始终占据重要的地位，在推动国家战略实施和展现大国形象方面地位日益凸显。近年来，习近平多次在文物博物馆开展主场外交活动，宣传传统文化，展现文化自信。2016 年 G20 峰会在世界遗产西湖之畔召开，2017 年金砖国家领导人共同观看文化遗产图片展，2018 年习近平主席与印度总理莫迪在湖北省博物馆会晤参观。此外，由中国、哈萨克斯坦、吉尔吉斯斯坦联合申报的"丝绸之路：长安—天山廊道路网"正式列入"世界遗产名录"，由我国牵头组织的多国申报海上丝绸之路世界遗产项目也正在紧密推进中，援外文物保护工程和涉外考古项目取得了丰硕成果。习

---

① 谢春艳：《保护革命文物 传承革命精神》，《人民法院报》2018 年 8 月 17 日。

近平关于文物外交的重要指示批示正落地开花，文物在"一带一路"和构建人类命运共同体中发挥了重要的积极作用。

（二）深刻揭示文物保护利用的基本原则

第一，坚持保护为主的原则。习近平始终把文物保护作为文物事业发展的基石和落脚点，提出要像爱惜自己的生命一样保护历史文化遗产。他多次强调，要全面贯彻落实"保护为主、抢救第一、合理利用、加强管理"的文物工作方针，落实保护文物也是政绩的科学理念，进一步加大文物保护力度。修旧如旧，保留原貌，防止建设性破坏。[①] 习近平曾严肃地指出："如果说以前无知情况下的不重视还可以原谅，那么现在有认识情况下的不重视，那就是意识问题、政绩观问题。"[②] 他不仅身体力行地保护和抢救了大批珍贵的历史文化遗产，而且还将文物保护工作上升到理论高度，认为评价一个制度、一种力量是进步还是反动，重要的一点是看它对待历史、文化的态度。

第二，坚持教育引导的原则。习近平指出，一个博物院就是一所大学校，让历史说话，让文物说话，能起到以理服人、以文服人、以德服人的重要作用。[③] 在当今社会，文物博物馆作为第二课堂，其教育功能正发挥着越来越重要的作用。2015 年国务院公布的《博物馆条例》指出，中国博物馆是以教育、研究和欣赏为目的的，其中教育功能被列为博物馆公共

---

① 参见隋笑飞、吴晶晶、周玮《留住历史根脉 传承中华文明——习近平总书记关心历史文物保护工作纪实》,《人民日报》2015 年 1 月 10 日。

② 隋笑飞、吴晶晶、周玮：《留住历史根脉 传承中华文明——习近平总书记关心历史文物保护工作纪实》,《人民日报》2015 年 1 月 10 日。

③ 参见张舜玺《习近平文物事业法治思想研究》,《中国法学》2017 年第 4 期。

服务的首要功能和核心要义。文物博物馆所蕴含的优秀传统文化、科学知识、艺术魅力是一个国家、一个民族传承和发展的根本，是激发爱国情感、培育道德文明、提升科学认知的重要教育场所。习近平在向国际博物馆高级别论坛致贺信中指出，"博物馆是保护和传承人类文明的重要殿堂，是连接过去、现在、未来的桥梁"。发挥好文博场馆的教育引导作用，让文物说话，把历史智慧告诉人们，对于提升社会精神道德和科学文化素养有着特殊的作用。

第三，坚持可持续发展的原则。习近平指出，保护历史文物是国家法律赋予每个人的义务和责任，也是实施可持续发展战略的重要内容。文物保护功在当代，利在千秋，文物作为不可再生的珍贵资源，不仅属于我们，也属于后代子孙。任何个人和单位都不能为了谋取眼前或局部利益而破坏全社会和后代的利益。可持续发展战略是当前人类社会在发展过程中为解决代内公平和代际公平而采取的新型发展方式。坚持文物保护的可持续发展战略，就是要将千百年来老祖宗留给我们的这些珍贵遗产保护好、传承好、利用好，不能为了一时一地的经济利益，对文物的开发利用采取竭泽而渔的方式甚至是破坏拆除，而是要在做好保护的前提下，合理适度利用文物，使其不但在当代发挥积极的作用，也能让子孙后代享受历史文化遗产带来的种种益处，实现文物永续传承，维护文物资源保护利用的代际平衡。

第四，坚持合理利用的原则。习近平对于文物合理利用提出了许多重大的新思想、新论述，极大破除了长久以来制约人们关于文物保护利用认识的藩篱和误区。习近平强调，在坚持保护的前提下进行适度合理开发和建设，通过适度合理开发和建设来实现更好的保护。^①习近平在多年的工作实践中，都身体力行地推动文物的科学合理适度利用，用实际行动践行将文物保护好、传承好、利用好的理念。他在主持中共中央政治局提高国家文化软实力研究第十二次集体学习时提出的"系统梳理传统文化资源，让收藏在博物馆里的文物、陈列在广阔大地上的遗产、书写在古籍里的文字都活起来"^②的深刻论述，为当前及今后一段时期内文物保护利用事业的发展指明了方向。

（三）深刻揭示文物保护利用与经济社会发展的关系

习近平多次强调要正确处理文物保护利用与城乡建设之间的关系。他在中央城镇化工作会议上提出，要让居民望得见山、看得见水、记得住乡愁。要在城市建设中秉持正确的发展理念，保护好文物古迹，延续城市历史文脉。在云南考察期间，习近平指出，新农村建设一定要"注意乡土味道，保留乡村风貌，留得住青山绿水，记得住乡愁"。在天津视察历史街区保护工作时，习近平提出"要爱惜城市历史文化遗产，在保护中发展，在发展中保护"。这些精辟生动的论断深刻揭示了发展与保护的辩证关系，阐明了在新型城镇化建设中的新思路、新要求。在城乡建设过程中要对历史文化怀有敬畏之心，坚持文物保护与城乡建设并重的原则，尊重城乡建设发展规律，保护城乡历史记忆，通过统筹规划、保用结合的方式，让自然环境与人文景观有机地融合到新型城镇化建设中去。

习近平与历史文化名城的保护与发展有着不解之缘，他工作过的正

---

① 参见《习近平文物保护简史》，2015年1月11日，央广网（http://news.cnr.cn/native/gd/20150111/t20150111_517380830_3.shtml）。
② 习近平：《建设社会主义文化强国　着力提高国家文化软实力》，《人民日报》2014年1月1日。

定、福州、上海等地都是国家历史文化名城，因此对保护古城风貌有着特殊的感情。他在一份关于正定古城情况的报告中指出，充分肯定近年来正定古城保护工作。要继续做好这项工作，秉持正确的古城保护理念，即切实保护好其历史文化价值。在北京考察期间，习近平强调历史文化是城市的灵魂，要像爱惜自己的生命一样保护好城市历史文化遗产。在广州永庆坊考察时他指出，城市文明传承与根脉延续非常重要，传统与现代要融合发展，旧城的保护与更新更多地要采取微改造的方式，用"绣花功夫"让具有深厚历史积淀的老街古巷焕发新的活力，让城市留下记忆，让人们记住乡愁。他在多个场合强调，要加强对城市的空间立体性、平面协调性、风貌整体性、文脉延续性等方面的规划和管控，留住城市特有的地域环境、文化特色、建筑风格等基因。[①] 在他看来，名城保护好了，就能够加强城市的吸引力、凝聚力。

三、贯彻落实习近平文物保护利用系列重要指示，引领文物事业新发展

习近平关于文物保护利用系列重要指示体现了以习近平同志为核心的党中央对文物保护利用工作的亲切关怀和殷切希望，具有很强的理论深度和实践指导意义。贯彻落实习近平文物保护利用系列重要指示，应该在加强文物资源保护利用、推进文物事业体制改革、强化文物安全监管、坚定文化自信、扩大中华文化国际影响力上下功夫。

---

① 参见《中央城市工作会议在北京举行》，《人民日报》2015 年 12 月 23 日。

（一）加大文物保护力度，推动文物合理利用

文物是历史的见证，保护文物就是保存历史，就是传承中华优秀文化、推动经济社会的可持续发展。要认真学习贯彻习近平文物保护利用系列重要指示，推动各级党委政府树立保护文物也是政绩的理念，充分发挥党委统筹、政府主导、社会参与的制度优势，让文物保护成为全社会的共识。坚持文物工作始终为人民服务、为社会主义服务的方针，将文物工作主动融入国家改革发展大局中谋划。坚持依法依规保护，妥善处理文物保护与城市建设发展的关系，探索新型城镇化建设中的文物保护工作思路，让文物作为感知城市历史、塑造城市品位和展示城市特色的重要载体。坚持文物保护真实性、完整性的原则，深入开展文物资源调查，系统摸清文物家底，实施整体保护战略，最大限度地保护好各类历史文物遗存。

保护是基础，利用是根本。按照习近平总书记关于"让文物活起来"的要求，创新文物保护利用理念，多措并举加强文物合理适度利用工作。要在建章立制上有规范，明确文物利用的底线和红线，从保护和可持续发展的前提出发，划定文物利用的承载能力。[①] 充分发挥文物资源公共产品属性，推动文物保护单位积极向社会开放。要在活化利用上下功夫，推动文物在全域旅游中发挥更大作用，让文物成为旅游发展的新动能和带动地区经济发展的领头羊。要在创新性发展、创造性转化上做文章，让文物从养在深闺人未识到全面呈现在社会公众面前。推动文物在展陈设计、文创开发上有所突破，加强文物保护利用的广度和深度，增强文物的吸引力，使文物保护成果更多惠及人民群众。[②]

---

① 参见张舜玺《习近平文物事业法治思想研究》，《中国法学》2017 年第 4 期。
② 参见《习近平对文物工作作出重要指示》，《中国文物科学研究》2016 年第 1 期。

（二）加快文物事业改革，推动体制机制创新

进一步贯彻落实《国务院关于进一步加强文物工作的指导意见》和中共中央办公厅、国务院办公厅《关于加强文物保护利用改革的若干意见》，聚焦文物事业改革发展的重点、难点问题，推动顶层设计，加强制度建设，理清文化遗产保护管理体制，破除制约文物保护利用发展过程中的障碍，解决文物事业发展不平衡不充分的矛盾，不断推进文物治理体系和治理能力现代化建设。全面深化文物领域"放管服"改革，制定符合我国国情的改革实施方案。开展机构改革，优化机构设置和资源配置，明确行政管理、执法督察和科学研究的定位分工，形成关系顺畅、职责明晰的新型保护管理体系。实施简政放权，取消、下放、整合文物行政审批事项，提高行政审批效率，完善监管措施，提升服务质量。开展文物保护利用管理改革试点，指导和鼓励不同区域对低级别文物保护利用的差别化管理，引入文物保护合理利用的负面清单制度。开展文物保护利用法律法规的修订工作，结合时代发展特点和文物保护管理实际需要，在法律层面上为新时期文物事业发展改革提供制度保障。研究建立文物指定和登录相结合的认定制度，规范文物调查、申报、登记、核实、定级、公布的标准和程序，探索制定文物保护单位降级撤销和馆藏文物退出机制。建立健全文物人才培养和提升的体制机制，加大对急需专业技术、技能和复合管理人才的培育力度，多措并举为人才的发展提供有利的制度保障。积极引导和鼓励社会力量参与文物保护，改进政府与社会力量的合作方式，由放宽准入门槛、加强日常监管向优化服务、构建合作命运共同体的新模式转变，提升社会力量在文物保护利用方面的参与水平和治理能力。

（三）加强文物安全监管，推动文物执法督察

文物安全是文物保护利用的红线、底线和生命线，是开展好文物保护利用的基础和前提。当前，我国文物安全形势依然严峻，各类文物违法犯罪案件时有发生。文物法人违法屡禁不止，文物盗窃、盗掘、走私等犯罪问题突出，文物建筑火灾频发，文物市场乱象丛生。究其原因，既与属地监管主体责任履行不到位有关，也与文物部门安全监管和执法巡查力度不够有关。为此，要以习近平总书记关于文物安全的重要指示批示精神为指导，牢固树立安全意识、风险意识、责任意识和底线意识，把文物安全记在心上、挂在嘴边、落到实处，最大限度地防范文物安全风险，减少和降低事故发生率。一是要加强文物安全制度建设。推动《中华人民共和国文物保护法》等相关法律法规的修订工作，加快构建"国省督察、市县执法、社会监督、科技支撑"的文物执法督察体系，完善联合打击和防范文物犯罪长效机制，健全文物违法行为惩戒机制。二是加强文物安全基础工作。进一步加大文物安防、消防、防雷安全设施的投入力度，完善和提高文物技防设施建设，严控各类安全隐患源头。做好人防、技防有机结合，落实各项文物安全规定，制定和完善各类安全保卫预案，开展日常演练和安全监管巡查工作。三是要加强文物执法督察。推动属地政府落实监管责任，加大执法问责力度，密切与公安、海关、应急等单位和部门的配合，联合开展打击文物违法犯罪专项治理活动。坚持标本兼治，敢于动真碰硬，坚决遏制文物法人违法及其他各类文物犯罪频发的态势。

（四）加深文物认识研究，推动文物交流互鉴

文物作为中华文明的最客观的实物见证，对于展现中国深厚历史文化

底蕴、弘扬中华优秀传统文化、坚定文化自信具有不可替代的作用。要进一步推动科研机构、高等院校等深化对各类文物的学术研究，深入挖掘蕴藏在文物资源中的文化基因、民族精神，揭示文物本身所包含的历史、艺术、科学价值和文化内涵，阐释文物背后的故事。充分运用现代科技手段和贴近百姓的传播方式，将研究成果转化为活泼生动的文化素材，提升文物的吸引力，讲好中国故事，让更多的人民群众感受到中华文明的魅力，增强民族凝聚力和对传统文化的自信心。

文物是我国对外交往的金色名片。加强与国际社会的文物合作交流是推动中华优秀传统文化走出去的重要途径，也是提升中华文化影响力、彰显大国文化风范的重要手段。文化因交流而多彩，文明因互鉴而丰富。加强文物的交流互鉴，对于推动人类命运共同体和"一带一路"理论实践的体系构建具有重要意义。因此，要进一步发挥文物资源在国际交往中的独特优势，结合国家重要战略和重大外交活动，服从服务于国家外交大局，组织实施中华文物走出去精品工程。要推出一系列有影响力的文物展陈展览，统筹规划一批文物保护援助工程和境外合作考古研究项目，建设"一带一路"文化遗产长廊，强化与沿线国家及世界各国在文化领域的国际合作与交流。让文物交流成为提升国家文化形象、增进各国人民认识了解中国的纽带和桥梁，进而推动人类社会进步，维护世界和平。

四、结语

学习贯彻落实习近平新时期文物保护利用系列重要指示，对于进一步推动文物事业改革、厘清前进发展方向、创新保护利用模式、破解发展不平衡不充分问题具有十分重要的意义。要从提高政治站位、坚定文化自信、弘扬优秀传统文化的高度来认识和看待文物保护利用工作，深入挖掘和阐释文化遗产蕴含的人文精神、治国智慧和道德规范，以习近平新时期文物保护利用系列重要指示为指导，努力走出一条符合国情的文物保护利用之路，推动文物保护利用助力实现中华民族伟大复兴中国梦。

（原载《中国文物科学研究》2020 年第 1 期）

努力走出一条符合国情的文物保护利用之路

——习近平总书记文化遗产观研究

欧阳雪梅

"加强文物保护利用和文化遗产保护传承"[1] 是党的十九大关于中国特色社会主义文化建设的基本方略。文化遗产是指人类创造并遗留、流传下来的具有历史、艺术和科学价值的文化财富，包含物质文化遗产和非物质文化遗产两大类。中华民族具有五千多年连绵不断的文明历史，创造了博大精深的中华文化，留下了极其丰厚的文化遗产。这些文化遗产是中华民族的精神标识，是我们国家的文化名片，也是人类文明的瑰宝，保护文化遗产就是保护中华民族赖以生存、发展和走向未来的文化根基。习近平同志无论是主政一方，还是担任总书记后，都高度重视文化遗产的保护传承，发表了一系列重要论述，提出了许多新思想新理念，2016 年进一步提出要努力走出一条符合国情的文物保护利用之路，体现了他鲜明的文化

---

[1] 习近平:《决胜全面建成小康社会　夺取新时代中国特色社会主义伟大胜利——在中国共产党第十九次全国代表大会上的报告》(2017 年 10 月 18 日)，人民出版社 2017 年版，第 44 页。

遗产观，为我国开展文化遗产保护工作提供了基本遵循，并推动了文化遗产保护传承的实践创新。

一、"保护文物也是政绩"

习近平认为，"文物承载灿烂文明，传承历史文化，维系民族精神，是老祖宗留给我们的宝贵遗产，是加强社会主义精神文明建设的深厚滋养。保护文物功在当代、利在千秋"[①]。文物是不可再生的文化资源，他强调要留住文化根脉，守住民族之魂。2016 年 4 月，他在《习近平对文物工作作出重要指示》中，要求"各级党委和政府要增强对历史文物的敬畏之心，树立保护文物也是政绩的科学理念，统筹好文物保护与经济社会发展，全面贯彻'保护为主、抢救第一、合理利用、加强管理'的工作方针，切实加大文物保护力度，推进文物合理适度利用，使文物保护成果更多惠及人民群众。各级文物部门要不辱使命，守土尽责，提高素质能力和依法管理水平，广泛动员社会力量参与，努力走出一条符合国情的文物保护利用之路，为实现'两个一百年'奋斗目标、实现中华民族伟大复兴的中国梦做出更大贡献"[②]，这全面反映了他的文化遗产保护理念。2014 年 2 月 25 日，他在视察北京时深情地指出："历史文化是城市的灵魂，要像爱惜自己的生命一样保护好城市历史文化遗产。"[③]

① 中共中央文献研究室编：《习近平关于社会主义文化建设论述摘编》，中央文献出版社 2017 年版，第 190 页。
② 中共中央文献研究室编：《习近平关于社会主义文化建设论述摘编》，中央文献出版社 2017 年版，第 190—191 页。
③ 段金柱、郑璜：《像爱惜自己的生命一样保护好历史文化遗产——习近平在福建保护文化遗产纪事》，《福建日报》2015 年 1 月 6 日。

"树立保护文物也是政绩的科学理念",来自习近平多年实际工作的体认,有很强的指导性与现实针对性。虽然保护历史文物是传承中华优秀传统文化的必然要求,1982 年国家就颁布了《文物保护法》,但是,"以经济建设为中心",城镇化的快速发展,文物保护工作常常被忽视,如何保护也是难题。习近平表现了他的主动性与责任担当。在河北正定工作期间,他在隆兴寺院西侧看到元代书法家赵孟頫撰写的名碑"本命长生祝延碑"上沾满泥土,缺乏保护,当即找到主管领导,并提出严肃批评:"我们保管不好,就是罪人,就会愧对后人。"① 在福建工作期间,当被誉为"南方周口店"的万寿岩史前遗址面临因房地产开发而被摧毁的命运时,时任代省长的习近平做出批示,明确指出:"保护历史文物是国家法律赋予每个人的责任,也是实施可持续发展战略的重要内容。万寿岩旧石器时代洞穴一直作为不可再生的珍贵历史文物,不仅属于我们,也属于后代子孙,任何个人和单位都不能为了谋取眼前或局部利益而破坏全社会和后代的利益。"② 当林觉民故居面临拆迁时,他也力阻了这一破坏性事件。2002年,习近平为福州市知名文物学者、曾任福州市文物局局长的曾意丹所著《福州古厝》一书作序,表示:"发展经济是领导者的重要责任,保护好古建筑,保护好传统街区,保护好文物,保护好名城,同样也是领导者的重要责任,二者同等重要。"③ "古建筑""传统街区""文物""名城",保护这些遗产绝不仅仅是政府文化部门的具体工作,也是我们的政治责任。他指

---

① 段金柱、郑璜:《像爱惜自己的生命一样保护好历史文化遗产——习近平在福建保护文化遗产纪事》,《福建日报》2015 年 1 月 6 日。
② 段金柱、郑璜:《像爱惜自己的生命一样保护好历史文化遗产——习近平在福建保护文化遗产纪事》,《福建日报》2015 年 1 月 6 日。
③ 习近平:《〈福州古厝〉序》,《福建日报》2015 年 1 月 6 日。

出："现在有些地方名城保护、古建筑的保护出现一些问题，根源就在于只顾眼前的一些经济利益。"① 古建筑是一个民族、一座城市的生动面孔，他认为："保护好古建筑、保护好文物就是保存历史，保存城市的文脉，保存历史文化名城无形的优良传统。"② 他提醒杭州的城市建设者："现在有的地方搞旧城拆迁改造，把一些文物古迹搞得荡然无存，这是非常可惜的。"③ 建设北京城市副中心时习近平察看规划沙盘，了解副中心建设理念、目标定位、文化保护等情况，指出："通州有不少历史文化遗产，要古为今用，深入挖掘以大运河为核心的历史文化资源。"④ 他始终强调对历史文化遗存一定要保护好，利用好，传承好，使中华优秀传统文化不断发扬光大。

文化遗产保护仅靠文化部门是无法完成的。20 世纪 80 年代以来，无论是改善居民生活条件，还是以房地产开发为主的提高城市经济效益，以及广场、草坪化的城市形象塑造，都对古建筑、纪念性建筑、传统村落、历史文物村镇造成很大破坏，也使文化遗产生存状态日益脆弱。"保护文物也是政绩"这一理念的提出，引导、推动各级政府去重视文化遗产保护工作，落实文化遗产保护法，减少对历史文化遗产的损坏，积极地抢救、保护、传承文化遗产。

---

① 习近平：《〈福州古厝〉序》，《福建日报》2015 年 1 月 6 日。
② 习近平：《〈福州古厝〉序》，《福建日报》2015 年 1 月 6 日。
③ 习近平：《加强对西湖文化的保护》，载习近平《之江新语》，浙江人民出版社 2007 年版，第 19 页。
④ 《习近平：立足提高治理能力抓好城市规划建设　着眼精彩非凡卓越筹办好北京冬奥会》，《人民日报》2017 年 2 月 25 日。

二、文化遗产要在保护中发展，在发展中保护

统筹好文化遗产保护与经济社会发展是习近平文化遗产保护观点的重要内容。在相当长一段时间内，许多人不重视文化遗产保护，认为其只有投入没有产出，没有认识到文化遗产资源助推经济社会发展的作用。习近平较早认识并重视这一资源。正定县文化资源丰富，一个县有 9 处国家级文物，交通发达，地理位置优越。经过深入调查研究，他提出旅游兴县，得到河北省委的支持。1984 年，到正定旅游的人数大幅增加到 40 万人，1985 年，游客人数突破 50 万。[①] 在主政浙江期间，习近平进一步总结出了城市、旅游业发展与文化遗产、古建筑保护相结合的路子。2003 年 9 月 27 日，他在考察杭州西湖综合保护工程时指出："我们强调保护，并不是对这些自然景观和人文景观捂得严严实实的，一动也不能动，而是要在坚持保护的前提下进行适度合理开发和建设，通过适度合理开发和建设来实现更好的保护。不能把保护和发展对立起来，要坚持与时俱进，用改革的思路、创新的意识，把保护与开发、建设有机结合起来，不断开拓保护与发展'双赢'的新路子，最终实现生态效益、环境效益、经济效益和社会效益的辩证统一。"[②] 同时，他强调"要正确处理文物保护与旅游开发的关系，做到保护第一、开发第二，坚决禁止破坏性开发"[③]。在城市的开发和建设中，保护文化遗存、延续城市文脉、弘扬历史文化非常重要，要始

---

① 参见《习近平文物保护简史》，2015 年 1 月 11 日，新华网（http//www.xinhuanet.com/politics/2015 - 01/11/c_1113951139.htm）。

② 参见《习近平文物保护简史》，2015 年 1 月 11 日，新华网（http//www.xinhuanet.com/politics/2015 - 01/11/c_1113951139.htm）。

③ 《习近平文物保护简史》，2015 年 1 月 11 日，新华网（http//www.xinhuanet.com/politics/2015 - 01/11/c_1113951139.htm）。

终坚持这一点。他主张应加大对保护名城、保护文物、保护古建筑的投入，名城保护好了，就能够加强城市的吸引力、凝聚力。正定、福州与杭州是他实践这一思想的成功范例。

随着中国经济社会的发展，习近平明确提出文化遗产"在保护中发展、在发展中保护"的观点。2014 年 2 月 25 日，他在视察北京时指出："北京是世界著名古都，丰富的历史文化遗产是一张金名片，传承保护好这份宝贵的历史文化遗产是首都的职责，要本着对历史负责、对人民负责的精神，传承历史文脉，处理好城市改造开发和历史文化遗产保护利用的关系，切实做到在保护中发展、在发展中保护。"[1] 文化遗产保护的成果可以为经济社会发展输送文明底蕴和文化支撑，经济社会的快速发展为文化遗产保护提供了发展机遇和物质支持，这是文化遗产保护与经济社会发展的辩证关系。

三、提高文化遗产保护的科学性与依法管理水平

习近平要求文化遗产保护要遵循保护规律，提高专业化水平。古建筑的保护利用要保留个性，保留本来面貌。他在《福州古厝》一书序言中指出："保护好古建筑有利于保存名城传统风貌和个性。现在许多城市在开发建设中，毁掉许多古建筑，搬来许多洋建筑，城市逐渐失去个性。在城市建设开发时，应注意吸收传统建筑的语言，这有利于保持城市的个性。"[2] "殊不知古建筑的保护、传统街区的保护、任何文物保护单位、文

---

① 徐飞：《让历史街区留住城市记忆》，《北京观察》2014 年第 7 期。

② 习近平：《〈福州古厝〉序》，《福建日报》2015 年 1 月 6 日。

物保护点的保护，都需有专门业务知识和掌握国家文物法规政策才能保护好。福建也出现有这样的苗头，我们不希望出现问题，要求依法加强管理保护。"① 在福州，他主持修改制定了《福州市历史文化名城保护管理条例》《福州市历史文化名城保护规划》《福州市三坊七巷保护规划》等法律法规。

西湖及周围处处有历史，步步有文化。习近平多次前往考察，在规划中提出："西湖博物馆的建筑形式符合西湖特色，要进一步坚持'浓抹自然、淡妆建筑'的理念。"② 他的这一规划理念与日后西湖文化景观成功申报列入"世界遗产名录"不无关系。2013 年 11 月，他对筹建武汉中共中央机关旧址纪念馆的报告做出批示："修旧如旧，保留原貌，防止建设性破坏。"③ 对革命历史文化遗产，"一定不要追求高大全，搞得很洋气、很现代化，花很多钱，那就不是革命传统了，革命传统就变味了"④。2015 年 12 月 20 日，习近平总书记在中央城市工作会议上的讲话中说："要保护好前人留下的文化遗产，包括文物古迹，历史文化名城、名镇、名村，历史街区、历史建筑、工业遗产，以及非物质文化遗产，不能搞'拆真古迹、建假古董'那样的蠢事。既要保护古代建筑，也要保护近代建筑；既要保护单体建筑，也要保护街巷街区、城镇格局；既要保护精品建筑，也要保护具有

---

① 习近平：《〈福州古厝〉序》，《福建日报》2015 年 1 月 6 日。

② 唐梦霞、金毅：《习近平与浙江文化遗产二三事》，《中国文化报》2015 年 6 月 15 日。

③ 《习近平文物保护简史》，2015 年 1 月 11 日，新华网（http//www.xinhuanet.com/politics/2015 - 01/11/c_1113951139.htm）。

④ 《习近平：缅怀先烈、不忘初心，走好新的长征路》，2016 年 7 月 19 日，新华网（http://cpc. people.com.cn/n1/2016/0719/c64094-28565984.html）。

浓厚乡土气息的民居及地方特色的民俗。"① 这不仅明确了文化遗产的内容，阐明了文化遗产保护的实质，还拓展了文化遗产的时空范畴，即保护文化遗产不只是保护文化遗产本体，还要延伸到对周边环境和文化生态的整体保护，丰富了文化遗产保护的内涵，也扩大了文化遗产资源内涵。

殷墟甲骨文是中国独特的历史记忆和文化遗产，习近平给予了特别关注。2014 年 5 月，他指出："中国字是中国文化传承的标志。殷墟甲骨文距离现在 3000 多年，3000 多年来，汉字结构没有变，这种传承是真正的中华基因。"② 2016 年 5 月 17 日，他在哲学社会科学工作座谈会上的讲话，提出要发展具有重要文化价值和传承意义的"绝学"、冷门学科，"如甲骨文等古文字研究等，要重视这些学科，确保有人做、有传承"③。他把汉字的传承提升到中华基因的高度，一再强调甲骨文研究对于中华文化传承的重要性，推进了甲骨文遗产的保护与研究工作。甲骨文字考释研究课题被列为 2016 年度国家社科基金重大委托项目，从国家层面整合研究力量、人才培养，形成合理的可持续开展的重大课题科研团队，已取得不少初步成果。2017 年 11 月，"甲骨文"项目成功入选"世界记忆名录"，汇集海内外学者的甲骨学由冷门学科正变为一门显学，甲骨文研究者感受到"甲骨文研究的春天来了"④。

党的十八大以来，文化遗产保护的制度化、法治化进程加快。国家修

---

① 中共中央文献研究室编：《习近平关于社会主义文化建设论述摘编》，中央文献出版社 2017 年版，第 189—190 页。

② 宋镇豪：《传承真正的中华基因———甲骨文研究的新阶段、新课题、新问题、新契机》，《中国政协报》2016 年 7 月 11 日。

③ 习近平：《在哲学社会科学工作座谈会上的讲话》（2016 年 5 月 17 日），《光明日报》2016 年 5 月 19 日。

④ 刘钊：《甲骨文研究的春天来了（史家笔墨）》，《人民日报》2018 年 3 月 15 日。

订了《文物保护法》，国务院印发了《关于进一步做好旅游等开发建设活动中文物保护工作的意见》《关于进一步加强文物工作的指导意见》，发布了《博物馆条例》《最高人民法院　最高人民检察院关于办理妨害文物管理等刑事案件适用法律若干问题的解释》。2017 年初，中共中央办公厅、国务院办公厅专门印发了《关于实施中华优秀传统文化传承发展工程的意见》，将中华优秀传统文化传承发展上升到国家战略层面，对保护传承文化遗产作出具体规定。关于文化遗产保护的文件密集出台，如《关于支持戏曲传承发展的若干政策》《重要农业文化遗产管理办法》《关于推动文化文物单位文化创意产品开发的若干意见》《中国传统工艺振兴计划》《关于推进工业文化发展的指导意见》等，发布了《"十三五"时期全国古籍保护工作规划》《全国少数民族古籍保护工作"十三五"规划》等，对文化遗产的保护与传承进行了顶层设计、分类指导。2018 年 2 月 4 日，中共中央、国务院发布的《关于实施乡村振兴战略的意见》提出："切实保护好优秀农耕文化遗产，推动优秀农耕文化遗产合理适度利用。划定乡村建设的历史文化保护线，保护好文物古迹、传统村落、民族村寨、传统建筑、农业遗迹、灌溉工程遗产。支持农村地区优秀戏曲曲艺、少数民族文化、民间文化等传承发展。"①

四、坚持以人民为中心的发展思想，积极引导和鼓励社会力量参与文化遗产保护，成果惠及民众

保护文化遗产不仅是政府和文化部门的责任，还必须得到社会和全民

---

① 《中共中央国务院关于实施乡村振兴战略的意见》(2018 年 1 月 2 日)，《人民日报》2018 年 2 月 5 日。

的普遍关注和积极参与。习近平指出，要"积极引导和鼓励社会力量参与文化遗产保护，建立完善文化遗产保护专家咨询制度、公众和舆论监督制度，充分发挥有关学术机构、大专院校、企事业单位、社会团体等各方面的作用，共同开展文化遗产保护工作"①。不只如此，习近平力推文化遗产保护利用融入人民群众生产生活，不断增强人民群众的参与感、认同感、获得感。2006年6月10日，他在"文化遗产日"调研时强调："保护和传承文化遗产是每个人的事。只有我们每个人都关心和爱惜前人给我们留下的这些财富，我们民族的精神和独特的审美情趣、独特的传统气质，才能传承下去""倡导珍爱文化遗产的文明之风，增强公众对文化遗产的认识和了解，努力形成全社会共同参与文化遗产保护的良好氛围"②。在浙江，他提议"还湖于民、还园于民、还景于民"，实现西湖免费开放，并要求关闭周边高档会所。目前，文化遗产保护已悄然走进百姓生活。

《关于进一步推动非国有博物馆发展的意见》让文物保护有了更多的主体，非国有博物馆已有1000多家，全国博物馆总数4873家，免费开放博物馆4246家③，全国博物馆每年举办展览3万多个，开展约11万次专题教育活动，2016年参观人数约9亿人次④；而《"互联网+中华文明"三年行动计划》让老百姓足不出户就能在网上看到博物馆的珍品，发挥了文物的公共文化服务功能。依托文物资源开发的高品质文化创意产品受到热捧，促进了人们的文化消费。非物质文化遗产是以"人"为承载者的活态

---

① 《习近平总书记关于文物保护重要论述摘编》，《文物世界》2015年第2期。

② 参见《习近平文物保护简史》，2015年1月11日，新华网（http://www.xinhuanet.com/politics/2015 - 01/11/c_1113951139.htm）。

③ 参见中共国家文物局党组《砥砺奋进 辉煌五年——党的十八大以来符合国情的文物保护利用之路新成就》，《中国文化报》2017年10月17日。

④ 参见雒树刚《国务院关于文化遗产工作情况的报告》，《中国文化报》2018年1月4日。

传承文化遗产，是人民大众传承至今的传统生产生活方式，非物质文化遗产成为特色文化产业的重要资源。政府与民众互动，传承人开展的非遗实践性、生产性保护培养了新型业态，在吸收就业、增加群众收入、助推扶贫攻坚方面成效越来越明显，而体现中国智慧、承载中国价值、凝聚中国精神的非物质文化遗产也在实践中得到创造性转化、创新性发展，实现活态传承和经济发展的双赢。

五、让文化遗产都"活起来"

文化遗产具有丰富的思想文化内涵，彰显着民族精神。在坚持科学有效保护的前提下，积极盘活文化遗产资源，传播优秀传统文化，彰显教育的功效、以文化人，引领社会文明风尚，使之成为涵养社会主义核心价值观的源头活水，是习近平总书记在思考保护文化遗产时的另一个重点。2013 年 12 月 30 日，他主持中共中央政治局第十二次集体学习，讲话中提出："要系统梳理传统文化资源，让收藏在禁宫里的文物、陈列在广阔大地上的遗产、书写在古籍里的文字都活起来。"[1] 他认为对待文物"不能只满足于欣赏它们产生的精美物件，更应该去领略其中包含的人文精神；不能只满足于领略它们对以往人们生活的艺术表现，更应该让其中蕴藏的精神鲜活起来"[2]。关于博物馆的功能，他指出："博物馆是保护和传承人类文明的重要殿堂，是连接过去、现在、未来的桥梁""中国各类博物馆不仅是中国历史的保存者和记录者，也是当代中国人民为实现中华民族

---

[1] 中共中央宣传部：《习近平总书记系列重要讲话读本》(2016 年版)，学习出版社、人民出版社 2016 年版，第 203 页。

[2] 习近平：《习近平在联合国教科文组织总部的演讲》，《人民日报》2014 年 3 月 28 日。

伟大复兴的中国梦而奋斗的见证者和参与者"。①2015 年春节到陕西考察，他说："一个博物院就是一所大学校。要把凝结着中华民族传统文化的文物保护好、管理好，同时加强研究和利用，让历史说话，让文物说话，在传承祖先的成就和光荣、增强民族自尊和自信的同时，谨记历史的挫折和教训，以少走弯路、更好前进。"②他到首都博物馆参观北京历史文化展览时强调："搞历史博物展览，为的是见证历史、以史鉴今、启迪后人。要在展览的同时高度重视修史修志，让文物说话、把历史智慧告诉人们，激发我们的民族自豪感和自信心，坚定全体人民振兴中华、实现中国梦的信心和决心。"③文化遗产镌刻着中华民族在长期历史进程中形成的价值观和审美理念，是中华各民族共有的精神家园，只有激发了文化遗产资源的生机活力，使其蕴涵的优秀传统文化和时代价值充分释放，才能使优秀传统文化得以传承，增强各族人民的文化认同、文化自觉、文化自信、文化自强。近年来，文化系统不仅完成了第三次全国文物普查和第一次全国可移动文物普查，推进了全国古籍普查登记、美术馆藏品普查、水下文化遗产调查，完善了文化遗产资源保护名录体系，摸清了家底，而且文化遗产资源逐步"活起来"了。如，《中国诗词大会》《朗读者》《致我们正在消逝的文化印记》《我在故宫修文物》《国宝档案》《国家宝藏》《经典咏流传》等代表性节目受到欢迎，既满足了人民日益增长的美好生活需要，也激发了人民对中华传统文化的自豪感及参与保护文物的热情。

中国近代以来的历史是中华民族一段被欺凌的悲壮历史，也是无数仁

---

① 习近平：《习近平向国际博物馆高级别论坛致贺信》，《人民日报》2016 年 11 月 10 日。

② 《习近平春节前夕赴陕西看望慰问广大干部群众》，《人民日报》2015 年 2 月 17 日。

③ 《像爱惜自己的生命一样保护好历史文化遗产——习近平总书记文化遗产保护大事纪略》，《中国文物报》2015 年 6 月 12 日。

人志士为了民族复兴，不屈不挠、前仆后继，进行了可歌可泣斗争的历史，这一时期的文化遗产是爱国主义的生动教材。习近平要求做好抗战纪念设施的保护利用工作，"国家确立的抗战纪念设施和全国爱国主义教育示范基地，是激发爱国热情、凝聚人民力量、培育民族精神的重要场所，应当受到严格保护"[①]，指导落实对 731 遗址群、阜新"万人坑"死难矿工纪念馆的维修改善工作。2014 年 2 月，第十二届全国人大常委会先后经表决通过，将 9 月 3 日确定为中国人民抗日战争胜利纪念日，将 12 月 13 日设立为南京大屠杀死难者国家公祭日。习近平总书记在南京市参加首次公祭仪式。同年 8 月，设立烈士纪念日，规定每年 9 月 30 日国家要举行纪念烈士活动。这是缅怀过去、抚慰民心、顺应民意，也是中国在向全世界表达我们热爱和平、维护和平的决心与责任，提升民族精神，使人民更加爱国爱家。

红色革命文化资源是我们党的宝贵精神财富，蕴含着丰富的政治智慧和道德滋养。习近平总书记身体力行，走遍了革命老区和革命圣地，传承革命精神。2013 年 7 月，他在瞻仰西柏坡革命旧址时，语重心长地说："对我们来讲，每到井冈山、延安、西柏坡等革命圣地，都是一种精神上、思想上的洗礼……对我们共产党人来说，中国革命历史是最好的营养剂。多重温这些伟大历史，心中就会增加很多正能量。"[②] 习近平在福建工作的 17 年多，经常深入革命老区调查研究，走遍了八闽红土地。刚到浙江工作时，第一站就专程到嘉兴南湖瞻仰红船，接受革命精神教育。他目视红船深情地说："如果我们的党员同志能够来到南湖看一次展览，听一次党

---

① 隋笑飞、吴晶晶、周玮等：《留住历史根脉 传承中华文明——习近平总书记关心历史文物保护工作纪实》，《人民日报》2015 年 1 月 10 日。

② 《党面临的"赶考"远未结束——习近平总书记再访西柏坡侧记》，《人民日报》2013 年 7 月 14 日。

课，学一次党章，观一次专题片，瞻仰一次红船，重温一次入党誓词，有助于'精神传承、思想升华'。"①2007年3月，他调任中共上海市委书记，在任期的7个月里，就曾3次到兴业路瞻仰中共一大旧址。在党的十九大胜利闭幕一周之际的2017年10月31日，他带领新当选的中央政治局常委专程从北京前往上海瞻仰中共一大会址和到浙江嘉兴瞻仰南湖红船，回顾建党历史，重温入党誓词，为的是进行革命精神洗礼、不忘初心。他指出："中华民族从站起来、富起来到强起来，经历了多少坎坷，创造了多少奇迹，要让后代牢记，我们要不忘初心，永远不可迷失了方向和道路。"

发挥文化遗产在培育社会主义核心价值观的作用，需要文化遗产在传承中被赋予时代内涵，以适应今天和未来的需要。他主张"要把历史文化与现代文明融入旅游经济发展之中，使旅游成为宣传灿烂文明和现代化建设成就的窗口，成为传播科学知识和先进文化的重要阵地"②。2018年3月8日上午，习近平在参加山东代表团审议时重点谈到乡村振兴，要切实保护好优秀农耕文化遗产，"以社会主义核心价值观为引领，深入挖掘优秀传统农耕文化蕴含的思想观念、人文精神、道德规范……培育文明乡风、良好家风、淳朴民风，改善农民精神风貌，提高乡村社会文明程度，焕发乡村文明新气象。"③之前发布的中央一号文件，要求"深入挖掘农耕文化蕴含的优秀思想观念、人文精神、道德规范，充分发挥其在凝聚人心、教化群众、淳化民风中的重要作用"④，为乡村振兴提供支撑。

---

① 《南湖革命纪念馆纪事》，《浙江日报》2017年11月2日。

② 习近平：《发展旅游经济要坚持创新与继承相统一》，《之江新语》，浙江人民出版社2007年版，第74页。

③ 参见赵银平《这篇"大文章"，习近平这样擘画》，2018年3月9日，新华网（http://www.xinhuanet.com/2018 - 03/10/c_1122516872.htm）。

④ 《中共中央国务院关于实施乡村振兴战略的意见》（2018年1月2日），《人民日报》2018年2月5日。

六、加强文明交流互鉴，推动世界文明多样化发展

文化遗产可观赏、可感知，是不同社会制度、不同文化背景、不同国度的人们沟通的桥梁。新中国非常重视包括文物外交在内的人文交流。习近平总书记做了进一步的提升，强调文化遗产在传播文化、传递友谊、维护世界文化多样性和创造性、促进文明交流互鉴、推动构建人类命运共同体方面具有独特而重大的意义。2013 年 3 月 23 日，习近平在中共六大纪念馆建馆启动仪式上发表重要讲话时说："我们建立中共六大纪念馆，是要铭记历史，是要继承和发扬中俄传统友谊，促进两国世代友好。"[1] 在致国际博物馆高级别论坛的贺信中，他肯定博物馆"在促进世界文明交流互鉴方面具有特殊作用"[2]。2014 年 3 月 27 日，他在联合国教科文组织总部的讲话中，衷心感谢教科文组织为保存和传播中华文明成果所做出的贡献，并从法国卢浮宫讲到中国故宫博物院，从人类文明的交流互鉴讲到中华文明的历史变迁，从陆地丝绸之路讲到海上丝绸之路，从佛教文化讲到五大洲文明，从中国秦俑讲到世界文化遗产，指出："文明因交流而多彩，文明因互鉴而丰富。"[3] 文明是平等的、包容的，文明交流互鉴不应该以独尊某一种文明或者贬损某一种文明为前提，海纳百川，有容乃大。"中华文明是在中国大地上产生的文明，也是同其他文明不断交流互鉴而形成的文明"，中华文明也为世界文明发展做出了卓越贡献。他提出要"让中华文明同世界各国人民创造的丰富多彩的文明一道，为人类提供正确的精神

<hr />

[1] 《习近平出席中共六大纪念馆建馆启动仪式》，《人民日报》2013 年 3 月 24 日。

[2] 习近平：《习近平向国际博物馆高级别论坛致贺信》，《人民日报》2016 年 11 月 10 日。

[3] 习近平：《习近平在联合国教科文组织总部的演讲》，《人民日报》2014 年 3 月 28 日。

指引和强大的精神动力"①。

围绕文化遗产，讲好中国故事，是新时代中国文化遗产保护的重要内容。2014 年 10 月 22 日，"汉风—中国汉代文物展"在法国国立吉美亚洲艺术博物馆开幕。习近平总书记为展览题写序言，指出："这次展览展出来自中国 27 家博物馆的 450 多件精美文物，从多个侧面展示中国汉代多姿多彩的社会风貌，传递中华民族不断进行文明创造的智慧结晶。从这份中国文化珍贵遗产中，法国和欧洲观众能够更为形象地了解中华文明的历史传承。"②

5 年来，文物出境展览近 300 个（入境展览 100 多个）③，还积极推进文物保护援外工程。随着"一带一路"倡议的推进，中国成功与哈萨克斯坦、吉尔吉斯斯坦联合申报"丝绸之路"世界文化遗产，建设"一带一路"文化遗产长廊，成立丝绸之路国际博物馆联盟，举办丝绸之路（敦煌）国际文化博览会、丝绸之路国际艺术节等品牌活动，尊重多样文明，进行文明的交流对话，促进民心相通。在非物质文化遗产领域，与蒙古等国联合申报人类非物质文化遗产代表作。2017 年 9 月，习近平陪同前来参加金砖国家领导人会议的俄罗斯总统普京参观闽南非物质文化遗产展。在每一场中国主场的外交活动中，都有中国文化遗产成果在闪亮，生动体现中华民族和平发展、平等合作、开放包容、互利共赢的精神，扩大了中华文化的国际影响力。

综上所述，对文化遗产的认知深刻影响着人们对自身民族文化主体的

---

① 习近平：《习近平在联合国教科文组织总部的演讲》，《人民日报》2014 年 3 月 28 日。
② 《"汉风—中国汉代文物展"在法国开幕　习近平主席和奥朗德总统题写序言》，《光明日报》2014 年 10 月 23 日。
③ 参见雒树刚《国务院关于文化遗产工作情况的报告》，《中国文化报》2018 年 1 月 4 日。

认同，能够唤起人们的文化自觉与文化自信，保护文化遗产是一个世界性的实践难题。在中国工业化和城镇化的快速推进中，中国文化遗产保护更是重大的挑战。习近平提出要增强对历史文物的敬畏之心，树立保护文物也是政绩的科学理念；统筹好文化遗产保护与经济社会发展的关系，在保护中发展，在发展中保护；提高文化遗产保护的专业化水平，推进文化遗产保护的制度化、法治化建设；提倡积极引导和鼓励社会力量参与文化遗产保护，扩大文化遗产保护主体；强调让文化遗产都"活起来"，彰显教育的功效、以文化人；文化遗产在促进文明交流互鉴、推动构建人类命运共同体方面具有独特的意义，等等，厘清了认知与实践、政府与民众、文化与经济、保护与发展、专业化保护与法治环境、文化物质遗存与文化精神等关系，形成比较系统、全面、科学的文化遗产保护思想，增强政府、公众对文化遗产保护的意识，许多理念已转化为中央与地方的政策文件、法律法规，在文化遗产保护实践中践行，为走出一条符合国情的文物保护利用之路奠定了坚实的基础。

（原载《湖南社会科学》2018 年第 6 期）

习近平文物事业法治观研究*

张舜玺

引　言

　　文物具有丰富的历史文化内涵，承载着集体记忆，在人类社会中有着不可替代的重要作用。文物是不可再生的珍贵资源，如何将其保护好、利用好是国家治理的一项重要任务，与治理体系和治理能力的现代化紧密相关。习近平高度重视文物工作，从治国理政的思路出发，运用法治思维、法治理念，对文物事业的发展进行了深入思考，形成了富有深刻哲理和重大实践指导意义的文物事业法治观。

　　深入研究习近平文物事业法治观对促进当下文物事业健康发展有着十分重大的意义。新中国成立后，党和国家非常重视文物事业的发展，将保护文物写入宪法，投入了大量资源，保护和抢救了大批珍贵文物、建立了文物行政管理机构、制定了文物保护管理法律法规，奠定了文物事业的基础。党的十八大是中国历史上一个重要节点，改革开放的巨大成就将中国

---

*　本文原名为《习近平文物事业法治思想研究》。

的发展推向了一个新的高度，机遇与挑战并存，文物事业的发展也面临重要转型。习近平文物事业法治观立足我国文物国情，面向未来发展，是文物事业创新发展的重要理论武器和实践指南。深入研究习近平文物事业法治观，有助于把握文物事业法治化的内在规律，有助于在全面依法治国的背景下全面推进文物事业的法治化，有助于早日实现文物事业创新发展的重大突破，让更多文化利益惠及人民群众。

目前系统研究习近平文物事业法治观的成果尚不多见，笔者试图就此做一番初步探讨。本文的研究起点和路径主要围绕习近平的重要讲话、论述展开。习近平的文物事业法治观，从逻辑上可以分为三个层面：第一个层面是关于文物事业、文物工作法治建设的直接的、具体的论述；第二个层面是关于文化法治所做出的一系列重要论述，这些论述对于作为文化建设组成部分的文物事业具有极强的针对性和指导意义；第三个层面是关于全面依法治国的一系列重要论述，这些论述对作为法治建设组成部分的文物法治建设也具有重要的指导意义。本文将沿用解释学的方法，阐述习近平重要讲话、论述背后的文物事业法治观。

一、习近平关于文物事业繁荣发展的论述及其理解

（一）传承传统文化，滋养现代文明

习近平指出："文物承载灿烂文明，传承历史文化，维系民族精神，是老祖宗留给我们的宝贵遗产，是加强社会主义精神文明建设的深厚滋

养。"① 这显示了习近平对文物事业的理解上升到文化、文明的高度。"无其器则无其道"，文物是文化的载体，是中华民族悠久历史和灿烂文化的实物见证，蕴含着一个民族特有的精神价值、思维方式和创造力、生命力、想象力。保护文物就是保护国家和民族的历史根脉，延续和传承中华优秀传统文化。中华优秀传统文化中蕴含的道法自然、天下为公、以民为本、革故鼎新、实事求是等思想在一定程度上是借助文物得以保存和延续的。

同时，文物蕴含的丰富内涵是现代文明的深厚滋养，是中华民族生生不息、发展壮大的文明养分。民族精神与时代精神是文明的典型特征，是中华文明屹立于世界文明的标志，二者都与文物息息相关。爱国奋进的民族精神和改革创新的时代精神需借助文物的象征作用表达、发扬、传承。文物作为无可辩驳的历史证据，如实地记录了我国人民奋发向上、兼容并蓄的历史进程，证实了光辉灿烂的中华文明。

法治是现代文明的基本特征之一，文物也是法治文明的重要见证和深厚滋养。有关中华法治文明的论断并非凭空而来，一处处考古发现和一件件重要文物真实地展现了中华法治文明的发展历程。并且，随着人们对文物的进一步深入认识，对中华法治文明的理解也将日益深刻。

习近平进一步指出，当下的法治道路也与传统文化息息相关。中国特色社会主义是发展中国、稳定中国的必由之路。"这条道路来之不易，它是在改革开放 30 多年的伟大实践中走出来的，是在中华人民共和国成立 60 多年的持续探索中走出来的，是在对近代以来 170 多年中华民族发展历程的深刻总结中走出来的，是在对中华民族 5000 多年悠久文明的传承

---

① 《习近平对文物工作作出重要指示》，《人民日报》2016 年 4 月 12 日。

中走出来的。"^①习近平的这段论述深刻揭示了中国特色社会主义道路的深厚历史渊源和广泛现实基础。文物及其蕴含的文化在一定程度上揭示了中华法治文明走中国道路的历史必然性。

（二）确立文化自信

习近平指出："文化自信，是更基础、更广泛、更深厚的自信。"^②文化自信是一个民族、一个国家以及一个政党对自身文化价值的充分肯定和积极践行，并对其文化生命力持有的坚定信心。习近平高度重视文物在凝聚文化自信上的作用，多次强调要让文物活起来。"要系统梳理传统文化资源，让收藏在禁宫里的文物、陈列在广阔大地上的遗产、书写在古籍里的文字都活起来。"^③习近平也多次提到让文物说话："一个博物院就是一所大学校。要把凝结着中华民族传统文化的文物保护好、管理好，同时加强研究和利用，让历史说话，让文物说话，在传承祖先的成就和光荣、增强民族自尊和自信的同时，谨记历史的挫折和教训，以少走弯路、更好前进。"^④

让文物活起来是展示中国深厚历史底蕴和中华文明灿烂绚丽、丰富多彩的重要途径。流传至今的文物塑造了我国历史底蕴深厚、各民族多元一体、文化多样和谐的文明大国形象。数量庞大的中国文物从不同侧面反映出中华文明在各个时期的多姿多彩，展现出中国社会在各时期的不同风

---

① 《习近平在第十二届全国人民代表大会第一次会议上的讲话》(2013年3月17日)，《人民日报》2013年3月18日。
② 习近平：《在庆祝中国共产党成立95周年大会上的讲话》，《人民日报》2016年7月2日。
③ 习近平：《建设社会主义文化强国 着力提高国家文化软实力》(2013年12月30日)，《人民日报》2014年1月1日。
④ 《习近平春节前夕赴陕西看望慰问广大干部群众》，《人民日报》2015年2月17日。

貌，传递了中华民族不断进行文明创造的智慧结晶。

让文物说话能起到以理服人、以文服人、以德服人的重要作用。文物是中国精神的物化象征和金色名片，证明了中华文明的悠久和极强的生命力。在世界古文明中，中华文明是唯一没有中断、延续发展至今的文明，加强对文物的研究、解读、传播，能激发人们的民族自豪感和自信心，坚定全体人民振兴中华、实现中国梦的信心和决心。

在对革命精神的肯定和充分自信上，习近平指出："要加强对革命根据地历史的研究，总结历史经验，更好发扬革命精神和优良作风。"[1] 这进一步证明了通过保护和合理利用文物可进一步增强文化自信，继承和发扬中华优秀传统文化、革命文化和社会主义先进文化。

（三）推进国家治理体系现代化

习近平指出："要治理好今天的中国，需要对我国历史和传统文化有深入了解，也需要对我国古代治国理政的探索和智慧进行积极总结。"[2] 今天的一切都与过去有着千丝万缕的关系，要治理好今天的中国，需要对我国历史和文化传统有深入了解，也需要对我国古代治国理政的探索和智慧进行积极总结。保护好文物就是保护历史与文化传承，把我国古代主张民为邦本、政得其民，礼法合治、德主刑辅，为政之要莫先于得人、治国先治吏，为政以德、正己修身，居安思危、改易更化等治理国家的重要启示传承下去，在立足国情和历史文化传统的基础上探索和培育出符合中国现实的、具有中国特色的国家治理体系和治理能力。

---

① 《习近平春节前夕赴陕西看望慰问广大干部群众》，《人民日报》2015 年 2 月 17 日。
② 习近平：《在第十二届全国人民代表大会第一次会议上的讲话》，《人民日报》2013 年 3 月 18 日。

　　"一个国家选择什么样的治理体系，是由这个国家的历史传承、文化传统、经济社会发展水平决定的，是由这个国家的人民决定的。我国今天的国家治理体系，是在我国历史传承、文化传统、经济社会发展的基础上长期发展、渐进改进、内生性演化的结果。"① "历史是现实的根源，任何一个国家的今天都来自昨天。只有了解一个国家从哪里来，才能弄懂这个国家今天怎么会这样而不是那样，也才能搞清楚这个国家未来会往哪里去和不会往哪里去。"② 习近平的这些论述深刻揭示出历史文化传统对国家治理体系模式和治理道路选择的影响。治理并非凭空产生，人类社会也并非乌托邦，总与风俗民情紧密关联，而决定风俗民情的密码正是最深层的文化基因。因此，推进国家治理体系和治理能力现代化，不是照搬其他国家的政治理念和制度模式，而是要从我国的现实条件出发，围绕民族文化基因来创造性前进。文物真实地反映了我国国家治理体系和治理能力的发展脉络，是历朝历代政权更迭、兴衰成败的历史见证，保护文物是保护文化基因、维系传统文化、正本固元的重要手段，是创新治理体系和治理能力的重要基础。

　　习近平进一步指出："推进国家治理体系和治理能力现代化，要大力培育和弘扬社会主义核心价值体系和核心价值观，加快构建充分反映中国特色、民族特性、时代特征的价值体系。坚守我们的价值体系，坚守我们

---

① 习近平：《不断提高运用中国特色社会主义制度有效治理国家的能力》（2014 年 2 月 17 日在省部级主要领导干部学习贯彻十八届三中全会精神全面深化改革专题研讨班上的讲话），载《习近平谈治国理政》，外文出版社 2014 年版。

② 习近平：《在布鲁日欧洲学院的演讲》，《人民日报》2014 年 4 月 2 日。

的核心价值观，必须发挥文化的作用。"① 保护文物是发挥文化作用的重要途径。文物既是中华优秀传统文化的重要载体，也是社会主义核心价值观的真实反映，还是培育社会主义核心价值观的重要源泉。牢固的核心价值观都有其固有的根本。社会主义核心价值观不是无源之水、无本之木，文物携带的文化信息不仅揭示了社会主义核心价值观的来龙去脉、历史渊源，其蕴含的精神内核还为价值观的巩固提供滋养。

（四）促进全球文明互鉴

习近平大力提倡文明互鉴，强调"文明因交流而多彩，文明因互鉴而丰富"②。从习近平提倡的文明互鉴思想中可以看出，文明交流互鉴是推动人类文明进步和世界和平发展的重要动力。不同文明交流互鉴、取长补短，既有利于推动各自文明的创新发展，又能让各国人民享受更富内涵的精神生活、开创有更多选择的未来。文明交流互鉴是增进各国人民友谊的桥梁、推动人类社会进步的纽带、维护世界和平的重要动力。

"两千多年的交往历史证明，只要坚持团结互信、平等互利、包容互鉴、合作共赢，不同种族、不同信仰、不同文化背景的国家完全可以共享和平，共同发展。"③ 习近平倡导的人类命运共同体就是以文明交流互鉴取代"文明对抗""文明冲突"，通过文明交流互鉴，把世界的多样性和各国的差异性转化为促进各国共同发展的活力和动力，实现世界的持久和平与

---

① 习近平：《不断提高运用中国特色社会主义制度有效治理国家的能力》（2014 年 2 月 17 日在省部级主要领导干部学习贯彻十八届三中全会精神全面深化改革专题研讨班上的讲话），载《习近平谈治国理政》，外文出版社 2014 年版。

② 习近平：《习近平在联合国教科文组织总部的演讲》，《人民日报》2014 年 3 月 28 日。

③ 《弘扬人民友谊　共同建设"丝绸之路经济带"——习近平在哈萨克斯坦纳扎尔巴耶夫大学发表重要演讲》，《人民日报》2013 年 9 月 8 日。

繁荣。

习近平大力推动的文物交流与文明互鉴生动诠释了中国走和平发展道路的必然性和对世界的贡献。中华民族是爱好和平的民族，有着 5000 多年历史的中华文明始终崇尚和平，和平、和睦、和谐的追求深深根植于中华民族的精神世界之中，深深融入中国人民的血脉之中。中国自古就提出"国虽大，好战必亡"的箴言，以习近平同志为核心的党中央高瞻远瞩，继承和发扬了中国的文明观和世界观，以"中国智慧"处理当代国际关系，以"中国方案"破解全球治理难题，随着"丝绸之路经济带和 21 世纪海上丝绸之路"等一系列文明互鉴、文化互通、经济共建共享倡议的提出，必将对促进人类文明和谐、推动世界和平发展产生深远影响。

二、习近平关于文物事业法治化和文物事业发展内在关系的论述及其理解

（一）文物事业法治化是全面依法治国的重要组成部分

习近平指出："我国是一个有十三亿多人口的大国，地域辽阔，民族众多，国情复杂。我们党在这样一个大国执政，要保证国家统一、法制统一、政令统一、市场统一，要实现经济发展、政治清明、文化昌盛、社会公正、生态良好，都需要秉持法律这个准绳、用好法治这个方式。"① 推进国家治理体系和治理能力现代化，要实现党、国家、社会各项事务治理制

---

① 习近平：《在中共十八届四中全会第二次全体会议上的讲话》(2014 年 10 月 23 日)，载《习近平关于全面依法治国论述摘编》，中央文献出版社 2015 年版，第 9 页。

度化、规范化、程序化，文物事业也不应例外。文物事业是实现国家文化昌盛的重要组成部分。文化昌盛离不开法治，文物事业的发展也必须遵循法治原则、纳入法治轨道，接受法治的引领和规范。

"法律是治国理政最大最重要的规矩。推进国家治理体系和治理能力现代化，必须坚持依法治国，为党和国家事业发展提供根本性、全局性和长期性的制度保障。"① 在文物事业的顶层设计和文物工作的具体事务中必须严格法治精神，遵循法治原则。仰仗个别领导的人治方式非常危险，这种治理方式除了出错率极高外，还往往会带来人亡政息、难以为继的后果。尤其是文物作为不可再生的珍贵文化资源，一旦出错，后果难以挽回。"在法治下推进改革，在改革中完善法治"② 的重要论述同样适用于文物事业。文物事业的改革需要法治的引领和保障。改革开放以来特别是党的十八大以来，中国特色社会主义伟大事业在法治的引领和保障下发展态势良好。在这一时代背景下，我国文物事业也取得了一定成就，各项工作初见成效。可以说，改革是文物事业发展的最大动力。改革是发展的强大动力，法治是发展的可靠保障，二者如同鸟之双翼、车之两轮，共同推动文物事业健康发展。

改革是发展的动力，文物事业的发展离不开改革的推动。在文物领域已取得的改革成果，应当及时用法治的方式予以确认和保障；对即将开展的重大改革，应当严格按照习近平提出的"重大改革于法有据"的要求处理。"要有序推进改革，该中央统一部署的不要抢跑，该尽早推进的不要

---

① 习近平：《在中共十八届四中全会第二次全体会议上的讲话》(2014 年 10 月 23 日)，载《习近平关于全面依法治国论述摘编》，中央文献出版社 2015 年版，第 12 页。

② 习近平：《在中共十八届四中全会第二次全体会议上的讲话》(2014 年 10 月 23 日)，载《习近平关于全面依法治国论述摘编》，中央文献出版社 2015 年版，第 52 页。

拖沓，该试点的不要仓促推开，该深入研究后再推进的不要急于求成，该得到法律授权的不要超前推进。"① 这意味着文物领域的改革和具体工作需要修改法律的可以先修改再操作，先立后破，有序进行；改革举措需要法律授权的，要按照法律程序进行，充分发挥法治的引领和保障作用。

（二）文物领域现存问题与法治不彰密切相关

新中国成立后，文物工作取得了长足进步，同时也应看到，"随着经济社会快速发展，文物保护与城乡建设的矛盾日益显现，随着文物数量大幅度增加，文物保护的任务日益繁重，文物工作面临着一些新的问题和困难。全社会保护文物的法治观念有待提升，文物保护的配套法规体系尚需完善；一些地方履行文物保护的责任不到位，法人违法行为屡禁不止；一些文物保护单位因自然和人为因素遭到破坏，一些革命文物的保护没有得到足够重视，尚未核定公布为文物保护单位的不可移动文物消失加快；文物建筑火灾事故多发，盗窃盗掘等文物犯罪屡打不止；文物执法力量薄弱，执法不严、违法不究现象时有发生；文物拓展利用不够，文物保护管理的能力建设有待加强"②。

面对文物领域存在的诸多问题，须有清醒认识。当今中国正经历着几千年来未有之变局，日新月异的时代变革使文物保护遭遇了全方位的艰巨挑战。从直观上看，新时期文物工作是在我国加速工业化、信息化、城镇化的历程中进行的，是在历史欠账较多、基础工作薄弱的情况下进行的，因此，文物工作难以一步到位。但从深层次上看，文物领域的诸多乱象与

---

① 《认真贯彻党的十八届三中全会精神　汇聚起全面深化改革的强大正能量》，《人民日报》2013年11月29日。

② 《国务院关于进一步加强文物工作的指导意见》（国发〔2016〕17号）。

（四）文物事业发展需借助法治增强国际文化软实力

在全球化时代，中国文物事业的发展也必须考虑对外关系问题。党的十八大以来，习近平非常重视文物事业在国际交往中的作用。

习近平指出，文化关系是整体外交的重要一翼①，文物在外交中扮演着重要角色。习近平在外交场合中善于发挥文物作用，多个大型外交场合都有文物的身影。文物事业的对外发展离不开法治保障。无论是在国外展出中国文物，还是作为在国外共同维护两国友好关系的场所见证，都与法律息息相关，这需要在文物事业的发展中统筹国内法治和国际法治两个大局。可以说，文物事业发展越是客观、全面地认识到国际法对中国文物工作的作用和影响，越是深入、准确地把握中国与国际法治的关系，就越有利于参与国际文化事业互动，越有利于自身文化体制机制改革，越有利于中国文化繁荣昌盛。

法治保障文物事业对外发展有利于国际文化体系公平合理发展。各国都应成为全球发展的参与者、贡献者、受益者。要应对调整、谋求发展、共建互利，就必须确立良好的制度，并促进这些制度的有效运行。国际文化体系公平合理发展离不开良好的制度保障，只有良好的制度正常发挥了作用，尊重各国的文化自主权，充分维护各国文化利益，各国文物事业才能良性交流，才能促进全球文化体系的公平发展。

法治是文化软实力的重要体现。近年来，法治已逐渐成了国际社会处理相关事务的主导话语。文化对外交流上更需法治精神的支持来展现我国的文化软实力。由于历史上中国与国际法体系长期疏离，特别是中国在关

---

① 参见《习近平和彭丽媛同秘鲁总统库琴斯基夫妇共同出席中拉文化交流年闭幕式并参观"天涯若比邻——华夏瑰宝展"》，《人民日报》2016 年 11 月 23 日。

键利益上曾经受到国际法的负面反馈，中国在国际关系与国际法领域的软实力远未形成。中华文化输出是中国在国际上展现软实力的重要方式，在这其中有必要彰显法治精神，通过增强对国际文化法治积极主动、鲜明有效的表达，积极参与国际文化规则的制定等，来提升国家文化软实力，改进中国的国际形象，塑造中国的国际声望。

三、习近平关于文物事业法治化基本规律和重要抓手的论述及其理解

（一）揭示文物事业法治化的基本规律

文物工作有着较强的专业性，需遵循特定的规律，文物事业法治化不仅要遵循法治的一般规律，还需结合文物工作的实际需要和专业要求，也即文物工作的自身规律。习近平的讲话、论述围绕文物事业的规律、使命揭示了文物事业法治化的三个基本规律。

1. 依法严格保护

在文物工作上，习近平多次强调要依法严格保护文物，加大文物保护力度。他对一份反映辽宁阜新"万人坑"遗址遭破坏的报告做出批示："国家确立的抗战纪念设施和全国爱国主义教育示范基地，是激发爱国热情、凝聚人民力量、培育民族精神的重要场所，应当受到严格保护。"① 他对筹建武汉中共中央机关旧址纪念馆的报告做出批示："在城市工作中要

---

① 《留住历史根脉　传承中华文明———习近平总书记关心文物保护工作纪实》，《人民日报》2015年1月10日。

重视历史文化遗产保护。修旧如旧，保留原貌，防止建设性破坏。"①他在北京市考察工作时说："历史文化是城市的灵魂，要像爱惜自己的生命一样保护好城市历史文化遗产。"②在中央财经工作小组会议上指出："要加强对城市的空间立体性、平面协调性、风貌整体性、文脉延续性等方面的规划和管控，留住城市特有的地域环境、文化特色、建筑风格等'基因'。"③

像爱惜自己生命一样保护好历史文化遗产是习近平的殷切期盼，其背后的法治思想是严格依法保护文物，这一思想脉络在习近平的执政生涯中清晰可见。在河北、福建、浙江主政期间，习近平依法严格保护了大批重要文物，留下了珍贵的历史记忆。习近平依法严格保护文物的观点至少包含了两层意思，一是不得擅自破坏文物，二是按照修旧如旧的原则加强修护，二者从文物工作的实际出发，融入了现代法治精神和法治原则。

不得擅自破坏文物是文物事业的底线是运用法治规范文物事业的基本出发点，文物一旦损毁则无法再现其价值。文物作为历史与文化的载体，其物理形态及其形成的人文环境至关重要。历史、艺术、科学、经济、社会等文物蕴含的价值都源自其物理形态和其文化场域。近现代对文物的保护很大程度上源自人们对文物的崇敬，以及从中寻求历史神圣感和艺术审美感的精神需要。一旦一个器物被创造或制造出来，它就是那个曾经存在的时代的真实组成部分，是那个时代的遗物与延伸。它们的存在揭示了人

---

① 《留住历史根脉　传承中华文明———习近平总书记关心文物保护工作纪实》，《人民日报》2015年1月10日。

② 习近平：《立足优势　深化改革　勇于开拓　在建设首善之区上不断取得新成绩》，《人民日报》2014年2月27日。

③ 《中央城市工作会议在北京举行》，《人民日报》2015年12月23日。

类社会的历史属性，即一个由过去、现在、未来共同组成的特殊时间序列，人们将与文物的会面视作直面真理的神圣时刻。一旦文物的物理形态和人文环境遭到破坏，凝聚在其中的特殊时间存在将随之消亡，文物展现出的特殊历史性与共时性的时间序列和空间场域也将不复存在。尽管现代技术能够通过影像记录文物携带的文化信息，却无法再现特定时空的神圣感。

习近平深刻认识到文物保护的核心要义，在法治思想中特别强调对文物物理形态和人文环境、信息的保护。他对类似辽宁阜新"万人坑"遗址遭到破坏的情形做出了严肃批评，要求各部门以高度的政治责任感加强保护工作。在福州主持工作期间，得知重要文物林觉民故居面临拆迁时，习近平力阻了拆迁，并要求尽快修改《福州市历史文化名城保护条例》，抓紧制订《福州市历史文化名城保护规划》和《三坊七巷历史文化街区保护规划（编修）》，用法律的方式严格保护文物的物理形态和人文环境、信息免遭破坏。[1]

严格保护文物除了不主动破坏外，还包括加强修护。文物作为异时空的特殊遗物，在经历了时间流逝和空间转换后，一般来说较为脆弱，为延长文物在时空中的存续时间往往需要借助人力实施修复和延缓老化的措施。如何修复文物是一个具有争议性的命题，习近平拨开云雾，直接抓住了文物保护的根本使命，强调"修旧如旧"。这一观点转述成法律语言就是在文物修复过程中必须严格遵循"修旧如旧"的原则，否则将承担不利后果。"在习近平的推动下福州三坊七巷等地名人故居和遗址保护办法明确规定，今后任何单位和个人，未经文物主管部门报市政府同意，均不

---

[1] 参见《留住历史根脉　传承中华文明———习近平总书记关心文物保护工作纪实》，《人民日报》2015 年 1 月 10 日。

得拆除、改建或添建。"① 习近平一些涉及古城保护、文物保护的讲话、论述，如高度肯定正定古城的保护、对武汉中共中央机关旧址纪念馆报告的批示等都体现了这一观点。

习近平这一重要观点对文物事业的发展至关重要。文物工作的一大重点内容就是修缮养护，在这一重要观点的指导下，文物修复养护也可以看作一个诠释的过程，加深文物承载信息的印记，便于人们接收。如果诠释本身出现错误，也无异于对文物特定时空神圣感的破坏，将直接误导人们对文物的认识。因此，开展文物修缮养护工作务必要坚持"修旧如旧"。

习近平文物事业法治观揭示了严格保护文物法律规制的理路和重点。法律要重点保护文物的物理形态以及文物所处的人文环境和信息，既要防止擅自拆除、破坏等，也要矫正怠于修缮养护和不当修缮的行为，还要关注对文物文化场域也即人文环境的保护。对于不切实履行文物保护法律责任的主体，必须通过法律途径追究其行为后果。

2. 依法合理适度利用

习近平在强调加大文物保护力度的同时，指出"要推进文物合理适度利用"②。文物利用是文物工作和文物事业永恒的主题，从现代文物保护的使命看，保护的一个重要目的是发挥文物在当代社会中的价值，也即文物利用。习近平抓住了文物事业使命中的这一关键点，多次对文物合理适度利用做出重要讲话和论述。

"要本着对历史负责、对人民负责的精神，传承历史文脉，处理好城市改造开发和历史文化遗产保护利用的关系，切实做到在保护中发展，在

① 《留住历史根脉　传承中华文明——习近平总书记关心文物保护工作纪实》，《人民日报》2015 年 1 月 10 日。

② 《习近平对文物工作作出重要指示》，《人民日报》2016 年 4 月 12 日。

发展中保护。"①"在保护中发展，在发展中保护"是习近平文物事业法治观的精髓。保护文物的根本目的是发展、发挥文物作用，推动社会发展。发展是永恒的主题，发展也是文化的传承。走出一条符合国情的文物保护与利用道路是习近平对我国文物事业的殷切期盼和重大战略布局。文物事业发展须在党的十八大以来以习近平同志为核心的党中央提出创新、协调、绿色、开放、共享的新发展理念下，统筹协调文物保护与经济发展、文物保护与文物利用、文物保护与民生改善、文物保护与城乡建设之间的关系。

在习近平看来，"我们强调保护，并不是对这些自然景观和人文景观捂得严严实实的，一动也不能动，而是要在坚持保护的前提下进行适度合理开发和建设，通过适度合理开发和建设来实现更好的保护。不能把保护和发展对立起来，要坚持与时俱进，用改革的思路、创新的意识，把保护与开发、建设有机结合起来，不断开拓保护与发展'双赢'的新路子，最终实现生态效益、环境效益、经济效益和社会效益的辩证统一"②。习近平站在时代与历史的高度辩证地处理了文物保护与利用的关系。一方面，文物占据着有限的社会空间，在人口增长与社会发展的压力下，封闭性的保护既不利于文物价值的实现，也不利于对文物本体的保护。另一方面，文物作为异时空的产物，客观上大部分使用功能已发生改变。如紫禁城从神秘森严的皇室禁地变为了人人可接触的故宫博物院，昔日革命志士商议重大决策的场所变成了爱国主义教育基地等。保护并不是完全局限于文物的

---

① 《立足优势　深化改革　勇于开拓　在建设首善之区上不断取得新成绩》,《人民日报》2014 年 2 月 27 日。

② 习近平:《干在实处　走在前列——推进浙江新发展的思考与实践》,中共中央党校出版社 2006 年版，第 480 页。

物理形态，一动不动，而是在最小干预和尽可能不改变的前提下，要让文物融入现代生活。融入时，当原有的功能不再具有实现的时空条件，必须通过创造性的诠释，让文物发挥出当下需要的价值，这必然意味着一定程度的改变，但这里的改变并不与严格保护相冲突，而是有机统一的。习近平抓住了文物利用的关键，在严格保护的基础上合理适度是文物利用的基本方向和重要原则。

法律规制的重点在合理与适度两个方面。"合理"强调文物利用需有利于发展，尤其是要符合党的十八大以来新的发展理念，这要求一切文物利用都应以对文物有深入研究为前提，准确、全面地诠释文物的历史、艺术、科学价值，有利于增进人们对文物的正确认识和深入理解，不能任意歪曲、丑化、庸俗文物的内涵。同时文物属于公共文化资源，在利用上应做到面向社会，把社会现实需要放在首位，融入社会、服务社会，实现生态、环境、经济、社会效益的有机统一。"适度"要求文物利用不能超出文物的承载能力，不能突破文物保护的底线，这要求法律调整文物利用活动必须划定适度的界线。实施利用之前，必须从保护和可持续出发，确定文物利用的承载能力。

3. 依法保障文化权益的普惠性、可持续性

习近平强调，"使文物保护成果更多惠及人民群众"[1]，这一重要论述显示出习近平深邃的文物与文化遗产权利观。文物作为特定历史文化的载体，其价值在很大意义上是属于精神层面的，为当下的人提供了直面历史与文化的场域，是当下时空每个社会成员理解自身文化根源的启示和依据所在。从文物的构成及其呈现的文化意义来看，由此产生的精神利益应归

---

[1] 《习近平对文物工作作出重要指示》，《人民日报》2016 年 4 月 12 日。

属于全体社会成员。加之，文物的形成在很大程度上并非前人的有意流传，而是因其蕴含的历史文化信息受到当下的珍视。这种被当代珍视的文化并没有类似现代财产法上的个人之间明确的遗留、赠予及归属关系，因此，文物所体现出的文化权益具有普惠的特性。习近平强调文化保护成果依法更多惠及人民群众，正是牢牢把握住了文物权益的本质。首先要承认文物权益的特殊性，它在文化利益上超越了个人主义的一般财产权理念；其次要强调文物权益的实现必须依法，需要纳入法治轨道。

"免费西湖"是习近平文化权益普惠性观点的典型代表，主政浙江期间，习近平大力推行西湖免费模式。2014 年初，浙江省委常委会召开专题会议，传达贯彻习近平关于西湖景区"会所"问题的重要指示精神，责成杭州市委市政府立即采取果断措施，整治关停西湖景区"会所"。① 经过治理的西湖成了普通游客市民的文化场所，真正实现了文物与文化遗产的普惠性。

"保护文物功在当代、利在千秋。"② 习近平还特别强调文物保护利用的可持续，凸显了他文物事业代际正义的法治观。代际正义处理的是当代人和后代人之间的关系。当代人对人类赖以生存的环境过度消耗，将会给后代人的生存发展带来威胁，同理，文明是由数代人接续形成的，某一代的人对文明的破坏也将影响后代人享有的文明利益。因此代际正义理论强调当代人在发展过程中要注重保护后代人的利益。

代际正义是可持续发展理念的核心主旨。习近平多次指出，"文物是不可再生的珍贵资源""保护历史文物是实施可持续发展战略的重要内

---

① 参见《习近平总书记关心西湖文化遗产保护利用纪事》，2015 年 1 月 26 日，宁波文化遗产保护网（http://www.nbwb.net/info.aspx?ID=30187）。

② 《习近平对文物工作作出重要指示》，《人民日报》2016 年 4 月 12 日。

容""文物资源，不仅属于我们，也属于子孙后代，任何个人和单位都不能为了谋取眼前或局部利益而破坏全社会和后代的利益"，这充分显现出习近平高瞻远瞩的文物资源代际正义观和文物事业可持续性的法治理念。

（二）揭示推动文物事业法治化的重要抓手

习近平文物事业法治观不仅揭示出文物事业法治化的基本规律，还进一步提炼出推动文物事业法治化的重要抓手。

1. 各级党委和政府树立文物政绩观

"各级党委和政府要增强对历史文物的敬畏之心，树立保护文物也是政绩的科学理念，统筹好文物保护与经济社会发展，全面贯彻'保护为主、抢救第一、合理利用、加强管理'的工作方针，切实加大文物保护力度，推进文物合理适度利用，使文物保护成果更多惠及人民群众。"习近平深刻地认识到文物事业中领导干部是"关键少数"。

敬畏心是各级领导干部重视文物工作的深层动力。思想影响行动，文物工作受价值观导向非常明显。在生存权、发展权是首要人权的社会现实下，文物事业受到多方面影响。一般情况下，文物不能凌驾于人的生存之上。如何看待文物，如何分配有限的财政资源，成为各级地方领导不得不面对的问题。在没有绝对标准的文物工作中，是否敬畏历史文物成为影响文物命运的关键因素。只有领导干部对文物有敬畏之心，才能真正想方设法保护文物、发挥文物作用。就如习近平对历史文物有着强烈的敬畏心，抢救保护了大量文物。一些领导未能意识到文物的价值，在城市改造中大拆大建，许多珍贵古迹荡然无存，更有甚者盲目崇拜西方，建造了不少西式风格的建筑。

政绩考评是促进各级政府保护文物的重要抓手。改革开放以来，随着经济水平提高，人民群众的精神需求也日渐增长，文物事业的重要性日渐凸显。在文物工作上，除了强调各级领导的敬畏心之外，还需借助硬性手段督促其落实文物保护、利用的要求。政绩是改进工作的重要手段，当政绩与文物事业之间产生关联时，任何党政领导都不再敢轻视、漠视文物工作。借助考评，激发调动行政管理的积极性，能实现争先创优、奖勤罚懒的效果。政绩也是地方治理的指挥棒，当强调经济 GDP 排名时，各地"八仙过海，各显神通"，不惜破坏环境和文化资源创造 GDP。政绩如何考核，直接影响地方领导的行动。习近平强调各级领导树立保护文物也是政绩的科学理念，意味着政绩考核不再唯 GDP 论，保护文物已成为必选工作内容，一旦文物受损将影响政绩评价，这必将使得各地领导围绕文物保护下大力气，做好文章。

2. 各级文物部门守土尽责

"各级文物部门要不辱使命，守土尽责，提高素质能力和依法管理水平"①，这是习近平对文物部门提出的总体要求。习近平敏锐地认识到，做好文物工作，做大做强文物事业，各级文物部门是中流砥柱。文物工作极强的专业性有赖于各级文物部门严格把关，各类违法行为也有赖于其进行严肃查处。文物部门工作人员要强化恪尽职守的职责担当，坚持原则，保持本色，动真碰硬，也要切实提高责任担当的能力素质，加强学习修养，强化实践锻炼，敢抓善管。

一支敢于担当、恪尽职守的文物工作队伍是在法治轨道上推进文物事业健康发展的重要抓手。提高行政效能，人是关键。意识决定行动，要确保各级文物部门发挥应有作用，必须解决行政意识问题。提升责任意识、

① 《习近平对文物工作作出重要指示》，《人民日报》2016 年 4 月 12 日。

效率意识、规范意识必不可少。把分内的事情做好，尽可能减少不必要的行政环节，在强调行政积极性主动性的同时，谨记依法履职。提高依法管理水平是各级文物部门工作人员的重要任务。文物工作的开展必须在法治轨道内进行，各项管理工作必须于法有据。

3. 广泛动员社会参与

"广泛动员社会力量参与"[①] 是习近平提炼出的实现文物事业法治化的又一重要抓手。"一切为了人民，一切依靠人民，从群众中来，到群众中去"的群众工作路线是党战胜各种困难，不断取得事业成功的法宝，更是新形势下党和国家事业发展的必然要求。文物事业的繁荣发展也离不开人民群众的广泛参与。正如习近平在我国第一个文化遗产日上的讲话指出："保护和传承文化遗产是每个人的事。只有我们每个人都关心和爱惜前人给我们留下的这些财富，我们民族的精神和独特的审美情趣、独特的传统气质，才能传承下去。"[②] 这是因为文物占据着有限的社会空间，只有得到人民群众的真心认同，保护与利用工作才具有可持续性。一方面，客观上文物是有生命的，必将走向消亡。现有的保护与利用工作只是尽可能延长文物的生命。如果保护文物不能在社会层面达成广泛共识，政府做再多工作也收益甚微。另一方面，文物保护需要大量人力、物力、财力，仅凭政府投入难以全部覆盖和长期维系，必须依靠社会多元参与，协同推进，共同治理。因此，习近平特别提出要广泛动员社会参与，抓住了文物事业的真谛。

---

① 《习近平对文物工作作出重要指示》，《人民日报》2016 年 4 月 12 日。

② 习近平：《干在实处　走在前列——推进浙江新发展的思考与实践》，中共中央党校出版社 2006 年版，第 325 页。

四、贯彻落实习近平文物事业法治观的主要任务和路径

文物事业法治化势在必行、迫在眉睫。根据习近平关于文物法治的重要论述，结合文物法治建设的实际，笔者认为，实现文物事业法治化的主要任务和路径主要有以下四个方面。

（一）加快完善文物事业权利保障体系

权利是法治的核心，良法善治皆为保障权利。完善文物事业权利保障体系是文物法治绕不过去的问题，也是文物事业法治化必须解决的问题。当前文物领域的种种乱象，在一定程度上也可以归结到权利未得到相应保障上。加快完善文物事业权利保障体系，可从以下五个方面着手考虑。

第一，妥善处理文物所涉文化利益与财产利益。文物具有公共文化属性，但其所具有的财产价值也应当慎重考虑。现实生活中文物工作存在着大量的产权问题。在法治理念下，因保护文物而受损的财产利益应受到应有的重视。一旦遭受的财产损失超出了财产权的社会义务容忍的限度，国家和社会对此应当给予产权人补偿；要区别对待文物财产与非文物财产。补偿方面只有与一般普通物有所区别，才能发挥法律引领、保障文物工作的作用；不仅要解决好国有文物所有权与管理使用权之间的关系，保障管理权的稳定性，还要注重对民间文物收藏人的权利保障。

第二，加强对文物衍生新型权利的研究。对文物工作来说，习近平高屋建瓴地将其上升到代际正义的层面，那么在理解文物承载的文化权利时，就不得不考虑文物工作的可持续发展，以及后代人对文物的权利。代际正义下文化权利的保护应通过法治来保障。习近平多次强调的乡愁，也

应从权利层面进行理解和把握。人无往而不在文化之中，乡愁是人与生俱来的一种精神层面的寄托。从"乡愁"和精神依托的层面理解文物承载的文化权利体系，运用善治和公共治理认真对待文物承载的集体文化权利体系，凸显文物利益实现的普惠性、平等性。除此外，文物信息衍生出的信息与知识产权问题也值得特别重视。

第三，加快启动文物法律法规实质性修订。法律是权利的重要背书，制度化是权利保障的重要依据。当前我国文物事业法律体系存在碎片化的缺陷。法律层面仅有一部《文物保护法》，法规和规章也不多，尽管有大量地方立法，但大多是对《文物保护法》的重述，整体看来文物法制是残缺不全的、是碎片化的。加快完善文物事业法律体系是贯彻落实习近平强调的加强重点领域立法的重要指示的途径之一。当前文物法律法规行政管理色彩过于浓重、权利保障不到位，亟待实质性的修订和根本性的变革，切实反映人民的意志和根本利益，反映公平、正义等价值追求。

第四，落实严格规范公正文明的执法要求。尽管我国已颁布了行政处罚法、行政许可法、行政强制法等法律，但现实中选择性执法、利益驱动型执法以及不作为、乱作为仍时有发生。需进一步改进和完善行政执法程序，并加强对行政执法的监督，全面落实行政执法责任制。除此外，文物违法现象千差万别，程度轻重不同，如何做到处罚过程中的个案公平、公正也需特别考虑自由裁量权的规范行使问题。既要适时总结各类文物行政执法的共性，建立自由裁量权的一般基准制度，也要在合法的范围内留有余地，便于执法人员根据实际情况做出合法、合理裁量。

第五，公正公平司法。随着文物立法的健全和文物执法活动的地方性与全国性问题的展开，文物领域的矛盾纠纷呈现上升趋势。法律是定纷止争的实践理性，司法是维护公平正义的最后一道防线，面对纠纷和诉讼，法院、法官不能袖手旁观。文物司法要能切实起到定纷止争的作用，要能切实保护与文物相关的权利，维护公平正义，回应人民群众对司法护权的期待；文物司法要能切实打击刑事犯罪，当前文物司法薄弱的一个重要原因是与文物行政执法衔接不畅，以罚代刑或证据固定不到位等致使许多案件难以进入司法程序；文物司法应尽快与行政执法在案件移交、证据配合等方面建立起有效的衔接合作机制，以便文物司法程序的启动；文物司法要为文物交易创造良好的司法环境，鼓励合法交易、切实打击文物黑市和灰色文物流通。

（二）加快文物事业体制机制改革

文物事业法治化离不开一个体现法治精神的文物管理体制。建立法治化的文物管理体制应当以法治政府的标准和要求为参照，认真落实整改。在建设法治政府方面，党的十八届四中全会《中共中央关于全面推进依法治国若干重大问题的决定》提出："各级政府必须坚持在党的领导下、在法治轨道上开展工作……建立权责统一、权威高效的依法行政体制，加快建设职能科学、权责法定、执法严明、公开公正、廉洁高效、守法诚信的法治政府。"法治政府建设的基本要求是将政府活动全面纳入法治轨道，文物管理体制也不例外。针对当前文物管理体制重专业、轻管理的现状，亟须以法治政府建设的标准扭转管理体制不畅、管理工作薄弱的被动局面。加快文物事业体制机制改革应在执法环节重点发力。首先，要理顺上下层级之间文物执法权的配置。长期以来，受到计划经济体制的影响，文物行政执法权层级不清，边界模糊，形成了同一件事层层请示、反复审批的多层执法格局。改革必须划分事权，确定各自的职责和权限，以避免行政执法权限上的空白或者重复。其次，加强基层执法力量。建立起切合实际需要的文物执法体制机构和专业执法队伍并保障到位。

加快文物事业体制机制改革应高度重视文物市场。在文物事业管理过程中，应当承认和重视市场在文物保护利用中的作用。古今中外都有文物交易的传统，当今国内国际都有着非常活跃的文物交易市场。自古以来的文物交易实践也证明了大量珍贵文物正是通过市场被识宝之人发现，得以保存和传承。加强监管是保障文物市场有序的关键。对于文物市场的监管，核心问题是文物所有权来源。监管既要打击非法来源文物的黑市交易，也要防止非法来源文物借助市场"合法"洗白。此外，监管还要加强文物出入境管理，防止和打击珍贵文物流出过境。

加快文物事业体制机制改革也离不开多元共治，必须在法治轨道上有所创新，为社会广泛参与文物事业发展提供便利条件和良好环境，形成全社会群策群力、共建共享的生动局面。

（三）加强文物法治宣传力度

文物法治建设和文物事业纳入法治轨道有赖于全社会对文物法律的自愿服从和遵守。在社会生活中，人们的文物法治观念还尚未形成。除了在私有文物管理上排斥国家干预外，对国家和集体所有的文物也缺乏守法意识。加强文物法治建设必须重视法治宣传教育。天下之事，不难于立法，而难于法之必行。制定出来的法律只有被人民尊重，成为人民内心的信仰，才能真正实现法治追求的时时守法、事事用法的社会状态。文物法律体系和文物执法行为只有得到人民内心的认可和尊重，才能反映出爱护文物的社会行为。

要在全社会开展文物法治教育。正如《国家文物事业发展"十三五"规划》中强调，要建设文物法治宣传传播能力提升工程，围绕文物法律、重大政策、重要节庆、重要事件、典型案例和重要考古发现、文物保护利用重点工程、执法督查行动开展主题宣传系列活动。加强文物普法宣传，加大文物新闻发布力度，开展文物网络舆情监测。文物法治文化建设和文物法治宣传也可通过建立健全守法信用记录的方式来推进。针对地方政府、文物管理机构、产权人、使用人等相关主体，建立文物守法信用制度，完善守法诚信行为褒奖机制和违法失信行为惩戒机制。

（四）加快建立文物交流的国内和国际规则

文物交流是文物事业的重要内容。文化普及、文明互鉴都与文物交流紧密相关。文物交流不仅仅是个技术问题，也包含众多法律问题。如文物交流中的损坏赔偿问题、保险法律问题、进出境监管问题、涉及所有权争议的司法扣押和司法免扣押问题等。习近平大力支持国内国际文物交流，多次参观博物馆，为文物交流活动发送贺信、题写致辞。加强文物交流，亟须建立和完善国内、国际规则。

在全球化时代，中国的法治建设、法治观念、法治理论不能不考虑对外关系问题，不能不讨论国际法的位置，不能不分析法治中国与国际法治的关系。必须要统筹好国内法治与国际法治这两个大局。[①] 文物是文明互鉴的纽带，是人类命运共同体的实物见证。在统筹国内法治与国际法治、推动国际关系法治化的进程中，不能不在全球视野下思考文物法治问题。以下三个方面值得特别重视。

第一，要在全球范围内保护人类共同的文化遗产。文明没有高下之

---

① 参见张文显等著《全面依法治国：迈向国家治理新境界》，党建读物出版社 2017 年版，第 251—253 页。

分，地球上每一处文明都是全球文化多样性的组成部分。习近平指出："在推进人类各种文明的交流交融、互学互鉴中，增强我国的文化软实力，维护世界和平。"[1] 文明交流交融、互学互鉴的基础是平等和尊重。在国际事务中，除了充分肯定中华民族灿烂绚丽的文明外，也应当注重保护其他国家的珍贵文物。加强生态和文物保护的国际意识，赢得输出地人民的认可、支持和信任，展现一个负责任、重文化、爱和平的大国形象。

第二，积极参与国际文化规则的制定。在国际关系上，由于历史原因，中国与国际法体系长期疏离，在国际关系和国际法领域的软实力远未形成。在国际文化领域，以世界文化遗产申报为例，日本明治工业遗产申报成功，而中国海上丝绸之路方案受挫，这与我国未能抓住国际文化话语权有关。在国际文化领域，中国亟须尽快扭转国际局势话语能力欠缺、话语体系贫乏的不利局面，主动出击，增强话语权。

积极参与国际文化规则的制定是增强国际话语权的重要路径。当前中国用法治的方式管理文化、文物事业的能力与我国文物大国的身份地位不相匹配。在国际领域参与文化、文物方面规则制定的程度浅，能力低。在国际文化、文物规则的制定上，亟须从跟跑者转变为齐头并进以及领跑者。现如今恐怖主义蔓延，人类文化多样性遭受重大挑战，无论是战时文物保护还是文物修复，都亟须全新的国际规则予以调整。

第三，参照借鉴国际做法解决国内文物遗留问题。欧美国家在解决"二战"文物返还问题上已取得了一系列显著成绩。与意大利、法国等积极追索"二战"期间被纳粹掠夺的文物相比，我国在追索"二战"流失文物上尚有待加强。"二战"期间，我国大量文物流失海外，其中日

---

[1] 习近平：《发挥民间往来优势　推进人类文明交流互鉴》，《人民日报》2014年10月30日。

本是我国"二战"文物最大的流向国。我国可在借鉴欧美国家的做法，充分运用现有国际规则、惯例的同时，充分参与、引领国际文物返还规则，争取国家文化利益。除"二战"文物流失外，我国"文革"期间没收的文物应如何处置也亟待通过法治的方式解决。对于这个问题，目前尚属规则真空。但从国内文物事业的发展趋势看，这一问题已经到了迫在眉睫的程度。

五、结论

习近平文物事业法治观极具时代特色和历史担当。这一观点从文化传承、文化自信、治国理政以及文明互鉴的高度，深刻阐述了文物事业繁荣发展的重大意义。

习近平文物事业法治观丰富了中国特色社会主义法治理论。长期以来，文物领域法治化程度不高，文物事业的发展受到了很大限制。习近平敏锐地发现文物事业发展中存在的种种问题与法治不彰有着直接的关系，进而成功探寻到文物事业健康发展与文物事业法治化的内在理论，为全面建设文物法治奠定了重要的理论基础。习近平对文物事业和法治工程的深入思考，揭示了文物事业法治化的客观规律，并提炼出全面推行文物事业法治化的重要抓手，找准了法治与文物事业的连接点，对中国法治事业做出了极大贡献。

认真学习贯彻落实习近平文物事业法治观是全面实现文物事业法治化的必由之路。文物事业法治化的客观规律不以人的意志为转移。任何违背规律、舍本逐末的行为都将给文物带来不可挽回的严重后果。务必事先防范，事前加强学习，用法治思维、法治方式推动文物事业健康发展。

　　深入学习和研究习近平关于文物法治的重要论述，是全面认识文物工作的迫切需要；是全面推进法学理论创新，完善中国特色法学理论体系的迫切需要；是全面推进依法治国，建设法治中国的迫切需要。习近平对文物法治的重要论述源自实践、指导实践，具有重大的理论意义和现实意义。对此，本文仅仅是初步研究，希望法学界、文物界、理论界和有关部门的同志们指正。

（原载《中国法学》2017 年第 4 期）

习近平文化遗产观及其时代价值[*]

鲍展斌　李包庚

2014 年 3 月 27 日，中国国家主席习近平在巴黎联合国教科文组织总部发表重要演讲时说："让收藏在博物馆里的文物、陈列在广阔大地上的遗产、书写在古籍里的文字都活起来。"[①] 这是习近平文化遗产观关于文化遗产保护与传承的重要论断。习近平文化遗产观内容丰富、特征显著、见解高深、富含哲理，是对马克思主义文化遗产观的继承和发展，是文化遗产保护的一次理论创新，是习近平新时代中国特色社会主义思想的重要组成部分，具有广泛的理论意义和深远的实践意义。

一、正确对待文化遗产是时代提出的重大课题

文化遗产是前人留给我们的宝贵文化资源，正确对待文化遗产是时代提出的重大课题。在新时代为何要保护与传承民族文化遗产？为何要借鉴

[*] 本文为国家社科基金后期资助项目"'海上丝绸之路'与中外货币文化交流"的阶段性成果。

[①] 中共中央宣传部：《习近平总书记系列重要讲话读本（2016 年版）》，学习出版社、人民出版社 2016 年版，第 203 页。

外国文化遗产保护经验？如何保护与传承文化遗产？这些都是迫切需要解决的问题。

（一）对民族文化遗产的保护与传承是时代赋予的重大历史使命

文化遗产是人类在长期实践过程中所创造的一切文明成果，包括物质文化遗产与非物质文化遗产。我国的文化遗产主要包括中华优秀传统文化、革命文化和社会主义先进文化的遗产。文化遗产是传统文化的载体，蕴含着丰富的精神内涵。习近平说："文化遗产是民族智慧的结晶，是民族文化的见证。"[①] 文化遗产是各族人民创造的文明遗存，作为一种传统文化资源，文化遗产不仅为传统文化提供了有效载体，而且为传统文化的转型和现代文明的构建提供了可资利用的多样性文化原型和构筑材料。传统文化指的是一定的民族由历史沉积下来的并不断发展着的精神生活方式和成果。民族传统文化要流传下去需要一定的文化载体，这就离不开对文化遗产的保护与传承。

文化遗产还是一种传统生活方式的延续。文化遗产作为历史客体的一部分，充分体现了人的生命活力。"历史客体作为渗透着人的生命活力的历史活动的结果和产物，是人的生命活力的凝结与物化，也是人的生命活力存在与实现的确证。"[②] 作为主体的现代人和作为客体的文化遗产可以直接交流，当然这种交流主要是一种无声的交流，即思想的交流。通过这种交流，文化遗产向我们展示一种"意义"，这种意义并不局限于遗产本身，

---

① 参见唐梦霞、金毅《习近平与浙江文化遗产二三事》，《中国文化报》2015 年 6 月 15 日。

② 万斌：《历史哲学论纲》，浙江大学出版社 1992 年版，第 106 页。

如遗产的名称或用途等，而主要是体现出遗产自身所包含的一种传统思想文化，体现出一种不朽的精神，这种精神正是人类生命活力在文化遗产上的延续，从而使古人与今人"息息相通"。

文化遗产已融入现代人的生活。文化遗产不是独立于人类社会生活之外的抽象存在物，许多文化遗产本身就是现实生活的组成部分，与现代人的生存与发展息息相关，如历史悠久的书法等传统艺术或丝织等传统技艺不是一直在民间流传，被人们传承和发展至今吗？有些文化遗产虽然早已退出历史舞台，但有时候也会"枯木逢春"，比如唐装汉服、明清建筑等近些年又成为时尚。"'文物'是'活'的，不是'死'的。"[1]物因人而活，文物即人文之物，所以它是活的。因为有了后人的研究与解读，文化遗产就"活起来了"，通过和文化遗产的直接交流，人们才能深入了解文化遗产所包含的多种含义。

（二）借鉴外国文化遗产保护经验有助于保护民族文化遗产

保护民族文化遗产、传承优秀传统文化不能故步自封，要学习其他国家和民族的优秀文明成果，将其转化为自己的东西，形成我们的民族特色。文明因交流而多彩，文明因互鉴而丰富。习近平倡导学习外国文化遗产保护经验。例如，法国、意大利两国把丰富的文化遗产转变成旅游资源，每年吸引数千万游客，带来丰厚的收入，当地的文化遗产保护工作也因此受益。这种成功经验就非常值得我国借鉴。习近平倡导借鉴外国文化遗产保护经验，倡导让文化遗产活起来，让广大人民群众在亲眼欣赏和亲身游历中感知灿烂历史、认同文化传统。他从实际出发，鼓励文化遗产合

---

[1] 叶秀山：《关于"文物"之哲思——参观台北故宫博物院有感》，《哲学研究》1993 年第 7 期。

理利用、有序开发。联合国教科文组织前总干事博科娃说，2014 年习近平主席对联合国教科文组织进行了历史性访问，足见中国政府对文化遗产保护、文化交流等方面的高度重视。联合国教科文组织世界遗产中心非洲部主任埃德蒙德·穆卡拉也认为，"一带一路"倡议促进了国与国之间的文化、科技交流，必然带动沿线国家的遗产保护工作。

（三）对文化遗产保护实践的科学探索是时代之召唤

习近平提出"像爱惜自己的生命一样保护好城市历史文化遗产""让文物活起来""在保护中发展、在发展中保护"等一系列重要论述。他还提出，文物保护工作"保护为主、抢救第一、合理利用、加强管理"[①] 的 16 字方针。习近平关于文化遗产保护的一系列重要论述以及文物保护工作的 16 字方针都是对文化遗产保护实践的科学总结，其实质就是在文化遗产保护实践中实现优秀传统文化的时代化，再创中华文化的新辉煌。从 1985 年 6 月到 2002 年 10 月，"习近平在福建工作期间，对文物和文化遗产保护工作就极为重视。他不仅提出了许多前瞻性的思想和观点，并且推动了一系列保护文化遗产的开创性实践"[②]。

文化遗产是不可再生的宝贵资源。在文化遗产保护实践中，我们要树立历史意识和文化自觉意识。习近平在《加强对西湖文化的保护》一文中强调："西湖的周围，处处有历史，步步有文化。对这些历史文化遗存，

---

① 万鹏：《习近平提文物保护 16 字方针　展现共产党人历史自觉文化自信》，《人民日报》2016 年 4 月 14 日。

② 段金柱、郑璜：《"像爱惜自己的生命一样保护好文化遗产" ——习近平在福建保护文化遗产纪事》，《福建日报》2015 年 1 月 6 日。

我们一定要保护好，利用好，传承下去，发扬光大。"① 2014 年 2 月，习近平在北京市考察工作时指出："历史文化是城市的灵魂，要像爱惜自己的生命一样保护好城市历史文化遗产。"② 这是对文化遗产保护工作前所未有的高度重视，是在实践基础上形成的科学认识，是文化自觉的具体体现。

我们要坚决反对在旧城改造过程中对传统建筑肆意破坏的现象，处理好开发与保护的关系。2014 年 9 月，在一份关于中国建筑文化缺失的相关材料上，习近平在批示中指出："要处理好传统与现代、继承与发展的关系，让我们的城市建筑更好地体现地域特征、民族特色和时代风貌。"③

习近平文化遗产观的基本特征是以实践为基础的继承性和创新性、历史性和现实性、民族性和世界性、时代性和人民性的统一。站在实现"两个一百年"奋斗目标和中华民族伟大复兴的高度，习近平文化遗产观科学地解答了在新时代"为何"与"如何"保护传承民族文化遗产这一重大课题。这些在实践基础上的思考与探索是习近平对文化遗产传承与保护规律的科学认识，对文化遗产保护工作提出了更高要求，是我国开展文化遗产保护工作的基本遵循。

二、习近平文化遗产观的核心要义与内在逻辑

习近平文化遗产观博大精深、内涵丰富，其核心要义是让文化遗产活

---

① 习近平：《加强对西湖文化的保护》，《浙江日报》2003 年 9 月 15 日。
② 段金柱、郑璜：《"像爱惜自己的生命一样保护好文化遗产"——习近平在福建保护文化遗产纪事》，《福建日报》2015 年 1 月 6 日。
③ 隋笑飞、吴晶晶、周玮：《留住历史根脉 传承中华文明——习近平总书记关心历史文物保护工作纪实》，《人民日报》2015 年 1 月 10 日。

起来。习近平认为"提高国家文化软实力，要努力展示中华文化独特魅力……要使中华民族最基本的文化基因与当代文化相适应、与现代社会相协调，以人们喜闻乐见、具有广泛参与性的方式推广开来，把跨越时空、超越国度、富有永恒魅力、具有当代价值的文化精神弘扬起来，把继承传统优秀文化又弘扬时代精神、立足本国又面向世界的当代中国文化创新成果传播出去。要系统梳理传统文化资源，让收藏在禁宫里的文物、陈列在广阔大地上的遗产、书写在古籍里的文字都活起来"①，这段话是对习近平文化遗产观核心思想的精辟论述。习近平不仅科学阐明了保护传承文化遗产与推广优秀传统文化、展示中华文化独特魅力、提高国家文化软实力的内在逻辑关系，而且点明了文化遗产作为传统文化资源的重要地位，指出了保护传承文化遗产的有效途径。要使中华民族最基本的文化基因——中华优秀传统文化推广开来，并弘扬其中的文化精神（其实质是民族精神），就要把继承优秀传统文化与弘扬时代精神相结合，以人民为本，走群众路线，系统梳理传统文化这一独特的战略资源（主体部分是文化遗产），让文化遗产活起来，把立足本国又面向世界的当代中国文化创新成果传播出去，展示中华文化魅力。笔者认为，习近平文化遗产观是一个主题鲜明、逻辑严谨的思想体系，其丰富内涵和内在逻辑应该从以下七个方面去认识和把握。

（一）突出一个主题：保护文化遗产，守护精神家园

中华民族五千多年的文明史所遗留的文化遗产承载中华优秀传统文化，维系民族精神，是我们的精神家园，是民族的根和魂。中华文明是中

---

① 习近平：《建设社会主义文化强国　着力提高国家文化软实力》，《人民日报》2014年1月1日。

华民族的精神血脉，既需要薪火相传、世代守护，更需要与时俱进、开拓创新。中国共产党领导人民在近百年艰苦卓绝的奋斗历程中，不断将马克思主义普遍真理与中国革命和建设的具体实际相结合、与中华优秀传统文化相结合，持续推进马克思主义中国化进程，成功地走出一条中国特色社会主义道路，形成包括红船精神、井冈山精神、长征精神、延安精神、抗战精神、沂蒙精神、红岩精神、西柏坡精神、抗美援朝精神、"两弹一星"精神、焦裕禄精神、红旗渠精神、铁人精神、雷锋精神、"九八"抗洪精神、抗震救灾精神、"载人航天"精神等一系列革命和建设中的精神财富，是中华优秀传统文化的传承和发展，也是革命文化遗产和社会主义先进文化遗产的核心内容，成为中国共产党和中国人民的精神家园。革命文物是革命文化和革命精神的载体。习近平告诫全党："建党时的每件文物都十分珍贵、每个情景都耐人寻味，我们要经常回忆、深入思索，从中解读我们党的初心。"[1]

"中国共产党从成立之日起，既是中国先进文化的积极引领者和践行者，又是中华优秀传统文化的忠实传承者和弘扬者。"[2] 为了更好地让文化遗产活起来，对中华优秀传统文化进行创造性转化和创新性发展（简称"两创"），不断铸就中华文化新的辉煌，我们必须高度重视铸魂育人的工作，培养一代又一代中华优秀传统文化的传承者和弘扬者。习近平说："让文物说话、把历史智慧告诉人们，激发我们的民族自豪感和自信心，

---

[1] 《铭记党的奋斗历程时刻不忘初心　担当党的崇高使命矢志永远奋斗》，《人民日报》2017 年 11 月 1 日。

[2] 中共中央宣传部：《习近平新时代中国特色社会主义思想学习纲要》，学习出版社、人民出版社 2019 年版，第 146—147 页。

坚定全体人民振兴中华、实现中国梦的信心和决心。"① 在实现中国梦的伟大进程中，深入开展"保护文化遗产，守护精神家园"的主题活动是一项铸魂育人的崇高事业，有助于提高人民群众对文化遗产保护重要性和紧迫性的认识，培养文化遗产保护意识。

（二）树立科学态度：运用唯物史观和辩证否定观对待文化遗产

以唯物史观和辩证否定观正确认识和对待文化遗产。习近平反对用历史虚无主义和文化虚无主义态度对待文化遗产。他强调，对待文化遗产所蕴含的中华传统文化和外来文化，我们既要善于吸收，又要正确地扬弃：第一，取其精华，弃其糟粕；第二，善于吸收一切合理的、有利的成分；第三，在继承、吸收、借鉴、利用中华传统文化和外来优秀文化成果的基础上，根据社会发展的时代要求，善于创新，大胆求索，勇于开拓。习近平提出的对传统文化的创造性转化与创新性发展的方针，坚持了马克思主义唯物史观、辩证否定观的科学态度，既与毛泽东倡导的"古为今用，推陈出新""去其糟粕，取其精华"的方法一脉相承，又结合新的时代要求做出新的理论概括。

"传承中华文化，绝不是简单复古，也不是盲目排外，而是古为今用、洋为中用，辩证取舍、推陈出新，摒弃消极因素，继承积极思想，'以古人之规矩，开自己之生面'，实现中华文化的创造性转化和创新性发展。"② 例如，习近平借鉴中华优秀传统文化提出的构建"命运共同体"理

---

① 潘婧瑶：《习近平谈文物保护工作的三句箴言》，http://politics.people.com.cn/n1/2016/0413/c1001-28273470.html。

② 习近平：《在文艺工作座谈会上的讲话》，人民出版社 2015 年版，第 26 页。

念正是"两创"方针的体现。"以马克思主义为指导，习近平总书记正确地把握'以和为贵''和而不同'等中国优秀文化的精髓，在此基础上提出构建'命运共同体'理念，推动形成人类命运共同体和利益共同体。这就把中国优秀传统文化扎根在世界发展的土壤之中。"① 在这里，习近平虽然主要讲传统文化的"两创"，但传统文化与文化遗产是不可分割的。一方面，传统文化的创造性转化与创新性发展需要以文化遗产为依托；另一方面，若要让文化遗产活起来，就必须对传统文化扬弃继承、转化创新。

（三）贯穿一条主线：文化遗产要保护和传承

习近平说："我们要学习中华民族优秀的传统文化和高尚的精神追求。历经磨难而不衰的中华文明，蕴涵着丰富而宝贵的思想文化遗产。"② 习近平从文化资源视角揭示了思想文化遗产是中华文明的有机组成部分。思想文化遗产属于非物质文化遗产范畴，其核心为民族精神，是国家文化软实力的重要内容。

社会主义核心价值观是国家文化软实力的灵魂。它是以爱国主义为核心的民族精神与以改革创新为核心的时代精神相结合的产物。"中华优秀传统文化是涵养社会主义核心价值观的重要源泉。"③ 文化遗产是中华优秀传统文化的载体，是社会主义核心价值观深厚的文化土壤。社会主义核心价值观不仅植根于中华文明和中国革命传承下来的思想文化遗产，而且植根于中国社会主义革命和建设尤其是改革开放 40 多年来的思想文化遗产。

① 辛向阳：《马克思主义与中国特色社会主义文化自信》，《理论探讨》2017 年第 2 期。
② 习近平：《领导干部要读点历史》，《学习时报》2011 年 9 月 5 日。
③ 中共中央宣传部：《习近平新时代中国特色社会主义思想学习纲要》，学习出版社、人民出版社 2019 年版，第 147 页。

习近平强调文化遗产保护与传承，具有深远的时代意义。"党的十九大将'加强文物保护利用和文化遗产保护传承'作为坚定文化自信的一个部分写进报告中，使之成为习近平新时代中国特色社会主义思想的组成部分。"① 我们保护与传承文化遗产旨在探寻老祖宗留下的历史足迹，继承中华民族博大精深的文化财富，创造民族新文化——中国特色社会主义文化。溯本求源，旨在继往开来。文化自信正是来自对民族文化遗产的保护与传承。民族文化遗产是民族精神、民族思维、民族创造力与民族凝聚力的载体，是民族的精神图腾。文化遗产既有过去的，也有当代的，无论哪一种都是我们宝贵的、不可再生的精神财富。破坏文化遗产将令我们失去精神家园！我们不仅要保护与传承中华民族悠久的历史文化遗产，而且要保护与传承革命文化遗产以及社会主义先进文化遗产。文化遗产是人民群众创造的，前人为今人创造文化遗产，今人也为后人创造文化遗产。党和政府有责任发动广大人民群众保护传承文化遗产，做到世代传承、永续利用。

（四）处理好一个关系：文化遗产传承和发展的关系

文化遗产是人类创造的文化遗存和传统文化的载体。传统文化是一个民族在历史上创造的全部文化成果及其传承方式的总和。传统文化蕴藏在有形的物质文化遗产中，但更多体现在无形的非物质文化遗产上，在价值观、生活方式、风俗习惯、心理特征、审美情趣等方面表现得尤为鲜明。传统文化可以变异、重构与转化，但文化遗产作为传统文化的载体或内核却只能保护其原有形态，不能任意改变。文化遗产只能在文化传统中进行

---

① 卜宪群：《深入领会习近平关于文化遗产的思想理论》，《人民日报》2018 年 1 月 10 日。

扬弃与创新，在继承传统文化的基础上建构新文化；但文化遗产消失后不可再生。我们保护的是传统中有价值的那部分，主要是作为传统文化内核的文化遗产和作为文化传统内核的民族精神。

"弘扬中华优秀传统文化，要处理好继承和创造性发展的关系，实现中华文化的创造性转化和创新性发展。创造性转化，就是要按照时代特点和要求，对那些至今仍有借鉴价值的内涵和陈旧的表现形式加以改造，赋予其新的时代内涵和现代表达形式，激活其生命力。创新性发展，就是要按照时代的新进步新进展，对中华优秀传统文化的内涵加以补充、拓展、完善，增强其影响力和感召力。"[①] "丝绸之路"是世界文化遗产，"一带一路"倡议是习近平对传统丝绸之路文化创造性转化、创新性发展的伟大成果，他从丝绸之路文化遗产中提炼出传统的"丝路精神"加以发扬光大。"一带一路"倡议利用古代丝绸之路这一文化遗产载体，秉承开放、包容、交流、合作的传统文化意蕴，并融入时代元素进行创造性转化与创新性发展，使丝绸之路文化遗产真正"活起来"，并具有更加广泛而深远的现代意义和世界意义。

为了处理好文化遗产传承与发展的关系，一方面，我们要坚定地承担文化遗产保护的责任，防止建设性破坏和破坏性建设；另一方面，对于文化遗产的保护不能墨守成规，文化遗产在保护的基础上需要沿革，即一方面沿袭其核心内容，另一方面革新其落后形式。这是文化遗产发展变化、保持活力的基本历程。保护文化遗产与发展经济并不矛盾。习近平说，"我们强调保护，并不是对这些自然景观和人文景观捂得严严实实的，一

---

① 中共中央宣传部：《习近平总书记系列重要讲话读本（2016年版）》，学习出版社、人民出版社2016年版，第203页。

动也不能动，而是要在坚持保护的前提下进行适度合理开发和建设，通过适度合理开发和建设来实现更好的保护"①。

（五）明确一个中心任务：实现中国梦，让文化遗产活起来

文化遗产具有属人性，它凝聚了人的本质力量，浓缩了人类的历史文明。文化遗产还具有教育后人、传承文化的功能。因此，为了实现中华民族伟大复兴的宏伟目标，让文化遗产活起来就成为需要明确落实的中心任务，这一中心任务也是文化遗产保护工作者的历史使命。中国人民在实现中国梦的进程中，按照时代的新进步，推动中华文明创造性转化和创新性发展，激活其生命力，弘扬跨越时空、超越国度、富有永恒魅力、具有当代价值的文化精神，"让收藏在博物馆里的文物、陈列在广阔大地上的遗产、书写在古籍里的文字都活起来"②。

中华民族的祖先凭借卓越智慧创造出一批又一批文化遗产，怎么让这些文化遗产活起来？从习近平的多次重要讲话中，可以归纳为四个关键词，即"守护、交流、传承、创新"。守护文化遗产就如同古代的护陵人那样，要忠心耿耿地世代守护民族文化的精神家园。守护文化遗产就是守护历史，使后人有机会直面历史，感悟历史。与文化遗产进行交流，就是与遗产进行无声的思想"对话"。叶秀山说："从哲学的观点看，不仅不该把'文献''还原'为'文物'，而且只有把'文物'当作'文献'看，

---

① 习近平：《干在实处　走在前列——推进浙江新发展的思考与实践》，中共中央党校出版社 2006 年版，第 480 页。
② 中共中央宣传部：《习近平总书记系列重要讲话读本（2016 年版）》，学习出版社、人民出版社 2016 年版，第 203 页。

'文物'才成其为'文物'。^① 习近平说要让文物、文化遗产与古籍中的文字活起来，我们可以参考叶秀山的做法，把文化遗产当作历史文献来看，通过"对话"与"交流"的方式，读懂文化遗产，揭示文化遗产所蕴含的传统文化内涵和民族精神。

习近平文化遗产观是以人民为中心的文化遗产观。文化遗产只有和人民群众紧密结合在一起，才能得到有效的保护和传承。在读懂文化遗产的基础上，我们要进一步利用文化遗产，通过展览宣传，以人民群众喜闻乐见的方式进行传播，使文化遗产为人民群众所关注、所喜爱，感受历史脉搏，自觉接受传统文化熏陶，让文化遗产蕴含的古人情怀、先哲智慧与今人的心灵相通，继往开来，延续文脉，弘扬民族精神。此外，要让文化遗产活起来还离不开创新。我们应按照时代发展要求，融入时代元素，推陈出新，推动文化遗产内蕴的传统文化进行创造性转化和创新性发展，使文化遗产与时俱进，永葆活力！

（六）坚持一个宗旨：保护文化遗产是对历史和人民负责

习近平说："要本着对历史负责、对人民负责的精神，传承历史文脉，处理好城市改造开发和历史文化遗产保护利用的关系，切实做到在保护中发展、在发展中保护。"^② 历史文化遗产的真正主人是广大人民群众，习近平文化遗产观始终以人民的利益为中心，对历史负责、对人民负责就是保护文化遗产的宗旨，要让文化遗产保护成果惠及广大人民群众。

任何一个民族都有自己的文化遗产。具有传承良好的文化遗产是文化

---

① 叶秀山：《关于"文物"之哲思——参观台北故宫博物院有感》，《哲学研究》1993 年第 7 期。
② 《"平语"近人——习近平谈文物工作》，2016 年 4 月 12 日，新华网（http://www. xinhuanet. com/politics/2016 - 04/12/c_128882748. htm）。

成熟的一种标志，是民族文化特征的一个体现。一旦丧失了自己的文化遗产，也就丧失了传统文化发展的有效载体，就不能更好地进行文化传承与创新。一个没有文化遗产和文化遗产意识的民族，就会失去民族文化自信，陷入历史虚无主义和文化虚无主义的泥淖，最终因迷失方向而精神崩溃。1991 年 3 月 10 日，在福州市"三坊七巷"召开的市委市政府文物工作现场办公会上，时任福州市委书记的习近平说："评价一个制度、一种力量是进步还是反动，重要的一点是看它对待历史、文化的态度。要在我们的手里，把全市的文物保护、修复、利用搞好，不仅不能让它们受到破坏，而且还要让它更加增辉添彩，传给后代。"① 因此，对历史负责、对人民负责是保护文化遗产的宗旨。

（七）实施一个战略：用文化遗产加强国际文明交流互鉴

让文化遗产活起来，还要通过充分利用文化遗产加强国际文明交流互鉴。"文明因多样而交流，因交流而互鉴，因互鉴而发展。"② 开展对外文化交流，在国外开展一系列文物展览与非遗展示活动，宣传博大精深的中华文明，讲好中国故事，让活起来的文化遗产以中外文明和平交流的方式不断地走向世界。习近平在党的十九大报告中指出："加强中外人文交流，以我为主、兼收并蓄。推进国际传播能力建设，讲好中国故事，展现

---

① 段金柱、郑璜：《"像爱惜自己的生命一样保护好文化遗产"——习近平在福建保护文化遗产纪事》，《福建日报》2015 年 1 月 6 日。

② 中共中央宣传部：《习近平新时代中国特色社会主义思想学习纲要》，学习出版社、人民出版社2019 年版，第 148 页。

真实、立体、全面的中国，提高国家文化软实力。"① 可见，运用文化遗产开展中外人文交流不仅有利于文明的传播，而且能够提高国家文化软实力，意义非凡。习近平还强调："我们不仅要了解中国的历史文化，还要睁眼看世界，了解世界上不同民族的历史文化，去其糟粕，取其精华，从中获得启发，为我所用。"② 越是民族的，才越是世界的。民族文化遗产的独特性决定了民族文化的世界价值。只有具有鲜明民族特色的文化遗产才能在世界文化宝库里占据一席之地。"文化遗产的传承与创新，各民族文化遗产在保持文化独特性基础上的相互交流与借鉴，是文化遗产传承与发展的一般规律。"③ 习近平倡导加强中外人文交流，以我为主、兼收并蓄，学习和借鉴人类文明的一切优秀成果，提高国家文化软实力，这是对马克思主义文化遗产观揭示的文化遗产传承与发展一般规律的科学认识和灵活应用。

三、习近平文化遗产观的时代价值

习近平文化遗产观不仅丰富和发展了马克思主义文化遗产观，而且是习近平新时代中国特色社会主义思想的有机组成部分，具有重要的时代价值。

---

① 习近平:《决胜全面建成小康社会 夺取新时代中国特色社会主义伟大胜利——在中国共产党第十九次全国代表大会上的报告》，2017 年 10 月 27 日，新华网（http://WWW.xinhuanet.com/politics/19cpcnc/2017-10/27/C_1121867529.htm）。

② 习近平:《在中央党校建校 80 周年庆祝大会暨 2013 年春季学期开学典礼上的讲话》，人民出版社 2013 年版，第 12 页。

③ 鲍展斌:《文化遗产哲思——马克思主义文化遗产观研究》，浙江大学出版社 2008 年版，第 1 页。

（一）丰富和发展了马克思主义文化遗产观

马克思主义文化遗产观是马克思主义对文化遗产问题的根本看法和总的观点。习近平文化遗产观是习近平运用马克思主义的立场、观点和方法看待文化遗产的保护传承与开发利用所形成的科学遗产观，是马克思主义文化遗产观在当代的继承和发展。马克思曾说："历史不外是各个世代的依次交替。每一代都利用以前各代遗留下来的材料、资金和生产力。"[①] 人类总是在既定生产力条件下进行创造，这是一种必然的客观存在的现象。列宁说："必须取得资本主义遗留下来的全部文化，并且用它来建设社会主义。"[②] 毛泽东则说，"今天的中国是历史的中国的一个发展"[③]。毛泽东谦虚地称我们只是古典文化的"小学生"，要永远向传统学习。

毛泽东还曾经就恢复与发展民族传统手工业有过明确指示。1956 年，毛泽东在《加快手工业的社会主义改造》的讲话中说："提醒你们，手工业中许多好东西，不要搞掉了。王麻子、张小泉的刀剪一万年也不要搞掉。"[④] 保护民族传统手工业实际上就是保护民族的非物质文化遗产，同时又保护了生产力。在中共中央的统一部署下，过去手工业合并中出现的过多失误得到了纠正。1956 年，毛泽东提出了著名的"百花齐放、百家争鸣"方针。1956 年 8 月，他在同音乐工作者的谈话中强调，外国的一切科学原理和长处都要学，但学习的目的是"创造出中国自己的、有独特的民族风格的东西""创造出中国独特的新东西"。[⑤] 立足中华民族优秀文

---

① 《马克思恩格斯选集》（第 1 卷），人民出版社 1995 年版，第 88 页。

② 《列宁全集》（第 26 卷），人民出版社 1988 年版，第 451 页。

③ 《毛泽东选集》（第 2 卷），人民出版社 1991 年版，第 534 页。

④ 中共中央文献研究室编：《毛泽东文集》（第 7 卷），人民出版社 1999 年版，第 11、12 页。

⑤ 中共中央文献研究室编：《毛泽东文集》（第 7 卷），人民出版社 1999 年版，第 76、77、78 页。

化的发扬光大，是毛泽东处理中外文化关系问题的基本出发点和落脚点。毛泽东多次提到，对老祖宗留下的文化遗产，应当做到古为今用，推陈出新。

以科学态度对待文化遗产。中国共产党向来重视对中华民族文化遗产的继承与创新。毛泽东、邓小平、江泽民、胡锦涛都发表过关于文化遗产的重要论述。习近平文化遗产观是在继承马克思主义经典作家和党的几代领导人文化遗产观基础之上，根据新时代中国共产党人历史使命实现的新发展。[①] 2014 年在纪念孔子诞辰 2565 周年时，习近平说："中国共产党人始终是中国优秀传统文化的忠实继承者和弘扬者，从孔夫子到孙中山，我们都注意汲取其中积极的养分。"[②] 此说法正是对毛泽东在中共六届六中全会上讲话的继承发展。毛泽东在这次会议上说："我们是马克思主义的历史主义者，我们不应当割断历史。从孔夫子到孙中山，我们应当给以总结，承继这一份珍贵遗产。"[③] 习近平认为，对待民族文化遗产"要坚持马克思主义的方法，采取马克思主义的态度，坚持古为今用、推陈出新，有鉴别地加以对待，有扬弃地予以继承，取其精华、去其糟粕，用中华民族创造的一切精神财富来以文化人、以文育人"[④]。习近平对文化遗产传承和发展辩证关系的理解是来自对马克思主义文化遗产观的科学掌握。他运用马克思主义的立场、观点和方法，科学阐明文化遗产保护传承与开发利用的辩证关系，习近平文化遗产观正是马克思主义文化遗产观在当代的丰富

---

① 参见卜宪群《深入领会习近平关于文化遗产的思想理论》，《人民日报》2018 年 1 月 10 日。

② 习近平：《在纪念孔子诞辰 2565 周年国际学术研讨会暨国际儒学联合会第五届会员大会开幕会上的讲话》，人民出版社 2014 年版，第 13 页。

③ 《毛泽东选集》(第 2 卷)，人民出版社 1991 年版，第 534 页。

④ 中共中央宣传部：《习近平总书记系列重要讲话读本（2016 年版）》，学习出版社、人民出版社 2016 年版，第 202 页。

和发展。

（二）对新时代文化遗产保护与传承有重要的指导作用

习近平从提升国家文化软实力、建设社会主义文化强国的战略高度，相继在国内外不同场合就文化遗产保护传承、推动中华优秀传统文化传承和创新发表了一系列重要论述，提出了一系列新思想、新观点、新要求，深刻阐述了民族文化遗产的历史地位和时代价值，为新时代文化遗产保护发展指明了方向，提供了重要的指导思想。

历史与现实的矛盾是文化遗产保护和利用中经常遇到的一个棘手问题，因此需要从理论上进行澄清。保护文化遗产就是保存一份真实的历史，文化遗产意识是一种历史意识。党和政府引导广大人民对文化遗产的尊重，就是捍卫其独有的文化精神与历史价值。历史虽与现实不同，但历史和现实的联系是永远不能割裂的，培养历史意识就是为了让人们更好地利用历史服务于现实。对社会发展来说，历史永远是一面镜子，今天的一切都是从历史传统中发展而来的。割断历史，搞历史虚无主义，也就不可能引导今天的社会生活沿着健康的轨道向前发展。今天，我们正处在新的历史时代，自觉地确立并强化历史意识比任何时候都来得更为重要。

（三）有利于坚定文化自信，传承和弘扬中华优秀传统文化

习近平指出："中华优秀传统文化是中华民族的根和魂，是中国特色社会主义植根的文化沃土。""优秀传统文化是一个国家、一个民族传承和

发展的根本，如果丢掉了，就割断了精神命脉。"① 正因为中华优秀传统文化对于建设中国特色社会主义具有极其重要的地位和作用，所以要坚定文化自信，传承和弘扬中华优秀传统文化，结合时代特点和要求，做好创造性转化和创新性发展。在新时代培根铸魂、凝心聚力，践行社会主义核心价值观，坚守中华民族共有的精神家园。

文化遗产作为一种历史遗存和传统文化载体，需要保护传承和开发利用。对中华优秀传统文化进行创造性转化、创新性发展的关键是科学研究与解读文化遗产中蕴含的优秀传统文化基因，结合时代发展要求，提炼并展示优秀传统文化之思想精华和道德精髓。要充分地保护利用文化遗产，"讲清楚中华优秀传统文化的历史渊源、发展脉络、基本走向，讲清楚其独特创造、价值理念、鲜明特色，增强文化自信和价值观自信。深入挖掘和阐发中华优秀传统文化讲仁爱、重民本、守诚信、崇正义、尚和合、求大同的时代价值，使之成为涵养社会主义核心价值观的重要源泉"②。为此，我们要系统梳理传统文化资源，让文化遗产活起来，为传承和弘扬优秀传统文化、培育社会主义核心价值观做贡献。

（四）有利于治国理政

保护传承文化遗产，发掘其中蕴含的优秀传统文化有利于当代中国借鉴历史经验治国理政。"习近平总书记高度重视中华优秀传统文化，并将

---

① 中共中央宣传部：《习近平新时代中国特色社会主义思想学习纲要》，学习出版社、人民出版社2019年版，第146页。
② 中共中央宣传部：《习近平新时代中国特色社会主义思想学习纲要》，学习出版社、人民出版社2019年版，第147页。

其作为治国理政的重要思想文化资源。"[①] 中华优秀传统文化蕴藏着解决当代人类面临许多难题的宝贵启示，为治国理政提供有益借鉴。中国古代社会遗留下来的治国理政历史文献与文物古迹都是十分珍贵的文化遗产，其中蕴含的优秀传统文化是当今中国治国理政的重要借鉴。

借鉴文化遗产治国理政，历史上就有先例。当刘邦的军队攻入咸阳时，萧何抢救并收藏了秦朝的地图、律令、户籍等国家档案，这些宝贵的文化遗产为刘邦夺取天下并治理汉朝发挥了巨大作用。今天，文化遗产对于治国理政的作用同样不可小觑。尤其是中国近代史上遗留下来的许多文化遗产，向人们昭示了近代腐朽的清王朝丧权辱国的历史教训。前事不忘，后事之师。当前我党的反腐倡廉正是借鉴了历史上的经验教训。圆明园的断壁残垣和颐和园的富贵气派都是清王朝奢侈腐败导致丧权辱国的见证。运用文化遗产教育党员干部和人民群众不仅形象生动，而且意义深远。保护文化遗产功在当代、利在千秋。

（五）有利于社会主义文化强国建设

保护文化遗产已上升为一种国家战略，是文化强国建设的重要内容。随着科技进步与社会发展，我们运用科技手段和文化创意为文化遗产注入现代元素，开发新的文化功能，在保护文化遗产的基础上，推动文化遗产的数字化与产业化，打造具有民族文化特色的新型文化业态。

保护文化遗产安全涉及一个国家和民族能否持久、稳定、及时、足量地获取所需文化资源的状态和能力，关系到保障国家文化安全、意识形态

---

① 中共中央宣传部：《习近平新时代中国特色社会主义思想学习纲要》，学习出版社、人民出版社2019年版，第146页。

安全和维护国家的根本文化传统。文化遗产安全问题与国家文化可持续发展战略、国家文化创新体系建设密切相关。我国正处在经济增长方式和社会价值取向实现根本性转变的关键时期，我国必须牢牢掌控对于民族文化遗产的意义阐释权，树立文化遗产安全意识，保护文化资源，建设文化遗产强国。

不可再生性是文化遗产的重要特性。文化遗产一旦遭到破坏，将对人类文明造成不可估量的损失，并最终危及人类自身的生存与发展。从这一点来讲，保护文化遗产具有重要意义。民族的传统文化往往经历了悠久历史，呈现复杂多样的文化生态，其流传下来的文化遗产既有精华也有糟粕，但它们都有独特的存在价值，是文化大观园中的朵朵奇葩，不能破坏。要用辩证否定观对待一些争议性文化遗产，甄别精华与糟粕，避免全盘否定。

（六）有利于实现中华民族伟大复兴

当今世界正处于百年未有之大变局。党的十八大以来，"中国特色社会主义成为世界社会主义发展的最大亮点，成为世界社会主义的标志性参照系和中流砥柱"[1]。我们既要保护传承民族文化遗产，坚定文化自信，让文化遗产保护引领世界；又要保护传承好革命文化遗产与中国特色社会主义文化遗产，坚定道路自信，推动世界社会主义发展。习近平说："实现'两个一百年'奋斗目标、实现中华民族伟大复兴的中国梦是长期而艰巨的伟大事业。伟大事业需要伟大精神。"[2]"让中华文明同世界各国人民

---

① 姜辉：《当前世界社会主义正进入谋求振兴期》，《人民论坛》2016年第9期。
② 习近平：《在文艺工作座谈会上的讲话》，人民出版社2015年版，第6页。

创造的丰富多彩的文明一道，为人类提供正确的精神指引和强大的精神动力。"① 为此我们要保护好民族文化遗产、坚守中华文化立场、传承中华文化基因、弘扬中国精神。

没有中华文化的繁荣兴盛，何来中华民族的伟大复兴？习近平强调："中华优秀传统文化是中华民族的突出优势，是我们在世界文化激荡中站稳脚跟的根基。实现中华民族伟大复兴，必须结合新的时代条件传承和弘扬中华优秀传统文化。"② 传承和弘扬中华优秀传统文化亟须保护文化遗产，讲好中国故事。"讲好中国故事是树立当代中国良好形象、提升国家文化软实力的重要战略任务。"③ 文化遗产是中国故事的生动载体和历史证物，是讲好中国故事，宣介优秀传统文化不可或缺的宝贵资源。要深入研究新时代社会的主要矛盾在文化遗产中的具体表现，继承传统，推陈出新，实现优秀传统文化创造性转化与创新性发展，把中华民族的优秀传统与社会主义的时代精神有机地结合起来，使文化遗产得到充分利用，不断满足人民群众日益增长的美好生活需要。总之，要以习近平文化遗产观为指导，保护传承与开发利用好文化遗产，助力实现中华民族的伟大复兴。

（原载《马克思主义研究》2019 年第 8 期）

---

① 中共中央宣传部：《习近平总书记系列重要讲话读本（2016 年版）》，学习出版社、人民出版社 2016 年版，第 203 页。

② 中共中央宣传部：《习近平新时代中国特色社会主义思想学习纲要》，学习出版社、人民出版社 2019 年版，第 146 页。

③ 中共中央宣传部：《习近平新时代中国特色社会主义思想学习纲要》，学习出版社、人民出版社 2019 年版，第 154 页。

深入领会习近平关于文化遗产的理论[*]

中华民族 5000 多年的文明史，近代以来无数仁人志士为了民族复兴不屈不挠、前赴后继、可歌可泣的斗争史，中国共产党团结带领人民建立新中国的革命史，确立社会主义基本制度、完成中华民族有史以来最为广泛而深刻社会变革的社会主义建设史，开辟中国特色社会主义道路的改革开放史，给我们留下了宝贵的物质文化遗产、精神文化遗产和制度文化遗产，是中华优秀文化的核心。

党的十八大以来，以习近平同志为核心的党中央高度重视文化遗产的历史意义与作用，将其作为新时期治国理政新理念新思想新战略的组成部分。党的十九大庄严宣告，中国特色社会主义进入新时代，习近平新时代中国特色社会主义思想成为我们党的指导思想。在习近平新时代中国特色社会主义思想中，关于文化遗产的重要论述占有重要位置。

---

[*] 本文原名为《深入领会习近平关于文化遗产的思想理念》。

一、产生于丰厚土壤

历史是文化的载体，文化是历史的血脉。中华民族素有记录历史、学习历史、传承历史、借鉴历史的优良传统，善于从历史中总结与继承宝贵的文化遗产，这是中华民族绵延不断、始终保持旺盛生命力的源泉。

在这片土地广袤、人口众多、历史积淀深厚的国家建设社会主义，必须坚持中国特色，必须懂得中国国情，必须走中国道路，须臾也离不开历史思维。因此，习近平同志指出"历史是最好的教科书"。他多次强调历史、现实、未来是相通的，历史是过去的现实，现实是未来的历史。他十分重视吸取历史经验，指出治理国家和社会、今天遇到的很多事情都可以在历史上找到影子，历史上发生过的很多事情也都可以作为今天的镜鉴。要治理好今天的中国，需要对我国历史和传统文化有深入了解，也需要对我国古代治国理政的探索和智慧进行积极总结。可以说，习近平关于文化遗产的重要论述是中华优秀传统文化在当代的传承和发展，是中国特色社会主义建设的迫切需要，也是他关于历史与现实之间紧密相连的深邃思考。

在习近平关于文化遗产的重要论述中，中国近现代以来的历史一直是他关注的重点，也是他思考中国特色社会主义道路形成与发展的重要起点。他指出"领导干部学习历史，要注重学习鸦片战争以来我国近现代历史和中共党史，加深对近现代中国国情和中国社会发展规律的认识"。他从近现代以来中国历史发展道路中总结归纳出中国人民的两大历史任务、核心问题，科学阐述了中国人民选择经过新民主主义走向社会主义道路的必然性，划清了中国共产党领导下的革命与旧式改良、起义运动、革命的根本区别。在党的十九大报告中，习近平同志更是明确指出："中国特色社会主义政治发展道路，是近代以来中国人民长期奋斗历史逻辑、理论逻辑、实践逻辑的必然结果。"党的十八大以后，他多次论述中国梦与中华民族伟大复兴的关系，都以近现代以来的中国历史为出发点。中国梦是一张中华民族伟大复兴的蓝图，也是习近平关于文化遗产的重要论述在治国理政中的具体体现。

党史、国史与改革开放的历史是中华民族 5000 多年波澜壮阔历史上最为壮观的一页。2016 年，在庆祝中国共产党成立 95 周年大会上的讲话中，习近平同志将中国共产党成立以来的历史归纳为"三个伟大贡献"。党的十九大报告中，他又系统总结了党的成立、社会主义基本制度的确立、改革开放开辟中国特色社会主义道路的历史意义，高度评价党的十八大以后取得的历史性变革、中国特色社会主义进入新时代的重大意义。这都为习近平关于文化遗产的重要论述的形成增添了强大自信。

还应当看到，坚持不懈地重视读书学习和丰富的政治实践，是习近平关于文化遗产的重要论述形成的深层因素，特别是中华优秀文化与人类文明史的学习，为它的形成奠定了坚实基础。

二、具有丰富内涵

习近平关于文化遗产的重要论述内涵博大，既包括中华优秀文化中的物质文化、精神文化和制度文化，也包括人类文明所创造的一切优秀文化遗产。

习近平同志高度重视物质文化遗产。在正定工作期间他就指出，我们保管不好文物，就是罪人，就会愧对后人。在福建工作时，他为福州市内的名人故居、历史建筑普遍作了政府挂牌保护，并指出保护历史文物是国家法律赋予每个人的责任，也是实施可持续发展战略的重要内容。在浙江工作期间他指出，"杭州应在保护文化遗存、延续城市文脉、弘扬历史文化方面，发挥带头作用，做得更好"。在中央工作特别是担任总书记以后，他仍然把物质文化遗产的保护挂在心头。在考察北京时他指出："历史文化是城市的灵魂，要像爱惜自己的生命一样保护好城市历史文化遗产。"在西安调研时他指出："要把凝结着中华民族传统文化的文物保护好、管理好。"2016 年，他又作出了"保护文物功在当代、利在千秋"的重要批示，要求各级党委和政府增强对历史文物的敬畏之心，树立保护文物也是政绩的科学理念，统筹好文物保护与经济社会发展，全面贯彻"保护为主、抢救第一、合理利用、加强管理"的工作方针，使文物保护成果更多惠及人民群众。党的十九大将"加强文物保护利用和文化遗产保护传承"作为坚定文化自信的一个部分写进报告中，使之成为习近平新时代中国特色社会主义思想的组成部分。

习近平同志高度重视精神文化遗产。在中央党校 2011 年秋季学期开学典礼上他指出："我们要学习中华民族优秀的传统文化和高尚的精神追求。历经磨难而不衰的中华文明，蕴涵着丰富而宝贵的思想文化遗产。"在十八届中央政治局第十八次集体学习时他指出："中华传统文化源远流长、博大精深，中华民族形成和发展过程中产生的各种思想文化，记载了中华民族在长期奋斗中开展的精神活动、进行的理性思维、创造的文化成果，反映了中华民族的精神追求，其中最核心的内容已经成为中华民族最基本的文化基因。"在哲学社会科学工作座谈会上，他再次指出："中华民族有着深厚文化传统，形成了富有特色的思想体系，体现了中国人几千年来积累的知识智慧和理性思辨。这是我国的独特优势。"

在习近平关于文化遗产的重要论述中，丰厚的精神文化遗产不仅指中华优秀传统思想文化，同样也包括近代以来无数仁人志士救亡图存的民族复兴思想文化，社会主义革命、建设、改革中创造的革命文化和社会主义先进文化。如在纪念邓小平同志诞辰 110 周年座谈会上，他将中国特色社会主义的开创作为邓小平同志留给我们最重要的思想和政治遗产，又如 2017 年 10 月 31 日在参观中共一大会址时，他说："建党时的每件文物都十分珍贵、每个情景都耐人寻味，我们要经常回忆、深入思索，从中解读我们党的初心。"

习近平同志高度重视制度文化遗产。他将中国特色社会主义政治制度的开辟归根于"中国的社会土壤"，归根于"历史传承和文化传统"，从而将中国特色社会主义制度与中华优秀制度文化结合在了一起。他高度重视从传统制度文化中吸取有益的经验，指出要治理好今天的中国，需要对我国历史和传统文化有深入了解，也需要对我国古代治国理政的探索和智慧进行积极总结。从党的十八大以来以民为本、从严治吏、选人用人、反腐倡廉等治国理政方略，都可以看出他借鉴我国历史上优秀制度文化遗产的影子。

习近平同志高度重视人类文明所创造的一切优秀文化遗产。他主张吸取和借鉴全人类，包括资本主义国家创造的一切优秀文化成果。党的十八大以后，习近平同志既重视学习借鉴中华优秀传统文化，又始终强调要"用人类创造的一切优秀思想文化成果武装自己"，倡导"我们要虚心学习借鉴人类社会创造的一切文明成果""应该从不同文明中寻求智慧、汲取营养，为人们提供精神支撑和心灵慰藉，携手解决人类共同面临的各种挑战"。党的十九大将"要尊重世界文明多样性""推动构建人类命运共同体"等写入报告，正是习近平关于文化遗产的重要论述在新时代中国特色社会主义思想中的体现。

三、彰显鲜明时代特色

习近平关于文化遗产的重要论述是继承与发展的文化遗产观。"前事之不忘，后事之师也"，善于从文化遗产中总结规律是中华民族一次次登上文明高峰的重要经验。

我们党的几代领导人都非常重视文化遗产的传承与弘扬，毛泽东、邓小平、江泽民、胡锦涛都发表过许多重要论述。习近平关于文化遗产的重要论述，正是在继承中华优秀文化遗产观和我们党几代领导人文化遗产观基础之上，根据新时代中国共产党人历史使命的新发展。

习近平关于文化遗产的重要论述是以人民为中心的。在福建工作时他就指出，珍贵的历史文物，不仅属于我们，也属于后代子孙，任何个人和单位都不能为了谋取眼前或局部利益而破坏全社会和后代的利益。主政浙江时，他要求对西湖周围珍贵的历史文化遗存，一定要保护好、利用好，传承下去，发扬光大。2014 年在北京考察时他指出，"传承保护好这份宝贵的历史文化遗产是首都的职责，要本着对历史负责、对人民负责的精神，传承历史文脉"。他将历史文物看作激发爱国热情、凝聚人民力量、培育民族精神的重要载体，多次要求文物工作者要"让收藏在博物馆里的文物、陈列在广阔大地上的遗产、书写在古籍里的文字都活起来"，从而为中华民族的伟大复兴提供强大的文化自信。

习近平关于文化遗产的重要论述是科学辩证的，他以历史唯物主义和辩证唯物主义的科学态度对待一切文化遗产。他多次强调物质文化遗产是不可再生的宝贵资源，必须坚持保护第一，开发第二的理念，既坚决禁止破坏性开发，又要防止建设性破坏。即使对文物项目的维修也要坚持保护第一，做到修旧如旧；坚持质量第一，做到进度服从质量。在他看来，保护文物并不是一点也不能动，把保护和发展对立起来，而是要在坚持保护的前提下进行适度合理的开发和建设，通过适度合理的开发和建设来实现保护与发展的"双赢"。这一重要论述完全符合我国目前物质文化遗产保护的实际。

习近平同志既反对文化虚无主义，也强调必须要以科学辩证的态度对待传统文化。他强调要坚持古为今用、以古鉴今，坚持有鉴别的对待、有扬弃的继承，而不能搞厚古薄今、以古非今，努力实现传统文化的创造性转化、创新性发展，使之与现实文化相融通，共同服务以文化人的时代任务。这为我们科学对待一切精神文化遗产和制度文化遗产指明了方向。

人类文明是在延续中前进的，每一个人都离不开前人所创造的文化遗产。习近平关于文化遗产的重要论述是对古往今来一切优秀文化遗产思想的继承与发展，是以人民为中心的文化遗产观，是科学辩证的文化遗产观，是实现中华民族伟大复兴中国梦的文化遗产观，是新时代做好当前和今后文化遗产工作的根本遵循。

（原载《人民日报》2018 年 1 月 10 日）

习近平文化遗产保护及其指导意义述论[*]

余池明

一、研究背景：文化遗产保护的问题和机遇

改革开放以来，我国注重历史文化遗产保护，为城乡发展和发挥文化自信提供了深厚文化积淀。自 1982 年国务院公布第一批 24 座历史文化名城，逐步建立历史文化名城保护制度以来，目前我国已公布了 133 座国家级历史文化名城。同时，在此基础上完善建立了历史文化名镇名村保护制度，截至 2014 年 3 月评选了 6 批共 252 处中国历史文化名镇和 276 处中国历史文化名村，截至 2014 年 12 月公布了 3 批共 2555 处中国传统村落（据调查，中国的传统村落数量大约 1.2 万个）。历史文化遗产保护负重前行，取得了难得的成绩。当前，历史文化遗产保护工作仍存在一些不容忽视的问题，也迎来了难得的政策机遇。

---

[*] 本文原名为《习近平文化遗产保护思想及其指导意义述论》。

（一）城市文化遗产破坏严重，文化传承面临巨大挑战

在长期以来重发展、轻保护的观念下，快速推进的城市建设给文化遗产造成了巨大的破坏，大拆大建、拆真建假等现象屡见不鲜，成片的历史街区被推平，造成了不可挽回的损失，先后出现山东聊城、舟山定海、南京老城南等一批影响恶劣的事件，传统文化的传承面临着巨大的挑战。

（二）乡村空间被城市蚕食，文明根基逐步消解

城市拓展对于乡村空间的蚕食态势加剧，据国家统计数据显示，我国在 2000 年时拥有 363 万个自然村，但到 2010 年时只剩 271 万个，2012 年我国现存村落缩减为 230 万个，作为文明根基的传统村落在迅速消失，面临着乡愁无处寄托的尴尬局面。①

（三）城市特色风貌的缺失

近年来，中国的一些城市将历史文化遗产当成了经济发展的阻碍，使众多城市风貌陷入了"千城一面"的境地；另一些城市，片面追求城市建设风格的新、奇、特，"贪大求洋"，建设了大量奇奇怪怪的建筑。城市特色风貌的缺失，一方面源于城市现代化进程中的文化危机，即随着城市现代化的迅速扩张，城市建设失去个性，特色文化出现断裂；另一方面归因于城市全球化进程中的文化危机，也就是全球文化话语和工业化、标准化的产品对中国城市建设和城市文化产生了深刻的影响。

---

① 参见周建明《中国传统村落——保护与发展》，中国建筑工业出版社 2014 年版，第 24 页。

（四）中华文化复兴引发对城乡历史文化遗产保护的重视

对城市文化的自省契合了中华文化复兴的整体态势。习近平总书记曾提出："一个国家、一个民族的强盛，总是以文化兴盛为支撑的，中华民族伟大复兴需要以中华文化发展繁荣为条件。"[①] 从 20 世纪初步提出儒学复兴论，到 20 世纪 90 年代国学热和大陆新儒家的诞生，再到 20 世纪 90 年代后期以来，随着中华民族伟大复兴和中华文化伟大复兴两个双重复兴的大局面即将到来，传统文化迎来复兴的机遇。社会各界对中国特色、历史文化、乡愁的关注持续提升，这为加强文化遗产保护提供了广泛的文化动力。

（五）文化遗产保护在政策上迎来更好的机遇

《中华人民共和国国民经济和社会发展第十二个五年规划纲要》提出："加强文化和自然遗产保护，延续历史文脉，建设人文城市。"2017年 1 月，中共中央办公厅、国务院办公厅印发《关于实施中华优秀传统文化传承发展工程的意见》，首次以中央文件形式专题阐述优秀传统文化传承发展工作，将实施中华优秀传统文化传承发展工程设定为建设社会主义文化强国的重大战略任务。意见指出："加强历史文化名城名镇名村、历史文化街区、名人故居保护和城市特色风貌管理，实施中国传统村落保护工程，做好传统民居、历史建筑、革命文化纪念地、农业遗产、工业遗产保护工作。"这表明在顶层设计上为文化遗产保护提供了难得的历史机遇。

---

① 《习近平强调：一个国家、一个民族的兴盛，总是以文化兴盛为支撑的》，2013 年 11 月 29 日，中国文化交流网（http://www.whjLw.com/2013/11/29/12742.html）。

党的十八大以来，中国共产党进行艰辛理论探索，取得重大理论创新成果，形成了习近平新时代中国特色社会主义思想。关于文化建设的重要论述是习近平新时代中国特色社会主义思想的重要组成部分，传统文化观是习近平文化建设理论的重要组成部分，其中文化遗产保护观既是习近平传统文化观的组成部分，又是习近平城市规划建设管理观的重要组成部分，是新时代文化遗产保护和利用工作的重要指导思想。对习近平文化遗产保护观进行系统整理和研究有深远的历史意义和重要的现实指导意义。

二、习近平在城乡文化遗产保护和利用方面的实践

习近平总书记曾分别在河北正定，福建厦门、宁德、福州以及浙江杭州和上海等大城市工作，无论作为副职还是党政主要领导，历来十分重视文化遗产保护工作，包括文物保护和名城保护，其文化遗产保护观的形成与其处理遗产保护工作的实践是分不开的。

（一）挖掘文化人才，修复正定文物古迹

1982 年，习近平来到河北正定时，正定有 9 处国家级文物，在全国各县屈指可数，却长久失修，没有发挥应有的作用。正定作家贾大山土生土长，熟知正定历史文化，对古建及文物情况知之甚多，人称"正定通"。习近平拜他为师，常去他家拜访长谈。在习近平的推荐下，正定县打破党外人士不任正职的"规矩"，任命贾大山为文化局局长。习近平在《忆大山》一文中说："在任期间，大山为正定文化事业的发展和古文物的研究、保护、维修、发掘、抢救，竭尽了自己的全力。常山影剧院、新华书店、电影院等文化设施的兴建和修复，隆兴寺大悲阁、天宁寺凌霄塔、开元寺

钟楼、临济寺澄灵塔、广惠寺华塔、县文庙大成殿的修复，无不浸透着他辛劳奔走的汗水。"习近平多次找到河北省委，详细汇报正定的历史文化和发展思路，省直有关部门随后拨出古建修缮专用款 172 万元。正定利用这笔钱对隆兴寺方丈院、天王殿、戒坛、弥陀殿等进行了修缮和彩绘，并建设了停车场，正定旅游业逐渐发展起来。在经历十年"文革"对传统文化全面颠覆，城市建设者普遍缺乏对文化遗产价值认识的背景下，习近平具有比较超前的文物保护意识并采取保护措施，是十分难能可贵的。

（二）创新文保制度，注重福州遗产保护

习近平在为福建人民出版社出版的《福州古厝》一书所作的序中说："我曾有幸主持过福州这座美丽古城的工作，曾为保护名城做了一些工作，保护了一批名人故居、传统街区，加强了文物管理机构，增加文物保护的财政投入。衷心希望我的后任和全省各个历史文化名城的领导者比我做得更好一些。"[①]

习近平在福州拍板确定的"四个一"就是文化遗产保护的重要制度创新。1991 年 3 月 10 日下午，习近平主持召开福州市委市政府文物工作现场办公会议。[②] 会上决定四项重要事项。

一个局。那次现场办公会确定，福州市文物管理委员会办公室增加事业编制 10 名。1994 年 11 月 11 日，习近平主持召开的专题研究进一步加强历史文化名城保护的市委常委会又议定，健全文物管理工作机构，在机构改革中考虑设立市文物管理局。1995 年 6 月，福州市文物管理局正式

---

① 习近平：《〈福州古厝〉序》，《福建日报》2015 年 1 月 6 日。
② 参见《在保护与传承中凝聚强大的前进动力——习近平推动文化和自然遗产保护福建纪事》，中共中央党校（国家行政学院）网（http://www.ccps.gov.cn/xtt/202108/t20210802_150074.shtml）。

成立，作为市直二级局，人财物相对独立，定编 20 人。福州在全省最早成立文物局。

一个队。1991 年 3 月现场办公会明确提出，建立福州市考古队，1991 年 6 月正式成立，定编 8 人。这为提升福州文物考古水平，进一步做好文化遗产保护工作奠定了坚实的基础。

一颗印。1991 年 3 月现场会明确提出，"各级文物保护单位中的现有使用单位，都要与文物主管部门签订'使用保证合同'"。由此延伸，福州市委市政府决定，从 1992 年开始，城建项目立项时还需要征求文物部门的意见，加盖市文管会（后改为市文物局）的印章，增强了文物保护的权威性。

100 万元。过去，福州全市每年的文物修缮经费只是从城市维护费中列支 8 万元，1991 年 3 月现场会议定，从当年开始，此项费用每年市财政拨款 100 万元，以后逐年增加。

这次现场会还提出，在全市开展一次全面的文物普查，对全市各级文物保护单位全部挂牌立碑，对名人故居、遗址等分别采取立碑纪念、挂牌昭示等办法加强管理，并一律建立档案。习近平任福州市委书记期间，对市内的名人故居、历史建筑普遍作了政府挂牌保护，创设的"福州瓷牌"至今还为人们津津乐道。

保护林觉民、谢冰心故居，亲自当讲解员。1989 年，福州市有关部门批准一家房地产开发公司拆除林觉民故居部分建筑，准备建设商品房，福州市政协委员张传兴立即写信给刚到任不久的市委书记习近平，并撰文《林觉民、谢冰心故居不容再拆》，发表于 1990 年 12 月 1 日的《福建日报》，指出"如此不顾社会效益，不免使人失望"。习近平看到来信后，立即让市文管会核实，同时要求有关部门暂缓拆迁。1991 年 3 月 10 日下午，福州市委市政府在林觉民故居召开文物工作现场办公会，习近平亲自主持。1991 年 11 月 9 日，在辛亥革命福州光复 80 周年纪念日当天，林觉民故居修缮完成，并辟为福州市辛亥革命纪念馆对外开放。习近平书记除了参加剪彩仪式，还亲自给省外客人当起了讲解员。

父子合力保护林则徐遗迹。由于历史原因，20 世纪 80 年代末、90 年代初，包括林则徐故居、出生地以及纪念馆在内的系列遗迹，都不同程度存在着年久失修、损毁严重、房舍被侵占等突出问题。1990 年 5 月，《人民日报》"情况汇编"发表《林则徐故居及墓地现状》，反映了保护林则徐遗迹存在的问题，时任全国人大常委会副委员长习仲勋同志做了重要指示。1991 年 7 月，习近平在有关汇报材料上批示：抓紧修复林则徐故居及做好墓地开放。此后，在市委常委会等场合，他又数次研究林则徐遗迹修复等事宜，包括议定收回林则徐出生地。福州市有关部门迅速与开发商协商，以 1200 万元的补偿收回了这块地。一个月后，林则徐出生地暨幼年读书处修复工程开工典礼举行，1997 年 6 月竣工。

批示保护万寿岩旧石器时代遗址。2000 年 1 月 1 日，时任代省长的习近平作出重要批示，明确指出："保护历史文物是国家法律赋予每个人的责任，也是实施可持续发展战略的重要内容。万寿岩旧石器时代洞穴遗址作为不可再生的珍贵文物资源，不仅属于我们，也属于子孙后代，任何个人和单位都不能为了谋取眼前或局部利益而破坏全社会和后代的利益。"[①] 同时，决定由省财政拨款 50 万元，用于遗址群的考古发掘和保护工作。

---

① 隋笑飞、吴晶晶、周玮：《留住历史根脉　传承中华文明——习近平总书记关心历史文物保护工作纪实》，2015 年 1 月 9 日，新华网（http://www.xinhuanet.com/politics/2015-01/09/c_1113939176.html）。

（三）提升西湖开放水平，三提建议

在主政浙江期间，习近平总结出了城市、旅游业发展与文化遗产、古建筑保护相结合的路子。

2002 年，作为杭州市地标景点的西湖开始了综合保护工程。西湖彻底打破了景区的围墙，拆除了西湖边的违章建筑，修复重建了 180 多处人文景点，恢复了历史上西湖西部水域。同时相继取消 130 多个景点的门票，还湖于民，使景区与城市融为一体。这一行为使杭州的旅游收入 10 年间翻了 4 倍多。其间，习近平曾经对西湖公共厕所开放、游船磕碰和座椅间距三提改进建议。

2003 年 9 月 15 日，习近平在《浙江日报》的《之江新语》栏目发表《加强对西湖文化的保护》一文，文内强调："西湖的周围，处处有历史，步步有文化。对这些历史文化遗存，我们一定要保护好，利用好，传承下去，发扬光大。"[①]

2005 年，习近平考察西湖博物馆建设时也曾提过，西湖是"主人"，建筑是"丫环"，西湖博物馆的建筑形式符合西湖特色，要进一步坚持"浓抹自然、淡妆建筑"的理念。

---

① 习近平：《加强对西湖文化的保护》，《浙江日报》2003 年 9 月 29 日。

三、习近平文化遗产保护和利用的基本观点

（一）关于文化遗产的价值和作用

文化遗产具有历史价值、艺术审美价值、科学研究价值以及思想文化价值、教育价值和经济价值。习近平除了重视文化遗产的历史、艺术和科学价值外，从五位一体文化建设以及文化自信的角度出发，十分重视思想文化和教育价值。

1991 年 3 月 10 日下午，在福州三坊七巷召开的市委市政府文物工作现场办公会上，时任福州市委书记的习近平说："评价一个制度、一种力量是进步还是反动，重要的一点是看它对待历史、文化的态度。要在我们的手里，把全市的文物保护、修复、利用搞好，不仅不能让它们受到破坏，而且还要让它更加增辉添彩，传给后代。"[①] 2001 年 10 月，部分省政协委员赴泉州、漳州两市视察文物和文化遗产保护工作，形成了调研报告，指出问题，提出建议。习近平阅后做了批示：文物是历史的见证，保护文物就是保护历史；文物是珍贵的不可再生资源，保护文物就是促进经济和社会的可持续发展。2002 年 4 月，时任福建省省长的习近平欣然为福州市知名文物学者、曾任福州市文物局局长的曾意丹所著《福州古厝》一书作序。他在序中写道："保护好古建筑、保护好文物就是保存历史，保存城市的文脉，保存历史文化名城无形的优良传统。"这些批示显示保护文化遗产的首要价值是保存历史，传承文脉。历史价值是文化遗产的首

---

① 参见《在保护与传承中凝聚强大的前进定力——习近平推动文化和自然遗产保护福建纪事》，中共中央党校（国家行政学院）网（http://www.ccps.gov.cn/xtt/202108/t20210802_150074.shtml）。

要价值，2013 年 8 月，在一份关于河北正定古城情况的报告上，习近平作出重要批示："充分肯定近年来正定古城保护工作。要继续做好这项工作，秉持正确的古城保护理念，即切实保护好其历史文化价值。"①

2014 年 2 月 25 日，习近平在北京市考察工作时指出："搞历史博物展览，为的是见证历史、以史鉴今、启迪后人。要在展览的同时高度重视修史修志，让文物说话、把历史智慧告诉人们，激发我们的民族自豪感和自信心，坚定全体人民振兴中华、实现中国梦的信心和决心。"② 这里是站在文化自信和实现中国梦的高度看遗产保护的价值和意义。

2014 年 9 月，习近平对一份反映辽宁阜新"万人坑"遗址遭破坏的报告作出批示，指出："明年是抗战胜利 70 周年，中宣部、文化部、国家文物局等相关部门要高度重视，切实负起主管部门责任，对国家确立的抗战纪念设施进行一次排查，有类似阜新情况的，务必抓紧进行维修，切实做好保护、利用工作，充分发挥其在加强爱国主义教育、培育社会主义核心价值观中的重要作用。"③ 这里强调了文化遗产的教育价值和功能。

2016 年 4 月，习近平对文物工作作出重要指示，指出："文物承载灿烂文明，传承历史文化，维系民族精神，是老祖宗留给我们的宝贵遗产，是加强社会主义精神文明建设的深厚滋养。保护文物功在当代、利在千秋。"④ 这

---

① 隋笑飞、吴晶晶、周玮：《留住历史根脉　传承中华文明——习近平总书记关心历史文物保护工作纪实》，2015 年 1 月 9 日，新华网（http://www.xinhuanet.com/politics/2015-01/09/c_1113939176.html）。

② 《"平语"近人——习近平谈文物工作》，2016 年 4 月 12 日，新华网（http://www.xinhuanet.com/politics/2016-04/12/c-128882748.htm）。

③ 隋笑飞、吴晶晶、周玮：《留住历史根脉　传承中华文明——习近平总书记关心历史文物保护工作纪实》，2015 年 1 月 9 日，新华网（http://www.xinhuanet.com/politics/2015-01/09/c_1113939176.html）。

④ 《"平语"近人——习近平谈文物工作》，2016 年 4 月 12 日，新华网（http://www.xinhuanet.com/politics/2016-04/12/c-128882748.htm）。

里突出了文化遗产的思想文化价值及其对社会主义精神文明建设的作用。

（二）关于遗产保护工作的指导方针

2002 年修订的《文物保护法》在总则中规定"文物工作贯彻保护为主、抢救第一、合理利用、加强管理方针"，习近平赞同这一方针，并进行了阐述。2016 年 4 月，习近平对文物工作作出重要指示："各级党委和政府要增强对历史文物的敬畏之心，树立保护文物也是政绩的科学理念，统筹好文物保护与经济社会发展，全面贯彻'保护为主、抢救第一、合理利用、加强管理'的工作方针，切实加大文物保护力度，推进文物合理适度利用，使文物保护成果更多惠及人民群众。各级文物部门要不辱使命，守土尽责，提高素质能力和依法管理水平，广泛动员社会力量参与，努力走出一条符合国情的文物保护利用之路，为实现'两个一百年'奋斗目标、实现中华民族伟大复兴的中国梦作出更大贡献。"[1] 这段批示对文物保护的理念、工作方针、利用原则、目的、保护管理手段和途径做了系统阐述。

（三）关于处理保护与发展的关系

处理好遗产保护与经济社会发展的关系是难点，在发展中保护，在保护中发展是习近平的基本观点。2014 年 2 月 25 日，习近平在北京市考察工作时指出："历史文化是城市的灵魂，要像爱惜自己的生命一样保护好城市历史文化遗产。北京是世界著名古都，丰富的历史文化遗产是一张金名片，传承保护好这份宝贵的历史文化遗产是首都的职责，要本着对历史

---

[1] 《习近平：保护文物也是政绩》，2016 年 4 月 13 日，搜狐新闻（http://news.sohn.com/20160413/n444012208.shtml）。

负责、对人民负责的精神，传承历史文脉，处理好城市改造开发和历史文化遗产保护利用的关系，切实做到在保护中发展、在发展中保护。"① 这段话阐述了保护、传承与发展关系的基本原则。

首先要保护优先，防止建设性破坏。1986 年 1 月 10 日，在厦门市八届人大常委会第十八次会议上，时任厦门市委常委、副市长的习近平就提出，需要警惕对历史文物的"建设性破坏"，"厦门是不能以这种代价（指建设性破坏）来换取其他方面发展的"。2013 年 11 月，习近平对筹建武汉中共中央机关旧址纪念馆的报告作出批示："在城市工作中要重视历史文化遗产保护。修旧如旧，保留原貌，防止建设性破坏。"②

其次，要把古城保护、建设和利用有机结合起来。1992 年 1 月 24 日，福州城市建设如火如荼之际，习近平在《福建日报》上发表署名文章《处理好城市建设中八个关系》，高屋建瓴地论述了推进城市建设这项"复杂的社会系统工程"，必须妥善处理好的八个关系：上与下、远与近、旧与新、内与外、好与差、大与小、建与管、古与今。其中，"古与今"着重论述的是如何处理传统历史风貌保护与现代城市建设的关系。习近平说："我们认为，保护古城是与发展现代化相一致的，应当把古城的保护、建设和利用有机地结合起来。"保护不是不准动，而是要合理利用。2003 年 9 月 27 日，习近平在考察杭州西湖综合保护工程时指出："我们强调保护，并不是对这些自然景观和人文景观捂得严严实实的，一动也不能动，而是要在坚持保护的前提下进行适度合理开发和建设，通过适度合理开发

---

① 《习近平：把北京建成国际一流和谐宜居之都》，2014 年 2 月 27 日，腾讯新闻（http://news.qq.com/a/20140227/001154.htm?winzoom=1）。

② 《习近平谈文物保护工作的三句箴言》，2016 年 4 月 13 日，人民网（http://politics.people.com.cn/n1/2016/0413/c1001-28273470.htm?ivksa=1024320u）。

和建设来实现更好的保护。不能把保护和发展对立起来，要坚持与时俱进，用改革的思路、创新的意识，把保护与开发、建设有机结合起来，不断开拓保护与发展'双赢'的新路子，最终实现生态效益、环境效益、经济效益和社会效益的辩证统一。"①

再次，要活化和合理利用。2013年12月30日，习近平在主持中共中央政治局第十二次集体学习时提出，"要系统梳理传统文化资源，让收藏在禁宫里的文物、陈列在广阔大地上的遗产、书写在古籍里的文字都活起来。要以理服人，以文服人，以德服人，提高对外文化交流水平，完善人文交流机制，创新人文交流方式，综合运用大众传播、群体传播、人际传播等多种方式展示中华文化魅力"②。2015年2月15日，习近平到陕西省西安市调研时指出："一个博物院就是一所大学校。要把凝结着中华民族传统文化的文物保护好、管理好，同时加强研究和利用，让历史说话，让文物说话，在传承祖先的成就和光荣、增强民族自尊和自信的同时，谨记历史的挫折和教训，以少走弯路、更好前进。"③

最后，创新性转化，服务当代。2014年10月15日，习近平在北京主持召开文艺工作座谈会并发表重要讲话，强调传承中华文化，绝不是简单复古，也不是盲目排外，而是古为今用、洋为中用，辩证取舍、推陈出新，摒弃消极因素，继承积极思想，"以古人之规矩，开自己之生面"，实现中华文化的创造性转化和创新性发展。④

---

① 《习近平文物保护简史》，2015年1月11日，央广网（http://news.cnr.cn/native/gd/20150111/t20150111
517380830_3.shtml）。

② 习近平：《建设社会主义文化强国　着力提高国家文化软实力》，《人民日报》2014年1月1日。

③ 《习近平春节前夕赴陕西看望慰问广大干部群众》，《人民日报》2015年2月17日。

④ 《习近平总书记在文艺工作座谈会上的重要讲话公开发表》，2015年10月15日，人民网（http://
culture.people.com.cn/n/2015/1015/c87423-27699235.html）。

（四）保护古建筑彰显城市个性特色

习近平在《〈福州古厝〉序》中还特地提出："保护好古建筑有利于保存名城传统风貌和个性。现在许多城市在开发建设中，毁掉许多古建筑，搬来许多洋建筑，城市逐渐失去个性。在城市建设开发时，应注意吸收传统建筑的语言，这有利于保持城市的个性。"2014年9月，在一份关于中国建筑文化缺失的相关材料上，总书记批示指出，要处理好传统与现代、继承与发展的关系，让我们的城市建筑更好地体现地域特征、民族特色和时代风貌。

（五）完善体制机制，依法保护文化遗产

做好文化遗产保护工作有赖于建立完善的法律制度和理顺管理经营体制，习近平在福建和浙江工作期间进行了宝贵的探索。1999年12月底，省文化厅向省政府提交了"关于三明万寿岩旧石器时代洞穴遗址保护有关情况的紧急汇报"。2000年1月1日，时任代省长的习近平作出重要批示，明确指出："保护历史文物是国家法律赋予每个人的责任，也是实施可持续发展战略的重要内容。万寿岩旧石器时代洞穴遗址作为不可再生的珍贵文物资源，不仅属于我们，也属于子孙后代，任何个人和单位都不能为了谋取眼前或局部利益而破坏全社会和后代的利益。"[1]2006年6月10日，习近平在"文化遗产日"调研时的讲话指出："要切实加强对文化遗产保护的领导，加大立法和保障力度，理顺文化遗产保护的工作机制，增加投入。要鼓励文博单位拓展经营，完善机制，增强自我发展能力。要积极引导、鼓励社会力量参与文化遗产的保护，在坚持政府投入为主的前提下，引导民

---

[1]　隋笑飞、吴晶晶、周玮：《留住历史根脉　传承中华文明——习近平总书记关心历史文物保护工作纪实》，2015年1月9日，新华网（http://www.xinhuanet.com/politics/2015-01/09/c_1113939176.html）。

间资金进入文化遗产的保护和开发。要完善文化遗产保护的专家咨询制度、公众舆论监督制度，充分发挥学术单位的作用，共同开展保护工作。"①

（六）习近平的乡愁论

城镇建设"要体现尊重自然、顺应自然、天人合一的理念，依托现有山水脉络等独特风光，让城市融入大自然，让居民望得见山、看得见水、记得住乡愁"，2013 年习近平在中央城镇化工作会议提出的这句话引起了无数人的情感共鸣，激发无数人对未来美好生活的向往，但同时也戳中了一些地方城镇化发展忽视文化遗产保护的软肋。"记得住乡愁"的含义就是要保护弘扬中华优秀传统文化，延续城市历史文化文脉，保留中华文化基因。所谓乡愁就是你离开这个地方就会想念这个地方。无论是乡村还是城市，山水自然遗产和历史文化遗产是我们祖辈的生活记忆，只有妥善保护历史文化遗产，才能让我们和后人记得住乡愁。2015 年 12 月召开的中央城市工作会议强调："要保护弘扬中华优秀传统文化，延续城市历史文脉，保护好前人留下的文化遗产。要结合自己的历史传承、区域文化、时代要求，打造自己的城市精神，对外树立形象，对内凝聚人心。"②

（七）保护历史文化名城是名城城市党委、政府的责任

2002 年 4 月，习近平在《〈福州古厝〉序》中指出："作为历史文化名城的领导者，既要重视经济的发展，又要重视生态环境、人文环境

① 习近平：《干在实处 走在前列——推进浙江新发展的思考与实践》，中共中央党校出版社 2006 年版。

② 《中央城市工作会议在北京举行》，2015 年 12 月 22 日，新华网（http://ww.xinhuanet.com/politics/2015-12/22/c_117545528.htm）。

的保护。发展经济是领导者的重要责任，保护好古建筑，保护好传统街区，保护好文物，保护好名城，同样也是领导者的重要责任，二者同等重要。"2006 年 6 月 10 日，是我国第一个"文化遗产日"。时任浙江省委书记的习近平在专题调研浙江省文化遗产保护工作时指出："保护文化遗产，是各级党委、政府的历史使命和神圣职责。应该说这些年来，大家的认识在逐步提高、逐步到位。现在的各级领导，已经不是当年的'吴下阿蒙'，都有一定的知识、文化背景。如果说，以前无知情况下的不重视还可以原谅，那么，现在有认识情况下的不重视，那就是意识问题、政绩观问题。"

（八）遗产保护是每一个人的事

文化遗产保护要走群众路线，重视市民参与。2006 年 6 月 10 日，习近平在"文化遗产日"调研时的讲话指出："保护和传承文化遗产是每个人的事。只有我们每个人都关心和爱惜前人给我们留下的这些财富，我们民族的精神和独特的审美情趣、独特的传统气质，才能传承下去。今天（6 月 10 日）是我国首个'文化遗产日'。'文化遗产日'的设立凸显出文化遗产在国民经济和社会发展中的重要地位和作用。我们要借此机会……倡导珍爱文化遗产的文明之风，增强公众对文化遗产的认识和了解，努力形成全社会共同参与文化遗产保护的良好氛围。"[①]

---

① 习近平：《干在实处　走在前列——推进浙江新发展的思考与实践》，中共中央党校出版社 2006 年版。

四、习近平文化遗产保护观在新时代中国特色社会主义思想中的地位

习近平文化遗产保护观是在他治国理政实践中形成的，也是在他继承和弘扬中国优秀传统文化中形成的，既是习近平文化建设观的组成部分，又是习近平城市规划建设管理观的重要组成部分。实现中华民族伟大复兴的中国梦要有道路自信、理论自信、制度自信、文化自信"四个自信"，其中文化自信是更基础、更广泛、更深厚的自信，文化遗产保护、传承和弘扬是文化自信的要求。实现中国梦要坚持经济建设、政治建设、文化建设、社会建设、生态文明建设"五位一体"，其中文化遗产保护是文化建设的重要组成部分。从城市工作角度来看，新时代城市工作要坚持一个规律五个统筹，包括统筹改革、科技、文化三大动力，提高城市发展可持续性。保护弘扬中华优秀传统文化，延续城市历史文脉，保护好前人留下的文化遗产是城市工作的重要任务。

五、习近平历史文化遗产保护观的指导意义

习近平历史文化遗产保护观体现了建设中国特色社会主义和实现中华民族伟大复兴的创新实践与文化的民族主体性的理性自觉。要讲清楚中华优秀传统文化的历史渊源、发展脉络、基本走向，讲清楚中华文化的独特创造、价值理念、鲜明特色，增强文化自信和价值观自信。

习近平总书记的重要论述深刻阐明了文化遗产保护的正确理念。习近平总书记在视察北京工作时指出，历史文化是城市的灵魂，要像爱惜自己的生命一样保护好城市历史文化遗产。要本着对历史负责、对人民负责的

精神，传承城市历史文脉，下定决心，舍得投入，处理好历史文化和现实生活、保护和利用的关系。该修则修，该用则用，该建则建，做到城市保护和有机更新相衔接。

习近平文化遗产保护观对于新时代城乡文化遗产保护工作有三点指导意义。

一是有利于进一步端正城乡历史文化遗产保护工作的指导思想，加大历史文化遗产保护力度，延续城市历史文脉，保留中华文化基因。坚持"保护为主、抢救第一、合理利用、加强管理"的工作方针，助力文化自信和"中国梦"。"中华优秀传统文化是中华民族的'根'和'魂'……中华民族伟大复兴必须结合新的时代条件传承和弘扬好中华优秀传统文化。"

二是有利于正确处理经济社会发展与历史文化遗产保护的关系，在保护中发展，在发展中保护。习近平指出："浙江是文物之邦，是中华文明的发祥地之一，文化名人群星璀璨，文化精品琳琅满目，文化样式异彩纷呈，文化传统绵延不绝，为丰富和发展中华民族文化作出了重大贡献，也有力地促进了浙江经济社会的发展。改革开放以来，浙江在政策并无特殊、陆域资源并不丰富的情况下，成为全国经济发展最好最快的省份之一，其深层原因，就在于文化的力量，在于浙江深厚的文化底蕴，在于浙江能够较好地适应市场经济的文化传统。"

三是有利于推进历史文化遗产合理适度利用，使文化遗产保护成果更多惠及人民群众。文化遗产跟生态环境一样是不可再生的无价之宝，用之不觉，失之难存。只有加强保护，传承下去，才能永续利用，造福子孙。

（原载《中国名城》2018 年第 4 期）

参考文献

［1］中共国家文物局党组：《文物事业改革发展的根本指南》,《人民日报》2015年1月12日。

［2］隋笑飞、吴晶晶、周玮：《留住历史根脉传承中华文明——习近平总书记关心历史文物保护工作纪实》, 2015年1月9日，新华网（http://www.xinhuanet.com/politics/2015-01/09/c_1113939176.html）。

［3］《年轻时的习近平怎样保护文化遗产——习近平在福建工作期间的几个小故事》, 2015年1月6日，人民网（http://cpc.people.com.cn/xuexi/n/2015/0106/c385474-26333305.html）。

［4］学习小组：《习近平的"七城记"》,《中国青年报》2015年12月24日。

［5］学习小组：《习近平文物保护简史》, 2015年1月11日，中国广播网（http://news.cnr.cn/native/gd/20150111/t20150111_517380830_2.shtml）。

［6］习近平：《之江新语》，浙江人民出版社2007年版。

［7］习近平：《干在实处走在前列——推进浙江新发展的思考和实践》，中共中央党校出版社2006年版。

保护古城文物瑰宝　传承正定历史文化

——习近平在正定的文化遗产保护工作纪实[*]

王　忭

正定县位于河北省西南部，华北平原中部的冀中平原。早在 7000 年前，人类就在这里繁衍生息。春秋时期这里曾是鲜虞国都，战国时为中山国东垣邑，秦置东垣县，古称常山、真定。自北魏至清末，这里一直是郡、州、路、府治所，是当时北方政治、军事、经济、文化中心，历史上曾与北京、保定并称"北方三雄镇"，1994 年正定被国务院批准为"国家历史文化名城"。这里不仅是中国民间艺术之乡，也是西汉南越王赵佗、三国时期常胜将军赵云故里。正定古建筑数量众多、分布较集中、文物价值高，有"九楼四塔八大寺，二十四座金牌楼"之说。隋龙藏寺碑，唐代钟楼，完整的宋代建筑群，始建于唐的四座古塔以及大量元、明、清历史建筑，绵延千余年，形成了国内较为罕见的珍贵古建筑群，被誉为"古建

* 本文为 2017 年度国家社科基金艺术学一般项目"习近平关于文化遗产保护的重要论述研究"（项目编号：17BA010）的阶段性成果。

艺术宝库"。清乾隆帝曾七次［乾隆十一年（1746）十月、十五年（1750）九月、十五年（1750）十一月、二十六年（1761）三月、四十六年（1781）三月、五十一年（1786）三月和五十七年（1792）］驾临正定，留下了15篇诗文、两块碑记和多幅匾、联。[①] 我国著名的建筑学家梁思成先生曾三次（1933年4月、1933年11月、1963年3月）来到正定考察古建筑，先后留下了《正定古建筑调查纪略》《闲话文物建筑的重修与维护》两篇长文以及一定数量的测绘稿与照片，为后人研究、保护和修复正定的古建筑提供了珍贵的文献资料。1982年3月至1985年5月，习近平同志在正定工作了3年多，他对正定知之深、爱之切。1984年在《中国青年》第5期发表的文章《知之深爱之切》中、1985年11月为正定县档案馆编辑的《正定县大事记（1949—1983）》所作序言中以及为1987年7月出版的《正定古今》一书所作的序言中，习近平同志都饱含深情又充满自豪地向人们介绍了他的第二故乡——正定悠久的历史、瑰玮灿烂的文化遗产、如熠熠群星的历代名人、不屈不挠的革命精神与新中国成立后的建设成就。

　　习近平来正定履新之时，正值我国改革开放初期，百废待兴，各方面工作千头万绪。"习近平同志初到正定时担任县委副书记，分管农村经济、精神文明建设、平反冤假错案、落实党的政策，以及文化、教育、卫生、体育和计划生育等工作。1983年7月，他担任县委书记。"[②] 为改变正定当时"高产穷县"的状况，他跑省进京实事求是反映群众心声；为了让百姓富起来，他带领大家寻找致富的路子；为了正定的孩子和教育，他一有时

[①] 参见武威振《乾隆七临正定》，载正定古文化研究会编《古圃》2002年版，第170页。

[②] 程宝怀、刘晓翠、吴志辉：《习近平同志在正定》，载正定古文化研究会编《古圃》2015年版，第8页。

间就去学校调研，掌握全县校舍危旧情况和修缮进度。他改革创新，开河北省大包干先河，开创了"半城郊型"经济发展的新路子。他为企业松绑放权，提出"改革戏必须大家唱，依靠群众是搞好改革的基本方法"。他亲自主持编制了《树立新时期的用人观点，广招贤才的九条措施》，千方百计地引进人才，想方设法为人才提供必要的支持与服务。他提出开阔视野看世界、带领正定的企业和产品走向全国，并率团赴美国考察技术、缔结友谊。他主持制定了改进领导作风的"六项规定"，整治群众反映强烈的干部中出现的"三股歪风"。在抓经济、促改革、强民生的同时，习近平还为保护古城的文物瑰宝、传承正定的历史文化、旅游兴县做了大量工作。

源远流长的历史虽然给正定留下了灿烂的文化遗产，但历代王朝的变迁、风雨的侵蚀让不少珍贵的文物早已毁于一旦或者受到了不同程度的损坏。特别是清末至民国时期，政治混乱、战火频仍、经济凋敝，政府和民众（除少数有识之士外）皆无力顾及文物的兴衰，且民众在思想上产生了对本国文化艺术的自卑与怀疑，将凝结了历代劳动人民智慧与血汗的文化艺术瑰宝当作了封建统治和封建思想的象征。从 1933 年梁思成先生撰写的《正定古建筑调查纪略》一文中，我们可以对新中国成立前十五六年间正定的文物保存情况，特别是古建筑的保存情况有一个大致了解。而由正定县文物保管所张秀生、刘友恒、聂连顺执笔的《建国五十年来正定古建筑的保护与维修》一文，不仅对新中国成立后 50 年间正定古建筑的保护与修缮情况做了概述，对新中国成立当年正定古城的文物保存状况也有一个总体的描述："1949 年，当这些文物回到人民手中的时候，都是一个个的'烂摊子'。举世闻名的隆兴寺，殿阁倾欹损漏，碑石残断倒伏，杂草丛生，瓦砾遍地，一片荒败景象。西路帝王行宫已被天主教堂侵占，寺内规模最大的大觉六师殿坍塌成一片废墟，转轮藏阁、慈氏阁濒临倒塌，摩尼殿、戒坛、龙泉井亭、伽蓝殿、祖师殿柱子糟朽，梁架倾斜，斗拱、飞椽朽折，装修所存寥寥。大悲阁虽经 1944 年重修，但做法随意，不但规模缩小，也完全改变了早期建筑风格，两旁的御书楼、集庆阁也于此时夷为平地，广惠寺、天宁寺、临济寺、开元寺内殿宇或坍塌，或残破，古塔塔身残损，塔刹坠毁。县文庙、府文庙、崇因寺等也都是千疮百孔，危在旦夕。"① 中华人民共和国成立后，各级人民政府对正定的文物保护工作给予了高度的重视，并采取了积极、科学的保护措施。1953 年正定县文物保管所成立。从 20 世纪 50 年代起，国家拨款对正定隆兴寺中的多个主体建筑，如转轮藏阁、慈氏阁、摩尼殿先后落架重修，1980 年以后，天宁寺凌霄塔、临济寺澄灵塔、开元寺钟楼等其他重要古建筑陆续得到政府拨款修复。但在"文革"期间，正定县的一些重要文物遭到了严重的破坏。

《建国五十年来正定古建筑的保护与维护》一文中提道："1966 年，隆兴寺天王殿内的四尊泥塑天王像被以'破四旧'为名捣毁，造成天王殿内长期无天王的局面，直至 1982 年这四尊天王像才得以批准重塑。"尤其令人惋惜的是，梁思成先生认为建造于金末（南宋）元初，是"宋式与明清式间紧要的过渡作品"的阳和楼（正定"九楼"之中最著名的一座城楼）也在此期间彻底被拆毁。据 1992 年版的《正定县志》记载："阳和楼位于城内南大街，始建年代不详。元至正十七年（1357）重修。明洪武年间（1368—1398）知府郭勉在上置更漏。弘治十一年（1498）知府熊遵又重修。1966 年'文化大革命'破'四旧'时被拆毁。"② "经历'文革'浩

---

① 正定县文物保管所（张秀生、刘友恒、聂连顺执笔）：《建国五十年来正定古建筑的保护与维护》，载正定古文化研究会编《古圃》2000 年版，第 41—42 页。

② 河北省正定县地方志编纂委员会编纂：《正定县志》，中国城市出版社 1992 年版，第 732 页。

劫，这座古城还没有恢复元气，到处是残垣断壁、碎砖烂瓦，有些古建已是伤痕累累。古城墙周边被坟地包围，上面的砖，经常被人们拆下来盖房子。"① 曾在正定县委办公室资料组工作过的石文生同志在接受《习近平在正定》中央党校采访实录编辑室记者采访时回忆说："他（习近平）刚来时，正定县城的很多城墙都破坏了，因为老百姓缺乏保护意识，把城墙砖拆回家修房子、垒猪圈、建厕所。县志里记载的'九楼四塔八大寺'只剩下大佛寺，还有 4 个塔，而且年久失修，一塌糊涂，旁边堆着很多垃圾和柴火。"②

当时在正定县委办公室配合习近平工作的张银耀同志回忆："习书记到正定工作后，首先是让我帮他找资料，包括《正定县志》《正定府志》、20 世纪 80 年代初正定县党史办和史志办编的一些小册子，当时档案馆还有一本《古常山郡新志》，这是一位正定籍的当时在台湾的国民党政府要员出的一本书，我又帮他把这本书找过来。习书记先从这些记载正定历史的书籍入手，了解正定的历史、风土人情，了解正定过去的文物、现存的文物。工作之余，我们两个经常走街串巷，把正定的大街小巷都走遍了，把正定的文物遗址、景点都看了看，走了走。这样他对文物的现状、革命遗址的现状心里都有了数。"③

1983 年到正定县委办公室任资料组长、县委办副主任的王志敏同志在接受中央党校采访实录编辑室记者采访时也谈道："为了从时间、空间、

---

① 吴艳荣、潘文静：《抢救古树古寺古城墙》，《河北日报》2017 年 8 月 21 日。

② 采访对象：石文生；采访组：邱然、陈思、黄珊：《近平同志对正定的历史文化传承作出了历史性贡献》，中央党校采访实录编辑室《习近平在正定》，中共中央党校出版社 2019 年版，第 247 页。

③ 本文作者于 2018 年 8 月 5 日在正定张银耀先生家中采访了他，该段文字根据当时的采访录音整理。

地域三个维度上理清情况，近平同志在工作之余，连续几个月查古史、摸实情，对于正定千年之史、百里之域的基本情况有了一个总体了解。"① 石文生同志还提道："近平同志对正定的历史非常感兴趣，对正定的未来也充满信心。他说：'正定的历史文化这么悠久，咱们应该把县城好好整治一下、修缮一下。'"②

概括起来，习近平同志对保护古城文物瑰宝，传承正定历史文化所做的工作主要集中在以下几个方面。

一、保护文物古迹

为了做好文物保护和管理工作，刚来正定工作不久的习近平等同志就亲自指导，对县内的文物、古建筑、古文化遗址、古树进行了认真普查，划定了保护范围，并逐一对文物做出标记。1962 年，正定县人民委员会曾公布一批县重点文物保护单位，经过普查发现，20 年间，情况有了很大变化，一些文物已被毁掉，同时又发现了许多重要文物。1982 年 11月，正定县人民政府对以前公布的文物保护单位进行了调整和补充，重新公布了一批县重点文物保护单位。马家大院、王氏双节祠、王士珍故居等 11 处县重点文物保护单位都是习近平同志当时提议确定的。"'正定的古建、古物、古文化遗址，每一处、每一件、每一地都划出保护范围，立上

---

① 采访对象：朱博华，王志敏；采访组：邱然、陈思、黄珊：《近平同志在生活上"习以为苦"，工作上"勤以为常"》，载中央党校采访实录编辑室《习近平在正定》，中共中央党校出版社 2019 年版，第 257 页。

② 采访对象：石文生；采访组：邱然，陈思，黄珊：《近平同志对正定的历史文化传承作出了历史性贡献》，载中央党校采访实录编辑室《习近平在正定》，中共中央党校出版社 2019 年版，第 247 页。

了明显的标志，这是习书记让做的。'当时主抓文教工作的副县长何玉说，习书记这样做，就是要让全县干部群众人人明白，什么是文物，什么是不可侵占的古建和古文化遗址，为什么要保护文物。"①

张银耀同志回忆："当时人们对文物保护都还不怎么重视。那时候，正定现存的几个国家级文物保护单位中，仅大佛寺（即隆兴寺）有围墙有管理人员，其他的几处国家级重点文物保护单位连围墙都没有，包括现在的四座古塔。当了解到这些情况以后，习近平总书记对文物部门说，这些文物一定要加强保护，该圈围墙的圈围墙，该派人看守的派人看守，该竖立标牌的要竖立标牌。很快文保单位就把开元寺、广惠寺等的围墙修起来了。大佛寺也亟待维修，他（习近平）来了后积极争取上面文物部门、省、地区的财力支持，也号召正定的干部群众捐助一点。这样我们对大佛寺的围墙、建筑及彩绘的修复工作陆陆续续地开展起来。他（习近平）当时提出现在财力比较紧张，这些文物即便没有资金去尽快地修复它们，但是也要保护好现状，待有资金有条件以后再进行维修。中华文化的血脉一定要保住，不能在我们这一代中断。"②

王志敏同志回忆说："在对这座古城文物的保护上，他（习近平）投入很大心血和精力。县里部署对全县文物进行了大普查，让古建、遗址家底有了一册明细账，并且立起了统一标志、区划出保护范围、纳入城市规

---

① 吴艳荣、潘文静：《"真刀真枪干一场"——习近平总书记在河北正定工作的难忘岁月（二）》，《河北日报》2017年8月21日。

② 该段内容是本文作者依据2018年8月5日在正定张银耀先生家中对他的采访录音所做的文字整理。

划。"① 王志敏同志还谈道："总之，凡有涉古城、有涉文化的事情，都无一遗落地列入正定发展的工作日程。其实何止于此，遇有繁难问题，他还要亲赴亲为。为解决天王殿、弥陀殿、戒坛文物修缮的资金短缺问题，他不知往省委、省政府跑了多少趟！"②

张银耀、王志敏同志提到的修缮隆兴寺的经费，是 1984 年 4 月在习近平的努力下争取到的一笔古建修缮专款。利用这笔专项资金，隆兴寺的方丈院、天王殿、戒坛、尼陀殿等建筑及彩绘得以修缮，在戒坛南面建起了界碑和牌楼，隆兴寺的历史面貌恢复起来了。

1981 年 4 月始任正定县委副书记、1983 年 2 月开始担任正定县县长的程宝怀同志和另外两位作者在一篇题为《习近平同志在正定》的文章中提道："习近平同志非常重视文物保护工作，发现问题及时要求整改。一次，他在隆兴寺院西侧，看到元代书法家赵孟頫撰写的名碑《本命长生祝延碑》上沾满泥土，缺乏保护，当即找到主管领导，并提出严肃批评。习近平同志说：'我们保管不好，就是罪人，就会愧对后人。'"③

当时在正定县委办公室资料组工作的石文生同志在接受记者采访时，也提到同一件事："近平同志对正定的文物特别关心，有一次在隆兴寺院西侧，他看到元代书法家赵孟頫撰写的名碑《本命长生祝延碑》上沾满泥

---

① 采访对象：朱博华，王志敏；采访组：邱然，陈思，黄珊：《近平同志在生活上"习以为苦"，工作上"勤以为常"》，载中央党校采访实录编辑室《习近平在正定》，中共中央党校出版社 2019 年版，第 270 页。

② 采访对象：朱博华，王志敏；采访组：邱然，陈思，黄珊：《近平同志在生活上"习以为苦"，工作上"勤以为常"》，载中央党校采访实录编辑室《习近平在正定》，中共中央党校出版社 2019 年版，第 270 页。

③ 程宝怀、刘晓翠、吴志辉：《习近平同志在正定》，载正定古文化研究会编《古圃》2015 年版，第 17 页。

土，缺乏保护，他平时看书很多，对历史很有兴趣，知道这是一个珍贵文物，当即找到主管领导，并提出严肃批评。近平同志说：'我们对文物保管不好，就是罪人，就会愧对后人。'像这样的事情还有很多。"①

1984年到正定县委办公室工作的刘成君同志在接受记者采访时说："习书记干工作，大事要抓，宏观上有大的谋略，微观上也很注意细节。有一次，习书记和我一起散步，发现了一块石碑，外面有个栅栏拦着，但是因为栅栏缝隙比较大，小孩都能钻过去玩。习书记仔细看了这块石碑，发现这是唐代遗留下来的文物。他立即指示办公室，把这块石碑保护起来。"②刘成君同志提到的这块碑，名为《大唐清河郡王纪功载政之颂碑》，也称《李宝臣碑》，又名《封冻碑》。该碑记载了唐成德军节度使李宝臣为恒州（正定）修坝导水排除滹沱河水患、引水抗旱度荒年、使正定一带人民免受战乱与苛税之苦等功绩。该碑早在1956年就被公布为河北省重点文物保护单位，2001年被国务院公布为全国重点文物保护单位。

二、挂牌保护古树名木

古城定有古树。中国北方以槐、柏、杨、榆、柳等树种居多，正定古城现有的古树以侧柏、古槐居多。据2018年6月16日"正定新闻网"上一篇题为《正定有一棵千年古槐，你是否曾与它擦肩而过？》文稿中所载

---

① 采访对象：石文生；采访组：邱然、陈思、黄珊：《近平同志对正定的历史文化传承作出了历史性贡献》，载中央党校采访实录编辑室《习近平在正定》，中共中央党校出版社2019年版，第247页。

② 采访对象：刘成君；采访组：邱然、陈思、黄珊：《习书记既抓大事，又重细节》，载中央党校采访实录编辑室《习近平在正定》，中共中央党校出版社2019年版，第279页。

的内容：为保护好古树名木，正定县严格落实各项相关规定，对城区内古树进行了资源普查。正定县城区内现有古树名木 65 株，其中 34 株侧柏、18 株槐树、2 株紫藤、1 株榆树、1 株椿树、9 株刺槐，树龄分别在 100 年到 1300 年之间。在隆兴寺大悲阁之北，弥陀殿之南的庭院中有一株被称为"福槐"的大槐树，距今已经有 1300 多年的历史。自 2012 年以来，正定县申请了古树名木保护专项资金，对城区内 6 棵古槐采用填充树洞、支撑加固、安装围栏等措施进行了修复。同时，相关部门还落实了日常管理责任制，并按要求建立了档案，编号挂牌，使城区内的古树名木得到有效的保护，古树名木保护率达到 100%。[①]

正定古树名木的挂牌保护可以追溯到习近平同志在正定工作伊始。时任县委办副主任的朱博华同志在一次受访中回忆："正定县委大院有两棵大槐树，枝繁叶茂、绿意盎然。那时，习近平初来正定。'他看到这两棵槐树，问我们知不知道树龄，大家都说不知道，他就让我们找专家看看，要不要保护起来。后来经鉴定，这两棵槐树是明朝初年的，已经 600 多岁了，于是将它们保护起来。后来还专门立一石碑，刻上《古槐赋》'。"[②] 王志敏同志在回复中央党校采访组关于习近平同志在正定的文化和文物保护方面都做了哪些工作这一提问时也谈道："保护古树，让古槐、古松、古柏都登记造册，享受了围栏以护的待遇。"王志敏在《习近平书记和贾大山的交往》一文中通过贾大山的回忆谈及这样一段文字："就说那古槐，不是让林业部门科学地考证了树龄，让办公室的秀才撰写了一篇《国槐

---

① 参见《正定有一棵千年古槐，你是否曾与它擦肩而过？》，2018 年 6 月 16 日，正定新闻网（http://zhengding.hebei.com.cn/system/2018/06/16/011758251.shtm）。

② 《习近平的改革足迹——正定》，2018 年 12 月 11 日，人民网（时政）（http://politics.people.com.cn/n1/2018/12/11/c1001-30460001.html）。

颂》嘛。'凭以立之者，质之坚也，品之贞也，风之厚也，韵之穆也。君不见国之有槐，干若苍松之磐礴，枝若疏梅之俏奇，叶若修竹之茂密，花若幽兰之清芬。巍乎壮哉，郁乎盛哉。仰止之衡，不啻君子乎！'对于源远流长的中华文化，他也是用情很深呢。大山一路想着，也因为国槐而生发感慨了：这才是咱中国魂呢！《国槐颂》，饶有深意。"①张银耀同志在接受本文作者采访时说："当时因为城市改造，好多树都毁了，但是有几棵在他（习近平）的关怀下留住了。现在街头还有几棵大槐树，都是有500—600年树龄的大槐树。政府大楼前面有两棵大槐树，他指示我们找林业部门，找植物专家鉴定树龄，然后写上保护的牌子，记上树的历史，并且圈起来，对古树名木进行保护。"

在正定县委宣传部产业办主任李勇的指点下，本文作者 2018 年 8 月 6 日在位于正定县常山西路 1 号的县委县政府大楼前的一片绿地中找到了三棵用不锈钢围栏围护起来的大槐树，大槐树的树身上有编号挂牌。最近一次编号挂牌的时间是 2013 年 4 月。其中一棵大槐树下立有一石碑，上刻《古槐赋》，落款时间为 2014 年。为什么在县委县政府大楼前，现在用围栏保护起来一共有三棵古树，而许多老同志在接受采访时都说是两棵大槐树呢？就这个问题，本文作者短信回访了张银耀同志，他回复说："两棵古槐，一棵洋槐，一共三棵。古槐树龄近七百年，洋槐树龄近二百年了。"据《河北日报》记者吴艳荣、潘文静的采访报道《"真刀真枪干一场"——习近平总书记在河北正定工作的难忘岁月（二）》记述，从这两棵古槐开始，习近平让县林业局做了全县的古树普查。当时的调查结果显示，正定县共有百年以上的古树 43 株，树龄最长的已有 1400 余年。为了

① 王志敏：《习近平书记和贾大山的交往》，载正定古文化研究会《古圃》2013 年版，第 21 页。

号召大家爱惜和保护这些古树名木，县里统一做了栏杆和标牌。[①]

三、发掘保护革命遗址

1921 年中国共产党成立后，正定的铁路工人组织和直隶第七中的学生便在中国共产党领导下开展了多次反抗军阀和资本家压迫的工人罢工和学生运动。1924 年 12 月下旬，正定第一个党支部成立。正定党组织成立以后领导正定人民在第一、第二次国内革命战争，抗日战争，第三次国内革命战争四个不同的历史时期与帝国主义、国民党反动派和日本侵略者进行了不屈不挠的革命斗争，并且取得了最终胜利。正如习近平同志在《正定古今》一书的序中所写："特别是一九二四年十二月正定党支部建立以后，正定大地，风雷激荡，革命斗争，气壮山河。正定人民在中国共产党的领导下，为自由而战，为解放而战，为实现天下大同而战。'反帝雪耻会''各界沪案后援会'等革命组织相继成立；'反讨赤捐''反官绅运动'声震全国。在日本帝国主义的魔爪伸入正定之时，军民同仇敌忾，奋力抗敌。县大队、区小队，游击队纷纷成立，地道战、地雷战、伏击战、麻雀战，战果辉煌。为了争取解放战争的胜利，正定儿女浴血奋战，猛追穷寇，拿碉堡，夺炮楼，两次攻克正定，写下了光辉的篇章。"[②]

为了纪念正定人民在中国共产党领导下为争取民族解放与富强而进行的英勇不屈、前仆后继的战斗历程，习近平同志在正定工作时期指示

---

① 参见吴艳荣、潘文静《"真刀真枪干一场"——习近平总书记在河北正定工作的难忘岁月（二）》，《河北日报》2017 年 8 月 21 日。

② 《习近平·序》，载中共正定县委员会、正定县人民政府编《正定古今》，河北人民出版社 1987 年版。

对一批重要的革命遗址进行了发掘保护并立碑纪念，其中包括正定县党组织诞生地革命遗址。中共正定县支部 1924 年 12 月下旬成立于直隶省立第七中学（北伐胜利后，该校名改为河北省立第七中学），该校址现为解放街小学。中共正定县委员会、正定县人民政府 1984 年 5 月 20 日立"革命遗址—正定县党组织诞生地"一碑于解放街小学内。碑文内容为："一九二四年十二月，中共顺直省委派遣省委军委委员张兆丰同志来正，在这里（原河北省立第七中学）建立了正定县党的组织。"

革命遗址——玉华鞋庄遗址。革命遗址玉华鞋庄纪念碑位于燕赵大街与裕华路丁字路口路东，北距华阳路口 130 多米。革命遗址玉华鞋庄纪念碑是一块汉白玉石碑，镶嵌在砖和水泥砌成的碑座上，碑文为："革命遗址玉华鞋庄。一九二五年三月，中共正定特支遵照上级党在工人中建立党的组织的指示，发展玉华鞋庄的工人郝清玉等加入中国共产党，并于鞋庄建立了正定县第一个工人党支部，由郝清玉同志任支部书记，一九二七年夏，正定县党组织一直以玉华鞋庄为党的联络站，县委书记尹玉锋同志常在这里召集会议。中共正定县委员会、正定县人民政府立，一九八四年五月三十日。"

赵生明烈士纪念碑。此碑由中共正定县委员会、正定县人民政府于 1984 年 5 月 30 日立，碑高 2 米，朱博华、王志敏撰文。赵生明同志生前任晋察冀军区四纵队十旅二十九团副团长，1947 年 8 月 24 日率部参加解放正定战役，光荣牺牲。此碑原立于生民街与燕赵大街交叉口处，2001 年移至广惠寺内。1995 年 5 月 10 日，赵生明烈士纪念碑已被正定县人民政府公布为正定县重点文物保护单位。

张银耀同志在接受本文作者访谈时提及建于 1949 年 7 月位于正定县诸福屯镇固营村村东的固营烈士陵园当时保护状况欠佳，习近平同志在正定工作时指示修缮了陵园的围墙，做好了绿化，安排人常年值守看护这个烈士陵园，他还提到习近平同志非常关注高平地道战等其他革命遗址的保护工作。

四、建爱国主义教育基地

1937 年 10 月 8 日，日军分兵三路占领正定城。在两三天内，日军在城内及近郊 13 个村对无辜百姓进行了灭绝人性的凶残大屠杀。几天时间残杀无辜百姓 1506 人，重伤 103 人，烧毁房屋 106 间，抢走牲畜 80 多头。① 在这次惨案中，仅岸下村就有 55 户被灭绝，无辜村民被杀 365 人。② 为了缅怀同胞、让后代牢记历史、激励革命斗志，1984 年 5 月 30 日，中共正定县委、正定县人民政府在岸下村村中心广场树碑纪念。碑身为汉白玉，上书"岸下惨案死难同胞纪念碑"11 个隶书镏金大字，背面刻有 300 余字的碑文，"时任正定县委书记的习近平亲手揭幕并向纪念碑三鞠躬"。③ 张银耀同志在接受本文作者采访时谈道："当时日寇进攻，遭到国民党军队的顽强抵抗。日寇不光打当兵的，连老百姓一块杀，制造了岸下、朱河等村的惨案。习近平同志指示我们把历史记载下来，写好碑文，刻上碑，立在村里，作为爱国主义教育基地。"④ 李春雷同志撰写的纪实文学《朋友——习近平与贾大山交往纪事》一文中也提到这样一句话："'岸

---

① 参见中共正定县委员会、正定县人民政府编《正定古今》，河北人民出版社 1987 年版，第 216—217 页。

② 岸下村被杀群众的具体数字，参考《正定古今》，河北人民出版社 1987 年版，第 266 页。

③ 张炬、张素钊主编：《正定古今》，河北出版传媒集团、河北人民出版社 2017 年版，第 153 页。

④ 该段文字是本文作者 2018 年 8 月 5 日在正定张银耀先生家中对他现场采访录音的文字整理。

下惨案'是 1937 年 10 月日军侵占正定时发生的一起屠杀事件。近平请人挖掘整理，开辟成爱国主义教育基地，并亲自审定纪念碑碑文……"①

五、挖掘历史文化　实施旅游兴县

除了想方设法保护古城文物瑰宝之外，习近平同志还带领正定人民开创了历史文化传承与经济发展相互促进的新路子——文旅兴县。"如何挖掘潜力，使正定经济发展的根须从其悠久的历史文化中汲取更多营养，是习近平同志深入思考的一个问题。经过深入调查研究，习近平同志意识到，正定古建集中，交通发达，地理位置优越，在今后发展中要弘扬正定历史文化、凸现古城特色，要让古建从沉睡中复苏，重放光彩。他提出了旅游兴县、带动'三产'、服务省会，把正定打造成距石家庄最近的旅游窗口的思路。"②

石文生同志回忆："他在担任县委书记期间，明确提出了改革兴县、科技兴县、人才兴县、文化兴县、旅游兴县的新思路，在大力发展经济的同时，把挖掘历史文化、实施旅游兴县作为一项重要战略措施。通古博今的近平同志被正定丰富的古建筑群和深厚的文化底蕴所吸引，他熟读县志、史料，走街串巷，勘察古迹，细品文化，对正定的历史和文化钻研得很透。他曾经在一次全县青年干部大会上做过一个十分精彩的讲话，讲到正定是一座历史文化名城，过去 1600 年间一直是郡、州、路、府、县治

---

① 李春雷：《朋友——习近平与贾大山交往纪事》，新华网（http：//www.xinhuanet.com/politics/2014-04/20/c_1110320510.htm）。
② 程宝怀、刘晓翠、吴志辉：《习近平同志在正定》，载正定古文化研究会编《古圃》2015 年版，第 17 页。

所，曾与北京、保定并称'北方三雄镇'，五代后唐时设为北都，后汉契
丹时升为中京。他的讲话把正定的发展与历史紧密联系在一起，旁征博
引，慷慨激昂，我们这些土生土长的正定人，听起来都十分新鲜，羡慕
他知道的那么多""习近平同志多次找到河北省委，详细汇报正定的历史
文化和发展思路，得到了理解与支持，省直有关部门随后向正定拨出古
建修缮专用款 172 万元。利用这笔钱，正定对隆兴寺方丈院、天王殿、戒
坛、弥陀殿等进行了修缮和彩绘，建了停车场，将这座千年古刹修成了
一个旅游景区。这在当时还是一个新鲜事物。从此，来省会出差办事的，
路过石家庄的，都纷纷慕名前来游览，正定旅游业逐渐发展起来。1984
年，到正定旅游的人数大幅增加到 40 万；1985 年，游客突破 50 万"。①
"1983 年，中央电视台等筹拍大型电视连续剧《红楼梦》，寻找地方政府
共建'荣国府'临时外景基地。习近平同志敏锐地看到了商机。习近平同
志认为，如果能将'荣国府'建成永久性建筑，随着《红楼梦》的热播，
正定旅游业必将如虎添翼。习近平同志马上派人与中央电视台联系，很快
达成协议，由正定县无偿提供场地，中央电视台投资搭建。县委和县政
府成立了筹建'荣国府'的专门机构。"② 随后，习近平同志积极想办法多
方筹措建设资金。1986 年 8 月，历时 1 年 8 个月、耗资 350 多万元人民
币、总建筑面积 37000 平方米的"荣国府"景区顺利竣工。1987 年，随
着电视剧《红楼梦》的播出，正定知名度大大提高。据记者吴艳荣、潘
文静 2017 年 8 月 21 日发表在《河北日报》的采访报道《"真刀真枪干一

① 程宝怀、刘晓翠、吴志辉：《习近平同志在正定》，载正定古文化研究会编《古圃》2015 年版，第
17 页。
② 程宝怀、刘晓翠、吴志辉：《习近平同志在正定》，载正定古文化研究会编《古圃》2015 年版，第
18 页。

场"——习近平总书记在河北正定工作的难忘岁月（二）》记述，荣国府开放当年有 130 万人次前来参观游览，门票收入就达 221 万元人民币，旅游收入 1768 万元人民币，很快就收回了投资。"荣国府"景区极大地带动了正定旅游业的发展，开创了旅游业的"正定模式"。正定县南城门楼上公开展出的资料显示：1986 年 7 月至 2018 年 4 月，荣国府景区共接待游客 1222 万人次，门票收入 9293 万元人民币。

关于酝酿发展旅游业，兴建荣国府和常山公园的相关情况，习近平同志在一篇于 1994 年春天撰写的怀念正定县委副书记吕玉兰同志的文章中有较详细的叙述。"1983 年，我们开始酝酿发展旅游业，恰逢中央电视台筹拍大型电视连续剧《红楼梦》，需要建造一个'荣国府'，我们设法把它拉到了正定县。原计划用 57 万元置起假景，拍完也就了事。后来，我们又考虑不如借此机会建成实景，为正定县留下一处永久性的旅游景点。但这需要增加投资 300 多万元，因而出现了较大的意见分歧。这时恰逢玉兰同志从保定回来，我便和县长程宝怀同志征求她的意见。她说，随着经济的增长和人们文化生活的需要，旅游业肯定会有一个大的发展，这个机会不能错过，县委抓得及时、抓得好，我全力支持。同时，她还利用回来的短暂时间，积极说服持反对意见的同志。在玉兰同志的支持下，我们很快做出了兴建'荣国府'和常山公园的决定，为正定县旅游事业的繁荣奠定了基础。'荣国府'和常山公园的建立，使正定县的旅游业进入了黄金时期，近几年来，全县每年旅游点的门票总收入都达 1000 多万元，旅游业已成为正定县一个很有特色的产业。"[①]

---

① 习近平：《高风昭日月　亮节启后人——深切怀念吕玉兰同志》，载习近平《知之深　爱之切》，河北出版传媒集团、河北人民出版社 2015 年版，第 223—224 页。

在保护正定文化遗产、实施旅游兴县的同时，习近平同志还倡导兴建了常山影剧院和常山公园等基础设施。常山公园位于正定城区中心，现在是市民休闲娱乐的好去处。常山影剧院的兴建为正定人民提供了一座设施好、功能齐全，可以看电影，可以唱戏听戏，还可以开大会的公共文化设施，丰富了正定人民的文化生活，也为更好地传播传统艺术发挥了积极作用。建筑沿街立面上"常山影剧院"几个大字是当年习近平找中国著名文艺理论家林默涵同志题写的。

六、为正定文化系统选定领军人

正定作为一座历史积淀特别深厚的城市，且当时正处在改革开放的初期，文化系统需要一位在文化界有一定影响力、视野开阔、有魄力、敢创新、肯担当的领军人物。作为县委分管领导，来正定工作不久的习近平就开始寻找这样一位合适的人选。根据习近平同志在《忆大山》一文中所记："那时，贾大山还在县文化馆工作，虽然只是一个业余作者，但其《取经》已摘取了新时期全国优秀短篇小说奖的桂冠，正是一颗在中国文坛冉冉升起的新星。"[1] 王志敏同志在《习近平书记和贾大山的交往》一文中提道："《取经》获全国大奖，《取经》《花市》入选语文课本，入选文学讲习所，等等等等，能量的积累和层次的提升，大山不仅在古城出了大名，在全国也成为数得出的顶尖层级的作家，而且还是文才、口才俱佳的通才，三教同参、雅俗共赏的达人。"[2] 习近平到正定后，贾大山是他第一

---

[1] 习近平：《忆大山》，载习近平《知之深　爱之切》，河北人民出版社 2015 年版，第 225 页。

[2] 王志敏：《习近平书记和贾大山的交往》，载正定古文化研究会编《古圃》2013 年版，第 13 页。

个亲自登门走访的人。通过一段时间深入的交流，贾大山给习近平留下了非常好的印象。习近平同志在《忆大山》文章中回忆说："特别是我们由初次相识到相熟相知以后，他那超常的记忆力、广博的知识、幽默的谈吐、机敏的反应，还有那光明磊落、襟怀坦荡、真挚热情、善良正直的品格，都给我留下了极其深刻的印象。"① 李春雷同志在纪实文学《朋友——习近平与贾大山交往纪事》一文中提道："考虑多日，他（习近平）和主管文教工作的副县长何玉想法形成一致：最合适的人选只能是贾大山。大山成熟稳健，刚直正派，不仅善写小说，而且也很有行政能力，最关键的是他对文化事业有着近乎痴迷的热爱。但大山不是党员，无意仕途。不过，经过这么多次的深入交往，他对大山的个性又是了解的。于是，在多方征求意见并与主要领导沟通后，在常委会上，他提议大山担任文化局局长，并获得了通过。"②

上任正定文化局局长后的贾大山殚精竭虑，不负重托，不但很快理顺了文化局的工作，还在正定文化遗产保护、宣传和发展正定文化事业等工作中做出了成绩，向县委、县政府和正定人民交上了一份满意的答卷。习近平同志在《忆大山》文章中这样评价贾大山的政绩："1982年冬，在众人举荐和县领导反复动员劝说下，大山不太情愿地挑起了文化局长的重担。虽然他的淡泊名利是出了名的，可当起领导来却不含糊。上任伊始，他就下基层、访群众、查问题、定制度，几个月下来，便把原来比较混乱的文化系统整治得井井有条。在任期间，大山为正定文化事业的发展和古文物的研究、保护、维修、发掘、抢救，竭尽了自己的全力。常山影剧

① 习近平：《忆大山》，载习近平《知之深　爱之切》，河北人民出版社2015年版，第226页。
② 李春雷：《朋友——习近平与贾大山交往纪事》，新华网（http://www.xinhuanet.com/politics/2014-04/20/c_1110320510.htm）。

院、新华书店、电影院等文化设施的兴建和修复，隆兴寺大悲阁、天宁寺凌霄塔、开元寺钟楼、临济寺澄灵塔、广惠寺华塔、县文庙大成殿的修复，无不浸透着他辛劳奔走的汗水。"①

七、提议编写《正定古今》并亲自为书作序

"近平同志常说，正定有着源远流长的历史，非常值得研究。"②1987年出版的《正定古今》一书分为上中下三篇共十七章及附录（大事纪要），全面介绍了正定的历史、地理、人口、民族、宗教、经济、各类产业、财政金融、产品、科教文卫、革命斗争、英烈、历史名人、名胜古迹、文物、民俗、风物传说、古代诗歌及当代文论等。编写这样一本全面介绍正定的书是习近平同志提议的，县委常委会研究决定的。该书由县委办公室组织编写。习近平同志提出了编写这本书的指导思想，并为编写该书的同志提供了一整套《真定府志》与一套《正定县志》。此外，他还对该书的书名、基本框架和目录提出了修改意见，为书稿的正式撰写确定了方向。1985年2月初稿完成后，他又提出了许多修改意见，并要求向各方人士反复征求意见。1987年5月，习近平同志为《正定古今》一书作序。在1500多字的序中，他概括了正定的悠久历史和灿烂文化以及丰富的文化遗产，高度赞扬了各个时期正定的历史名人以及可歌可泣的名人义事、气壮山河的革命斗争，回顾了十一届三中全会以来正定人民在党的领导下取

---

① 习近平：《忆大山》，载习近平《知之深 爱之切》，河北人民出版社2015年版，第227页。
② 采访对象：石文生；采访组：邱然、陈思、黄珊：《近平同志对正定的历史文化传承作出了历史性贡献》，载中央党校采访实录编辑室《习近平在正定》，中共中央党校出版社2019年版，第247页。

得的丰硕成果。

在 1987 年 7 月出版的《正定古今》一书的"后记"中第一句话就写道："《正定古今》是由习近平同志提议，县委常委会研究，责成县委办公室组织编写的。"① 该书后记还阐明了编写这本书的目的和意义、负责这项工作的县领导、主要编写人员、参与人员以及第一稿到第四稿的出稿时间和最终审定人和时间，并指出："习近平同志具体指导了提纲的编写工作，确定了指导思想和基本内容。"② 石文生同志在接受中央党校《习近平在正定》采访实录组访谈时说："《正定古今》这本书是以县委的名义写的，凝聚着很多人的心血，近平同志贡献最大。"

八、六回第二故乡　心系正定发展

习近平同志 1985 年 5 月离开正定赴厦门工作。之后无论他在厦门市政府、宁德地委、福州市委、福建省委、浙江省委、上海市委还是在中央任职，都与正定保持着联系。在百忙之中，习近平同志先后于 1991 年 2 月 5 日、1993 年 3 月 13 日、1997 年 2 月 9 日、2005 年 4 月 2 日、2008 年 1 月 12 日、2013 年 7 月 11 日先后 6 次回到他的"第二故乡"，看望与他一起工作过的老同志，了解正定的各项工作与发展。

2005 年 4 月 2 日下午，时任浙江省委书记的习近平携夫人彭丽媛一行回正定参观考察，在参观了长乐门、临济寺和赵云庙后与当地有关领导和曾经并肩工作过的老同志一起座谈。在谈话中习近平指出："就是虽仅

---

① 中共正定县委员会、正定县人民政府：《正定古今》，河北人民出版社 1987 年版，第 431 页。

② 中共正定县委员会、正定县人民政府：《正定古今》，河北人民出版社 1987 年版，第 431 页。

仅浮光掠影、走马观花地看了几个点，但明显感到发生这么大的变化，也是非常高兴的。南城门这个地方，城门楼是新修的，整个一条街全部改造了，形成了富有特色的文化街。记得我上次是九七年来的，还没有看到这些变化，是万勇同志在任以后修的。我们在任时的理想，就是一起讨论正定的发展道路——旅游兴县。我们正定历史上曾经有九楼四塔八大寺，怎么让它弘扬光大？如何恢复其最灿烂辉煌的景况？这都是我们经常思考研究的问题。正定的文物古迹非常集中，是其他一些县所不具备的。但是正定要挖掘，要恢复，要充分利用起来。这个思路明确之后，才开始建设'四塔'，建设隆兴寺；然后再搞一点其他点缀，建成荣国府等等。但这些仅仅是开始，真正的变化是在后来。现在到正定来，很多地方都不认识了。"①

2013 年 7 月 11 日习近平总书记回正定视察后，同年 8 月 24 日他对正定古城保护工作做出重要批示："充分肯定近年来正定古城保护工作。要继续做好这项工作，秉持正确的古城保护理念，即切实保护好其历史文化价值。"

九、结语

习近平同志在正定工作三年多，为正定的各项工作开创了新局面，做出了历史性贡献。他深知正定这座千年古城中文化遗产的重要价值，对正定的历史文化传承和文物保护工作倾注了极大的心血和深厚的情感，展现了一位杰出领导人的远见卓识。在他任职期间，正定的文物古迹不仅没有

---

① 雍华奇：《习近平情系第二故乡》，载正定古文化研究会编《古圃》2008 年版，第 28—29 页。

被破坏，而且得到了及时有力的保护，这为正定后来顺利申报国家历史文化名城、充分利用历史文化资源优势发展文化旅游产业打下了非常坚实的基础。

在快速的城市化进程中，正定也和其他城市一样遭到了建设性破坏。但在习近平同志的关心下，在县委县政府带领正定人民的接续努力下，30多年来，正定人民的古城保护与历史文化传承的意识不断加强、古建筑保护与利用日益优化、旅游业态更加丰富。隆兴寺、县文庙、古城墙、"四塔"等相继得到科学修缮和保护。2000年8月1日，正定南城门（长乐门）及其城楼的修复和历史文化街区的建设工程正式启动，2002年9月30日，两项工程胜利竣工，并举行了隆重的开放庆典仪式。全国重点文物保护单位数量从1982年11月13日正定县人民政府1982（89）号文件《正定县人民政府关于重新公布正定县重点文物保护单位的通知》①中统计的2处（即1961年国务院公布的首批全国重点文物保护单位：隆兴寺、广惠寺华塔）增长到了2019年的10处，按国务院公布的时间前后为序：隆兴寺（1961）、广惠寺华塔（1961）、开元寺（1988）、天宁寺凌霄塔（1988）、县文庙大成殿（1996）、临济寺澄灵塔（2001）、大唐清河郡王纪功载政之颂碑（2001）、府文庙（2006）、正定古城墙（2013）、正定梁氏宗祠（2019）。2010年9月5日至6日，由石家庄市人民政府等机构主办，正定县委、县政府、县政协承办的"中国石家庄·正定古城文化保护高峰论坛"在石家庄隆重举行。有关领导和专家学者就正定古城保护、

---

① 2018年8月3日，正定文保所崔伟丽所长向本文作者介绍了正定县文物保护的现状，正定县文化广电体育和旅游局副局长朱志辉向本文作者简要介绍了正定文化旅游的发展情况。应作者要求，正定文保所提供了1982年《正定县人民政府关于重新公布正定县重点文物保护单位的通知》中正定县各级文保单位的名单。

传承历史文化、延续历史文脉、彰显特色文化等问题进行了深入研讨，并审议通过了《古城保护正定宣言》。2013 年 12 月 25 日，为了贯彻落实中央城镇化工作会议精神，树立正确的古城保护理念，宣传推广正定古城保护经验，国家文物局、住房和城乡建设部、河北省人民政府在河北正定召开古城保护现场会，来自全国 29 个古城的代表齐聚正定，参加了"正定古城保护现场会"。在领略了正定独特的古城风貌和文化魅力，分享了古城保护与发展的成功经验之后，与会者还通过了新的《古城保护正定宣言》，提出了做好古城保护工作的四点倡议。

2017 年 9 月 2 日至 4 日首届石家庄旅游发展大会在正定举行，大会为正定确定了"古城古韵、自在正定"的宣传口号。在保护好古城、发展文化旅游的同时，正定县贯彻落实习近平总书记系列重要讲话精神，以社会主义核心价值观为引领，坚持创建为民、创建靠民、共建共享，大力建设崇德向善、文化厚重、和谐宜居的文明县城。在 2017 年 11 月 17 日召开的全国精神文明建设表彰大会上，正定获得"全国文明县城"荣誉。今天的正定不仅让文化遗产真正"活"了起来，而且在城市生态环境治理和精神文明建设方面也取得了显著成绩。这些改变增强了本地居民的幸福感和自豪感，也吸引着越来越多的宾客来正定游览。

2019 年 9 月 28 日，河北省十三届人大常委会第十二次会议对《石家庄市正定古城保护条例》进行了审议并批准《石家庄市正定古城保护条例》于 2019 年 10 月 1 日起正式实施。制定《石家庄市正定古城保护条例》是落实习近平总书记批示的重要举措，是依法保护古城的迫切需要，是实现传承发展的现实要求。该条例的颁布实施开启了正定古城保护建设工作的新篇章，也为保护古城提供了可靠的法律依据和保障。①

2019 年 12 月 30 日，随着正定东城门、府文庙、府城隍庙和正定博物馆的正式对外开放，2017 年 1 月经习近平总书记审阅的《正定县（正定新区）总体规划及古城风貌恢复提升规划与实施》涉及的 24 项工程至此全部竣工，正定千年古郡、北方雄镇的历史风貌得以再现。今天，正定居民和游客"登得上城楼、看得见古树、望得见古塔、寻得到古寺、穿得过巷陌、走得进老宅、记得住乡愁"。

"奋楫中流正当时，实干圆梦写华章"。我们坚信，在习近平新时代中国特色社会主义思想的指引下，正定的文化遗产保护事业、文化旅游产业的发展会取得更大的成绩，必将对正定经济社会发展产生更为积极的影响，正定将会有一个更加光辉灿烂的未来！

（原载《美术研究》2020 年第 2 期）

---

① 参见《〈石家庄市正定古城保护条例〉今日实施》，2019 年 10 月 1 日，石家庄市人民政府网（http://www.sjz.gov.cn/col/1546231082146/2019/10/01/1569894308831.html）。

习近平中医药发展重要论述是新中国成立以来中医药思想的新发展

岑孝清　颜维海　韦兆钧

党的十八大以来，习近平总书记有一系列关于中医药事业发展的重要论述，这些论述所蕴含的中医药文化内涵已经为学者们阐扬，但其所蕴含的中医药发展思想与新中国成立以来中医药思想发展的关系研究得还不够，尤其是该论述与毛泽东同志中医药思想和中医现代系统理论的继承与创新关系。因此，有必要展开这方面的研究，这对于进一步理解新中国成立以来中医药思想学说的发展，对于深入领会习近平总书记关于中医药事业发展重要论述的新时代内涵，具有重要意义。

一、发扬辩证唯物主义根本方法，推动生命科学研究进入新时代

辩证唯物主义是中国特色社会主义各项事业的根本方法论，也是新中国成立以来中医药事业发展及其思想创建的根本方法论。20世纪50年代，毛泽东同志以辩证唯物主义为根本方法，揭示了传统中医药的文化思

想性质。在他的中医药思想指引下，中央领导集体对中医药事业发展逐渐形成了较稳定的看法；同时，中医理论工作者们也都积极地、广泛地展开了对传统中医药思想的研究和阐扬，从而使毛泽东同志的中医药思想更为丰富，而对于实践的指导性也就更为广泛。毛泽东同志的中医药思想有着深刻的辩证法特征，它既肯定中医药思想是宝贵的历史文化遗产，又主张中医药发展要与现代科技结合。1953 年底，毛泽东同志的一次谈话意见就集中反映了这一点。他对中医工作提出具体意见，说："中医是在农业与手工业的基础上产生出来的。这是一大笔遗产，必须批判地接受，把其积极的一面吸收过来加以发挥，使它科学化；另一面，对不合理的要研究，分析批判。"[①] 这个意见揭示了传统中医药思想文化的本质，即它是建立在农业与手工业基础上的，显然，这是唯物主义的表现；同时指出中医发展要科学化，要批判继承，很明显，这是辩证性的表现。毛泽东同志这一具有辩证唯物主义性质的中医药思想用于指导当时的中医药事业，就是"三个坚持"，即坚持为人民健康服务、坚持继承和创新、坚持与现代科技结合。这一中医药思想对于实践的指导，在中医药科研方面尤其深远。2015 年 10 月屠呦呦荣获诺贝尔生理学或医学奖即是有力的例证，正如李克强总理在贺信中所说"屠呦呦获得诺贝尔生理学或医学奖，是中国科技繁荣进步的体现，是中医药对人类健康事业作出巨大贡献的体现"[②]。

改革开放以后，毛泽东同志的中医药思想得到继续发展，并有了新的

---

① 中共中央文献研究室编：《毛泽东年谱：1949—1976》(第 1 卷)，中央文献出版社 2013 年版，第 206—207 页。

② 中华人民共和国科学技术部：《李克强致信国家中医药管理局祝贺屠呦呦获得 2015 年诺贝尔生理学或医学奖》，2019 年 10 月 12 日，http://www.most.gov.cn/ztzl/tyy/gjhx/201510/t20151006_121872.htm。

理论形态，这就是钱学森院士及其中医理论工作者们所开创的中医现代系统理论。这一形态的丰富内容最早反映于钱学森院士回复时任卫生部中医局局长吕炳奎同志的一封信中。信中钱学森院士说道："医学的方向是中医，不是西医，西医也要走到中医的道路上来""但已有的中医理论又不能同现代科学技术联系起来，而科学技术一定要联成一体，不能东一块，西一块。解决这个问题就是您说的中医现代化，也实际上是医学的现代化"。[①] 这一理论不但继承了毛泽东中医药思想的现代化与科学化内涵，而且创造性地将中医药思想发展道路置于现代科学技术体系之中，与其他诸多科学一样，受马克思主义哲学的指导，以辩证唯物主义为根本方法。这一具有辩证唯物主义特质的理论也显示了其强大的实践力量，即成了中医药科学研究的根本方法，这在孟庆刚教授主编的《中医学科学方法特征与沿革》（科学出版社 2011 年版）一书中有着全面和系统的总结。确实，这是近 30 年来中医药科研活动的一般方法论，它在国家自然科学基金项目（包括国家"973 计划"项目）中有着卓著的表现，例如王琦教授所创建的中医体质学，就是直接以这一方法论为工具的。目前，从王琦教授及其团队正在创建的中医健康医学理论体系及其学科建设的情况看，这一系统方法依然发挥着重要作用。

中国特色社会主义进入新时代，中医药事业发展进入新阶段，尤其是《中医药发展战略规划纲要（2016—2030 年）》（2016 年 2 月 22 日）和《中华人民共和国中医药法》（2017 年 7 月 1 日）开始实施后，人们公认中医药事业振兴发展进入了最好时期。不过，新时代的中医药事业所面临的新使命和新任务，以及要解决的问题也更为复杂，尤其是关于中医药

---

① 钱学森等：《创建人体科学》，四川教育出版社 1989 年版，第 18 页。

思想发展的各种争论和分歧仍然存在。作为党和国家领导人，作为新时代中国特色社会主义事业的开拓者，习近平总书记统领全局，以辩证唯物主义者的洞察力和前瞻性，牢牢把握着社会主义中医药事业及其思想发展的航线。在中医药事业发展的指导思想上，他继承了辩证唯物主义的中医科学武器，以此认识和指导着中医药事业发展及其理论建设。这一点，早在2010年6月20日在澳大利亚出席"中医孔子学院"授牌的仪式上，他就曾指出："中医药学凝聚着深邃的哲学智慧和中华民族几千年的健康养生理念及其实践经验，是中国古代科学的瑰宝。"可以说，这是对中医药的文化性、思想性和科学性的肯定，也是对毛泽东中医药思想的继承。也是在这个仪式上，他从现代科学的角度进一步指出："深入研究和科学总结中医药学对丰富世界医学事业、推进生命科学研究具有积极意义。"[1] 这一判断既是对钱学森院士等开创的中医系统理论的继承，又进一步将中医药学说的时代方位确定为生命科学方向。

　　总之，习近平总书记关于中医药的重要论述，既肯定了传统中医的民族思维性和文化历史性，又指出了传统中医有丰富世界医学以及推进生命科学研究的现代性，因此，这一思想有着鲜明的辩证唯物主义特征。从思想史看，它不仅将毛泽东同志的中医药思想进一步发扬光大，而且肯定了中医现代系统理论所蕴含的生命科学意义，契合了现代科学技术体系的发展方向；不仅将具有中国特色的中医养生思想资源赋予了生命科学前沿，而且推动着人类生命科学研究进入新时代。

---

[1] 《中国中医药年鉴》（学术卷）编辑委员会编：《中国中医药年鉴（学术卷）》（2011卷），上海中医药大学出版社2011年版，第495页。

二、提出中医药文化创造性转化与创新性发展新途径

具有现代性和科学性内涵的、建立在历史唯物主义基础上的中医药事业发展思想，其形成有一个过程。早期，这一思想与如何解决中医与现代科学结合的问题有着密切联系。例如，1954 年 10 月 20 日的《人民日报》社论，在如何正确对待中医理论与现代科学发展问题上就指出："要根据现代科学的理论，用科学方法来整理中医学的学理和总结它的临床经验，吸取它的精华，去掉它的糟粕，使它逐渐和现代医学科学合流，成为现代医学科学的重要组成部分。"[1] 这篇社论在现在看来，其中的现代性内涵还有模糊性和时代局限，但这段话依然反映了毛泽东同志中医药思想的基本精神，尤其从国家的高度、从时代的前沿明确了中医学发展的道路和方向，对于今天进一步创新中医药理论仍然有意义。

虽然毛泽东同志所开创的具有马克思主义思想内涵的中医药思想，其发展是曲折的，但始终与中医药事业发展共命运。1978 年，中共中央颁发了〔1978〕56 号文件，当时主持中央工作的邓小平同志对该文件批示"要为中医创造良好的发展与提高的物质条件"[2]。由此，中医药事业发展迎来了新机遇，随后不久，中医药思想也进入了现代系统论阶段，准确说是进入了中医药思想与钱学森开放复杂的系统理论相结合而产生的中医现代系统理论阶段。由于这一理论与现代科学技术体系紧密相连，而现代科学技术体系又是以辩证唯物主义为最高哲学的，因此，这一中医现代系统理论是辩证唯物主义的中医理论，是对辩证唯物主义的一种发展，而这正

---

[1] 人民日报社论：《贯彻对待中医的正确政策》，《人民日报》1954 年 10 月 20 日。

[2] 周颖、张东风：《中共中央〔1978〕56 号文件出台前后——原卫生部副部长兼国家中医药管理局局长胡熙明访谈录》，《中医药管理杂志》1998 年第 6 期。

是毛泽东同志中医药思想的核心。这样看来，中医现代系统理论也就是对毛泽东同志中医药思想的发展，这个结论与笔者前述相关结论也是一致的。那么，这一理论对于新时期中医药思想发展的意义是什么呢？对此，钱学森院士曾指出："医学的前途在于中医现代化，而不在什么其他途径。"[①] 这个现代化的基础又是什么呢？笔者认为，它就是已经在中国发生的第四次工业革命及其产生的社会主义工业文明。如此，中医药发展的现代性与科学性内涵清晰起来了，也确定下来了。事实上，再往前一点看，还要肯定的一个历史事实是，中医药的现代化与科学发展的思想是有力地指导和实际地推进着新中国成立后的中医药事业发展的。

如今，随着新时代中国特色社会主义社会的到来，处于第四次工业革命时期的中医药事业，面对世界化、信息化、知识化、网络化和智能化的挑战，如何是好？尤其是在生命科学革命化浪潮的漩涡中，如何把握方向？积淀了数千年的丰富的中医药思想资源又如何才能爆发更为强大的时代力量？对于仍然在现代化与科学化问题上争论着的中医药思想百花苑，又应当有何态度？要而言之，源远流长、思想深厚的中医药思想资源，如何才能保持自身的主体性并抓住 21 世纪新时代以来的大好机遇而发展？对此，习近平总书记开出了新的"药方"，提出了中医药现代化的具体途径，这就是：传统中医药健康养生文化要创造性转化与创新性发展。这以 2016 年 8 月 19 日在出席全国卫生与健康大会时的讲话为标志，其中指出："要着力推动中医药振兴发展，坚持中西医并重，推动中医药和西医药相互补充、协调发展，努力实现中医药健康养生文化的创造性转化、创

---

① 钱学森等:《创建人体科学》, 四川教育出版社 1989 年版, 第 18 页。

新性发展。"① 这就是说，中华医药宝库要保护好、要传承好、要发展好就要走创造性转化和创新性发展的路子。这一"双创"途径，将毛泽东同志所提倡的"推陈出新、古为今用"方针落实为具体方法和途径，也将钱学森院士及中医理论工作者们所开创的中医现代系统理论，具体落实为可指导优秀传统养生文化现代化发展的方法论，这些都是将辩证唯物主义方法论运用于实践的生动写照，开创了用辩证唯物主义方法指导中医药事业发展的新局面。

三、提出"中华文明的中医钥匙论"新观点

中医不仅是珍贵的文化遗产，更是中国人民智慧的结晶，是中华民族独特的哲学思想，这是自新中国成立以来中医药思想的基本观点之一。这一观点的权威性表述最早见于 1950 年 10 月 23 日《人民日报》的社论，社论明确提道："中医具有悠久的历史和宝贵的经验。"后来，1958 年 10 月，毛泽东主席又说道："中国医药学是一个伟大的宝库，应当努力发掘，加以提高。"② 毛主席的这一论断是对中医药发展的定位，是对指导新中国中医药事业发展思想的高度凝练，迄今为止，无论是中医药界，还是社会学界、文化学界乃至政治学界，都是有高度共识的，视之为发展中医药事业的灵魂。总之，这一时期党指导中医药事业发展的态度是鲜明的，思想内涵是深刻和丰富的，或者肯定了传统中医是中华民族的智慧结晶，或者作出了传统中医是宝贵文化遗产的判断，或者认为中医要顺应时代而对

---

① 习近平：《习近平谈治国理政》(第二卷)，外文出版社 2017 年版，第 373 页。
② 中共中央文献研究室：《毛泽东年谱：1949—1976》(第 3 卷)，中央文献出版社 2013 年版，第 462 页。

世界做出新贡献。至 20 世纪 90 年代，也仍然是这样。例如，1996 年 12 月，江泽民同志在全国卫生工作会议讲话中也重申："党和政府历来既重视现代医药又重视我国传统医药。中医药是中华民族优秀传统文化的瑰宝。"[1] 进入 21 世纪，以胡锦涛同志为代表的党中央对中医药事业发展仍然高度重视，提出要大力扶持和促进中医药发展，党的十七大报告也指出，建立基本医疗卫生制度和提高全民健康水平，要坚持"中西医并重"。

　　因应中医药事业发展的世情和国情，习近平总书记审时度势，提出了新命题，即中医药学是打开中华文明宝库的钥匙。这一点，如今学者们讨论得很多，但大都在中医药文化范围内，也还未很好地揭示它的内涵和战略性意义。首先，在习近平总书记讲话的原文中，最具代表性的就是 2015 年 12 月 18 日，他在致中国中医科学院成立 60 周年贺信中所写："中医药学是中国古代科学的瑰宝，也是打开中华文明宝库的钥匙。"[2] 而对于如何增强中医药自信，如何使中医药现代化和世界化，他更是将希望寄托于广大中医药理论工作者们的身上，因此，他同时指出："希望广大中医药工作者增强民族自信，勇攀医学高峰，深入发掘中医药宝库中的精华，充分发挥中医药的独特优势，推进中医药现代化，推动中医药走向世界。"[3] 这一谆谆教诲不断激励和推动着广大中医药理论工作者前行。其次，中医药学是打开中华文明宝库的钥匙，这一重要命题既是对中医药学说的历史性肯定，也是从学科建设方面对中医药理论工作者提出新任务；既要求中医药事业管理者对自己的中医文化有自信，也号召广大中华儿女要对传统医药文化有自信。显然，有了对中医药文化的自信，有了中医药学这个既古老而又

---

①　江泽民：《在全国卫生工作会议上的讲话》，《中国中医药报》1996 年 12 月 11 日。

②　曹洪欣：《中医药是打开中华文明宝库的钥匙》，《人民日报》2015 年 3 月 25 日。

③　王国强：《以高度文化自信推动中医药振兴发展》，《人民日报》2017 年 2 月 24 日。

发展着的学说武器，人们才有可能正确认识中医药文化在中华文明中的地位和本质，即它是博大精深的科技文明，它是使中华文明伟岸身躯拥有绵延不绝生命力的奥秘所在。换句话说，中华文明有史以来就是有科学技术的，中医药就是杰出代表，这就是习近平总书记"中华文明的中医钥匙论"的真正内涵。另外，中医药学是打开中华文明宝库的钥匙，这一重要命题还具有长远的战略意义。这一点在《中国的中医药》（中华人民共和国国务院新闻办公室发布，2016 年 12 月）白皮书中可窥一斑，白皮书中说："中医药作为中华文明的杰出代表，是中国各族人民在几千年生产生活实践和与疾病作斗争中逐步形成并不断丰富发展的医学科学。"

从思想史角度看，"中华文明的中医钥匙论"命题将毛泽东同志提出的"中国医药是一个伟大的宝库"命题推向了新的境界，不但拓展和丰富了新时代中医药思想的内容，而且为伟大复兴时期中医药思想的创新、为新时代中医药文化事业的发展指明了方向。

四、推动中医走向世界，服务于世界人民健康

把中医药视为世界文化遗产，提出它应当有贡献于世界人民健康，这一思想始于新中国成立初期。典型的一个事例是在 1954 年 6 月，毛泽东主席在与当时北京医院院长周泽昭同志的谈话中说："对中医问题，不只是给几个人看好病的问题，而是文化遗产的问题。要把中医提高到对全世界有贡献的问题。"[①] 进入新时代，在中医药伟大实践中产生的习近平中医

---

① 中共中央文献研究室编：《毛泽东年谱：1949—1976》（第 2 卷），中央文献出版社 2013 年版，第 245 页。

药发展重要论述一方面继承了这一宝贵思想；另一方面契合了"一带一路"这一正在轰轰烈烈进行着的伟大国际实践，打开了中医药服务世界人民健康的新局面，赋予了新时代中医药思想崭新内容。这些可以从习近平总书记的活动和讲话中得到反映。

首先，在国际交往活动中，习近平总书记身体力行，积极促成国际组织推动中医药服务于世界人民。2017 年 1 月 18 日，在世界卫生组织举办的一个仪式上，他从人类健康命运共同体的角度致辞："中国期待世界卫生组织为推动传统医学振兴发展发挥更大作用，为促进人类健康、改善全球卫生治理作出更大贡献，实现人人享有健康的美好愿景。"① 其次，习近平总书记提出，中医药是优秀传统文化的载体，要在交流互鉴中走向世界。反映他这一论断的是一封贺信，信中写道："传统医药是优秀传统文化的重要载体，在促进文明互鉴、维护人民健康等方面发挥着重要作用。"② 这是他 2017 年 7 月在致金砖国家卫生部长会暨传统医药高级别会议贺信中所写的，这一重要论述改变了过去学术界重视文化传播主流和支流的研究视角，忽视文明交流互鉴新视角的局面。笔者认为，习总书记的这一新视角和新方法论，实际上是如何发挥中医药的独特优势和推进中医药现代化，乃至使中医药真正走向世界的关键。最后，习近平总书记充分肯定中医药对世界的历史性贡献。这一点也可以由他的一封贺信得到说明，这就是 2017 年 7 月 24 日他在致第十九届国际植物学大会贺信中写的："中国 2500 多年前编成的诗歌总集《诗经》记载了 130 多种植物，中医药学为人类健康作出

---

① 霍小光、李建敏：《开放包容促进传统医学现代医学更好融合》，2017 年 1 月 22 日，http: // health.people.com.cn/n1/2017/0122/c14739-29040510.html。

② 习近平：《中医药是维护人民健康的杰出代表》，《人民日报》(海外版) 2017 年 7 月 7 日。

了重要贡献。"① 总之，习近平总书记关于中医药要对人类和世界做出更大贡献的讲话，都围绕一个核心：推动中医走向世界，服务于世界人民健康。这一点最终成就了"构建人类健康命运共同体"的宏伟愿景，那就是 2017 年 8 月 18 日《"一带一路"卫生合作暨"健康丝绸之路"北京公报》提出的"构建人类健康命运共同体，这是我们的共同愿望"。

五、扩大了新时代中医药思想的影响力

除了对新时代中医药思想有直接创见和运用外，在治国理政活动中，习近平总书记还常使用一些中医药的概念或命题来表达他的理念。这些概念或命题在非中医药领域的应用被人们称为"习近平中医药用典"。中医药用典此前虽然有，但基本上是零星的，许多也不是自觉的，而在习近平总书记的身上，它不但是自信的、自觉的、有现实针对性的，而且表现出了一定的系统性，这在他关于"五位一体"总体布局各项建设的讲话中基本上都能看到。

首先，对于新时代中医药产业经济的整体认识和把握是理解习近平中医药用典的第一块基石。这一点不仅是习近平总书记对政治经济学有着深厚学识的反映，而且涉及广大中医药理论工作者如何认识和对待中医药思想发展的经济基础问题。在这方面，习近平总书记开出的"药方"是中医药产业经济发展要走向世界，要实施产学研一体化以推进中医药产业化和现代化的方略。最近的反映此中医药经济发展思想的事例是 2018 年 10 月

---

① 习近平：《中医药学为人类健康作出了重要贡献》，2017 年 7 月 26 日，中国中医药网（http://www.cntcm.com.cn/2017-07/26/content_32458.htm）。

22 日他在珠海横琴新区粤澳合作中医药科技产业园考察所指出的："要深入发掘中医药宝库中的精华，推进产学研一体化，推进中医药产业化、现代化，让中医药走向世界。"①从宏观角度看，这一思想不但有力推动着中医药产业经济的发展，使之成为新时代国家宏观经济建设的组成部分，而且客观上夯实了中医药思想文化发展的经济基础。

其次，习近平中医药用典的生动性、深刻性和针对性在"五位一体"总体布局各项建设里都有反映。例如，在政治建设方面，在论改革时，习近平总书记讲道："改革也要辨证施治，既要养血润燥、化瘀行血，又要固本培元、壮筋续骨，使各项改革发挥最大效能。"②这是他 2012 年 12 月 7 日至 11 日在广东考察工作时的讲话内容，这段话不但生动形象地阐述了改革的意义和方法，而且表明了新一届党中央领导集体将改革事业进行到底的决心。再如，在思想文化建设方面，如同毛泽东同志当年论及如何进行思想改造的方法一样，习近平总书记同样熟练地应用了中医文典，这反映了他细致入微的思想工作方法以及高超的语言艺术魅力。例如在一次群众路线教育实践活动工作会议上，他生动地讲道："人的思想和作风有了毛病，也必须抓紧治。如果讳疾忌医，就可能小病拖成大病，由病在表皮发展到病入膏肓，最终无药可治，正所谓'禁微则易，救末者难'。"③这是 2013 年 6 月 18 日他在党的群众路线教育实践活动工作会议上的讲话内容，用"禁微则易，救末者难"之中医用语表明了反腐败的具体思路和方法。而整个用典，通过润物细无声、春风化雨般的方式将党反腐斗争的决心和意志洒遍听众心田，即党对

---

① 张其成：《与世界共享中医药文化》，《中国中医药报》2018 年 11 月 16 日。
② 朱锐：《辩证思维让人生开阔》，《解放军报》2017 年 5 月 18 日。
③ 《习近平在党的群众路线教育实践活动工作会议上的讲话》（2013 年 6 月 18 日），2019 年 10 月 12 日，群众路线网（http://qzlx.people.com.cn/n/2013/0726/c365007-22344078.html）。

干部的一切管理活动最终都是为着践行以人民为中心的发展思想。

最后，习近平中医药用典之所以对中医药思想发展有深远影响，一个重要的原因在于它所蕴含的历史性回应和所展望的可能性未来。清末民初，中医受到外来西医的强烈冲击，当时"废止中医"呼声和活动此起彼伏，但最终中医药还是在这样的环境中挺过来了。新中国成立以后，"废止中医"余绪犹存，对此，当时国家主要领导人和中医理论工作者挺身而出，从新中国人民卫生健康的利益出发，站在中华民族优秀文化遗产和独特哲学思维的高度，以辩证唯物主义的科学武器，带领广大中医医务人员及其理论工作者，成功开辟了中医现代化和中西结合化的道路，创建了与社会主义新中国中医药事业实践相一致的中医药发展思想。如今，进入21世纪，虽然关于中医及其思想内容的论争仍然存在，但是一个不争的事实是：中医与西医一样，都是新时代人民卫生健康事业不可或缺的组成部分，而且中医药已经走出国门，广泛服务于世界人民健康。

习近平总书记继承和发扬了辩证唯物主义方法论，提出了中医药文化创造性转化与创新性发展新途径，提出了"中华文明的中医钥匙论"新观点，充分体现了习近平总书记关于中医药发展重要论述所蕴含的中医药思想。习近平总书记在国际事务活动中，以中医药服务于世界人民健康为宗旨，积极推动中医走向世界；他还在国务活动中，通过中医药知识用典的方式，扩大了中医药思想在新时代的影响力。这些观念开启了构建人类健康命运共同体的新篇章，提升了中医药思想在人类命运共同体时代的新境界。总之，无论从思想内容，还是从思想意义看，这一中医药思想都是对毛泽东同志中医药思想和中医现代系统理论的新发展。

（原载《中医药文化》2019 年第 6 期）

习近平关于非物质文化遗产重要论述及其时代价值[*]

林 青

习近平关于非物质文化遗产的重要论述，是习近平新时代中国特色社会主义思想的有机组成部分，它的产生有着深厚的理论来源和实践基础。习近平总书记高度重视非物质文化遗产，从中华民族精神追求的高度看待优秀传统文化，从国家战略资源的高度继承非物质文化遗产，从推动中华民族现代化进程的角度创新发展非物质文化遗产，使之成为实现中华民族伟大复兴的重要力量。

* 本文为福建省中国特色社会主义理论体系研究中心 2018 年度项目 "乡村振兴视域下的非物质文化遗产传承和发展研究"（项目编号：FJ2018B023）、福建省教育科学规划 "十三五" 规划 2018 年度课题 "发挥艺术类大学生特长服务'乡村振兴'战略"（项目编号：FJJKCGZ18—856）的研究成果。

一、习近平关于非物质文化遗产重要论述的理论来源与实践基础

（一）理论来源：马克思主义是习近平关于非物质文化遗产重要论述的哲学基础

习近平关于非物质文化遗产的重要论述根植于马克思主义世界观和方法论，发端于毛泽东思想，发展于邓小平理论、"三个代表"重要思想。马克思主义文化观是习近平关于非物质文化遗产重要论述的理论先导。习近平强调指出："文化是一个国家、一个民族的灵魂。文化兴国运兴，文化强民族强。"[①] 习近平科学揭示了弘扬中华传统文化与中国特色社会主义建设之间的辩证关系，既超越了在传统文化上的保守主义的文化自负，也克服了文化虚无主义的文化自虐，将中国传统文化置于应该有的历史定位上。

新时代中国文化建设面临新形势、新课题和新问题：一是以什么样的态度和立场对待文化；二是运用什么样的思路和举措发展文化；三是朝什么样的方向和目标建设文化。习近平在纪念马克思诞辰 200 周年大会上指出："马克思认为，在不同的经济和社会环境中，人们生产不同的思想和文化，思想文化建设虽然决定于经济基础，但又对经济基础发生反作用。先进的思想文化一旦被群众掌握，就会转化为强大的物质力量；反之，落后的、错误的观念如果不破除，就会成为社会发展进步的桎梏。"[②] 这段重

---

① 中共中央文献研究室：《中国共产党第十九次全国代表大会文件汇编》，人民出版社 2017 年版，第 53 页。

② 习近平：《在纪念马克思诞辰 200 周年大会上的讲话》，2018 年 5 月 4 日，中国统一战线新闻网（http://news.12371.cn/2018/05/04/ARTI1525424759799964.shtml）。

要论述充分体现了马克思主义文化观的基本思想：经济和社会对文化起决定性作用；文化对经济和社会具有反作用。当今文化的地位和作用日益凸显，表现在：一是文化越来越成为民族凝聚力和创造力的重要源泉；二是文化越来越成为经济社会发展的重要支撑。

党的十八大以来，习近平发表了大量治国理政的重要讲话。他频繁地引述我国古圣先贤的名言、警句、诗词、俗语等，表现出对传统文化的热爱。在《习近平用典》中收集了他引用过的 135 个中国典故，这也展示了中国特色社会主义根植于中华优秀传统文化的深厚土壤中。同时，非物质文化遗产工作必须以马克思主义文化遗产观为指导，遵循文化遗产传承与发展规律，对其辩证地否定、科学地扬弃，批判继承合理内核以推动中华优秀传统文化在继承中发展、在创造中创新转换，使之与新时代中国特色社会主义文化的发展融会贯通。

（二）实践基础：在河北正定、福建、浙江等地方的工作经历为习近平提供了实践根基

一个社会的文明，无论是物质文明还是精神文明，都不是凭空制造的，而是以人类历史发展过程中积累下来的文明成果为前提，与过去的文明存在某种继承性。"文明特别是思想文化是一个国家、一个民族的灵魂。无论哪一个国家、哪一个民族，如果不珍惜自己的思想文化，丢掉了思想文化这个灵魂，这个国家、这个民族是立不起来的。"① 文化遗产是老祖宗在生产、生活中创造，由历史积淀而留下来的。它分散在祖国的大江

---

① 习近平:《在纪念孔子诞辰 2565 周年国际学术研讨会暨国际儒学联合会第五届会员大会开幕会上的讲话》(2014 年 9 月 24 日)，《人民日报》2014 年 9 月 25 日。

南北，可能在人群密集的大都市，也可能是某一个人的生存技能。文化遗产并不仅仅是我们所熟知的长城、故宫、圆明园、京剧、昆曲等，还有许多文化遗产正在等待我们的认识和保护，这些文化遗产都是中华优秀传统文化。文化遗产包括有形的文化遗产和无形的非物质文化遗产。20 世纪后期以来，由于全球工业化与城市化造成的破坏和威胁，人类各民族在历史长河中所创造的丰富多样的非物质文化遗产正面临着日益严重的危机。非物质文化遗产是全人类的共同财富，关系到一个民族文化与精神的传承，较之有形遗产而言，如指间沙，稍有不慎，就会流失于指缝。因此，保护和抢救这些遗产已成为当今世界各国政府和人民必须面对的一项重大课题。

实践是思想理论产生的肥沃土壤。非遗保护理念形成不在一朝一夕，而是在长期的实践工作中形成。习近平关于非物质文化遗产的重要论述早在河北正定、福建、浙江等地工作时就不断孕育发展成熟。丰富的地方工作经历是习近平关于非物质文化遗产重要论述的实践根基。在河北正定任职期间，他向当地老百姓了解文化遗产的历史，在隆兴寺西侧看到元代书法家赵孟頫撰写的名碑《本命长生祝延碑》上沾满泥土，无人管理，当即找到有关的分管领导解决碑的保护问题。人们常说：一片福州三坊七巷，半部中国近代史。习近平在福州工作时还亲自到林觉民故居做讲解员。在福建工作期间，习近平推动文化遗产保护的一系列前瞻性思想和观点以及开创性实践，为八闽大地的文化传承和复兴注入了时代活力。2005 年 8 月 12 日，习近平在浙江日报《之江新语》专栏的《文化是灵魂》一文中这样写道："文化的力量，或者我们称之为构成综合竞争力的文化软实力，总是'润物细无声'地融入经济力量、政治力量、社会力量之中，成为经济发展的'助推器'、政治文明的'导航灯'、社会和谐的'黏合剂'。"①以古人之规矩,开自己之生面,挖掘出浙江一脉相承的文化基因,提出了文化建设的"八八战略"。这一系列的实践为后来者薪火相传,一张蓝图绘到底。党的十八大以来,习近平担负着实现民族复兴的重任,饱含着对传统文化的情感,非物质文化遗产保护工作始终为其所关注。习近平结合在地方任职时进行文化遗产保护的经验和教训,在实践基础上总结出的文化遗产保护观成为习近平新时代中国特色社会主义的重要组成部分。

二、习近平非物质文化遗产重要论述的主要内容

(一)谋篇布局:对"非遗"的保护极具超前意识

中国作为世界文明古国,在历史长河中创造并形成了多姿多彩的非物质文化遗产。它是各民族人民生产、生活实践的产物,是中华民族智慧与文明的集中体现。非遗凝结着中华传统文脉,呈现中华传统文化的有序传承,更是民族文明成果的汇聚,源自孔子、老子、庄子、荀子、墨子等诸子百家的言论;存在于《周易》及历代注疏,以及传统社会的祭祀礼仪,成为具有很高艺术价值与精神力量的文化形式。保护非物质文化遗产,就是在保护和传承中华民族的"文脉"——民族的根脉。作为世界上非物质文化遗产最丰富的国家之一,中国非常重视非物质文化遗产的保护工作。我国的非物质文化遗产保护工作已上升到维护、发展人类文明的多样性,巩固本土文化的主体性,加强文化认同,实现中华民族伟大复兴的高度上

---

① 许梦媛:《习近平的文化遗产保护观研究》,《中北大学学报(社会科学版)》2018年第6期。

来认识。

1991 年 3 月 10 日，时任福州市委书记的习近平在三坊七巷召开的市委、市政府文物工作现场办公会上，表示"评价一个制度、一种力量是进步还是反动，重要的一点是看它对待历史、文化的态度"①。习近平总书记以高度的历史自觉和文化自信，本着对国家、民族、子孙后代负责的态度，为我国非物质文化遗产保护工作指明了方向。2002 年，时任福建省省长的习近平同志为《福州古厝》一书作序时指出："保护好古建筑、保护好文物就是保存历史，保存城市的文脉，保存历史文化名城无形的优良传统。"党的十八大以来，面对城镇化加速的历史进程，习近平总书记深刻指出，只有坚持从历史走向未来，从延续民族文化血脉中开拓前进，我们才能做好今天的事业。习近平在浙江工作时，在全国率先提出进行文化大省建设。"文化是一个国家、一个民族的灵魂"的理论雏形正是在这一时期提出的。2003 年 9 月，习近平在考察杭州西湖综合保护工程时表示："我们有必要且有责任保护好、继承好和发展好西湖周围的文化遗存。"②2017 年 7 月，鼓浪屿获准列入"世界遗产名录"后不久，习近平总书记作出重要指示："申遗是为了更好地保护利用，要总结成功经验，借鉴国际理念，健全长效机制，把老祖宗留下的文化遗产精心守护好，让历史文脉更好地传承下去。"③

2017 年 9 月，金砖五国会议在厦门召开。国家主席习近平在厦门同

---

① 段金柱，郑璜：《"像爱惜自己的生命一样保护好文化遗产"——习近平在福建保护文化遗产纪事》，《福建日报》2015 年 1 月 6 日。
② 习近平：《之江新语》，浙江人民出版社 2007 年版。
③ 《鼓浪屿：申遗是为了更好的保护利用》，2017 年 8 月 21 日，搜狐新闻（https://www.sohu.com/a/166249117_428290）。

俄罗斯总统普京共同参观了闽南非物质文化遗产展。厦门漆线雕、惠安石雕等传承了数百年的闽南传统工艺大放异彩，得到了两国领导人的高度评价。粤剧被誉为"南国红豆"，是岭南传统文化的代表，2009 年被列入"人类非物质文化遗产代表作名录"。2018 年 10 月 24 日下午，习近平总书记走进粤剧艺术博物馆，同粤剧票友亲切交谈，希望他们把粤剧传承好发扬好，让更多人了解粤剧文化。无论是保护一栋楼还是一座岛，无论是建设一座城市还是引领一个国家，无论是传承一项技艺还是普及一种素养，习近平对非遗保护高瞻远瞩、谋篇布局，对历史文脉的守护初心不改，对珍贵非遗的重视一如既往。

（二）精心策划：利用"非遗"积极推动与台港澳地区的文化交流

习近平曾指出，团结统一的中华民族是海内外中华儿女共同的根，博大精深的中华文化是海内外中华儿女共同的魂，实现中华民族伟大复兴是海内外中华儿女共同的梦。[1] 如何留住"根"是其中非常重要的方面。

民俗是最具基础性、内在性的文化。任何一项民俗事项的主体虽然是广大的民众，但是政府的意识或意志将会给予民众主体以重大影响。在宁德古田县，有一座临水夫人陈靖姑的祖庙——临水宫，这座祖庙的古建筑群始建于唐代，迄今已有一千多年历史。临水夫人陈靖姑是"妇幼保护神"，在福建是与妈祖齐名的两大女神之一。当时在宁德工作的习近平赞誉陈靖姑为"福州人民的好女儿、古田人民的好媳妇"。近年来，古田县

---

[1] 参见《习近平：中华文化是海内外中华儿女共同的魂》，2014 年 6 月 6 日，新华网（http://www.xinhuanet.com//politics/201406/06/c_1111025922.htm）。

连续举办了"陈靖姑金身巡游台湾""海峡论坛·陈靖姑文化节"等活动，台湾信众也纷纷回祖庙寻根谒祖，每年有上万名台胞来此进香朝拜、学习陈靖姑信俗文化。这一民俗活动受到了两岸同胞的广泛关注和高度评价。

2001 年 10 月，时任福建省省长的习近平应澳门特别行政区长官何厚铧邀请，率福建代表团访问澳门，出席妈祖文化节开幕式，提出建议以妈祖文化为纽带，密切闽澳旅游合作，共同策划两地旅游战略、拓展欧盟市场。2009 年，妈祖信俗被联合国教科文组织列入"人类非物质文化遗产代表作名录"。

保生大帝信仰共同体涵盖了从闽南到中国台湾地区以及东南亚诸国。2008 年，青、白礁慈济宫保生大帝信仰最终以"保生大帝信俗"的名称一起被列为国家级非物质文化遗产。作为中华优秀传统文化的重要组成部分，保生大帝信仰在闽台两地拥有强大的信仰基础和相同的历史渊源，它充分印证了祖国大陆和台湾同胞同根同源的血脉情缘。通过传播保生大帝信仰来凝聚两岸同胞凝聚力，并使中华文化在台湾得以传承发展。

民间信仰类非遗项目龙母信仰经过地方政府 30 多年的打造，已经在旅游经营开发、规划设计、宣传营销和庙会经济等方面积累了成功的经验，龙母文化成为粤港澳一块重要的旅游文化品牌，龙母文化成为两广及港、澳、台同胞以至海外侨胞寻根问祖的精神纽带，具有巨大的向心力和凝聚力。2018 年，习近平总书记亲自来到广州荔湾区，关心岭南非物质文化遗产的保护、传承工作。南音、十番音乐等非物质文化遗产在与台港澳交流中起到了桥梁作用。

中共中央总书记、国家主席、中央军委主席习近平 2019 年 3 月 10 日参加第十三届全国人大二次会议福建代表团审议时，就推动两岸融合发展发表重要讲话。习近平提出，要加强两岸交流合作，加大文化交流力度，把工作做到广大台湾同胞的心里，增进台湾同胞对民族、对国家的认知和感情。"妈祖故里"福建莆田湄洲岛是两岸同胞的共同精神家园、心灵原乡。妈祖文化作为人类共同的文化遗产，各国将共同努力让妈祖文化在世界范围内得以广泛传播。

（三）从长计议：使"非遗"成为"一带一路"的前奏

"一带一路"是习近平主席于 2013 年 9 月 7 日在哈萨克斯坦纳扎尔巴耶夫大学和 10 月 3 日在印尼国会提出"丝绸之路经济带"和"21 世纪海上丝绸之路"的倡议。"一带一路"倡议成为实践人类命运共同体的价值载体，是让历史遗产资源配合当代经济发展和区域合作而进行的设计，是根据国际相关规则，结合我国独特历史文化资源而进行的创新性和尝试性实践，已经受到全世界的广泛关注。

一国之文化在国际上的竞争力是衡量一国综合国力之重要标志之一，非物质文化遗产的数量、保护程度及在世界传播的范围是衡量一国文化软实力的重要因素。在"一带一路"倡议下，如何在国外有效地传承和传播我国非遗，从而提高我国文化的国际竞争力无疑将成为新时代重要的研究课题。"线路遗产"（Heritage Route）作为联合国世界遗产事业"全球性战略"的有机部分、联合国教科文组织文化遗产分类中的一个种类，是跨区域、跨国家、多民族、多生态的历史性综合遗产，其资源可为相关的地区、民族、族群和国家所共享。中国是世界上线路遗产资源最为丰富的国家之一，然而迟至 2014 年，我国才获得线路遗产名录。"一带一路"也隐含着恢复和彰扬中华民族"汉唐自信"的意义。我国所推行的"一带一路"不仅将中国历史上的线路遗产精巧地设计成国家战略的重要"品牌"，也是我国在重要的历史转型时期所推动的特色化实践，即以我国历史遗产的名目、类型、资源、资产，所形成、积累的知识、经验和智慧与世界分享，借以达到利益共享和双赢。

"一带一路"沿线国家两千多年的文化交融产生了许多共享非遗，有的难以言清源于何地，有的起源于一地却生根于两地，有的起源于一地却植根于另一地。从双边角度而言，共享非遗的现存概况有三种形态：首先，相互交融的共享非遗难以追溯源于何地，这体现在具有共同文化形态的民间传说，例如"胞波"（意为"同胞兄弟"）的故事。其次，东南亚文化传入我国后，对中华文化的多样化发展产生了深远影响。例如，佛教音乐源于东南亚，传入我国云南后，逐步调整和适应了我国各地、各民族不同的自然生态环境，吸收与融合了各地、各民族的文化传统，逐步本土化、民族化，形成了我国南传佛教音乐的民族特色与地方特色。最后，中华文化传到丝路沿线后，对共享非遗产生了深厚影响。例如，祖籍为上海、安徽、宁波等华侨、华人引入的上海菜、徽菜、宁波菜被统称为外江菜。由于大量华侨、华人的聚居，东南亚菜系不可避免地受到中国饮食文化潜移默化的影响。共享非遗种类极为丰富，远非上述列举的种类，其他潜在的非遗仍需经过深入挖掘才会被发现。

构建人类命运共同体是对当今全球化时代现代性危机的现实考虑和实践应对，其真实把握了人类社会发展必然性的时代需要。秉承了马克思的"类哲学"思想，构建人类命运共同体的理论与实践是马克思现代性方案的当代实践，是习近平对中华文化"和合"思想和"大同"理想的切实把握，充满着马克思主义的辩证批判精神、尊重不同民族文明的价值观念。人类命运共同体理念契合马克思关于社会形态历史演变的理论，把握了当前全球化时代人类社会发展的历史方位。

"一带一路"倡议成为实践人类命运共同体的价值载体。2017 年 9

月，构建人类命运共同体被写入联合国决议；2018 年，构建人类命运共同体被写入中华人民共和国宪法。构建人类命运共同体的文化主张体现了习近平深厚的世界情怀，体现了习近平高超的理论水平，为构建大国话语、拓展中国文化版图、提高国家文化软实力开创了新途径、开启了新实践。此后，"文明交流互鉴"已经成为国际社会的共识，也使中国在建立更加公平的国际秩序上发挥着越来越重要的作用。

（四）展望未来：非遗助力实现中华民族伟大复兴

中华民族伟大复兴内在要求着中华优秀传统文化的复兴，而中华优秀传统文化的复兴必将深刻影响中国发展的高度、深度与广度。在新时代，非遗要主动作为并担负起新时代的文化使命，在传承保护、乡村振兴、文化创意等层面实现创新，取得一批开拓性的成果，不断满足人们对"美好生活的向往"，再创中华文化新辉煌。

2014 年 3 月，习近平在巴黎联合国教科文组织总部发表演讲时说道："每一种文明都延续着一个国家和民族的精神血脉，既需要薪火相传、代代守护，更需要与时俱进、勇于创新。"习近平总书记指出："优秀传统文化可以说是中华民族永远不能离别的精神家园。"2016 年 5 月，习近平总书记在黑龙江省考察调研期间，冒雨到同江市八岔赫哲族乡八岔村参观赫哲族民俗展，走进伊玛堪传习所观看并询问国家级非物质文化遗产项目赫哲族伊玛堪的教学和传习情况。随后，习近平总书记来到赫哲族村民尤桂兰[①] 老人家中看望。习近平总书记说："赫哲族虽然人口较少，但看到你

[①] 尤桂兰是赫哲族民间舞蹈"胡霞德克德依尼"天鹅舞的第一代传承人，也是赫哲族伊玛堪传习所最为年长的成员。她的赫哲族语言熟练纯正，会说胡力、唱民间小调等，曾为赫哲族伊玛堪数字化采集和民间传统文化艺术搜集提供了许多珍贵翔实的资料。

们生活欣欣向荣，后代健康成长，文化代代传承，为你们感到高兴。我心里惦记着每一个少数民族。"2019 年 7 月 15 日，在赤峰考察的习近平总书记观看了《格萨（斯）尔》说唱展示，并亲切接见了金巴扎木苏等传承人，作出了重要指示，为更好传承和发展格斯尔文化指明了方向。

习近平总书记多次强调，中华优秀传统文化是民族的"根"和"魂"，是中华民族的精神命脉，要用中华民族创造的一切精神财富来以文化人、以文育人。保护和弘扬我国的非物质文化遗产，就是延续和保护中华民族的精神血脉和文化基因，传统文化所蕴含的奋斗精神、爱国情怀、担当意识、牺牲精神、创新思想、公德意识和价值理念等，一直是中华民族奋发进取的精神动力。对一个民族来说，重视自己的民族精神并以优秀文化来培育自己的人民和青年，就是强化民族的团结、生存和发展的重要力量。非物质文化遗产作为中华民族文化记忆的一部分，在中华民族的血脉里传承数千年。非物质文化遗产是中华优秀传统文化的重要代表，对我国非物质文化遗产的保护有益于文化多样性的保护，有益于中华优秀传统文化的传承和社会的共同进步发展。保护和传承文化遗产，就是守护民族和国家过去的辉煌、今天的资源、未来的希望。

三、习近平非物质文化遗产重要论述的时代价值

（一）固本培元：筑牢文化自信的思想基础

习近平指出："历史和现实都表明，一个抛弃了或者背叛了自己历史文化的民族，不仅不可能发展起来，而且很可能上演一幕幕历史悲剧。文化自信，是更基础、更广泛、更深厚的自信，是更基本、更深沉、更持久

的力量。"① 一个丧失了精神独立性的民族，不可能强大和复兴。只有当文化内化于心、外化于行时，才有可能明确民族本位，成为其民族的灵魂。

国无魂不强，民无魂不立。以文化塑造民族之魂，关键要以民族文化为本位。文化是一个国家、一个民族共同的历史记忆和身份认同的根本依据，决定了我们是"谁"的根本性问题。不管是物质文化还是精神文化都承载着一个国家、一个民族的历史记忆和身份认同的坐标。龚自珍说："欲要亡其国，必先灭其史，欲灭其族，必先灭其文化。"习近平深谙文化发展的客观规律，反复强调："抛弃传统、丢掉根本，就等于割断了自己的精神命脉。博大精深的中华优秀传统文化是我们在世界文化激荡中站稳脚跟的根基。"② 只有通过中国的语言、服饰、建筑、习俗、神话传说、节庆等非物质文化遗产的确认，我们才能够回答"什么是中国人"，提醒着我们从何而来，为何出发的问题。我国各族人民在长期生产生活实践中创造的丰富多彩的非物质文化遗产，构成了我们自我认同和相互认同的文化标识。非物质文化遗产的教育传承是体认本民族文化主体性的有效途径，而民族文化主体性的确立是实现中华民族伟大复兴的基本前提。习近平总书记关于中华优秀传统文化的重要论述，要求中国特色社会主义道路从中华优秀传统文化中汲取力量，选择与自己民族特点相符合的发展道路，是要让更多人明白弘扬中华优秀传统文化是中国特色社会主义道路的必然选择。完全依靠自己的力量，走上民族复兴之路。从此种意义上讲，中国特色社会主义道路不仅顺应时代发展、吸收历史经验、立足当下实际，还植根于中华优秀传统文化，为我们解决问题提供思想资源、启发智慧，所以

---

① 中共中央文献研究室：《习近平关于社会主义文化建设论述摘编》，中央文献出版社 2017 年版。

② 陈来：《20 世纪思想史研究中的创造性转化》，《中国哲学史》2016 年第 4 期。

其历史必然性是毋庸置疑的。2018 年的北京大学师生座谈会以及 2016 年的第一届全国文明家庭表彰大会上，习近平就引用传统美德的名言，如"德不孤，必有邻""老吾老以及人之老，幼吾幼以及人之幼""天下之本在家""尊老爱幼，母慈子孝，耕读传家，遵纪守法"等来倡导重视家庭建设，以塑造良好家风。2015 年春节团拜会，习近平还提出要将中华民族的传统家庭美德发扬光大，希望借此来推进当代中国的和谐社会建设。

习近平对传统文化积极因素的挖掘，始终坚持了历史唯物主义的原则，以社会主义核心价值观为引领，体现了习近平对传统文化博大精深的思想体系的深刻洞察能力，并且诉诸领导人民实现中华民族伟大复兴中国梦的治国理政的伟大实践中，从而超越了海外新儒家发扬优秀中华传统文化的种种努力。晚清教育改革废除了存在一千多年的书院，传统书院具有培育人才、研究学术、繁荣文化等方面的功能，为中华民族提供精神家园做出巨大的历史贡献，却"一刀切"全部废除，令人扼腕痛惜，现代大学文化建设还是可以从传统书院得到很多有益借鉴的。

在当代中国，中华优秀传统文化的复兴不再仅仅局限于学术意义上的传承，而是将其生活化、实践化，成为党领导人民治国理政的重要思想资源以及塑造新时代中华民族精神的有机组成部分。为此，习近平提出："对中国人民和中华民族的优秀文化和光荣历史，要加大正面宣传力度，通过学校教育、理论研究、历史研究、影视作品、文学作品等多种方式，加强爱国主义、集体主义、社会主义教育，引导我国人民树立和坚持正确的历史观、民族观、国家观、文化观，增强做中国人的骨气和底气。"①

---

① 习近平：《建设社会主义文化强国　着力提高国家文化软实力》，《人民日报》2014 年 1 月 1 日。

（二）时代创新：实现中华文化的创造性转化和创新性发展

习近平认为，对待传统中华文化要坚持"两有""两相""两创"的方针，所谓"'两有'即对古代的文化要有区别地对待、有扬弃地继承；'两相'即中华优秀文化必须与当代文化相适应、与现代社会相协调；'两创'即对中华文化要实现创造性转化、创新性发展"[1]，这是我们正确对待传统文化的行动指南。

习近平关于弘扬中华优秀传统文化的"两创"新论断，思想意蕴深刻，价值意义远大。所谓"创造性转化"，就是要在实践的基础上，对那些至今仍有借鉴价值的内涵和陈旧的表现形式加以改造，赋予其新的时代内涵和现代表现形式，以激活其生命力。而"创新性发展"，就是要按照时代的新进步、新进展，对中华优秀传统文化的内涵加以补充、拓展、完善，增强其影响力和感染力。创造性转化和创新性发展两者紧密结合、前后相继、互为支撑、相辅相成、相得益彰，是不可分割的整体。

在习近平一系列非物质文化工作论述和重要指示中，非遗保护工作取得了重大成就。全社会的非遗保护意识也在逐步增强，中央和地方政府的职能人员对非遗价值的认知显著提高，落实非遗保护的责任也显著增强，社会各界人士参与文化遗产保护的工作也显著增多。

（三）价值引领：培育践行社会主义核心价值观

在当今世界格局复杂多变、各种社会思潮源源不断涌入我国并影响着国人价值观念和思考方式的大背景下，必须加强对国人尤其是青年人的价

---

[1] 陈来：《20 世纪思想史研究中的创造性转化》，《中国哲学史》2016 年第 4 期。

值观教育。面对历史虚无主义的泛起，习近平非常重视传统文化育人的作用，指出要善于以史为鉴、知古鉴今，善于总结历史经验、把握历史趋势，在深入思考中做好现实工作，更好地走向未来。由于近年来国际社会的很多热点问题都和青年有关，青年越来越成为当今世界关注的焦点。马克思主义政党自诞生以来就非常注重青年工作，始终团结和依靠广大青年，并认为社会各个领域的革命事业和共产主义社会目标的最终实现都要靠一代又一代有志青年的持续奋斗。2014 年 5 月 4 日在北京大学师生座谈会上的讲话中，习近平总书记明确提出青年要自觉践行社会主义核心价值观，并详细论证了为什么要在国际国内社会风云变幻的复杂背景下进一步深化对广大青年的社会主义核心价值观教育，以及如何深化对广大青年的社会主义核心价值观教育。

我国是历史悠久的多民族国家，在几千年的社会生活中，形成了丰富的非物质文化遗产。非物质文化遗产凝结了中华民族的勤劳智慧，记录了各民族地区人民发展奋斗的历史，是承载民族精神的重要载体，内涵极其丰富。通过非物质文化遗产教育和实践，广大青年主动参与各种社会活动，可激发广大青年的乡土情感和爱乡情操，使爱国主义抽象的概念转化为具体和可感知的知识，有助于提升青年人的政治素养和思想道德素质，有助于青年人确立正确的世界观、人生观和价值观，从而进一步培养青年人新时代的爱国主义情感。

当代人有责任把非物质文化遗产资源利用好，从中华民族世世代代形成和积累的优秀传统文化中汲取营养和智慧，延续文化基因，挖掘当代价值，推进中华优秀传统文化创造性转化和创新性发展，2004 年，我国加入《保护非物质文化遗产公约》。2011 年颁布实施的《中华人民共和国非物质文化遗产法》是我国非物质文化遗产保护的一个里程碑，是我国文化工作领域一部具历史意义的法律。《中华人民共和国非物质文化遗产法》第 34 条明确指出："学校应当按照国务院教育主管部门的规定，开展相关的非物质文化遗产教育。"《国务院办公厅关于加强我国非物质文化遗产保护工作的意见》指出："教育部门和各级各类学校要逐步将优秀的、体现民族精神与民间特色的非物质文化遗产内容编入教材，开展教学活动。"

《完善中华优秀传统文化教育指导纲要》中提出了详细的"分学段有序推进中华优秀传统文化教育"内容，强调"加强中华优秀传统文化校园教育活动"，提出："深入开展创建中华优秀传统文化艺术传承学校活动，邀请传统文化名家、非物质文化遗产传承人等进校园、进课堂。"①

教育作为一种文化传递活动，自身就是文化传统的产物，也是非物质文化遗产传承的重要方式。诚如杜威所说："一切的教育都是通过个人参与人类的社会意识进行的，在这个过程中，个人便渐渐分享人类曾经积累下来的智慧和道德的财富。他就成为一个固有文化资本的继承者。"② 非物质文化遗产内容广泛，形式多样，它对把民族文化精神的培育落实到生活世界提供了极为丰富的资源。同时，非物质文化遗产活态传承的特性也必然会将实践能力的培养作为核心内容，从而突破传统的文化教育课程僵化的知识传授模式。与生活世界的贴近激活了青年的情感世界，强调实践的特点也对创新能力的培养起到了促进作用，物质文化遗产本身作为人类杰出创造力的历史见证，也能促进青年人创造力的发展。

---

① 教育部：《完善中华优秀传统文化教育指导纲要》(教社科〔2014〕3 号)。

② ［美］约翰·杜威：《学校与社会·明日之学校》，吴志宏译，人民教育出版社 2005 年版，第 3—4 页。

四、结语

习近平总书记关于非物质文化遗产的重要论述，思想十分丰富、深邃、精辟，既闪烁着马克思主义的光辉，又体现了中华优秀传统文化的智慧，还展现了其深厚底蕴和时代价值，展示了当代中国的文化自信。在新时代，面对意识形态领域错综复杂的思潮，我们应更加注重非物质文化遗产的创造性转化、创新性发展，以科学的态度对待它，坚持全面、历史、辩证地看待中华传统文化。特别是要重点把握和理解"文化是一个国家、一个民族的灵魂""没有坚定的文化自信，就没有中华民族的伟大复兴"等重大论断。这些重要论述既是习近平新时代中国特色社会主义理论体系的重要组成部分，同时也丰富发展了马克思主义的文化观，必将在当代中国非物质文化遗产保护中发挥重要的指导作用。

（原载《南京理工大学学报（社会科学版）》2019年第6期）

下　编

保护传承敦煌文化　增强中华文化自信

樊锦诗

2019 年 8 月 19 日下午，习近平总书记到敦煌研究院视察莫高窟、察看珍藏文物和学术成果展示，了解文物保护和弘扬传承敦煌文化艺术情况，同敦煌研究院的专家、学者和文化单位代表座谈并发表重要讲话。作为一名毕生从事敦煌莫高窟保护研究的文物工作者，我亲耳聆听习近平总书记对敦煌文化保护传承工作的重要讲话，倍感振奋。习近平总书记的讲话是我们做好文物工作的重要指针，激励我们铸就中华文化新辉煌。

一、敦煌文化是各种文明长期交流融汇的结晶

习近平总书记在讲话中深刻指出：敦煌文化是各种文明长期交流融汇的结晶。我国自汉代以来两千多年的历史长河中，敦煌始终以中华传统文明为根基，不断吸纳着来自其他地域和民族的文明成果。多元一体的敦煌文化始终传承着中华传统文化的精华，同时又闪耀着古代印度文明、波斯文明、希腊文明的璀璨光芒，成为举世瞩目、特色鲜明的地域文化。

敦煌，地处河西走廊西端，西邻西域。丝绸之路开通后，自"西海"

（地中海、里海）东行经西域门户伊吾、高昌、鄯善三道，总凑敦煌。作为汉王朝的西部边陲，敦煌所具有的控扼东西交通的特殊地理位置使它成为汉王朝经略西域的桥头堡，奠定了敦煌文化的舞台。

早在公元前 2000 年前后，属于青铜时代的四坝文化火烧沟类型的先民，就已经开始了对敦煌地区的开发。公元前 121 年汉武帝开疆扩土，敦煌地区正式纳入汉王朝版图，为西域的经营拉开了序幕，进而使中西交流成为汉王朝的国家行为。公元前 111 年设敦煌郡以后，不少内地的世家大族迁入敦煌定居，这些世家大族带来的中原文化与当地少量原居民所积淀的与西域、中亚有千丝万缕关系的文化因素，共同构成坚实的汉晋敦煌文化土壤。而这种以移民为主体的居民，及在新迁地域共克时艰的开发经历，使他们较少拘泥于区域的异同，而更富于相互理解和包容，终于形成这一地区自觉的包容并蓄的文化基因。这样就使汉族与月氏、匈奴遗绪及以后与鲜卑、粟特、吐蕃、回鹘、党项、蒙古等少数民族的和平共处成为常态。

从汉代悬泉置遗址出土的西汉昭帝（前 86—前 74）以后的简牍表明，悬泉置驿站的一个重要职能是接待西域诸国来汉廷的使节，曾接待过来往于汉廷和西域之间的大月氏、康居、龟兹、罽宾、大宛、乌孙、于阗、精绝等 29 国使节。敦煌在汉明帝（57—75）时期就将"浮屠"这一具有特定文化内涵和指向的外来词语用作地名，可见敦煌作为汉王朝西陲郡治，已成了解异域文明的窗口和文化交融的首善之区。汉末三国时期来华的著名译经高僧、居士安世高、安玄、支楼迦谶、支谦、康巨、康孟详、康僧会、白延等，正是分别来自西域的安息、大月氏、康居、龟兹等国。三国两晋至十六国时期，佛教在敦煌逐渐扎根，与中国传统的儒家文化、道教文化并存并进，发展成为当地的主要宗教之一。始凿于前秦建元二年（366）的莫高窟，则是敦煌佛教文化发展的最显著标志。

中国现存四大石窟中，云冈、龙门石窟皆因北魏诸帝尤其是孝文帝所置，虽均地处京都，但因人置废，故都具有很强的时段性。麦积山石窟最得山水地利灵秀，自是禅僧遁世隐修的不二之选。而敦煌是河西诸绿洲中为戈壁环绕的最小绿洲，其经济实力与帝都及开发较早的甘肃东部相较，差距之大不可以道里计，但又是什么原因使从东而来的乐僔和法良独独垂青于此呢？

撩开乐僔于此"忽见金光，状有千佛"及法良所见"诸多神异"的神化面纱，真实的答案只能是适宜的自然和文化生态环境。可以说，正是敦煌地区这样特定的连接东西、沟通中外的文化窗口功能及 300 多年佛教文化的浸润所积淀的丰沃的佛教文化乐土，促使乐僔、法良肇始于此"架空镌岩"。尽管敦煌地区此后亦履历兵燹，最终仍然造就了 1000 余年各朝开窟不辍、历代造像迭新的特殊佛教圣地，遗存了以大量中古文书与其他各类文物所构成的优秀人类文化遗产。

伴随着 20 世纪初敦煌石窟藏经洞文献的发现、流散和传播，在中华文化的谱系中催生了举世瞩目的"敦煌学"，敦煌开始走向世界。王国维先生将殷墟甲骨文、敦煌塞上及西域的汉晋木简、敦煌石窟藏经洞的六朝及唐人写本、北京内阁大库元明以来的书籍档册称作 19 世纪末至 20 世纪初中国学术史上的四大发现，而敦煌一地所出便占其二。其中敦煌塞上木简是指斯坦因在敦煌长城遗址采集的数百枚木简。20 世纪 90 年代初，敦煌悬泉置遗址考古发掘又获汉晋木简数万枚，这些科学发掘的木简资料极大地充实了敦煌文化的内涵。

敦煌文化的内涵非常广泛，作为以地冠名的地域文化，其核心无疑应以敦煌木简和敦煌石窟群（敦煌莫高窟、西千佛洞，瓜州榆林窟、东千佛洞及肃北五个庙石窟等）的石窟考古、石窟艺术以及藏经洞文献的综合研究为标志。

敦煌佛教的发展与兴盛，历代世家大族，甚至皇室贵族是主要推动者。在莫高窟，凡是规模宏大、艺术精美的洞窟多为世家大族所建，且形成一种传统：往往一家一窟，或一族数窟，或父子相继，甚至祖创孙修的营建传统。在世家大族和皇室贵族的带动下，下级官吏和一般世庶民众也热衷于开窟造像。除莫高窟外，在敦煌西千佛洞、肃北五个庙、瓜州榆林窟等地都留下了大量僧俗各阶层民众开凿的洞窟。

揭开佛教教义的神秘帷幔，敦煌壁画丰富多彩的佛国世界正是当时现实世界的真实折射。我们在繁盛神秘的宗教文化背景下，所看到的当时人们的生产生活、民俗节庆、婚丧嫁娶、喜怒哀乐等人生百态，如农作图中的满足和亲切、嫁娶图中的喜悦和热烈等，就不再有时间的距离而可以直接对话；建筑、服饰、用具、工具等具有不同时代烙印的物质造型，如普通民居的朴实可信、帝都崇楼的天国蓝本，则似乎触手可及、可感可知，从而构成敦煌中古时期活灵活现的社会文化发展演变的图谱。敦煌壁画所包涵和直接反映的历史、民族、文化、教育、经济、建筑、科技、民俗、生产生活、医疗卫生、东西交流、汉晋传统文化与佛教文化的关系、寺院、宗教、宗教流派、参禅仪轨、石窟形制、石窟（壁画、雕塑）艺术、世族关系、供养方式等丰富内涵，就不再是抽象的概念。它们不仅是取之不尽、用之不竭的东西文明交融的文化宝藏，而且还具有古代文明的博物馆功能。

在敦煌文献中，仅藏经洞出土文献就达 5 万多件，目前可知有明确纪年者上起西晋永兴二年（305），下至北宋咸平五年（1002），加上敦煌石窟北区近年考古发掘出土的西夏文、回鹘文、藏文、蒙文（含八思巴文）、梵文（含婆罗迷文）的元代佛教典籍以及叙利亚文《圣经》摘录等文献，它的起止上下限与敦煌石窟的开凿基本同步，也历时千年。这些文献以多种文字的写本为主，还有少量印本。约占90%的佛教典藏著作不仅充分展示了敦煌地区活跃的佛教文化背景和诸家争鸣、并存的良好文化氛围，佛教文献本身还具有极为难得的拾遗补阙和校勘的历史文化价值。而道教、景教（基督教）、摩尼教典籍和古藏文、粟特文、于阗文、回鹘文、梵文佛教典籍，从一个侧面反映了多元文化交流的面貌。其他文献虽总量不大，内容却极为丰富，涉及政治、经济、军事、地理、民族、语言、文学、教育、天文、历法、算学、医学、科技、美术、音乐、舞蹈、体育等，几乎包含了中古时期社会文化的各个方面，而且文化内涵远远突破了敦煌本身的地域局限，足以代表中华文明及其与西方文明文化交流的背景，因而堪称中国中古时期的百科全书。

由于敦煌地区多个民族、多种宗教、多种文化长期并存，社会生活的各个方面都体现出鲜明的地域文化特点。如特定地理条件下发达的商业经济生活形态、复杂的城市居住布局、独特的饮食结构和形式、华美多姿的服饰装扮、具有浓郁佛教氛围的岁时节令、不弃传统且善融新俗的嫁娶丧葬等，其社会生活的丰富多彩，令人目不暇接。

当中国的丝绸、陶瓷、纸张等通过丝绸之路源源不断地传到西方时，西方人同时也带来了中国过去所没有的葡萄、苜蓿、郁金香等植物，狮、豹及西域名马等动物，还有精美工艺品，如金属工艺、琉璃和玻璃、呢绒、毛毯及各种装饰物等。许多外来的物品在敦煌壁画中留下了大量的形象资料，如初唐第209、329等窟的藻井图案中的纹样装饰。敦煌壁画受印度和西域的影响，其中的狮子和大象等形象也描绘得比较真实。

南北朝到隋唐时期，波斯的工艺品通过丝绸之路大量传入了中国，如狩猎形象是古代波斯最流行的主题，表现狩猎形象的银盘就曾在中国北方多有发现。波斯萨珊朝（3—5 世纪）正是罗马帝国强盛的时代，欧洲的罗马文化、西亚的波斯文化与中国文化在从中亚到西亚的辽阔地域相碰撞，在很多地方都留下了文明交汇的印痕。敦煌西魏第 249 窟窟顶壁画中就有波斯风格的狩猎图。隋到初唐时期敦煌彩塑与壁画菩萨的服饰中，出现了大量的波斯纹饰，如联珠对鸟纹、联珠对兽纹、菱格狮凤纹等。

玻璃、琉璃最初传入中国时，只有帝王和一些贵族能够拥有。在隋唐敦煌壁画中，如初唐第 401 窟的菩萨手持玻璃碗，碗边还镶嵌着宝珠，盛唐第 199 窟的菩萨也手捧一玻璃杯，杯中插花。类似的玻璃器皿在不少洞窟壁画中均有出现，反映了当时玻璃器皿的流行。香炉作为礼佛的供器，往往借鉴外国样式而制作。

敦煌作为海上丝绸之路开通前国际交往的通都要邑，多元文明的荟萃交融在敦煌石窟和敦煌文献中均得到充分体现。在中国古代传统文化传承发展的主脉中，同时蕴涵着古代印度文明、希腊文明、波斯文明和中亚地区诸多民族的文化元素。因此，博大精深的敦煌文化是各种文明长期交流融汇的结晶。

二、敦煌文化展现了中华民族的文化精神、文化胸怀和文化自信

习近平总书记在敦煌研究院的讲话中深刻指出，研究和弘扬敦煌文化，既要深入挖掘敦煌文化和历史遗存背后蕴含的哲学思想、人文精神、价值理念、道德规范等，推动中华优秀传统文化创造性转化、创新性发展，更要揭示蕴含其中的中华民族的文化精神、文化胸怀和文化自信。

　　大量的各类历史文物遗存启示我们去认识敦煌文化内涵的博大精深。在相当长的历史时期内，佛教在古代敦煌宗教文化中始终占据着主要地位。佛教文化的昌盛，不仅体现在中国大乘佛教的各个主要思想宗派的相互促进和发展，传译、抄写佛经以及开窟造像、举行法会等正统的宗教活动的频繁和规模上，也体现在敦煌古代人民的日常生活、岁时节庆和娱乐活动中所反映的几乎无时、无处不在的佛教文化印迹中。同时，道教作为土生土长的中国宗教，也以它所特有的根深蒂固的多神崇拜的思想方法存在于古代敦煌。另外，其他外来宗教如祆教、摩尼教、景教和伊斯兰教等，也在特定的民族文化圈内畅行其道。敦煌文化这一现象的价值在于不同文化价值体系的和睦相处。

　　敦煌文献中还有大量非汉语文献，许多是已经消失的"死语言"，如回鹘文、于阗文和粟特文等。这些文献对于相关民族历史文化研究的价值和意义自不待言，其与汉文文献以及多种宗教的共处、交流本身，展示了敦煌文化的自信、自由、开放和包容并蓄。在这样的文化基础上，文化昌盛和博大精深是文化发展的必然结果。这种文化昌盛的因果逻辑，对于我们今天的文化建设和价值取向应该具有很强的启示意义。

　　作为丝绸之路上的贸易和商业都市，敦煌的商业文化很兴盛。敦煌文献中有不少反映商业活动和纠纷的文书，如《塑匠都料赵僧子典儿契》是一份私人间订立的契约文书，内容为塑匠赵僧子因缺少劳作工具，将自己儿子典给亲家。这些文书其实也反映了敦煌商业文化的一个重要特征——契约精神。

　　古代敦煌文化表明文化与教育始终紧密结合在一起，充分发扬以文化人的职能。文化学术方面的建树主要体现在对传统儒家经典的研究、阐释和史书研习、地志、地理典籍的撰修等方面。自敦煌开郡伊始，就设立了学校教书育人，使敦煌文人代出、雅士不绝，在这种文化教育氛围中的敦煌文学与艺术也别具风采。敦煌文学作品可分为两类，一类是传世文人诗文的抄本，属传统的文人士大夫的正统文学作品；一类是以讲经文、变文、词文、话本、缘起故事、俗赋、曲子词、白话诗等为代表的俗文学作品。特定意义上的"敦煌文学"显然是指敦煌特有的俗文学，它鲜活、明快，具有浓郁的宗教、生活气息。鸿篇巨制《维摩诘经讲经文》已经孕育了后来章回体白话小说的雏形。藏经洞所出敦煌讲唱文学作品近 200 个写卷，包括近 80 篇作品。敦煌文学作品真实呈现了多姿多彩的唐五代民间文学面貌及发展演化脉络，其体制形式和语言风格对宋元话本、元杂剧、明清章回体小说等都产生了巨大的影响，极大地丰富了我们对中国文学史的认识。

敦煌的文学艺术体现着兼收并蓄、自信创新的恢宏气度。敦煌壁画题材极为丰富，壁画绘制积极汲取相应时代最先进的绘画技法和理念，于线条和色彩的腾转挪移中紧扣时代脉搏，深涵经义意蕴，致使画作美不胜收，主要有佛像画、佛经故事画（包括本生故事、佛传故事、因缘故事）、中国传统神话画、佛教史迹故事画、经变画、供养人画像、装饰图案画等。在两晋南北朝至隋唐时代中原画家作品大多失传的今天，敦煌壁画就成为我们认识中古时代中国绘画史的重要依据。在南北朝时期，传自西域的画法逐渐被中国的画家吸收，画史记载北齐画家曹仲达画人物衣纹稠叠如出水之状，被称为"曹衣出水"；南朝张僧繇曾采用"凹凸法"在南京一乘寺绘制壁画。曹、张的画法正是传自印度和西域的画法，在敦煌早期的壁画中十分流行，如北凉第 275 窟、北魏第 254 窟等壁画中，描绘人物通常沿人体轮廓线用重色晕染，中央部位则较淡，体现出立体感。这一技法与印度阿旃陀石窟第 2 窟、第 17 窟等窟中的壁画人物完全一致，说明是来自印度的画法。在新疆的克孜尔石窟也采用了同样的技法，也称"西域式晕染法"。

盛唐时代，被称为画圣的吴道子把中国人物画艺术推向了高峰。吴道子的大量绘画作品绘于长安和洛阳的寺院，随着这些寺院的湮灭，壁画也就不存在了。敦煌第 103 窟东壁维摩诘经变中，以劲健的线描，略施淡彩，勾勒出一个气宇轩昂、雄辩滔滔的维摩诘形象；第 158 窟南、北壁表现涅槃经变中的弟子及各国王子，人物神态生动，线描流畅而遒劲，色彩相对简淡，正是吴道子一派的人物画风格。唐代第 39 窟、172 窟、321 窟、320 窟等众多洞窟中的壁画飞天形象，表现飞天轻盈的体态、流畅而飘举的衣饰飘带，也体现着"吴带当风"的气韵。从南北朝到宋元时期，敦煌绘画虽然也具有本土的特点，但从艺术发展的大趋势来看，其始终受到中原地区绘画发展的强烈影响，中原出现的新画风总会迅速传到敦煌。因此，敦煌艺术的发展从某种意义上看，就是中国美术史的一个缩影。

敦煌石窟几乎每窟皆有乐舞形象，窟壁尽是曼妙舞姿。难得的图像与相关敦煌文献互为印证，为了解中国古代音乐舞蹈的发展提供了生动翔实的资料。其所表现的音乐内容展示了一个从早期对印度、西域风格的模仿，到隋唐以后中国民族音乐逐步形成的历史过程。舞蹈也经历了类似的过程，早期舞蹈表现出较多印度、西域及北方游牧民族风格，隋唐在融合的基础上不断丰富题材、类型，形成气势恢宏的民族化新风尚，迎来了大唐盛世舞蹈艺术的黄金时代。其中展现的中华民族的文化精神、文化胸怀和文化自信，为我们铸就中华文化新辉煌提供了丰富的精神支撑。

三、铸牢中华民族共同体意识

习近平总书记在敦煌研究院的讲话中强调，要加强对少数民族历史文化的研究，铸牢中华民族共同体意识。

自汉以来，地处丝绸之路交通要道的敦煌就是多民族杂居的地方，中古时期的敦煌及周边地区长期存在着吐蕃、回鹘、党项等少数民族政权，这些民族在一定程度上又影响着敦煌的居民，形成了汉民族与周边各民族和谐相处、文化交融的状况。因此，敦煌文化具有多民族文化并存的显著特点。

敦煌壁画不仅展示了中古时期汉民族服装演变的历史，而且保存了古代西北多个民族的珍贵服饰资料，可称为中国服饰文化的宝库。除了北朝时期的鲜卑族外，中唐时期出现了吐蕃人物形象，如第 159 窟的吐蕃赞普头戴朝霞冠（指红毡高帽），辫发束髻于耳侧，颈饰瑟瑟珠，身披大翻领的左衽长袖缺袴衫，腰束革带，长靿乌靴。北宋末期，回鹘势力在敦煌一带强大起来，壁画中出现了不少回鹘人供养像，如第 409 窟有回鹘王及王妃形象，回鹘王戴桃形高冠，身着团龙纹的圆领窄袖袍，腰系蹀躞带。回鹘王妃则头戴桃形凤冠，耳坠大耳环，身着大交领的窄袖长袍，这是典型的回鹘服装。

11 世纪西夏统治敦煌以后，壁画中也留下了西夏党项族的服饰。如榆林窟第 29 窟西夏武官供养像，人物头戴云缕冠，身着圆领窄袖袍，腰间有护髀，束长带，足蹬乌皮靴。女供养人像，人物头戴高髻小团冠，身穿交领窄袖衫、百褶裙，足蹬弓履。小孩形象是头顶髡发，也与文献记载相符。西夏服装可说是汉、夏混合装。元代壁画中有蒙古族人物的形象，如榆林窟第 6 窟明窗壁画中有 4 幅夫妇二人供养像，男子头戴宝顶莲花冠，垂辫髻，着质孙（蒙古族的袍式一色服），足蹬六合长勒靴。女子头戴顾姑冠，身穿交领窄袖长袍。

"异族婚姻"也是敦煌地区婚姻关系的一大特色。不同民族的人们在长期相处、共同生活的过程中，不断加强交流和相互了解，以至于打破了民族和国家的界限，相互通婚。敦煌文书《杂抄》中有"慈到郡，处平割中，无有阿党。胡女嫁汉，汉女嫁胡，两家为亲，更不相夺"的记载，说的是早在三国时仓慈任敦煌太守时就有胡汉通婚的情况。唐宋时期敦煌石窟壁画绘有胡汉通婚的图像，如榆林窟第 38 窟西壁的婚礼图，分别着回鹘装和汉装的男女来宾围桌而坐，围幔内新人正在行礼，新郎头戴幞头，着汉式袍服，正在弯腰行礼，旁边站立着头戴桃形冠，颈饰瑟瑟珠的回鹘新娘，画面生动地反映了汉族与回鹘族之间通婚的情况。

近年来，随着藏经洞所出非汉语文献的破译与解读，少数民族文学也引起了广泛的关注，如吐蕃文、回鹘文的文学作品。吐蕃文文学作品最引人注目的是印度著名长篇史诗《罗摩衍那》的译本，此类写卷有 6 件，可能为吐蕃时期传入。将敦煌出土的吐蕃文本与梵文精校本《罗摩衍那》比对，发现无论内容还是篇幅，精校本的梵文本恐怕都迟于吐蕃文本，从而揭示出敦煌吐蕃文本的重要价值。古代藏族人还翻译了不少古代汉语文学、史学名著，如《尚书》《春秋后语》《孔子项橐相问书》等，上述吐蕃文写卷在敦煌藏经洞中也都有发现。

回鹘文作品如讲唱文学《善恶两王子的故事》，这个故事汉文本采用的是对话形式，回鹘文本被改为陈述式。此外，还有回鹘语韵文体的《观音经相应譬喻谭》。在一个回鹘文佛教诗集残卷中，我们还可看到必兰纳识里根据汉文佛典而创作的回鹘文诗歌《普贤行愿赞》。

敦煌文献中保存了古藏文的《火灸疗法》《杂疗方》等，代表了藏医学的成就。《医理精华》本是印度很有影响的古典医学的代表著作，藏经洞保存了译自梵文的于阗文版的《医理精华》。汉、藏、印等不同文化系统、不同语言文字医学文献的共处，展示了不同医学文化在敦煌地区的交流和相互借鉴。

今天的敦煌文化研究要在以往历史学、考古学研究的基础上加强对丝绸之路历史文化的研究，尤其是加强中国西部少数民族文化研究，中亚、西亚以及南亚印度文化与中国古代文化交流的历史研究。古代于阗文、吐火罗文、粟特文、回鹘文、梵文、西夏文等民族文字研究被称为"冷门"和"绝学"，但这些"冷门"和"绝学"往往可以为我们认识古代历史打开新的窗口，成为中国古代历史、中西文化交流史研究的突破口，为铸牢中华民族共同体意识提供历史的借鉴。

四、保护传承文化遗产 彰显中国特色社会主义文化自信

习近平总书记在敦煌研究院的讲话中，对敦煌文化保护研究工作表示肯定，要求我们加强对国粹传承和非物质文化遗产保护的支持和扶持。特别强调，把莫高窟保护好，把敦煌文化传承好，是中华民族为世界文明进步应负的责任。要求我们努力把研究院建设成为世界文化遗产保护的典范和敦煌学研究的高地。

回望敦煌研究院数十载风雨历程，一代又一代莫高窟的坚守者正是在党和国家文物工作方针政策的指引下，以保护传承中华优秀传统文化的高度自觉，以"坚守大漠、甘于奉献、勇于担当、开拓进取"的莫高

精神，彰显了中国特色社会主义文化自信，使千年古老遗产重新焕发熠熠光彩。

16世纪中叶，随着陆上丝绸之路的衰落，嘉峪关封关，莫高窟长期无人管理，任人破坏偷盗，神圣的佛教艺术殿堂几成废墟。敦煌藏经洞文物的浩劫被中国学者称为"我国学术一大伤心事"。为了改变"敦煌在中国，敦煌学在国外"的局面，几代中国学者顽强奋斗，为中华民族学术自信做出了巨大的努力，成为中国学术自信的一个典范。

1944年国立敦煌艺术研究所成立，以常书鸿为代表的一批志士仁人、青年学子身赴大漠戈壁，艰苦奋斗，初创基业。新中国成立后，更名为敦煌文物研究所，莫高窟得到党和国家的高度重视，开展了抢救性保护。20世纪80年代，敦煌文物研究所扩建为敦煌研究院，扩大编制、增加部门、汇聚人才，莫高窟事业迈入了国际合作、科学保护、弘扬传播的崭新阶段，迎来了生机勃勃的春天。

2003年，我们建议的《甘肃敦煌莫高窟保护条例》专项法规，经甘肃省人大常委会制定颁布实施。《条例》颁布后，我们进一步制定了莫高窟保护、旅游开放洞窟标准和游客预约管理等规章制度。在文化遗产保护范围内，无论是旅游基础设施还是办公设施，严禁破坏莫高窟的本体和环境风貌、严禁建设违规商业设施。《条例》为莫高窟的保护、利用与管理提供了强有力的法律支撑和保障。

莫高窟的保护是一项艰巨而复杂的系统工程，敦煌研究院与国内外科研机构合作制定了《敦煌莫高窟保护总体规划（2006—2025）》。《规划》在对莫高窟文物本体及其环境的保护、保存、利用、管理和研究分别作出系统科学评估的基础上，制定出总体规划的目标、原则和实施细则，为保护、利用和管理莫高窟提供了专业性、权威性、指导性的依据，至今已有效实施了 10 多年。

敦煌研究院遵照《保护世界文化和自然遗产公约》及其《操作指南》确定的真实、完整、可延续地保护世界文化遗产的最高理念，不仅保护莫高窟本体各个时代的所有洞窟、壁画和彩塑，而且还保护历史留存的所有人文和自然环境，因为历史的人文和自然环境是文化遗产不可或缺的组成部分。我们不仅着眼于当代的保护，而且努力做到完完整整、原汁原味地将莫高窟的全部价值和历史信息传给子孙后代。

敦煌研究院多年来始终遵循"不改变原状"的文物保护要义，采取多种技术保护措施，实施莫高窟崖体和洞窟加固，抢救了许多洞窟精美的壁画和彩塑；针对莫高窟壁画和彩塑逐渐退化的问题，采用数字化技术，逐步实施莫高窟全部文物的数字化储存；为提高莫高窟保护的主动性和预见性，以风险管理理论为指导，进一步开启了预防性保护，建立了莫高窟安全技术防范系统等，防患于未然。这些措施都体现了对文物本体及其环境"不改变原状"的保护精髓，真正让莫高窟得到真实、完整的有效保护，让莫高窟"延年益寿"。

敦煌研究院在保护好文物的前提下，科学合理地为旅游开放创造条件。为充分发挥莫高窟的教育弘扬传承功能，精心挑选了不同时代、不同窟型的典型彩塑和壁画等代表性敦煌艺术向游客开放，使游客在短时间的观赏中能看到洞窟的精华。为使游客能深度观赏，还在莫高窟建设了博物馆和藏经洞陈列馆，进一步解读莫高窟的文化价值。敦煌研究院还通过"数字敦煌"使莫高窟文化艺术走出洞窟、走出敦煌、走出甘肃、走出国门，多次在国内外举办敦煌艺术展览、敦煌壁画艺术精品高校公益巡展，走近大众。通过数字网站中英文版的上线，全球可以在线共享"数字敦煌资源库"30 个洞窟高清数字图像和虚拟漫游节目，运用新媒体平台讲好

"敦煌故事"，让辉煌灿烂的中华优秀传统文化的世界影响力越来越大，积极推动敦煌文化研究服务共建"一带一路"。

莫高窟自 1979 年正式开放以来，敦煌研究院始终坚持负责任旅游的原则，将保护贯穿于旅游开放的全过程。随着莫高窟的游客数量迅猛攀升，为了妥善解决文物保护和旅游开放之间的矛盾，我们建成了"莫高窟数字展示中心"，利用数字敦煌档案资源，将洞窟壁画、彩塑制作成数字电影，让游客先观看 4K 超高清宽银幕电影《千年莫高》和 8K 超高清球幕电影《梦幻佛宫》，在对敦煌艺术有了初步体验后，再到莫高窟实体适度观赏洞窟，做到石窟文物保护和旅游开放双赢。

敦煌研究院与国内外的高等院校、科研院所持续多年开展合作，共同对莫高窟的保护、传承和管理进行了探索研究，吸收了国内外的先进保护理念和成功管理经验，学习了先进的保护方法和工艺，使古代壁画保护在国内居于领先地位，并逐渐与国际接轨。敦煌研究院还采用多种办法，培养不同层次人才，充分借助国内外合作的有利条件，选送中青年专业人员到国内外高等院校、科研院所进修学习。现已建成一支多学科的专业人才队伍，为莫高窟的保护传承事业提供了坚实的人才支撑。

敦煌研究院对莫高窟的有效保护、合理利用和严格管理，获得了国内外的广泛认同和赞许。2010 年在巴西召开的世界遗产委员会第 34 届会议，将敦煌莫高窟的保护管理、旅游开放经验作为典型案例向各国世界遗产地传播，供大家分享。会议形成的大会文件附件文本指出："莫高窟以非凡的远见，展示了有效的遗产地旅游管理方法，以保护遗产地的价值，树立了一个极具意义的典范形象。"

（原载《求是》2020 年第 4 期）

文化遗产利用刍议

孙　华

文化遗产利用是当今文化遗产保护界的一个热门话题。习近平总书记早在五年前就指出："要系统梳理传统文化资源，让收藏在禁宫里的文物、陈列在广阔大地上的遗产、书写在古籍里的文字都活起来。"[①] 从此，让传统文化资源、让文化遗产或文物"活"起来，就成为文化遗产保护行业和学界共同关注的话题。在国家机构改革的背景下，各级政府的文化遗产保护管理与旅游管理的行政机构已经合而为一，做好"文旅融合"成为文化遗产工作的重要内容。如何全面和深入地理解让文化遗产"活"起来的精神实质，并在使文物"活"起来的过程中不至于忽视保护这个前提条件？如何在"文旅融合"过程中做好包括旅游在内的文化遗产利用，不因过分重视旅游而导致文化遗产保护和传承的边缘化？这些都涉及如何合理地利用文化遗产的问题。笔者试从文化遗产利用的类型探讨入手，重点对展示利用和旅游利用谈点自己的看法。

---

① 《习近平谈世界遗产》,《人民日报》(海外版) 2019 年 6 月 6 日。

一、文化遗产的利用类型

文化遗产是前人遗留给我们的宝贵财富，对于这笔财富，不同的个人和群体都有不同的看法；如何使用这笔财富，人们也会有不同的利用方式。利用建筑类文化遗产，改变其原有的功能，作为其他用途的室外和室内空间，就是一种最简单和最直接的利用。民国以后，大量的寺观祠庙被改造为学校等公共事业场所，当代许多废弃的工厂厂房被改造为第三产业或文化产业的空间，都是很典型的例子。当然，这种简单的利用方式所面对的"文化遗产"，有的能否被定义为"遗产"（如有的工厂停业的年代并不足以保证完成了代际传承，有的近现代建筑的代表性还相对缺乏等）还存在疑问；有的虽然肯定属于文化遗产或文物的范畴，但那些对于遗产的利用方式，只是利用了遗产的次要价值而舍弃了其主要价值（如有的工业遗产，原本是一个集生产设备、工艺流程、原料和产品出入堆放场所、保护这些设备和产品的厂房系统，当该工厂废弃后，拆除厂房内的生产设备或只留下具有当代艺术元素的个别设备，利用厂房作为其他产业和艺术场所），这种利用方式实际上已经偏离了文化遗产保护的方向，严格地说只是一种旧房利用而非遗产的保护利用。

不可否认，文化遗产所在的土地、场所、建筑以及传统技艺的创造物，都有实际的使用功能，具有当下的功能价值。在能够更好地保护遗产并确保文物安全的前提下，利用某些文化遗产的原有功能或改变某些文化遗产的使用功能，都属于文物合理利用的范畴。

我国历史城镇和传统村落这类可以归入"文化景观"类型的文化遗

产①，本来就具有"活态"的特征，"保护文化景观的目的，并不是要保持其现有的状态，而更多的是要以一种负责任的、可持续的方式来识别、了解和管理这些文化景观的动态演变过程"②。属于文化景观的历史城镇和传统村落，人们一直在里面生产和生活，现在保持着传统的活力，只要维持这种活力及其延续性，这类城镇和村落自然就是"活"的遗产。如果有意将世居民众从历史城镇和传统村落中迁出，强行中断这类遗产的延续性，本来"活态"的遗产才会蜕变为"死去"的遗产。即便在已经无人生息的历史城镇和传统村落中引入新的居民和产业，原先既有的传统已经中断，遗产的功能也已发生了转移和转变。这类文化景观类型的遗产，合理地利用就是保持其既有的功能并延续其历史的传统。

我国明清皇帝的宫殿本来是皇帝处理朝政和日常生活的场所，清王朝覆灭后成为博物馆，展示明清皇家宫廷建筑、室内陈设与收藏。如同欧洲许多古代国王、领主们的城堡和宫殿一样，这些封建国家转变为现代国家后，国王和领主不再是宫殿城堡的主人，这些文物建筑也都转变为公立的博物馆或其他公共设施。这些都是建筑遗产（包括其内的陈设等）的合理

---

① 在有关世界遗产类型的国际文件中，"文化景观"是不可移动物质文化遗产的重要类型，其定义是"文化景观属于文化财产，代表着'自然与人联合的工程'，它们反映了因物质条件的限制和 / 或自然环境带来的机遇。在一系列社会、经济和文化因素的内外作用下，人类社会和定居地的历史沿革"（联合国教科文组织世界遗产中心、国际古迹遗址理事会、国际文物保护与修复研究中心、中国国家文物局主编：《国际文化遗产保护文件选编》，文物出版社 2007 年版，第 273 页）。这个定义由于将文化景观与整个文化遗产的关系说明放在了概念定性的位置，造成一些误解。包括一些世界遗产的专家都认为，文化景观是兼具文化遗产与自然遗产的复合遗产。此外，世界遗产在文化景观类型之外，还另设有历史城市与街区的类型，却没有另设与历史城市和文化景观具有相同性质（有人生息、"活态"等）的"传统村落"，这都是不恰当的。

② 联合国教科文组织：《会安草案——亚洲最佳保护范例（2005）》，载联合国教科文组织世界遗产中心、国际古迹遗址理事会、国际文物保护与修复研究中心、中国国家文物局主编《国际文化遗产保护文件选编》，文物出版社 2007 年版，第 354—355 页。

利用。我国是多宗教信仰国家，历史上兴建过大量的佛教寺庙、道教宫观和杂祀祠庙。当社会发展进入近现代后，随着社会的进步和科学的普及，历代积累的大量宗教建筑已经远超人们实际的精神生活需要，一些被列入文物保护对象的宗教建筑也被改作博物馆之类的展示场所，如北京的大钟寺被改作大钟寺古钟博物馆，五塔寺被改作北京石刻艺术博物馆等；一些未被列入文物保护对象的宗教建筑被改作学校、机关、医院、仓库、工厂等，如北京历代帝王庙曾经一度作为中学校舍，四川阆中市的观音寺现在还是保宁醋厂的办公场所。我们知道，建筑的三大基本要素首先就是功能，古代宗教建筑最初营建的目的主要是遮护里面供奉的神像，神像是核心而建筑是外壳。当神像在历次"破坏迷信"的行动中被移除或拆毁，建筑因为还有遮护等功能才被保留作为它用时，这些宗教建筑的原有功能被削弱和改变。在保护好这些宗教建筑遗产的前提下，为已经失去了宗教功能的古代宗教建筑赋予新的用途，是建筑类遗产及其附属文物重新利用和转化利用的重要内容。

我国的遗址类遗产大多属于以土木建筑为主体的遗址，古代的聚落、城市或专门场所的遗址往往仅存地表以下部分，地表以上就是现代乡村的农业用地。[1] 这些遗址上的农地及宅基地名义上属于农村村集体所有，实际上已经基本固化为村民所有，村民中的相当一部分还要依靠这些土地作为主要生产和生活资源，自然不能都作为遗址公园来建设，不能都用于展示利用和旅游利用。采取国家征购的办法，将重要遗址的全部或部分土地

---

① 遗址按照区位和土地利用方式，可以划分为城镇类型、乡村类型和草原荒漠诸类型，除了草原荒漠类型外，往往都与土地有密切的联系。由于古代人们居住的地方往往也是现代人们居住的场所，故遗址地表的土地以农地最为常见。参见孙华《我国大型遗址保护问题的思考》，《中国文化遗产》2016 年第 6 期。

流转为文物保护用地，变集体所有和个人使用的遗址土地为全民公有，然后遗产管理部门可以在公有化的土地上经营大农业，这就可以从法规和制度上保证遗产管理者可以按照保护规划的规定（如产业门类的筛选、作物种类的选择、耕种深度的控制等），来保护和管理这些遗址。在遗址上经营受到保护规划管控的大农业也应该属于遗产的合理利用。

总之，即便是依托文化遗产具体使用功能的利用，也多种多样。只要有以保护为主的思想做指导，只要是不影响遗产的真实性、完整性和延续性，合理利用原本可以更好地维持和保全文化遗产的价值。

在目前的文化遗产乃至自然遗产的利用中，最为常见的一种利用方式，就是通过宣传策划、环境包装吸引人们了解并前往实地参观游览某处文化遗产和自然遗产，从而通过遗产地的门票销售和其他相关收入获得经济回报。旅游利用的方式的确是遗产利用的重要方面，但也受到许多条件的限制，不是所有文化遗产和自然遗产都适合开展旅游。笔者曾经考察过传统村落这种类型的遗产，了解到具有旅游区位条件、资源条件和关联条件者不过百分之几，绝大多数传统村落都不具备开展旅游和发展旅游产业的条件。我们知道，在国内外的自然遗产中，作为国家公园之类向公众开放的只是其中一部分。[①] 同样，在文化遗产中，有些位置偏僻的遗址，以及有些地面无遗迹可看且周边无关联性景观的古代遗址，并不适宜建设供人们参观、休憩和旅游的遗址公园；位于草原荒漠地区的古代城址，其建筑遗迹暴露地表，遗迹状况和环境生态都比较脆弱，也不适合对公众开放发展旅游。即使将文化遗产向公众开放开展旅游，目的也不应该是利用前人遗留的东西以赚取当下一点蝇头小利。人类保护文化遗产，就如同保护

---

① 有的国家公园的"保护部分"以及一些自然遗产保护区是以保护为主，不对公众开放。

我们的森林和野生动物一样，不是为了获得直接的经济利益，而是为了获得精神情感上的满足——历史上前人曾经见过和经历过的事物，我们也能够看到和欣赏，希望我们的子孙后代也有机会观看，从而获得满足感和愉悦感，增加我们的想象力和创造力。如果我们任由这种曾经存世的事物消亡，就会因减少选择性而变得孤陋寡闻。① 人类保护自己先人创造和遗留的文化遗产，原本不是为了用这些文化资源获得当下的物质利益，而是从这些文化遗产中获得对过去历史的思考，对当下精神的满足和对未来世界的憧憬。② 正如习近平总书记 2014 年 3 月在法国巴黎联合国教科文组织总部的演讲指出的那样，让文化遗产"活"起来，是为了"让中华文明同世界各国人民创造的丰富多彩的文明一道，为人类提供正确的精神指引和强大的精神动力"③。

既然遗产保护最主要是为满足人们精神情感的需求，那么，文化遗产的利用就主要涉及三大领域。首先是文化遗产的展示利用，根据遗产的不同类型和保存特点，通过不同的展示方式，将其呈现给观众，从而使观众从中受到教益和启发，获得赏心悦目的感受。其次是文化遗产的旅游利用，因为文化遗产与自然遗产一样，是一种宝贵的资源，具有稀缺价值、典范价值和情感价值，人们不顾路途遥远都想到遗产所在地欣赏这些遗

---

① 该表述参见《生物多样性公约》(联合国环境规划署，1992 年) 和《保护和促进文化表现形式多样性公约》(联合国教科文组织，2005 年)。

② 复旦大学杜晓帆指出："过去的遗存之被视为文化遗产，就客观上来讲，就是它和原生社会文化环境产生了分离，进而来到了当下的语境，成为了一项有待保护和继承的文化资源。""如果我们再往前追溯到西方的文艺复兴时期也会发现，人们在对古希腊罗马文化遗产的追寻过程中，本质上体现的是一种人文关怀，满足了人们重新认识自我的精神需求。从一开始，过去的遗存作为文化遗产进入到人们的视野当中时，首先满足的是人类的精神需求。"参见杜晓帆《文化遗产首先应满足精神需求》，《人民日报》2018 年 6 月 13 日。

③ 《习近平谈世界遗产》，《人民日报》(海外版) 2019 年 6 月 6 日。

产。利用文化遗产发展旅游产业，使游客在旅游中获得身心的愉悦和情感的释放，也使遗产地的社会经济获得发展，当然也是文化遗产利用的重要方面。最后是文化遗产的创意利用，这是当今强调文化创意产业的主要内容。因为文化是复杂的整体，具有表层、中层和深层三个层面，对于深层的社会机制和中层的行为动机，在本文化中的人们感同身受，容易熟视无睹，而非本文化的人难以领略，也不容易获得创造的灵感。真正能够或容易为人们所感知并激起创造欲望的主要是文化的表层，也就是使文化具有特征的物质制品、艺术风格和表现形式①，这正是文化遗产的内容，文化遗产才是文化创意的主要源泉。

当然，文化遗产的利用更主要的方面并不是遗产物化的具体产业价值，而是遗产所蕴含的抽象精神价值。保护文化遗产主要是为了满足人们怀旧和好奇的精神需求，作为全人类共同的经历了代际传承的财富，就不能只为了满足遗产所在地的少数个人和小群体的经济利益，而剥夺（或有条件才能满足）普罗大众游览、观看、鉴赏和体验这些文化遗产的权利。我国是以社会主义公有制为主体的社会主义国家，我们所有的文化遗产和自然遗产都附着于国有的或集体所有的土地上（即便是位于集体所有土地上的遗产，为了满足国家和全民的需求，也可以进行权益的变更），属于全民共有财产的文化遗产。因此，在文化遗产的利用上自然首先要考虑全民的利益，而不能首先考虑遗产所在地个人或小群体的利益。

---

① 参见章建刚《〈文化多样性保护国际公约〉可能保护什么？》，2014 年 8 月 3 日，百度文库（https://wenku.baidu.com/view/2930c870915f804d2a16c14e.html）。

二、文化遗产的展示利用

一方面，人们保护文化遗产主要不是为了满足物质生活的需要，而是为了满足精神情感的需求。要满足人们的这种需求，文化遗产的所有者和管理者就需要将遗产展示出来，让公众能够观览到这些遗产，与这些遗产发生主客体的联系，才能通过遗产所蕴含和展现的各种信息源[①]，认识遗产的历史、艺术、科学和其他相关价值，从而受到教育和启示，产生怀旧情感和心灵共鸣。另一方面，文化遗产保护需要大量资金的投入，作为保护的主体——国家和国家下属的各级政府机构，是遗产保护的主体和责任人，有责任将遗产保护纳入自己的财务支出预算。这些遗产保护的政府资金来源主要是纳税人，因此，遗产保护的成果理当惠及作为纳税人的民众，有条件开放的遗产地都应该面向公众进行开放。

要将文化遗产开放并展示给公众，需要从内容到形式都进行相关研究，通过选取恰当的展示形式，将遗产的历史、艺术、科学价值等内容恰当地呈现出来，供公众理解和欣赏。在文化遗产展示利用中，内容的展示最为重要，这需要遗产保护和管理的从业人员先研究遗产，认知他们管理区域内的遗产资源、遗产类型、遗产单位和遗产关联性，这是遗产展示的基础研究工作。只有在管理者自己真正理解了这些遗产的基础上，才能对这些遗产的历史、现状、价值和意义进行解释。只有在学术界基本认同这

[①] 《奈良真实性文件》将这些信息源归纳为："形式与设计，材料与材质，利用与功能，传统与技术，位置与环境，精神与情感，以及其它内部因素和外部因素。"这是遗产真实性的要素，也是遗产价值的信息源。译文引自《与世界遗产公约相关的奈良真实性会议（奈良真实性文件）（1994）》，载联合国教科文组织世界遗产中心、国际古迹遗址理事会、国际文物保护与修复研究中心、中国国家文物局主编《国际文化遗产保护文件选编》，文物出版社 2007 年版，第 141—143 页。

种解释的前提下，再用公众熟悉的语言——我们常说的"博物馆语言"进行二次诠释，从而使公众能够看懂这些遗产。而要将遗产蕴含的丰富多彩的内容准确、精练和明白晓畅地传述出来，选取恰当的展示形式也至为重要。需要根据文化遗产的类型和特征，采取不同的展示手法，从而将该遗产的现状全貌、背后故事、价值意义和关联信息呈现给观众，使观众从遗产所在地林林总总的大量信息中能够注意到遗产本体，以及相关的重要／主要历史文化信息。我们现在已经相当重视遗产的展示，运用了许多展示手法来展示遗产，如原状展示、标识展示、复原展示等。展示手段现在越来越多，对文化遗产所体现的内涵却往往揭示不够，形式重于内容，给人过犹不及之感。要避免出现文化遗产展示"买椟还珠"①的现象。

在文化遗产诸多类型的展示中，可移动物质文化遗产（即文物）的博物馆展陈已经有了很长的发展历史，内容与形式的关系认识比较深入，有不少被业界嘉许和被公众肯定的著名博物馆、艺术馆以及精品陈列。相比之下，我国不可移动的物质文化遗产展示起步较晚，还处在探索和经验积累阶段。在所有文化遗产类型中，非物质文化遗产的展示最为困难，这主要有两个原因：一是非物质文化遗产是指各种以无形或无固定形态存在的与人们生活密切相关、世代相承的传统表现形式，这些表现形式要么没有物质形态，要么虽有形态却不固定，除了传统技艺类非物质文化遗产的产

---

① 《韩非子·外储说左上》："楚人有卖其珠于郑者，为木兰之柜，熏以桂椒，缀以珠玉，饰以玫瑰，辑以羽翠。郑人买其椟而还其珠。"

品具有博物馆可以展示的物质形态外①，其余非物质文化遗产都难以采取传统博物馆展陈的方式进行展示。二是由于非物质文化遗产被纳入遗产保护学学界的视野较晚，保护和管理的基础理论和方法研究的历程较短，博物馆学学界对如何展示非物质文化遗产的研究和实践都还不足，如何在博物馆内或非遗"文化空间"中展示缺乏物质形态的过程类非物质文化遗产，还需要进行研究和探索。② 因此，我们这里主要讨论不可移动文化遗产的展示问题。

目前文化遗产学学界常见的展示利用手法主要有原状展示、标识展示、复原展示三大类。此外，虚拟仿真等手法也在不同类型的文化遗产展示中被广泛应用。③

（一）原状展示的问题

文化遗产的原状展示是指遗产管理者和展示设计者对需要展示的遗

① 关于非物质文化遗产的类型划分，国内外有七大类、十大类、十三大类、十六大类等分类方式，此外还有"文化空间"这一介于物质与非物质文化遗产之间的特殊类型。按照笔者对非物质文化遗产的理解，非物质文化遗产首先可以根据是否有行为产物的标准划分为两大类：第一类是注重行为本身而不是物质结果的遗产类型，行为过程主要是为了满足人们精神的需求，并无获得物质产物的实际功能；第二类是注重行为产生的物质结果的遗产类型，是人们以传统技艺生产、制作、加工或创作某种产品以获得某种物质产品的回报。参见联合国教科文组织《保护非物质文化遗产公约》，载联合国教科文组织世界遗产中心、国际古迹遗址理事会、国际文物保护与修复研究中心、中国国家文物局主编《国际文化遗产保护文件选编》，文物出版社 2007 年版，第 228—238 页；国务院办公厅《国家级非物质文化遗产代表作申报评定暂行办法》（国办发〔2005〕18 号），2005 年 3 月 26 日；国务院《关于公布第一批国家级非物质文化遗产名录的通知》（国发〔2006〕18 号），2006 年 5 月 20 日；中国民族民间文化保护工程国家中心《中国民族民间文化保护工程普查工作手册》，文化艺术出版社 2005 年版。

② 参见张娜娜《中国非物质文化遗产展示现状及问题研究》，《中国艺术时空》2019 年第 5 期。

③ 参见路霞、叶良、吕小辉《古迹遗址展示内容与展示方法选择研究》，《浙江建筑》2019 年第 3 期。

产，只做必要的游线安排、简要的标牌说明和适当的环境整治，不附加更多标识和复原的展示手法。在不可移动文化遗产中，无论是建筑、雕塑（石窟寺及石刻）和遗址还是集建筑、雕塑和壁画为一体的"纪念碑"，这些遗产都具有较好的视觉观赏性，适宜于将其原状原封不动地呈现给观众。需要注意的问题有二：一是对于汇聚了多个文物类型的建筑群或石窟寺等遗产，如何将其整体的价值展现出来？二是对全部或部分暴露于地表的遗址类文化遗产，如何在残缺不全的立面甚至平面空间中给观众展现遗址的整体形象？

关于第一个问题，可以作为案例的如山西应县佛宫寺。这是一座具有辽代皇家背景的佛教寺庙，寺庙属于以塔为中心的寺院布局类型，现存木塔属于辽代清宁二年（1056）的建筑原构，周围附属建筑系明清时期重建。从民国年间梁思成先生等发现并调查和分析应县佛宫寺释迦塔开始，学术界对该寺的关注点始终在最显著的木塔上，而对木塔内的塑像、壁画以及佛藏关注不够。陈明达先生曾对辽代佛宫寺与辽应州城的关系，以及辽代佛宫寺的布局和形态作了很好的复原研究[1]；罗炤先生则对释迦塔木构建筑与像设的关系和各层像设的内容进行了很好的历史考证[2]，佛宫寺及释迦塔的基本内容和历史艺术价值已经比较清楚。应县佛宫寺释迦塔不仅是保存至今年代较早、体量高大和结构复杂的木塔以及以塔为主体的辽代佛寺类型，而且寺庙的建筑、塑像、壁画、经藏要素均备，为认识唐辽显密兼修的佛寺提供了最好的样本。展示应县佛宫寺不仅要展示木塔，而且要将这些内容全面地呈现给公众。

---

① 参见陈明达《应县木塔》，文物出版社 1966 年版。

② 参见罗炤《应县木塔塑像的宗教崇拜体系》，《艺术史研究》（第 12 辑），中山大学出版社 2010 年版，第 189—216 页。

关于第二个问题，也就是遗址的原状展示问题。使用这种展示手法的遗址需要有一定的可读性，遗址全部掩埋于地下而没有遗迹露头，或者考古学家所揭露的遗迹零乱破碎，都不宜使用原状展示，否则观众难以看懂。比较适合于遗址原状展示的是以砖石类建筑为主体的遗址，以及位于草原荒漠等人为干扰较少地区的遗址。对于只有部分遗迹露头的遗址，需要将原状展示与标识展示等手法相结合，才能够使得观众对该遗址有较为全面和准确的理解。例如贵州遵义海龙屯遗址，是宋至明代播州土司的山上卫城，山城位于陡峭的高山之上，从山下至山顶层层建立石构关城，构建成了一座易守难攻的军事要塞。海龙屯被明军攻陷并破坏后，成为遗址，只有石构的城墙、城门、衙署殿基等建筑尚保存并暴露在地表。[①] 有关部门在考古发掘和研究的基础上，对其石构建筑中脱离主体的石块进行了复位、重组和环境整治，在山前兴建了一座小型博物馆作为介绍遗址历史和价值的窗口，这无疑是恰当的；但后来在山前兴建了大规模的土司小镇，不仅冲淡了山上遗址的原状展示效果，而且容易给人带来误解和曲解，实在是一种愚不可及的做法。

（二）标识展示的问题

文化遗产的标识展示是指文物古迹仍然保持其原有的埋藏状态或考古发掘后填土回埋的状态，而在地表用泥土堆积、砂石铺设、植物种植等方式表现其平面布局和形态轮廓，从而既起到保护文物原状的作用，也发挥传递历史文化信息的作用。遗址的标识展示适用于东方以土木建筑为主体的"软"遗址，这类遗址在历次重建和重修时往往会打破（即损伤）先前

---

① 参见李飞《考古学视域下的土司遗产：以海龙囤为中心》，《南方文物》2015 年第 1 期。

的建筑，废弃成为遗址后也容易遭到后世活动的破坏。考古发掘出来的这类遗址往往呈现残破的状态，暴露在外难以保存，观众也难以看懂，需要给他们提供主要建筑全遗迹完整的整体平面形象。标识展示手法就很好地适应了这类遗址的展示。遗址的标识展示手法对遗址地下的文物本体干预较小，观众容易理解，在遗址展示中运用越来越广泛。早期的遗址标识展示手法在日本的大型遗址中运用后，韩国和中国也纷纷效仿，现在不少遗址中都可以看到采用标识手法展示的遗迹或遗迹群。遗址的标识展示主要也存在两方面问题：一是都城这类规模宏大的城市遗址，如何做到不仅标识出宫殿衙署区的主要殿堂，而且能够将整个城市功能区的边界和道路肌理都标识出来，从而使公众能够看到并理解整个城市遗址而不只是个别建筑遗址；二是在标识手法上，如何根据不同类型的建筑遗迹使用不同的标识材料，并在整个城址和整个建筑群中能做到同类性质的遗迹标识统一的材料，并且与不同性质的遗迹标识判然有别。此外，在垫高或包裹标识对象的同时，如何使所标识的遗迹与整个建筑遗址群的体量关系及其与整个遗址原地面的高度关系均不发生大的变化，从而使公众不至于对遗迹发生理解上的错觉，也是值得关注的问题。

　　上述两个问题，既取决于所要展示遗址的考古工作的深度和广度，还取决于遗址范围内土地权属是否处于遗址管理者的可控范畴，也取决于管理者对遗址规划和展示的设计要求。在一座遗址（尤其是城址）的边界、路径、节点、功能区和标识物等要素都已经被考古工作查明的情况下，在城市土地权属已经转移到全民的遗址主管部门管控下的前提条件下，遗址保护、展示规划和方案应该考虑将全部或主要遗址要素进行标识展示。这些标识展示既包括平面布局方面的内容，如遗址边界的环壕或城池（尤其是城池的拐角）以及作为出入口的城门，主要交通街道和给排水的道路和沟渠，主要节点如主干道的交互路口和宫殿衙署前的广场，能够显示城市性质的重要功能区如宫殿、衙署、庙宇、军营等，以及具有该遗址代表性特征的高台建筑和佛塔之类；也包括遗址立面的信息，这除了已经具有该遗址代表性特征的高台建筑和佛塔之类的标志物外，标识的地面和建筑台面与原遗址和遗迹的地面相比究竟抬高了多少，应该有探沟等作为展示的窗口，让公众一可通过这些窗口窥视真正的遗迹，二可通过这些窗口了解遗址原地面与现地面的高差，从而满足自己对遗址沧海桑田变迁的好奇心。

在目前已实施展示工程的遗址中，还有一些需要改正的展示设计问题。最突出的一个问题就是，已经覆土标识展示的遗址或遗迹已经不存在游人踩踏损害文物的问题，本来做一些小的指示牌引导游客参观路径就可以了，设计者却仍然在遗址上设计建造木构或钢木结构的步道。这些步道尽管具有可识别性（其实覆土上用其他材料重新建构的遗迹形态也是新物而非古物，无须进行可识别的处理），在视觉上却干扰了遗址固有的道路系统，有画蛇添足之嫌。还有一个是标识设计意向错误的问题。有的建筑基址的台基表面已经被破坏，只保留了柱磉的遗迹。有中国古代建筑常识的人都知道，柱子小于磉墩且从台基表面向上竖立，而磉墩大于柱子且从台基表面向下挖掘构筑。有的展示设计者似乎没有明白这两种不同建筑构件的性质，展示设计中在覆土标识的台基上又用较高的植物修剪成立方体的磉墩，台基上密布耸立的磉墩，挤压了台面有限的空间，既给观众以错误的提示，也给登临台基参观的游人进入"八阵图"之感，好在后来根据专家意见进行了修改。此外，有的建筑群保护工程没有很好地理解一个建筑群内不同建筑单元的异同，采用相同的标识材料来标识台基和庭院，而相同的廊庑台基却用其他颜色或材料来标识，这就容易造成视觉上的混淆。尽管古代建筑的门厅、殿堂、廊庑的台基与庭院基础往往都用土夯筑，但那些台基上在当初都有房屋覆盖以区别于敞开的庭院，建筑群的展示需要将台基与庭院用不同颜色和不同材料进行标识，公众才能够看得明白。诸如此类遗产标识展示设计的小问题，却可能带来内容信息传递错误的大影响，在展示设计中不得不进行关注。

（三）复原展示

复原展示是文化遗产展示的重要手段，是指文物古迹已经损毁或部分损毁后，根据现有的遗存现象、先前记录资料和其他信息来源，对原状进行全部复原或部分复原的展示手法。这种展示方法的优点在于能够再现文物古迹的物质形态全貌，观众能够直观地感受到设计者要表达的东西，从而理解遗产所要表达的历史信息和文化内涵，而且能够再现它的宏伟气势或可能的情景，让人们可以直观地感受到它要表达的东西。但是这种方法必须要依据严格的考古资料和文献资料，对其建筑形式、建筑材料、工艺技术、细部装修或内部陈设都要充分了解，这样才能恢复其真实性。[1] 由于在遗址上采用这种展示手法会对文物本体造成较大的干扰，一般不提倡在遗迹上直接采用这种展示手法。[2]

文化遗产的复原展示与古代建筑的复原重建有某种相似之处。历史建筑在其使用阶段，历代都会有重修活动，保存至今的木结构建筑尤其如

---

[1] 参见郭青岭《日本古文化遗址博物馆考察启示》，载西安半坡博物馆、三星堆博物馆编《史前研究（2006）：中国博物馆学会史前遗址博物馆专业委员会第六届学术研讨会暨三星堆祭祀坑发现二十周年纪念文集》，陕西师范大学出版社2006年版，第249—254页。

[2] 《中国文物古迹保护准则》提出："原址重建是保护工程中极特殊的个别措施。核准在原址重建时，首先应保护现存遗址不受损伤。重建应有直接的证据，不允许违背原形式和原格局的主观设计。"

此。有些历史建筑主体结构还是始建时的原构，次要结构却已经是后代重修的遗留。为了恢复这些建筑的旧观，于是就有对历史建筑进行部分复原修缮的尝试。例如梁思成先生对河北正定开元寺钟楼修复时，就有拆除了明清重修时期的上层部分，按唐代的风格复原钟楼的上层，以与唐代的下层相协调的设想①；祁英涛先生修复山西五台南禅寺时，拆除了明清时期的增添部分，恢复了唐代建筑的旧观。历史建筑遗产的部分复原需要有足够的依据，且须非常谨慎，一般不提倡。上述二例亦存在争议，可见一斑。② 至于古建筑的复原重建，也就是指重建已经不存在的历史建筑，这种重建有两种情况：一是有历史依据的重建，旨在保护历史建筑的位置环境、设计思想、形制结构和传统工艺，如河北正定阳和楼的重建就属此类；二是缺乏历史依据的重建，重在延续地方历史文脉，恢复地方文化标识，如滕王阁、黄鹤楼、鹳雀楼等许多名楼的重建。这些古建筑的部分重建，一个目的就是满足观众对昔日人文景观的追忆，与遗产的复原展示目的相似，尽管不提倡，也无可厚非。

复原展示的手法不仅运用于复原展示遗址和建筑群等不可移动文物，

---

① 梁思成先生曾这样说："正定城内很值得我们注意的是开元寺钟楼。许多位同志都认为这座钟楼除了它上层屋顶外，全部主要构架和下檐都是唐代结构。这是一座很不惹人注意的小楼。我们很有条件参照下檐斗栱和檐部结构，并参考一些壁画和实物，给这座小楼恢复一个唐代式屋顶，在一定程度上恢复它的本来面目。以我们所掌握的对唐代建筑的知识，肯定能够取得'虽不中亦不远矣'的效果，总比现在的样子好得多。"参见梁思成《闲话文物建筑的重修与维护》，载《梁思成文集》（第五卷），中国建筑工业出版社 2001 年版，第 439—447 页。

② 聂连顺等先生说："国家文物局已故古建专家祁英涛同志生前，对此项工程极为关注。他曾多次到正定实地勘查、测绘，并亲手设计绘制方案，临终前几天还千里迢迢赶赴正定夜以继日亲自编造预算、编写做法说明，但遗憾的是未等开工就与世长辞了。今天开元寺钟楼已按他生前设想，恢复了原貌，借此以慰在天之灵。"可知正定开元寺的复原性修缮，是在祁英涛先生指导下，而祁英涛先生的复原该钟楼上层的思想，则很可能来源于梁思成先生。参见聂连顺、林秀珍、袁毓杰《正定开元寺钟楼落架和复原性修复》（上、下），《古建园林技术》1994 年第 1、2 期。

复原建筑内部的陈设甚至场景更为常见。许多历史纪念地、名人故居、衙署祠堂等，其内部摆放的家具、器物、装饰多不是当初原物，而是重新收集、拼凑、复制而"再现"的场景。

无论哪种展示手法，都需要有说明和讲解与之配合。文化遗产往往历史悠久、种类多样，其本身性质、形成背景、与之相关的人和事等都错综复杂，就连专家也难以全部弄清楚。所以，在遗产向公众开放前，就需要制订解说策略，编写遗产不同层面的说明简介、解说大纲、说明标牌、解说词等，并对解说员进行培训，以便通过这些解说使公众能够理解遗产并对遗产产生敬畏之心。目前，很多遗产地的解说还存在许多问题，解说员向公众讲述的都是似曾相识的故事，编造的志怪、传奇、象生类解说词占据了相当大的部分，而传授知识的内容却甚少；许多著名的自然和文化遗产，无论是看导游资料还是听导游解说，都不知道该遗产地何以会成为世界遗产、国家级遗产或地方遗产。因此，文化遗产的讲解还需要大力改进。

三、文化遗产的旅游利用

文化遗产是一种可以利用的产业资源，最简单也最容易想到的利用方式就是作为旅游资源，发展文化遗产旅游。自 20 世纪 90 年代以来，中国的遗产地旅游业发展很快，名山大川、古城古寺都经常人满为患。然而，中国现在的文化遗产旅游业也面临着很多问题。例如，旅游人群还是集中在一些宣传较多、知名度高的遗产资源上，许多很好的优质旅游资源被忽略；旅游模式还是基本停留在"上车睡觉""到此一游"的初级层面，高层次的对遗产的体验式慢速旅游才起步不久；各地政府和企业都将旅游经济的注意力集中在遗产地的门票收入上，造成遗产地门票畸高，当地与文化相关的创意旅游产品却极少，变相地限制了公众参观文化遗产的权利和意愿。诸如此类的我国文化遗产旅游业普遍存在的问题，一直遭到公众和业界的诟病，但由于机制和管理等诸方面的原因，这些问题一直延续和积累，迄今没有多大的改进。

要改变目前文化遗产旅游利用的这种局面，需要采取多方面的应对措施。针对第一方面的问题，旅游管理部门和宣传部门要适当地减少对一些知名文化遗产旅游地点的宣传和推介，相应地加大对不那么知名却很有价值的文化遗产地的宣传推介力度，分流一些游客到祖国其他重要的文化遗产地去旅游观光。针对第二方面的问题，在当今文化与旅游融合的大背景下，需要逐渐开拓诸如文化线路和景观廊道这样的绵长的旅游线路，还需要引导不同需求的游客到不同文化类型的遗产地旅游，如引导一些退休的老人到传统村落长住以感受不同于历史城市的文化氛围等。针对第三方面的问题，要研究提升重要文化遗产地的管理级别，将代表国家历史发展主脉或具有很高文化价值的遗产地收归国家垂直管理，将被少数个人和企业集团垄断的文化遗产收归各级政府管理（或政府出资委托企业进行物业管理①），实行遗产地低价门票或对门票进行限价，提倡发展文化遗产创意的旅游产品，从而使文化遗产旅游真正回归满足人们精神需求的保护遗产的根本目的。当然，文化遗产学学界和旅游学学界的从业人员也应该研究

---

① 政府出资委托企业对文化遗产进行物业管理，与政府出卖文化遗产的管理权和收益权是完全不同的两个概念。将文化遗产委托给有管理经验的公私企业进行物业管理，政府出资购买服务，遗产地的收益权仍然归政府即国家所有，这是提高遗产地管理水平的方式之一，值得探索。而将文化遗产资源的管理权、收益权和使用权出卖给公私企业，这是地方政府某些负责人利用前人创造和遗留的东西赚取蝇头小利，既是没有作为的典型表现，也与人类共有遗产的社会主义公有制相违背，应该旗帜鲜明地予以反对。

如何做好文化遗产的旅游，研究的专题可以有多种，最重要的是作为旅游资源的文化遗产地权属的研究、文化遗产地管理模式的研究、文化遗产地保护与旅游利用的关系研究、文化遗产类型与旅游方式的研究，等等。此外，针对不同文化遗产资源的旅游方式的研究，包括中国传统旅游的借鉴、传统文化与旅游关系的研究等，也应该作为研究的专题。下面以我国古典园林和线性遗产为例，对文化遗产的旅游利用谈点初步的想法。

（一）旅游的"动观"与"静观"

"旅游"是由"旅"和"游"两个相互依存的要素组成的系统，因而有旅游关系问题研究的课题。按照旅游学学界的通常看法，在旅与游的关系上，旅要快，游要慢，快慢交替，相得益彰，才称得上是"善行旅游"。[①] 不过，旅快游慢的规律总是相对的，有的旅游系统是由交通线路系连的若干"旅游点"所构成，旅游点与旅游点之间的交通路线上没有景观廊道可以观览，在这样的旅游系统中，当然是旅得越快、旅途消耗的时间越少越好；有的旅游系统，交通线路同时也是景观廊道，在这样的旅游系统中，就需要让旅的节奏慢下来，才能做到一个相对完整的游。

中国江南私家园林非常有名，过去江南私家园林的代表是扬州地区的园林，有"扬州园林，苏州街市"之说。历经清代后期战火及扬州盐商衰落后，扬州园林受到极大的摧残，原先并不很著名的苏州私家园林于是成为江南古典园林的代表。苏州的拙政园、留园、网师园、环秀山庄、沧浪亭、狮子林、艺圃、耦园、退思园等9座园林已经被列入《世界遗产名录》。苏州园林都是宋代以来达官贵人的私家园林，除了拙政园、留园等

---

① 参见曹宁、明庆忠《"慢旅游"开发的基本理念与开发路径探讨》，《旅游论坛》2015年第1期。

规模稍大外，大多规模较小。苏州古典园林的这些代表性园林成为公园以后，尤其是成为世界文化遗产以后，大量的旅游者涌入园林，旅游的质量自然会大受影响。陈从周先生在一次讲演中这样说道："园林的立意，首先考虑一个'观'字……怎样确定这个院子以静观为主？或者以动观为主呢？这和园林的大小有关系。小园以静观为主，动观为辅。大园以动观为主，静观为辅……这样一来得到什么结论呢？小园不觉其小，大园不觉其大；小园不觉其狭，大园不觉其旷。"[1] 陈先生这番话当然非常正确，他是从当初园林的主人及与主人相关者的角度来谈如何游览江南私家园林的。我们知道，江南私家园林初建时是私人住宅附属的花园，造园的目的是满足主人家眷及亲朋好友游观之需，现代这些私家园林都从"私园"变成了"公园"，其当初营建园林的功能需求就与现在的需求出现了一些差异，难以充分满足旅游者游观的需要。换句话说，在本来就游人如织的江南私家园林（尤其是那些小园）中推行静观的话，很容易导致游客拥堵，不仅静观者只有游人可观，动观者也会游走不畅。

要改善江南古典园林从私园变成公园后的旅游状况，要领略当初江南私家园林的美学意境，需要这些古典园林所在城市恢复和开放更多的园林资源[2]，需要从这些古典园林所在城市整体上去规划旅游的线路，宣传和引导游客游览那些先前不太知名、新近对公众开放的古典园林，还需要考虑在园与园间"旅"的过程中如何"游"的问题。整治和维护园与园之间历史街区的风貌，修复和美化传统街市的景观和环境，强化和丰富园林之

---

[1] 陈从周：《中国园林与美学》，载上海市美学研究会、上海社会科学院哲学研究所美学研究室编《美学与艺术讲演录》，上海人民出版社 1983 年版。

[2] 据笔者所知，江苏苏州和扬州等城市及郊区的古典园林和废园多达百处，需要很好地分批恢复修缮并做好环境整治，然后陆续向公众开放。

间街巷的服务内容等，都是需要历史城市管理者和文化旅游管理者仔细考虑的问题。

中国古典园林，即便是规模很大的皇家园林，如北京颐和园、承德避暑山庄等，其作为旅游目的地，也就是一个参观地点或参观项目。在这样的园林中游览应以动观为主、以静观为辅，并且即便是步行或乘电瓶车的"动观"，也要穿插许许多多的"静观"。缺少了这些静观，游览中国古典园林的意趣就会大打折扣。据说著名的建筑学家贝聿铭先生在游览承德避暑山庄时就兴味索然，不断催促陪同他游览的朋友尽快结束参观，只是在游览山庄周围的外八庙时，才使他产生了浓厚的兴趣而久久不愿离开，究其原因，恐怕与避暑山庄的历史与现状已经发生了变化有一定的关系。过去的皇家园林是皇室的私园，有许多供皇室成员使用的外部设施和内部陈设，当皇家园林变成公园以后，原先可以入内的建筑现在大多大门紧闭，建筑内外的附属陈设都已经被移去，抵近静观已经无物或少物可以驻足观赏，不停地游走观看建筑和山水外观容易使人产生视觉疲劳。

（二）中国传统的长途旅游

旅游类型的研究是旅游学学界的重要内容之一。由于分类标准不同，旅游类型的划分也多种多样。有的研究者以旅游者的旅游对象为标准对旅游进行分类，有的研究者根据旅游者的所属社群对旅游进行分类，有的研究者根据旅游者的旅游目的进行分类，还有研究者根据旅游者与旅游对象之间的关系进行类型划分。[①] 按照笔者对旅游的粗浅理解，中国传统的旅游至少有三种类型。

---

① 参见陈国林《中国旅游文化类型研究综述及研究价值》，《四川旅游学院学报》2017 年第 2 期。

第一种是以居家或工作所在地为基点，以周围古迹、名胜和山川为对象的短距旅游。这种旅行往往是在工作和读书之余进行，具有消闲性质。旅游距离一般不会太远，在外逗留时间较短，且通常都是家人或亲友结伴同行，一般属于闲暇时节的短途度假旅游，旅游者身心不会太劳顿，容易触景生情，中国古代许多著名人物所写的游记多是在这种旅游状态下的作品。当然也有带有学术目的的短途旅行，北宋张礼的《游城南记》即其一例。

第二种是趁学习、公务和商务之便，顺路进行的长途旅游。这类旅游在中国古代也很多，诸如学子远行拜师学艺，前往省城或京师参加科举考试，官员前往某个州县赴任，商人外出经商，等等。无论是哪一种目的的远行，古人都会珍视这来之不易的机会，顺便考察沿途的山水风光、名胜古迹、风土人情。即便如趋利长途奔波的商人，也会注意经商旅途中的风景名胜，如徽商编写的经商路线指南，其中就注明有一些著名的古迹所在。[1] 古人的交通都是乘船、骑马、坐轿或步行，旅行速度虽慢，却也有时间从容游览观赏。旅行中或旅行后记录下印象深刻的所见所闻，也就成了一种风气。宋代范成大的《吴船录》、陆游的《入蜀记》，明代王士性的《五岳游草》，清代王世睿的《进藏纪程》以及朝鲜大量的《朝天录》和《燕行录》等，都是这种旅游的产物。

第三种是"读万卷书，行万里路"的长途专门旅游。这种旅游有明确的针对性，旅程一般较长，旅游者出发前都有周密的计划，首先通过前人文献了解计划旅游地点的情况，熟悉一些著名诗人词客在这些地点留下的诗文以便根据前人著述的指引去游览，并能够在先前文豪的启发下找到一

---

[1] 参见（明）黄汴《天下水陆路程》，杨正泰校注，山西人民出版社1992年版。

种共鸣。古代进行这类旅游的人群很小，留下文字用以记录行程的更少。西汉的史学家司马迁、明末的探险家徐霞客等，都属于这一类。受中国文化的影响，日本、朝鲜和越南也有这样的旅游者，清末到中国旅行的日本汉学家竹添进一郎也可列入这类游客，他的汉文游记对了解清末蜀道川江沿线的风土人情仍有帮助。①

　　无论是哪一种类型，限于当时的交通设施，古代人们的旅游，花在路上的时间都是很多的。因此，古人们会很珍视旅途中的观玩，而不是仅限于一两处旅行目的地，所谓"乘兴而往，尽兴而归"就是指这种旅行。当下中国的旅游，基本还处在一个初级的阶段，要发展文化遗产的旅游，使人们从旅游中获得身心的愉悦和知识的收获，不仅需要学习外国旅游业的长处，也应该总结中国传统旅游的经验，从而使我国文化遗产的旅游尽快改变"旅多游少"和"到此一游"的状态。

（三）须走着看的"线性遗产"——景观廊道

　　除了草原游牧民族建立的国家外，任何一个古代国家，其统治中心与周边的政治和经济联系都必须依靠陆上和水上交通线来维系。事实上，包括中国在内的古代国家，首都、地方中心城市、地方城市和基层村镇，都是由交通线联络起来才构成一个政治体系的。由于这个缘故，中国的文化遗产实际上是由线性遗产串联的遗产区域和遗产地组成的一张网络。只不过近代以来，这张网络的绝大多数区域已被破坏成空洞，只剩下一些残余区域和残余地点见证着中国古代高度发达的政治文明。

　　在目前中国的线性文化遗产中，保存较好的都是山区的道路，尤其是

---

① 参见［日］竹添进一郎《栈云峡雨日记》，张明杰整理，中华书局 2007 年版。

两省交界处的高山峡谷古道。例如浙江与福建之间的"仙霞古道"①、江西与广东之间的"梅岭古道"②、湖北与重庆之间的"三峡古道"等③。在这些古道中，最著名的是川陕之间的古驿道（即狭义的蜀道）、汉藏之间的古道以及滇缅古道的云南路段等。这些古道由于地处地形崎岖的山区和海拔很高的高原，不少地段被保存下来。它们既是古代中国中心地区连接边远地区最重要的纽带，也是线性遗产中具有跨文化和跨文明特征的文化线路。除了陆地的古道外，诸如大运河、灵渠这样的著名线形人工运河，也是古代最主要的交通要道。这些水陆要道经过的地区往往景色秀美、古迹众多，是开展乘船旅游、徒步旅游和车行/船行与步行相结合的旅游非常理想的景观廊道。

不过，在线性遗产的景观廊道开展以动观为主的动态旅游，作为地方政府、文化遗产和旅游管理部门，应该关注以下几个问题。

其一，要有保护这些古代交通工程的专项地方法规，使得保护和利用有法可依，防止新的破坏和截断古道画地为牢的现象。古代道路过去是国家道路，古道、桥梁、关隘、驿铺及其沿线行道树等都是国家财产，没人敢去破坏或占用。④自从古道废弃以后，古道的权属变得模糊起来，沿途的一些村社集体和个人认为国家既然不需要这条道路了，这条道路就是村社集体或个人的资产。这种认识是不正确的，古代道路是国家公有财产，

---

① 罗德胤：《仙霞古道：沟通浙闽的古商道》，《中国文化遗产》2015年第2期。
② 杨志坚：《梅岭、梅关、古道与梅花》，《火山地质与矿产》1999年第2期。
③ 重庆市文物局、重庆市移民局、西安文物保护修复中心编著：《三峡古栈道》，文物出版社2006年版。
④ 以川陕古道剑阁至梓潼段为例，由于古道沿途的柏树是明代栽种的行道树，受到明清两代当地政府的保护，也受到当代当地政府的明令保护，由当地林业局挂牌保护管理，这些行道树就被保护得很好，形成了一道著名景观——翠云廊。

国家从来没有宣布这些道路的处置权下放给村社集体或个人。需要出台地方法规，重新明确古道全民所有的属性，以及线状遗产的国家性质。这样才有利于国家文化旅游行政部门和交通管理行政部门对古道进行疏通、保护和管理，才能利用古道发展旅游。

其二，要有系统论和系统规划理论的思想。古代交通网络本是一个体系，保护和利用这些古代交通遗产也要按照整体保护和利用的思路，将古道等线性遗产看作一个由文物、古迹和景观要素组成的系统，看作由线状遗产古道串联沿途点状遗产形成的线性遗产 ①，线、段、点结合，分清层级，统一进行规划、疏通、建设、管理和利用。交通网络强调的是要"通"，不宜将古代交通线路分割成一个个独立的缺乏联系的景区。像川陕古道（蜀道）广元段明月峡景区和剑门关景区那样，将一段不长的峡谷道路两侧堵住，形成一个孤立的景区，以此收门票和发展小旅游产业，已经背离了蜀道发展全线大旅游和广元市全域旅游的方向，不甚可取。

其三，要加强古代交通遗产资源的调查研究。笔者近年在调查丝绸之路南亚廊道东线时深深感到，我国不少古代道路，尤其是需要翻越高山丛林的路段，目前还保存得相当好，除了川陕古道广元段外，川藏古道的小相岭段、川滇古道的清溪关段、昆大古道的炼象关段、滇缅古道的博南山段、高黎贡山路网等都保存得相当好，有的路段保存了铺石路面的古道长达数十千米，不少路段沿途植被景观保存得也很好。要深入了解、挖

---

① 在世界遗产领域，没有"线性遗产"的概念和类型，线性遗产这个概念见于单霁翔先生的论文中。按照笔者的理解，线状遗产是指呈线形的遗产的本体，但较长的线状遗产都会串联沿途的点状遗产，从而形成点线结合的"线性遗产"。因此，线性遗产这个概念有利于文化遗产的保护和管理，比起目前国际遗产界流行的距离文化遗产本身较远的"文化线路"，是一个更好的概念。单先生的论述参见单霁翔《大型线性文化遗产保护初论：突破与压力》，《南方文物》2006 年第 3 期，笔者的讨论参见孙华《论线性遗产的不同类型》，《遗产与保护研究》2016 年第 1 期。

掘、揭示和阐释这些古代道路沿线的著名景观，摸清家底，使这些景观能够串联成为一条景观廊道，从而实现真正的古代道路旅游利用。现在古道途经的许多地方都在重新建设和铺设旅游步道，实际上这些地方的古道就是现成的旅游步道。只要定期芟除古道上的杂草灌木，给予适当的维护和修复，沿途增设一些小型的旅游设施，这些古道完全可以作为很好的旅游资源。

其四，要树立保护第一的利用思想。古代交通遗产往往线路绵长，沿途的自然地形地貌复杂，城市和乡村相间，许多路段还没有被纳入文物保护和交通道路保护的范畴，容易遭到建设性破坏。不少品质很好的古道类旅游资源古道，前几年还保存得很好，过两年就被拓宽铺上了水泥路面，并拆除了古道旁的古代店铺（如云南祥云县的水盆铺路段等）。古代交通遗产的旅游开展，应该首先编制保护规划，在保护规划的基础上再编制旅游规划。旅游设施的建设要符合保护规划的规定和要求，防止古道一类的旅游资源继续遭到规划性破坏和建设性破坏。

其五，要提倡高品质的"善行"旅游。古代道路这类线性遗产，在现代公路建设以前，人们当然是以步行和骑行为主，少数可以行车的路段也可坐马车通行。古人步行和骑行，其速度都不快，遇到风景佳处和名胜古迹时方便慢行或驻足观望。由于古代道路与现代公路相比，对弯度和坡度的要求不同，虽然近现代的公路建设占压了不少古道的路段，但仍然有不少古道保留下来，从而形成了古道与现代公路彼此重叠、大致并行和不断交错的状况。开展古道这类线性遗产的旅游，可以规划设计车行与步行相结合的方式，与公路并行和重合的地段车行，与公路分离的地段步行，步行与车行交错进行，丰富旅游的形式，并减轻旅游者的疲劳。如果开展这类旅游，在古代道路与现代道路交汇处规划建设停车场就很有必要。

四、余论：文化遗产的创意利用

文化遗产林林总总，异彩纷呈，不同文明、不同国家、不同地区、不同族群和不同类型的文化遗产，是世界文化多样性的重要体现，不同的文化遗产会给人不同的感官冲击，产生不同的思维联想，从而产生一些新的创造欲望。不过，在文化遗产唤起的创意中，也存在一些不当的创意利用，需要尽量避免。

在文化遗产的不当创意利用中，首先应该提到的是各个"中国优秀旅游城市"的标志物设计。[①] 在这个旅游城市标志中，"马踏飞燕"变成了"马踏地球"，并且这个"地球"还被放在具有防卫性的军事工程设施烽火台上，三个设计元素的组成本来就缺乏关联性，并且这个标志物设在各个优秀旅游城市的入口，等于国家旅游局给每个旅游城市派送了一座千篇一律的城市雕塑，没有提升反而降低了城市的文化和艺术品位。其次应当提到的是生硬地仿效文化遗产形态的不当建筑设计创意。文化遗产是建筑设计创意的源泉，我国不少优秀的古代山水建筑和园林建筑就做到了建筑与环境、形式与功能的统一，并影响了日本园林的传统和近代西方园林的变化，也为现代建筑创作提供了想象的空间。[②] 但是，一些建筑设计师却生搬硬套文化遗产的某些形象，或以出土的近方寸大小的文物为模仿对象，将其放大成为规模宏阔的建筑，既极大地增加了建筑的造价又影响了建筑的功能；或把当地的文物元素简单生硬地贴附在现代造型的建筑上，

---

① 国家旅游局《创建中国优秀旅游城市工作管理暂行办法》（2000 年发布）第一章总则第五条："国家旅游局设立中国优秀旅游城市标志物。标志物主体由长城烽火台、地球和中国旅游业标志三部分组成。"

② 参见南舜薰、南芳《建筑的山水之道》，上海世纪出版股份有限公司、上海古籍出版社 2007 年版。

机械地使用遗产的形象或符号，传统与现代难以合一；此外还有曲解文化遗产传递的文化信息，公众难以理解建筑形象，或者会错误理解建筑形象传递的信息。在一些建筑学家每年评出的十大丑陋建筑中，都会有不当使用文化遗产作为创意的例子。最后是在工艺品的设计创意上，将一些文物的造型和装饰进行简单的缩放组合或摹写贴附，将它们标识在既有的日用品上，这些文创产品多属于直接套用或具象运用，成了似乎无须创意就可以生产的物品。诸如此类文化遗产的借鉴、联想和创作，只归属于形而下的低端文化创意作品，真正的高端文化创新作品和产品，需要对文化遗产的形象和精神进行形而上层面的抽象、凝练和升华，需要创新灵感和冲动。梁思成先生曾经指出，"在古代文物的修缮中，我们所做的最好能做到'有若无，实若虚，大智若愚'，那就是我们最恰当地表现了"①。这尽管是针对文物保护性建筑的设计而言，但也完全适用于文化遗产的创意设计和创意产业。

文化遗产的创意利用是很有前景的遗产利用方向，值得相关学界广泛交流和深入探讨。

（原载《中国文化遗产》2020 年第 1 期）

---

① 梁思成：《闲话文物建筑的重修与维护》，《梁思成文集》(第四卷)，中国建筑工业出版社 1986 年版。

中国水下文化遗产的博物馆展示

魏　峻

在漫长的人类历史发展过程中，因先民们的活动或者自然变迁而形成的水下文化遗产数量巨大。然而长期以来，受限于潜水和勘探技术的发展，人们除了因为偶然原因而获得少量淹没于水体中的文化遗产外，更多时候是面对"水下宝库"却不得其门而入。这种情形在 20 世纪 60 年代之后发生改变，法国海军军官雅克·库斯托发明的水肺潜水设备和美国考古学家乔治·巴斯对土耳其格里多亚角沉船的科学发掘，以及更晚一些时候军用海洋遥感探测设备的民用推广，让越来越多的水下考古项目和精美的水下文化遗产出现在公众的视野之中。如何保护、展示和利用这些水下文化遗产成为文博专家和社会公众共同关注的问题。联合国教科文组织曾将水下文化遗产定义为至少100 年以来，周期性地或连续地，部分或全部位于水下的具有文化、历史或考古价值的所有人类生存的遗迹。[①] 这一定义虽然与我国1989 年10 月颁布的《中华人民共和国水下文物保护管理条

---

① UNESCO, "Convention on the Protection of the Underwater Cultural Heritage", Article1. 1 , 2001 , https: //unesdoc.unesco.org/ ark./48223/pf0000126065 ? posInSet=1&queryId=3efee27c—73c3—48e3—860d—467b73ee99ea.

例》中使用的"水下文物"概念在时间和内涵界定方面稍有不同，但都肯定了这些存在于水体中的遗迹遗物具有文化、历史及研究方面的重要价值。

中国是海洋大国，现有疆域中包括 350 多万平方千米的领海及管辖海域，以及 18000 多千米的大陆海岸线。即使我国自古以来就是农耕文明主导的国家，但 2000 多年前的《汉书·地理志》中已明确记载了汉帝国船舶从南方港口徐闻、合浦出发，与今天南海和印度洋沿岸的诸国进行的贸易。总体而言，古代中国对于沿海地区的开发以及经由海洋与世界的联系自唐代之后就不断加强，在我国沿海地区留下了种类多样、数量巨大的水下文化遗产，而内陆腹地也因为政治、经济、生产生活以及环境变迁等因素的影响，在江河湖泊之中同样遗留有丰富的文化遗产。

一、展示简史

中国博物馆对于水下文化遗产的展览展示始于 20 世纪 70 年代，早于我国水下考古事业的发端。纵观近半个世纪的发展历程，以 2009 年为界可分为前后两个阶段。

第一阶段从 1974 年至 2008 年，是水下文化遗产展示的萌芽期。

20 世纪 20 年代初，外国学者在西北、华北地区的调查探险和考古实践促进了中国近代考古学的产生和一批中国考古学家的成长。其后 50 余年，相较于陆地考古的累累硕果和逐渐形成的田野考古方法、制度体系，水下遗址和文物始终未能引起考古学者们的关注，而博物馆展览中也鲜有用到发现于水下的文物。

1974 年 1 月，中国海军对入侵西沙群岛的南越军队进行了反击作战，收复西沙诸岛。为宣示主权和展示中国历史上对西沙群岛的开发管理，"西沙群岛出土文物"展览于当年国庆节在故宫博物院慈宁宫开幕，而广东省文化局举办的"中国南海诸岛之一——西沙群岛出土文物"展览也于同一天在广东省博物馆开幕。两年后，广东省博物馆又筹办了"中国南海诸岛展览"，围绕甘泉岛考古、郑和下西洋、历史上中国对南海诸岛的开发等主题展开。查阅这三次展览的相关资料，虽然展出文物多为南海岛屿上调查或考古所获的出土文物，但也有少量在东沙群岛、西沙群岛礁盘附近的浅水区域采集的铜锭、铜钱和陶瓷器等水下文化遗产。[①]1979年10月1日，建筑面积达到1300平方米的古船陈列室在泉州海外交通史博物馆内建成开放，这是为1974年发现于泉州湾海滩的后渚沉船量身打造的主题展览空间。后渚沉船残长24.2米、残宽9.15米，共有13个船舱，舱内有多种香料、药材、木签和50多件宋代陶瓷器，研究者判断其为南宋晚期远洋贸易船。[②]这是13世纪沉船的一次重要发现，引起了国内外学者的强烈关注。为更好地保护和展示后渚沉船及其船货，当地政府专门改造出一个专题展馆，这是新中国最早系统展示水下文化遗产的博物馆固定陈列。根据介绍，展馆分为两层：一层是船体的实物展示，二层展厅展示古船发掘经过、船舶结构和复原模型，以及考古出土文物等。[③]二层展厅的这种港口变迁、考古经过和出土（出水）文物的古船展览叙事模式在之后20多年被不同的博物馆反复使用。1990年，登州古船博物馆在

---

① 参见广东省博物馆《西沙文物——中国南海诸岛之一西沙群岛文物调查》，文物出版社1974年版，第1—6页；广东省博物馆《中国南海诸岛展览》，广东省博物馆内部资料（铅印稿），1977年，第20—23页。

② 参见泉州湾宋代海船发掘报告编写组《泉州湾宋代海船发掘简报》，《文物》1975年第10期。

③ 参见王连茂《继往开来，为海交博物馆的发展而努力奋斗——纪念泉州海外交通史博物馆创建三十周年》，《海交史研究》1989年第2期。

山东蓬莱建成，用于陈列 1984 年在蓬莱水城清淤中发现的 1 艘元代战船。2012 年，新建的蓬莱古船博物馆向公众开放，固定陈列中增加了 2005 年新发现的 1 艘明代战船和 2 艘高丽古船，并充实了互动体验和室外展示的内容。[①] 此外，我国的沿海和内河中也屡有沉船发现，如浙江宁波和义路与东门口沉船、安徽淮北柳孜运河隋唐木船、山东菏泽元代沉船等，目前都在博物馆中展出。

除古代沉船有专题的陈列展览外，其他水下考古项目所获水下文化遗产的展示数量则相当有限，它们主要是被收藏于考古机构或者博物馆的库房之中，即使有少量得以展出，往往也是用于充实博物馆的基本陈列或其他主题的展览（如海洋贸易、水下考古等）。在第一阶段中，1993 年开幕的"中国南海沉船文物展"较为特殊。该展览是为落实中日《关于合作进行南海沉船考古调查发掘的意向书》的条款而专门组织的，中国历史博物馆（今中国国家博物馆）和广东省博物馆以"南海 I 号"沉船的 1989 年出水文物为依托策划了专题临展赴日本福冈展出。

第二阶段从 2009 年至今，是水下文化遗产展示的发展期。

2009 年是中国水下文化遗产展示历程中具有里程碑意义的一年，两座具有创新性和示范性的专题博物馆正式向社会开放，这两座博物馆分别是 5 月开馆的白鹤梁水下博物馆和 12 月开馆的广东海上丝绸之路博物馆。前者采用原址保护和展示的方式，利用位于水下的博物馆展厅原状陈列具有千年历史的长江白鹤梁水下题刻；后者采用迁移保护的方式实现了水下文化遗产的异地保护和展示。这两个博物馆的实践都被联合国教科文组织援引为水下文化遗产保护和展示的经典案例，体现了中国创新和中国

---

① 参见袁晓春、王茂盛、刘卫国《登州古船博物馆》，《海交史研究》1992 年第 1 期。

智慧。

进入 21 世纪，中国水下考古事业快速发展。最近 10 年，围绕水下文化遗产的专题展览大幅增加，西沙海域的"华光礁 I 号"、广东海域的"南澳 I 号""南海 I 号"、福建海域的"碗礁 I 号"、辽宁海域的"致远舰"等沉船，或是已有博物馆制作了固定陈列，或是策划临时展览并在多个省区的博物馆进行过巡回展览。同时，这一阶段国外的水下文化遗产特展也成为中国博物馆乐于引进的类型之一，例如韩国新安沉船文物以"大元帆影"之名在浙江省博物馆展出，韩国马岛沉船参加了广东省博物馆的"亚洲内海"展览，美国的"泰坦尼克"展览曾在广东省博物馆等多家博物馆展出，意大利的"向海而生：古罗马海港的传说"展览在海南中国南海博物馆等数地展出，希腊"爱琴遗珍——希腊安提凯希拉岛水下考古文物展"在故宫博物院展出等。笔者曾经统计过 2013 年至 2016 年我国的 87项海上丝绸之路主题展览的情况，结果表明这类展览在地域上呈现明显的不平衡性。① 东部沿海各省无论在原创展览数量还是展出场次上均具有明显优势，其中广东（分别为 15 个、25 场）在数量上遥遥领先，之后分别为福建、浙江、山东和江苏等省，其他省区在数量上则较为零星。在这些海上丝绸之路主题展览中，约有 1/3 是以水下考古成果和出水文物为主要展品策划而成的。2012 年以来，广东省博物馆共组织海上丝绸之路主题展览 15 项，其中以出水文物为主体展品的展览有 7 项。

本阶段展览对于水下文化遗产资源的运用，在题材发掘和学术研究的深度方面较第一阶段有明显提升，除可移动的水下文物外，作为不可移动

---

① 参见魏峻《海上丝绸之路：中国博物馆的阐释与展示（2013—2016）》,《中国文物报》2016 年12 月 20 日。

文物的文化遗产本体也成为展示的重要内容。同时，博物馆对于水下文化遗产资源的展示运用也呈现多样化趋势，用出水文物去再现水下文化遗产本体的内涵和故事、用出水文物去阐释构建历史（特别是海上丝绸之路史）、用出水文物去展示水下考古成果等成为展示运用最多的方面。

二、典型案例

白鹤梁遗址的保护和展示是我国水下文化遗产保护利用领域的一项创举。遗址位于重庆市涪陵区，是一条长约 1600 米、宽约 25 米的江心石梁，其上刻有唐朝广德元年（763）以来的历代文字题刻 165 段以及白鹤、观音等图案，记载了 1200 年间的 72 个枯水年份的水位，有"世界第一古代水文站"和"世界水下碑林"的美誉。由于长江三峡水利枢纽建成后该段江水的水位会升高淹没该石梁，为保护这一珍贵的水下文化遗产，文物行政部门组织专家进行深入研究，提出了为其专门建设一座水下博物馆的设想。中国工程院院士葛修润根据"原址建馆、原环境保护、原状态展示"的保护利用原则，提出以白鹤梁中段东部 65 米的题刻集中区域为主体修建水下保护工程的思路，即在题刻周围建起平面呈椭圆形、厚度为 3.5 米的导墙，并以导墙和其上覆盖的穹顶合成结构一体的"无压力容器"。[①] 观众可以通过岸上的陈列馆经由连接交通廊道进入水下展厅参观廊，透过展厅廊道上的 23 个观察窗并借助水中照明系统直接观赏白鹤梁水文题刻。2009 年 5 月 18 日，白鹤梁水下博物馆正式对公众开放，其

---

① 参见葛修润《白鹤梁古水文题刻——世界第一古代水文站的原址水下保护工程》，载中国文化遗产研究院编《2010 年水下文化遗产保护展示与利用国际学术研讨会论文集》，文物出版社 2011 年版，第 87—91 页。

在体制上隶属重庆中国三峡博物馆管理。2014 年，馆方为解决保护体内水体浑浊、生物滋生、泥沙沉积和观察窗玻璃光源衰减对参观造成的不利影响，开始进行水环境监测预警智能化系统改造，并将观察窗更换为透光度达 95% 以上的新材料，在加强保护遗产本体的同时，强化了观众的参观体验。[①] 白鹤梁遗址的保护方法是对联合国教科文组织《保护水下文化遗产公约》"原址保护"理念的创造性发展。联合国教科文组织的乌尔里克·格林认为白鹤梁水下博物馆是"世界上对水下文化遗产进行原址保护最好的，也是第一个例子，这座博物馆使得非潜水者也能接近遗产"[②]。

在国际上也有其他类似白鹤梁的水下博物馆。例如意大利西西里岛的卡马里纳（Camarina）湾被称为"沉船墓地"，该海区的许多沉船已被发掘并在卡马里纳博物馆（Camarina Museum）展出。与此同时，游客还可通过与主岛联通的海底透明通道参观公元 215 年的石柱沉船（石柱是来自埃及的黄色大理石）。[③]

与白鹤梁的保护不同，"南海 I 号"沉船考古案例则提供了进行水下文化遗产保护和展示的另一种思路——异地保护和展示。"南海 I 号"是发现于广东阳江海域的一条保存情况较好的南宋时期沉船。针对该沉船的保存现状、所在海域的海况及埋藏状况，考古学家提出了整体打捞的迁移

① 参见胡黎明《白鹤梁题刻水环境现状与水下展示提升问题》，《中国博物馆》2015 年第 3 期；邓佳、蒋锐、杨娟《航空有机玻璃在白鹤梁题刻水下参观廊道的应用》，《遗产与保护研究》2019 年第 2 期。

② 乌尔里克·格林：《联合国教科文组织〈保护水下文化遗产公约〉与水下博物馆发展》，载中国文化遗产研究院编《2010 年水下文化遗产保护展示与利用国际学术研讨会论文集》，文物出版社2011 年版，第 12—18 页。

③ Barbara Davidde, "Underwater Archaeological Parks: A New Perspective and A Challenge for Conservation-the Italian Panorama", *The International Journal of Nautical Archaeology*, Vol.31, No.1, 2002, pp.83-87.

保护方案。简单地说，该方案的思路是设计一个略大于沉船的钢结构容器，经过精确定位和静压下沉后使之沉降至海底设计标高，把沉船及其周围泥沙按照原状固定在容器内，然后在容器底部加装底托梁形成沉箱。再用大吨位浮吊船和万吨级半潜舶配合作业，把装载着沉船的沉箱打捞出水并拉移到指定地点进行保存和保护。[①]2007 年 12 月，"南海 I 号"考古打捞成功实施之后，被整体迁移到专门为其建造的广东海上丝绸之路博物馆"水晶宫"中进行后期考古发掘和公众展示。这种"边发掘、边展示、边保护"的策略，在完成水下文化遗产考古与保护工作的同时，也最大限度地实现了对资源的合理利用。除"南海 I 号"沉船外，广东海上丝绸之路博物馆还设有海上丝绸之路展、"南海 I 号"文物精品展等固定陈列，以及与"海丝"主题相关的临时展览等。该馆每年吸引数十万观众前来参观，成功地将这处水下文化遗产打造成当地最为重要的文化 IP。

　　"南海 I 号"沉船的考古打捞参考了欧洲的两艘著名战舰的考古案例：瑞典的"瓦萨号"考古和英国的"玛丽罗斯号"考古。"瓦萨号"是瑞典王国古斯塔夫二世建造的当时最先进的战舰，由于船体结构和配重设计不合理，"瓦萨号"在其 1628 年 8 月 10 日的首航时沉没于斯德哥尔摩港内。1956 年，考古学家安德斯·弗兰岑（Anders Franzen）成功定位了"瓦萨号"的沉没位置。瑞典政府组织海军和奈普顿打捞公司（Naptun Salvaging Company）共同参与打捞行动。1961 年 4 月，"瓦萨号"被打捞出水并置于干船坞中进行修复，后来又被安放到专门修建的瓦萨博物馆中进行展示。由于寒冷的波罗的海海水和淤泥的保护作用，"瓦萨号"船体约 95%

---

① 参见魏峻《中国水下文化遗产保护的新思路——以"南海 I 号"保护项目为例》，载中国文化遗产研究院编《2010 年水下文化遗产保护展示与利用国际学术研讨会论文集》，文物出版社 2011 年版，第 134—137 页。

得以保存下来。经过脱盐脱水和后期修复，现在瓦萨博物馆中已可以观赏到战船原貌。瓦萨博物馆不仅展示沉船船体和打捞出水的船舶构件、武器等，还详细介绍了这艘战船的历史、打捞技术及过程。博物馆的"船上生活"展厅，用复原展示的方式再现当时船员及军人的生活，对重点人物的生平和故事还分别进行了介绍。

1545 年 7 月，英法两国在朴次茅斯附近的索伦特海峡发生海战，服役 35 年的英国战舰"玛丽罗斯号"被击沉。1982 年，英国政府成立基金会负责对沉船进行打捞，6000 多万人通过电视转播观看了该项目。打捞出水的船体和器材被放置到为其专门建造的"玛丽罗斯号"博物馆内。玛丽罗斯博物馆位于英国朴次茅斯市，保存和展示着 16 世纪英国战舰"玛丽罗斯号"沉船船体以及各类藏品近 2 万件（套），2013 年向社会开放。2017 年，参观玛丽罗斯博物馆的游客数量达到 36 万人次，而由博物馆管理的历史码头区游客数量突破 85 万人次，为整个区域带来的直接经济效益超过 1.1 亿英镑。①

"南海 I 号"在考古打捞和展示方面与上述两艘战舰有较为明显的区别。相较于瑞典"瓦萨号"沉船的双驳抬撬打捞法和英国"玛丽罗斯号"沉船的吊篮打捞法而言，"南海 I 号"的钢沉箱整体打捞法能更完整地保存沉船的原生环境信息，保证该水下文化遗产的"原真性"和"完整性"。同时，将沉船的考古发掘和文物保护修复作为博物馆展示的亮点和重要内容，为参观者提供了更多的体验选择，增进了参观的趣味性。2009 年，广东海上丝绸之路博物馆开馆后，观众观展意愿强烈，社会反响良好，这些都证明了"南海 I 号"沉船的保护和展示实践是针对该项文化遗产的最

---

① 引自朴次茅斯历史码头区管理部门的统计数据，https://www.historicdockyard.co.uk。

佳可行方式。

三、未来策略

过去 40 多年的中国水下文化遗产的保护与展示历程，为更好地进行相关实践积累了经验。然而，与已取得的水下文化遗产保护及水下考古的成果相比，中国博物馆针对此类遗产进行的展示、传播还存在很大的提升空间。结合国内外的相关案例，未来中国博物馆的水下文化遗产之林应着力于以下三方面的结合。

（一）博物馆展示与原址展示相结合

在我国，水下文化遗产在博物馆进行展示是一种常态，但未来如果只满足于此显然是不够的。国际社会充分认识到水下文化遗产保护与展示的多样性，允许在有效保护水下文化遗产的前提下，通过考古发掘等方式获取水下的古代遗迹、遗物，并在博物馆或其他文化设施中进行展出。例如联合国教科文组织于 2005 年 12 月在越南通过的《会安草案——亚洲最佳保护范例》在论及水下遗产真实性与社区关系时就直接指出"水下文化遗产的展示应采取陆上和水下两种途径"①。然而，联合国教科文组织在此领域最重要的文件——《水下文化遗产保护公约》中将水下文化遗产的"原址保护"作为首选原则，鼓励"人们以负责的非闯入方式观察或记录原址

---

① UNESCO, "Hoian Protocols for Best Conservation Practice in Asia", http.//unesdoc, unesco. org/images/0018/001826/182617e.pdf, 2005–12.

保护的水下文化遗产，从而促进公众了解、欣赏和保护水下文化遗产"[1]。欧美不少国家在实践这一原则时获得了成功，实现了文化遗产保护和社会效益提升的双赢。这些国家通过建设水下遗址公园或者水下博物馆，引导公众关注水下文化遗产。美国佛罗里达州从 1987 年开始陆续把 11 处水下沉船和其他历史遗址所在海域划定为水下考古保存区（Underwater Archaeological Preserve）[2]，并开辟出对公众免费开放的水下公园。位于水下公园里中的遗迹附近会安装有"水下考古局"字样的保护标志和水下说明牌，成为活态的水下博物馆。[3] 感兴趣的观众可以潜水进入水下公园，也可登录"www.museumsinthesea.com"网站进行虚拟参观。实践证明，带有信息的水下说明牌能大幅提升参观者的兴趣与体验感。同时，佛罗里达州还推出了包含沿岸社群、环境、灯塔、历史港口和历史沉船等 6 个主题的海洋遗产径（Florida Maritime Heritage Trail），将陆地和海洋中的遗产、环境、社区连接起来。欧洲的克罗地亚对水下文化遗产的保护和展示采取了更加务实的政策，推出约 80 处开放的水下遗址，公众可以在专业人员的引导下参观。当然，为保障水下文化遗产的安全，当地政府使用螺纹钢框架对其中一些遗址进行了覆盖；或者通过博物馆与遗址相关联的方式展示水下文化遗产，例如考古人员将帕格（Pag）岛海域的公元前 1 世纪沉船中出水的文物放置到附近的诺瓦尔加城博物馆（Navalja City Museum）

---

[1] UNESCO, "Convention on the Protection of the Underwater Cultural Heritage", Article2. 9, 2002, https://unesdoc.unesco.org/ark./48223/pfOOOO126065？possinSet=1&queryId=3efee27c—73c3—48e3—860d—467b73ee99ea.

[2] www.flheritage.com/archaeology/maritime/index.cfm.

[3] 参见《水下文化遗产行动手册》，国家文物局水下文化遗产保护中心译，文物出版社 2013 年版，第 7—8 页。

展览，而沉船本体则采用了原址展示的方式。① 这一举措让水下的沉船遗址和陆上的博物馆都成了该区域重要的文化和旅游品牌。古根海姆博物馆给西班牙毕尔巴鄂带来的城市更新的成功案例，也吸引了一些国家试图通过文化发展带动经济提升。埃及政府利用亚历山大的阿布基湾和亚历山大湾等海域发现的古埃及和托勒密时代的水下遗迹，提出建设每年接待 300万观众的"沉没之城博物馆"计划。拟建的博物馆由海岸雕塑园、水面上的钢结构风帆和水下展厅三部分组成，观众可以透过环形展厅近距离欣赏海底的精美古代文物。②

　　进入 21 世纪后，我国才有水下文化遗产被确定为全国重点文物保护单位（北礁沉船遗址，2006），或划定出水下文物保护区（如"南海 I 号"水下文物保护区、"南澳 I 号"首选文物保护区，2015）。不过，除了已建成博物馆的白鹤梁遗址外，目前国内尚无向公众开放的原址保护的水下文化遗产。2010—2012 年，中国水下考古队对广东海域的"南澳 I 号"明代沉船进行了连续的考古发掘并对遗产本体、出水文物进行了不同的保护处理。从船体中提取的 3 万余件（套）出水文物被分别保存在广州、汕头、北京等城市的国有文物收藏机构中。在经过保护处理和修复加固后，广东省博物馆曾利用部分出水文物策划了"牵星过洋——万历时代的海贸传奇"展览在本馆及香港展出，并组织了"明代贸易船：南澳 I 号"展览赴韩国国立海洋文化财研究所展出。沉船本体则进行了原址保护，考古机构为沉船订制了一个用 800 毫米和 290 毫米钢管焊接的金属保护罩以策安

---

① 参见［克罗地亚］贾森·梅西奇《可持续发展的资源：克罗地亚案例研究》，严志军译，《国际博物馆（中文版）》2008 年第 4 期。

② 参见阿里尔·福奇斯《亚历山大博物馆水下考古项目："沉没古城"》，载《2010 年水下文化遗产保护展示与利用国际学术研讨会论文集》，文物出版社 2011 年版，第 142—146 页。

全。① 经过其后数个年度的考古调查回访，确认沉船遗址和保护罩都保存良好。2016 年《国务院关于进一步加强文物工作的指导意见》和司法部网站上公示的《中华人民共和国水下文物保护管理条例修订草案》（送审稿）② 都有条款提出设立"海洋历史文化遗址公园"或者"水下考古遗址公园"。基于此，建议文物行政部门解放思想、先行先试，在可控和安全的前提下尝试将"南澳 I 号"沉船遗址向公众开放。

（二）博物馆展示与数字化展示相结合

无论是原址保护抑或在博物馆中的水下文化遗产，对其本体进行直接展示无疑是最常见和最直观有效的方式，参观者借助视觉或者其他感官获取相关信息。近年来，互联网、大数据、云计算、5G、人工智能等新兴网络通信技术正在迅速改变着人们的生活。这些技术同样渗透到博物馆领域的方方面面，在给博物馆带来新挑战的同时，也赋予了发展的新机遇。近 10 年来，中国博物馆为了营造更加真实的展览体验，帮助观众更好地理解展览主题或者展品本身，往往会在实物、文字（影像）、辅助展品之外，通过多媒体（二维码、VR、AR 等）技术进行数字化展示。适量和合理的数字化组合和交互能够很好地解决展览的空间与时间局限性问题，实现博物馆"非正规教育"的功能并满足观众自我学习的需要，这也是博物馆讲好文物故事，实现从"以物为主"向"以人为本"转变的有效方式。对于水下文化遗产的博物馆展示而言，在依托出水文物演绎主题、阐明思想、传播知识的同时，也要善用数字化技术和数字化展示。大体而言，对

---

① 参见崔勇《前世与今生——"南澳 I 号"沉船发现、调查与发掘纪实》，载《牵星过洋：万历时期的海贸传奇》，岭南美术出版社 2015 年版，第 35—37 页。

② http://www.moj.gov.cn/news/content/2019-03/19/zlk_230967.html.

于水下文化遗产的数字化展示包括三个方向：一是利用多媒体技术辅助展览展示。例如广东省博物馆"牵星过洋——万历时代的海贸传奇"展览中，就运用了 3D 展示（用于展厅和图录）、知识加油站、游戏、动画、触摸屏等多种方式解读展览和展品信息。① 二是利用数字技术把博物馆的线下展览打造成线上展览。2020 年初的疫情激励博物馆改变服务方式，其中"云观展"更是成为居家人群逛博物馆的重要途径。通过制作适于网络传播的水下文化遗产主题虚拟展览，能让人们随时随地逛一逛自己感兴趣的"网上博物馆"。三是原址保护的水下文化遗产的数字化展示。除专业的水下考古人员和获得许可的潜水者外，其他参观者往往无法亲身体验埋藏在水下的文化遗产，利用网络信息和多媒体技术，通过三维虚拟漫游或者远程监控、实时录像的方式就能把这些文化遗产的空间及背景知识、感触等灌输给陆地上的观众，让他们能够直观和随心所欲地感受这些文化遗产。

早在 2007 年，巴西的巴伊亚联邦大学水下考古及民族志研究中心（ARCHEMAR）就在尝试建设一座水下博物馆的同时，也开始使用通过穿戴式装备让观众欣赏数字影像与真实图景混合的水下文化遗产虚拟展示。②

（三）博物馆展示与公共空间展示相结合

如前所述，水下文化遗产展示的主题可以是直接表达文化遗产的属性

---

① 参见黄青松《新技术助力展览影响力》，载《广东省博物馆展览解析（2014—2015）》，广东人民出版社 2018 年版，第 108—119 页。

② 参见 [巴西] 希尔松·兰贝利《保卫巴西水下文化遗产：法律保护与公共考古学》，韦清琦译，《国际博物馆（中文版）》2008 年第 4 期。

和特征（无论是原址还是异地，也无论是不可移动还是可移动文物），也可以是不限于文化遗产本身的拓展性展示，比如围绕历史事件、海洋贸易、造船航海、港口航路、文化交流，甚至水下考古、文物保护等内容展开。虽然相较而言，前者因为受到研究深度、遗产本身的历史性与故事性、相关展品的丰富程度等方面的限制，总体数量仍然较少，存在较大的提升空间，但两者在实现知识传播功能方面的需求和功能却完全相同。对于水下文化遗产本身而言，1996 年的国际古迹遗址理事会（ICOMOS）在《水下文化遗产保护与管理宪章》中强调了从遗址展示的可达性角度强化传播（Dissemination）和公众参与的重要性，"应通过各种媒体的通俗展示提升公众对水下文化遗产的研究成果及其价值的了解"；《会安草案》则更加直接地指出"公共展示有助于提升社区的兴趣。展览不应只在博物馆内举行，还应在例如旅店等相关旅游场所举办，以便使得更广泛的利益相关者能够一睹水下研究的成果"[1]。现代博物馆越来越强调教育、服务功能，而在当前我国文旅融合的大背景下，博物馆的功能不能只在馆舍天地之中充分实现，还应该关注并拓展博物馆围墙之外的其他公共空间，让博物馆展览和其他资源能够"走进社会、走近观众"，这是博物馆更好提升服务效能、拓展传播方式的创新做法。2015 年和 2017 年，广东省博物馆就分别与广州地铁、广州白云机场合作，把以出水文物为主要展品的"海上丝绸之路"主题展览送到广州的地铁枢纽站点、机场艺术空间展出，数

---

[1] UNESCO, "Hoian Protocols for Best Conservation Practice in Asia", http://unesdoc, unesco. org/images/0018/001826/182617e.pdf, 2005-12; UNESCO, "Convention on the Protection of the Underwater Cultural Heritage", Article2.9 , 2002, https://unesdoc.unesco.org/ark./48223/pfOOOO126065 ? possinSet=1&queryId=3efee27c—73c3— 48e3—860d—467b73ee99ea.

月时间分别吸引了超过 200 万和 90 万人次的旅客驻足观看 ①，社会效益提升显著。对于未来博物馆的水下文化遗产展示来说，探索创新之道，对展览内容与科技手段、知识传播、艺术形式进行"无缝对接"，将展览的空间从博物馆向城市公共空间扩展，实现博物馆与公众、与社会之间的超级链接，以提升群众的生活品质和树立文化自信，而这些也必将更好地实现水下文化遗产的阐释和展示，甚至成为推动中国博物馆事业跨越式发展的源头活水。

（原载《中国博物馆》2020 年第 3 期）

---

① 参见魏峻《中国博物馆的发展新导向》，《东南文化》2019 年第 2 期。

军事文化遗产的价值阐释[*]

赵丛苍　张　朝

文化遗产，"是指由先人创造并保留至今的一切文化遗存，分别被表述为物质文化遗产、非物质文化遗产、文献遗产和文化景观类遗产等""是一个地区、一个民族或一个国家极为重要的文化资源和文化竞争力的构成要素"。^①军事文化遗产则是历代人们在军事活动中形成的与军事活动有关的遗迹、遗物及其历史发展的全过程。我们认为中国军事文化遗存可以分为五个部分：其一，军事防御体系，如城防遗址类的长城、关隘、烽火台、城垣、壕沟、栅栏、营堡、屯堡、海防筑城等，军事交通类的道路、运河遗址等；其二，军事装备类遗存，如原始社会的石球、石刀、石矛等石兵器，历史时期的剑、刀、矛、弓箭等铜铁兵器和战车、战船、火药等；其三，军事名人遗迹，如军事将领、起义领袖、战斗英雄的印章、墓葬、居所等；其四，其他战场遗址、战争掩埋遗迹以及与军事有关的兵书、文献资料、器物铭文等；其五，与军事活动相关的口头文学、

---

*　本文为 2013 年度国家社科基金重大项目（第二批）"军事考古学研究"（项目编号：138&ZD102）的研究成果。

① 贺云翱：《文化遗产学初论》，《南京大学学报（哲学·人文科学·社会科学版）》2007 年第 3 期。

歌曲、舞蹈、传统手工艺等非物质文化遗存。军事文化遗产是历史的产物，具有较强的时代性与地域性，同时，作为文化遗产的一部分，其也具有独一性、不可复制性与不可再生性等特点。

随着军事考古学的不断深入发展，丰富的军事文化遗产得到揭示和研究，但其作为文化遗产的价值还有待进一步的挖掘。[①] 价值是一种抽象的感知，是人们对某种事物的看法及感受，能够影响人们的社会活动，在人们的生活中十分重要。马克斯·韦伯认为，如果个人不对世界表态，那么无论世界如何精彩绝伦，对其而言亦毫无价值。[②] 作为文化遗产重要组成部分的军事文化遗产，具有文化遗产的普遍价值，是人类智慧与进步的结晶，同时由于军事本身就是人类社会的特殊活动，军事文化遗产所体现的价值更具特殊性。深刻理解其价值内涵，在一定程度上是对热爱和平、崇尚息兵止战的人类普世价值观的重塑和巩固。

一、文化遗产的价值

传统意义上，我们将文化遗产作为文物来进行研究和保护，而文物的价值一般被认为包括历史、艺术、科学三个方面。但随着我们对文化遗产认识的不断加深，其价值就有了更加科学的表述。

1972 年联合国教科文组织（UNESCO）在《保护世界文化和自然遗产公约》中强调文化遗产具有"突出的普世价值"（outstanding universal value）、"真实性"（authenticity）与"完整性"（integrity），对于非物质文

---

① 参见赵丛苍《论军事考古学的现实意义》，《中国文物报》2013 年 8 月 16 日。

② 参见［德］马克斯·韦伯《社会科学方法论》，韩水法、莫茜译，中央编译出版社 2002 年版。

化遗产则突出其"特殊价值"（special value）。其中，对于"突出的普世价值"有如下描述。

1. 表现人类创造力的经典之作。

2. 在某个期间或某种文化圈里对建筑、技术、纪念性艺术、城镇规划、景观设计之发展有巨大影响，促进人类价值的交流。

3. 呈现有关现存或者已经消失的文化传统、文明的独特或稀有之证据。

4. 关于呈现人类历史重要阶段的建筑类型，或者建筑及技术的组合，或者景观上的卓越典范。

5. 代表某一个或数个文化的人类传统聚落或土地使用，提供出色的典范——特别是因为难以抗拒的历史潮流而处于消灭危机的场合。

6. 具有显著普遍价值的事件、活的传统、理念、信仰、艺术及文学作品，有直接或实质的联结（世界遗产委员会认为该基准最好与其他基准共同使用）。

以上6条提供了一种判定文化遗产的基准，该基准更多地体现了一种普世价值观，反映了人类对历史的回顾与反思，文化遗产作为历史见证物的价值在该基准中表现得尤为突出，但其他方面的价值却缺乏体现。而"真实性"与"完整性"是针对文化遗产本体所提出的历史痕迹的观察，是保护和利用文化遗产的基本出发点，也未能全面体现文化遗产的价值。

之后，《实施〈世界遗产公约〉操作指南》将文化遗产的价值分为三类进行描述。

1. 情感价值：a. 惊叹称奇；b. 趋同性；c. 延续性；d. 精神的和象征的崇拜。

2. 文化价值：a. 文献的；b. 历史的；c. 考古的，古老和珍稀；d. 古人类学和文化人类学；e. 美学的；f. 建筑艺术的；g. 城市景观的；h. 风景的和生态学的；i. 科学的。

3. 使用价值：a. 功能的；b. 经济的，包括旅游；c. 教育的，包括展现；d. 社会的；e. 政治的。

然而，这样的价值表述虽然比较全面，但缺乏精要，没有一针见血地指出文化遗产价值的深刻内涵。

有学者在上述价值描述的基础上对文化遗产价值进行了深入分析，认为其包含判断、建构、计算与赋予四个层面的内容，并指出，"人类遗产来自过去与自然，其价值并未随时光而流逝，它在不同历史时段表现出不同的价值量，古之人与今之人，从不同的意义层面需要'人类遗产'"①。而哲学意义上的价值，本质上是"客体主体化，是客体对主体的效应，主要是对主体发展、完善的效应"②，应当涉及主体和客体两方面的内容。文化遗产的价值解读也要恰当地理解主客体的关系。文化遗产价值的评价主体当然是文化遗产自身，客体则应涉及社会、经济、历史等方面，因此我们认为文化遗产应当具有社会价值、经济价值、历史价值等基础价值要素。

社会价值是文化遗产社会属性的反映。文化遗产虽然是历史的产物，但其存在于当下，与社会中的方方面面都有联系，这就导致社会必然对文化遗产有所反映。西尔弗曼（Helaine Silverman）和拉各斯（D.Fairchild Ruggles）在《文化遗产与人权》（*Cultural Heritage and Human Rights*）一书中指出，文化遗产本身就是社会身份构成中的重要因素，对于个人的生存

---

① 赵红梅：《论遗产的价值》，《东南文化》2011 年第 5 期。
② 郭凤志：《价值、价值观念、价值观概念辨析》，《东北师大学报》2003 年第 6 期。

来说，它能够提供情感归属、经济支持和荣誉意义。①

经济价值是文化遗产经济属性的反映。文化遗产所具有的独一性和不可复制性造就了其所具有的非凡的经济价值。虽然文物及传统工艺并不能以金钱作为衡量价值的标准，但目前文化遗产在经济发展中有着重要的作用，而且随着经济结构的不断完善，文化遗产的经济价值会得到进一步的挖掘。

历史价值是文化遗产最本质的价值。文化遗产是历史发展的结果，没有历史的不断沉淀，文化遗产就无法形成其应有的价值，其社会价值与经济价值都是建立在历史价值基础之上的。

综上，社会、经济、历史价值共同构成了文化遗产的价值体系，它们相互关联、相互促进，共同统一于人类的发展中。

二、军事文化遗产的价值

军事文化遗产是文化遗产的一部分，具有文化遗产的普遍价值，即社会价值、经济价值、历史价值同样是军事文化遗产所具有的价值内涵。

军事文化遗产的社会价值是对其社会属性的阐释，集中表现在其与社会的互动关系上。军事文化遗产处于一定的社会环境当中，与外延的人群、组织、环境等有着密切的关系。以长城为例，其在中国古代历史上存在了 2000 余年，长期作为农牧业的边界影响着历朝历代的疆域开拓，如今，长城已经失去了作为疆域边界的政治意义，而逐渐演化为中华文明的代表，体现了中华民族的力量与智慧，成为中华民族不屈的象征，激发着

---

① H.Silverman and D.F.Ruggles, *Cultural Heritage and Human Rights*, New York：Springer，2007.

人们的奋斗精神，其所积淀的社会价值不可估量。此外，军事文化遗产所包含的传统工艺技术、歌唱舞蹈等非物质文化遗存，也具有较高的社会价值，有时其价值甚至是物质文化遗存所不可比拟的。如藏族传统史诗《格萨尔王》是藏民族非物质文化遗产的典型代表，在"霍岭大战""姜岭大战""门岭大战"等诸多篇章中都不乏对战争的描述，其在世代相传中逐渐成为藏民族的精神支柱，对藏民族的发展有着重要意义。在当今社会，发挥军事遗存的社会价值是十分有必要的，这不仅是社会发展的需要，更是激发社会活力、推动文明复兴的需要。

军事文化遗产的经济价值是与文化遗产的经济价值相对应的。当前，文化遗产的开发与利用已经成为社会热点话题。毋庸讳言，以金钱衡量文化遗产的价值是一种普遍存在的现象，对军事文化遗产的经济开发即是挖掘其经济价值的过程。如秦始皇陵兵马俑坑的开发利用为促进当地的经济发展提供了新的动力，每年到秦始皇陵兵马俑博物馆参观的游客数以万计，门票及周边产品的收入十分可观。此外，古代军事科技对当今科技的发展也有着借鉴意义，深入挖掘古代军事科技同样能够助推经济的发展。但需要指出的是，军事文化遗产的开发需要建立在保护的基础之上，科学合理的保护是文化遗产经济价值得以保值和升值的基础。军事文化遗产是历史的产物，历史价值是其本质的反映。在历史长河中，军事活动始终伴随着人类的发展，与其他文化遗产一样，军事文化遗产也是历史的见证人，其将人类的军事活动痕迹保存下来，为人类的发展提供参考与借鉴，如海防遗址为当前的海疆保卫提供了国防借鉴，明清时期的海岸卫所、城堡遗址可以为当前的海疆布防提供参考等。总之，军事文化遗产是文化遗产的一部分，两者在价值内涵上存在共性。我们应当提炼军事文化遗产的内涵价值，推动军事文化遗产的研究，深化对军事遗存价值的认识，进而使文化遗产的价值得到更好的阐释。

三、军事文化遗产的价值阐释

文化遗产的价值是其赖以永续发展的基础，也是文化遗产保护中的核心问题。有学者认为，"整个文化遗产保护事业就是建立在文化遗产价值体系发展的基础上，从其发展历程来看，由于对遗产价值的认识不断深化发展，这才逐渐形成了系统、完备的价值认知体系，而这一体系则是对文化遗产进行价值评估的基础"[1]，因此，为了促进军事文化遗产的科学保护和利用，需要更好地阐释军事文化遗产的价值。

军事文化遗产的价值阐释应当遵循文化遗产的价值阐释规律。1999年，国际古迹遗址理事会（ICOMOS）在《国际文化旅游宪章（重要文化古迹遗址旅游管理原则和指南）》中对文化遗产的阐释给予了充分重视，指出，"阐释"是"向游客或东道主社区解释并展示东道主社区历史遗址、物品、收藏或活动有形和无形的价值和特点，包括研究工作"，因此，阐释的目标就是将文化遗产的价值展现在人们面前。该宪章还制订了阐释和展示文化遗产的原则与目标，并对阐释计划做了具体指导，如"阐释计划应该将遗产的各种价值以一种相关和可行的方法，通过适当的、启发性的当代教育形式、媒体、科技和个人对历史环境和文化信息的解释，向东道主社区和旅游者展现"[2]等。据此可知，文化遗产的价值阐释需要经历媒介、解释、展现三个环节，即通过一定的媒介对相关信息进行解释，最后

---

① 丛桂芹：《价值建构与阐释：基于传播理念的文化遗产保护》，博士学位论文，清华大学，2013 年。

② 张松：《城市文化遗产保护国际宪章与国内法规选编》，同济大学出版社 2007 年版。

展现在社会及人群面前。

关于媒介。联合国教科文组织在《世界文化多样性宣言》第 6 条 "促进面向所有人的文化多样性" 中指出："言论自由，传媒的多元化，语言多元化，平等享有各种艺术表现形式，科学和技术知识，包括数码知识以及所有文化都有利用表达和传播手段的机会等，均是文化多样性的可靠保证。"[①] 这里强调了文化传播媒介的多样性，即利用多种不同的传播工具将文化的内涵及价值展现出来，而这也是文化遗产所需要的。传播学先驱哈罗德·拉斯韦尔（Harold Lasswell）曾指出，环境监视、社会协调、社会遗产传承是大众传播的三大功能。[②] 文化遗产的价值阐释需要利用媒介进行推广，但在军事文化遗产的价值阐释过程中，在利用各类媒介进行传播的同时，还需要注意对军事文化遗产本体价值的反映。在信息时代，可以利用的媒介十分丰富，单一的传播途径作用有限，构建起以移动客户端为主的新媒体传播体系对文化遗产的价值传播而言十分重要。

关于解释。解释是对事物内涵的提炼，文化遗产的价值阐释需要对其价值内涵进行提炼。文化遗产具有社会、经济、历史价值，三者构成了文化遗产价值体系的基础，军事文化遗产的价值阐释也需要从这三方面出发进行阐释。如遵义海龙屯遗址拥有独特的山城防御体系，见证了中国古代土司制度和 "改土归流" 的历史发展，是中央与地方、中原与边疆互动的见证者，保护和利用海龙屯遗址也能够对当地社会的经济发展产生积极影响，因此，包括海龙屯遗址在内的土司遗址于 2015 年成功入选 "世界遗

---

① 文化部外联局：《联合国教科文组织保护世界文化公约选编》，法律出版社 2006 年版。

② Harold Lasswell, "The Structure and Function of Communication in Society", in Lyman Brysoned. *The Communication of Ideas*, New York: The Institute for Religious and Social Studies, 1948, pp.37–51.

产名录"。诚然，每个人对文化遗产的理解不同，因而对文化遗产价值的阐释也千差万别，军事文化遗产的价值解释并不强求千篇一律，而需要发挥社会公众的智慧进行广泛探讨。

关于展现。展现是文化遗产价值阐释的最终环节，它将人与遗产直接联系起来，是直观的价值表现。文化遗产的价值并不是每个人都能理解的，只有通过专业人员的深度研究，再以合理、科学的方式展现出来，才能使其价值达到最大化，从而让更多的社会公众参与到文化遗产的保护事业当中。2010 年 5 月，陕西省考古研究院成立公众考古部，这是努力让考古为公众服务的一个行政性表达。多年来，该机构举办了多场公众考古报告会，向社会公众展示每一年度的考古发现，通过专家讲解和交流，让观众更好地理解文化遗产的价值，从而促进文化遗产保护事业的发展。这为今后更好地展现军事文化遗产价值提供了一个范例。同时，诸多大遗址博物馆的建立将军事文化遗产的价值通过更直观的方式展现了出来，如唐大明宫丹凤门遗址博物馆展示了唐大明宫正南门遗址，参观者能够借此获得对唐大明宫宫门军事防御的直观感受。

军事文化遗产与文化遗产在价值阐释的方法上是紧密相关的，因此，需要在文化遗产价值阐释的框架下进行军事文化遗产的价值阐释。通过媒介表达军事文化遗产的价值信息，在理解的基础上进行解释，最终将通俗易懂、简明扼要的价值内涵展现于社会大众面前，这是军事文化遗产价值阐释的可靠路径。

从本质上来说，军事文化遗产是文化遗产的重要组成部分，探讨其价值、对其进行保护并不是为了宣扬战争主义，而是提醒人们借鉴历史，警示战争带来的恶果，并将其作为人类共同的记忆不断传承下去。"如何建立中国自己的、定义准确的文化遗产价值评价体系是中国文化遗产保护工作面临的一个重要而基本的问题。"① 这同样也是军事文化遗产保护工作所面临的问题，国际社会所依照的"突出的普世价值""真实性""完整性"等基准是文化遗产价值的普遍评价体系，但我国历史悠久，文化遗产有着独特的发展属性，军事文化遗产更是与世界其他地区有着较大的差别，如何建立起中国军事文化遗产的价值评估体系并设计阐释方案是今后值得深入思考的问题。

（原载《文物春秋》2020 年第 3 期）

---

① 吕舟：《从张飞庙的保护谈中国文物建筑保护面临的新问题》，载重庆市文物局、重庆市移民局《重庆·2001 三峡文物保护学术讨论会论文集》，科学出版社 2003 年版，第 312—315 页。

环首都国家文化公园体系探析[*]

张宝秀

2019 年，我国提出打造长城、大运河、长征三个国家文化公园。其中，长城、大运河北京段分别是长城、大运河国家文化公园的重要组成部分。北京市三条文化带保护发展实践为构建环首都国家文化公园体系提供了有利条件。构建环首都国家文化公园体系，将有利于更好发挥首都全国文化中心示范带动作用、三条文化带整体性系统性保护发展、北京历史文化名城保护体系构建和京津冀区域文化协同发展，同时，可以凸显北京历史文化的整体价值，塑造成为具有首都特色的中华文化标识。

一、国家文化公园的提出和工作推进

2017 年 2 月，习近平总书记在北京考察工作时，明确提出保护好北京历史文化的要求。他强调指出，北京历史文化是中华文明源远流长的伟

---

* 本文为 2013 文化类新批国家自然科学基金项目"线性文化遗产空间解构与区域响应研究"（项目编号：41371158）的部分研究成果。

大见证，要更加精心保护好，凸显北京历史文化的整体价值，强化"首都风范、古都风韵、时代风貌"的城市特色。①2017 年 5 月，中共中央办公厅、国务院办公厅印发的《国家"十三五"时期文化发展改革规划纲要》在《中华文化传承工程》专栏中提出，将依托长城、大运河、黄帝陵、孔府、卢沟桥等重大历史文化遗产，规划建设一批国家文化公园，形成中华文化的重要标识。其中，长城、大运河、卢沟桥与北京长城文化带、大运河文化带、西山永定河文化带相关，卢沟桥是北京西山永定河文化带上的一个重要节点。

2019 年 7 月 24 日，习近平总书记主持召开的中央全面深化改革委员会第九次会议审议通过了《长城、大运河、长征国家文化公园建设方案》。会议指出，这三个国家文化公园项目，要结合国土空间规划，坚持保护第一、传承优先，对各类文物本体及环境实施严格保护和管控，合理保存传统文化生态，适度发展文化旅游、特色生态产业。2019 年 12 月 5 日，中共中央办公厅、国务院办公厅印发了《长城、大运河、长征国家文化公园建设方案》。长城、大运河、长征国家文化公园的建设目标，是计划用 4 年左右时间，到 2023 年底基本完成建设任务，其中长城河北段等作为重点建设区于 2021 年底前完成。通过建设使长城、大运河、长征沿线文物和文化资源保护传承利用协调推进局面初步形成，权责明确、运营高效、监督规范的管理模式初具雏形，形成一批可复制推广的成果经验，为全面推进国家文化公园建设创造良好条件。

---

① 参见《习近平谈世界遗产》，《人民日报》(海外版) 2019 年 6 月 6 日。

二、北京三条文化带保护发展实践

文化带形式有利于区域文化遗产连片、成线整体保护利用。北京市在 2015 年 11 月的《中共北京市委关于制定北京市国民经济和社会发展第十三个五年规划的建议》中提出了长城、大运河、西山三条文化带的保护利用建议，旨在推进区域文化遗产连片、成线整体保护利用，挖掘区域文化遗产整体价值。《北京城市总体规划（2016 年—2035 年）》中提出"构建四个层次、两大重点区域、三条文化带、九个方面的历史文化名城保护体系"，其中包括"推进大运河文化带、长城文化带、西山永定河文化带的保护利用"。

东西万里长城和南北京杭大运河，一横一纵，两项世界文化遗产，形成了我国大地北部和东部的主要人文地理框架。东北自长城居庸关所在的关沟向西南方向绵亘 400 多千米的太行山则是中原地区与黄土高原的地理分界线。北京地区的长城、大运河、西山永定河三条文化带坐落在我国北部、东部人文地理大框架的东北端交汇处，历史上与北京城关系密切、不可分割，环抱京城、控扼冲要、同步发展，承担着重要功能。

可以说，北京市三条文化带是在北京城市诞生、发展、地位不断提升和南北民族文化融合不断深入的历史过程中逐步形成和发展的，作为北京城周围的辅助性、服务性区域，与北京城同步发展，文化积累越来越深厚，文化内涵越来越丰富，承载着天地人和、国家一统，民族团结、宗教和谐，文化融合、包容厚德，首善垂范、开拓创新的文化精神，具有丰富厚重的文化、生态、经济、政治、社会价值。

建设全国文化中心要集中做好首都文化这篇大文章，重点抓好"一核一城三带两区"。这对于将全国文化中心建设落到实处，整体保护北京历史文化名城，凸显北京历史文化的整体价值，生态文明与文化遗产保护并重，发挥文化中心对全国政治中心、国际交往中心、科技创新中心的支撑作用，努力建设成为国际一流的和谐宜居之都，强化"首都风范、古都风韵、时代风貌"的城市特色具有重要战略意义。

三年来，北京市三条文化带分别编制了保护发展规划，采取了系列保护和建设措施，开展了丰富多彩的文化活动。2020 年 4 月发布的《北京市推进全国文化中心建设中长期规划（2019 年—2035 年）》对北京市推进全国文化中心建设"一核一城三带两区"的总体框架进一步进行了部署和规划落实，提出依托三条文化带构建历史文脉和生态环境交融的整体空间结构。按照《长城、大运河、长征国家文化公园建设方案》，北京市也在积极参与长城、大运河国家文化公园建设，其中，《北京市大运河国家文化公园建设保护规划》已基本完成。

三、依托三条文化带构建环首都国家文化公园体系

环首都国家文化公园体系是指环绕在首都周边的系列国家文化公园，可以命名为"首都国家文化公园"，这一设想是基于北京三条文化带的发展实践。大运河、长城、西山永定河三条文化带是京津冀区域文化协同发展的空间载体和文化纽带，环首都国家文化公园体系可以成为首都城市圈的文化载体，其构建有利于促进环京津冀区域文化遗产连片、成线保护、传承和利用，助推京津冀协同发展战略的落实。

有利于更好发挥首都全国文化中心示范带动作用。建设国家文化公园是党中央推动新时代文物和文化资源保护传承利用的战略决策，是深入贯彻落实习近平总书记关于发掘好、利用好丰富文物和文化资源，让文物说

话、让历史说话、让文化说话，推动中华优秀传统文化创造性转化和创新性发展、传承革命文化、发展先进文化等一系列重要指示精神的重要举措，是《中华人民共和国国民经济和社会发展第十三个五年规划纲要》《国家"十三五"时期文化发展改革规划纲要》确定的国家重大文化工程，"对于进一步坚定文化自信，充分彰显中华优秀传统文化持久影响力、革命文化强大感召力、社会主义先进文化强大生命力将产生广泛而深远的影响"[①]。北京依托大运河、长城、西山永定河三条文化带构建环首都国家文化公园体系，作为北京市推进全国文化中心建设的重要抓手，将三条文化带的保护发展提升到国家战略层面，加大推进力度，有利于更好发挥首都全国文化中心示范作用，有利于推动北京大运河文化带、长城文化带、西山永定河文化带分别成为全国大运河文化带、长城文化带、太行山文化带、永定河文化带的龙头，发挥示范、引领和带动作用。

有利于三条文化带整体性系统性保护发展。北京构建以大运河、长城、西山永定河三条文化带为主体的环首都国家文化公园，作为落实依托长城、大运河、卢沟桥等重大历史文化遗产，"规划建设一批国家文化公园，形成中华文化的重要标识"的北京实践，有利于在每条文化带保护、传承、利用各自成系统的基础上，推进三条文化带的整体保护、系统保护，统筹保护好、传承好、利用好三条文化带宝贵的文化遗产和生态环境。

有利于北京历史文化名城保护体系构建。《北京城市总体规划（2016年—2035年）》创新性地提出了构建"老城、中心城区、市域和京津冀

---

① 《探索新时代文物和文化资源保护传承利用新路——中央有关部门负责人就〈长城、大运河、长征国家文化公园建设方案〉答记者问》，2019年12月5日，中国政府网。

四个空间层次，老城和三山五园两大重点区域，大运河、长城、西山永定河三条文化带"以及世界遗产和文物等 9 个方面的历史文化名城保护体系。老城和北京三条文化带都是北京历史文化名城保护体系的重要组成部分，环首都国家文化公园体系建设将有力助推北京历史文化名城保护与传承发展体系的构建。

四、构建环首都国家文化公园体系的路径建议

建设国家文化公园是国家实施的重大系统工程，环首都国家文化公园体系建设需要加强系统性、综合性的统筹协调体制机制建设。构建环首都国家文化公园体系，或称之为建设"首都国家文化公园"，建议北京市和各区在全国文化中心建设领导小组之下增设"名城保护和首都国家文化公园建设组"，将统筹性很强的"以历史文化名城保护为根基"的理念、思想和北京市国家文化公园建设，特别是首都国家文化公园建设举措落实到工作组织层面。

做好顶层设计。首都国家文化公园建设首先要明确指导思想、基本原则和建设目标，编制建设保护规划，制订建设实施方案，坚持保护第一、传承优先、规划先行，坚持"点、线、面、体"相结合，统筹协调推进三条文化带的保护和发展，细化分解重点工作，明确时间表和路线图，这样才能加快推进环首都国家文化公园体系的构建。

依托三条文化带构建环首都国家文化公园体系，应以习近平新时代中国特色社会主义思想为指导，以培育和弘扬社会主义核心价值观为引领，落实《北京城市总体规划（2016 年—2035 年）》和《北京市推进全国文化中心建设中长期规划（2019 年—2035 年）》，以大运河、长城、西山永

定河文化带一系列主题明确、内涵清晰、影响突出的文物和文化资源为主干，以良好的生态环境为本底，以"文化＋科技＋旅游"融合发展为手段，坚持三条文化带整体保护、系统保护，推动公共文化服务体系示范区和文化创意产业引领区建设，充分展示和呈现中华优秀传统文化、革命文化、社会主义先进文化及其在北京的具体体现和生动实践"首都文化"的独特创造、价值理念和鲜明特色，促进科学保护、世代传承、合理利用，积极拓展思路、创新方法、完善机制，做大做强中华文化重要标志。

参照《长城、大运河、长征国家文化公园建设方案》，首都国家文化公园建设应当遵循保护优先、强化传承，文化引领、彰显特色，总体设计、统筹规划，积极稳妥、改革创新，因地制宜、分类指导的原则，根据文物和文化资源的整体布局、禀赋差异及周边人居环境、自然条件、配套设施等情况，结合国土空间规划，重点建设管控保护、主题展示、文旅融合、传统利用等主体功能区。

用5年左右时间，通过分步建设使环首都三条文化带沿线文物和文化资源保护传承利用协调推进局面初步形成，权责明确、运营高效、监督规范的管理模式初具雏形，全面展示大运河、长城、西山永定河文化带的文化魅力及景观价值，形成环首都文化线路，打造世界级文化景观，彰显北京文脉底蕴深厚和文化资源集聚的优势，进一步坚定文化自信，有力支撑北京全国文化中心建设目标的实现。

明确重点任务。首都国家文化公园建设的重点任务可以概括为：保护遗产，挖掘文化，凝练精神，传承文脉，修复生态，提升环境，配套设施，数字再现，文旅融合，持续发展。参考《长城、大运河、长征国家文化公园建设方案》，建议对各类文物本体及环境实施严格保护和管控，合理保存传统文化生态，适度发展文化旅游、特色生态产业等，有重点地统筹建设管控保护、主题展示、文旅融合等各类主体功能区，实施遗产保护、文化挖掘与文脉传承，生态修复、环境提升与设施配套，文旅融合、乡村振兴与数字再现等工程。

开展试点建设。建议近期选取位于不同区域、地位重要、特点不同、文化遗产和生态资源丰富、在三条文化带上具有代表性、需要整体保护和传承发展的八达岭长城、白浮泉遗址、通惠河、通州古城、卢沟桥、三山五园、南海子公园等作为首都国家文化公园建设的试点项目，形成一批可推广的成果，总结一套可复制的经验，为全面推进首都国家文化公园建设奠定坚实的基础。

（原载《前线》2020 年第 10 期）

参考文献

［1］习近平：《决胜全面建成小康社会　夺取新时代中国特色社会主义伟大胜利——在中国共产党第十九次全国代表大会上的报告》(2017 年 10 月 18 日)，人民出版社 2017 年版。

［2］《习近平在北京考察工作时强调　立足优势　深化改革　勇于开拓　在建设首善之区上不断取得新成绩》，《人民日报》2014 年 2 月 27 日。

［3］《习近平谈世界遗产》，《人民日报》(海外版) 2019 年 6 月 6 日。

［4］邹统钎：《国家文化公园建设与管理初探》，《中国旅游报》2019 年 12 月 3 日。

［5］《探索新时代文物和文化资源保护传承利用新路——中央有关部门负责人就〈长城、大运河、长征国家文化公园建设方案〉答记者问》，2019 年 12 月 5 日，中国政府网。

人类学视角下的"非遗"保护理论、方法与路径

方李莉

一、再论"非遗"的定义与概念

2003 年 10 月联合国教科文组织通过了《保护非物质文化遗产公约》（以下简称《公约》），2004 年中国成为缔约国。从那以后，"非物质文化遗产保护"就成了中国学界的一个热门词，时至今日，为什么还要提出"非遗"是什么的问题？因为任何思考都需要回到原点去重新解释才能提高认识、加深理解，并提出新理论。十几年的保护和研究工作过去，我们需要与时俱进的新理论来帮助我们更深刻地理解有关"非遗"的概念和定义，否则很难形成更加深刻的理论和认识，而这还需要从联合国教科文组织在《公约》中提出的定义开始。

《公约》关于"非遗"定义是这样写的："非物质文化遗产指被各社区、群体，有时是个人，视为其文化遗产组成部分的各种社会实践、观念表述、表现形式、知识、技能以及相关的工具、实物、手工艺品和文化场所。这种非物质文化遗产世代相传，在各社区和群体适应周围环境以及与自然和历史的互动中，被不断地再创造，为这些社区和群体提供认同感和

持续感，从而增强对文化多样性和人类创造力的尊重。"①

在这个定义里，非物质文化遗产是属于社区和群体中"各种社会实践、观念表述、表现形式、知识、技能以及相关的工具、实物、手工艺品和文化场所"的。但对于人类学者来说，意味着非物质文化遗产被包括在不同自然环境和社会环境中产生的地方性文化之中，其代表的是人类多元文化的传统部分。根据《公约》，之所以保护"非遗"，是因为其"世代相传，在各社区和群体适应周围环境以及与自然和历史的互动中，被不断地再创造，为这些社区和群体提供认同感和持续感，从而增强对文化多样性和人类创造力的尊重"②。注意，"世代相传""被不断再创造"这样的关键词决定了其是动态的、延续向前的、并且是可以"被不断再创造"的，因此，其保护方式与文物的保护方式有天壤之别。

人是具有创造力的动物，剥夺了其创造力就剥夺了其生命力。既然非物质文化遗产在世代相传的过程中可以不断地被再创造，那么保护"非遗"也应包括保护和延展"非遗"的"创造力"。如此一来，一些学者提出的所谓"原汁原味"，就不仅是一种真空状态下的想象，也是一种限制创造力的束缚，在人类社会的实践中是不存在的。

另外，非物质文化遗产"是文化多样性的熔炉，又是可持续发展的保证"③，保护它是为了人类的可持续发展，仅仅"原汁原味"是不够的，必须融入当下的社会发展中，"必须提高人们，尤其是年轻一代对非物质文

---

① 《保护非物质文化遗产公约》，联合国公约与宣言检索系统（https://www.un.org/zh/documents/treaty/files/ich.shtml）。

② 《保护非物质文化遗产公约》，联合国公约与宣言检索系统（https://www.un.org/zh/documents/treaty/files/ich.shtml）。

③ 《保护非物质文化遗产公约》，联合国公约与宣言检索系统（https://www.un.org/zh/documents/treaty/files/ich.shtml）。

化遗产及其保护的重要意义的认识"①。其意义在于，通过保护、认识、理解"非遗"，重建人们在工业化社会中失去的人与自然的关系、人与人的关系、人与社会的关系等珍贵记忆。但重建的意义不是为了回到过去，而是为了更好地走向未来。

从人类学的角度来参与和审视，这一工作尤其重要。人类学者是最早从事跨文化和多元文化研究的学术群体，早在19世纪末和20世纪初，学者们就进行了多元文化的保护和记录工作，当时的美国人类学家以及英国人类学家一起共享着一种愿望，即保护那些迅速消失着的文化知识。田野调查发现，传统社会正在遭到破坏。剑桥大学的人类学家和心理学家弗斯在1913年写道："在世界上很多地方，一位老人的过世同时也带走了一些永远无法代替的知识。"②大家有一种共同的感觉，只有依据那些天天都在消失的信息，主要的理论问题才能得到讨论，这种感觉激发了大家去收集所有可得到的经验材料的努力。这段时期英国的人类学家急于去寻找经验资料——类似于博厄斯和克罗伯的"抢救性民族志"，托雷斯海峡远征队把系统的田野研究方法引入了英国人类学。③可见，人类学者是最早进行非物质文化遗产保护和抢救的学术群体，因为人类学最早的田野工作就是抢救和记录这些多元化的地方性知识，即今天的非物质文化遗产。时至今日，记录和研究存活于当今社会的非物质文化遗产，人类学的知识和方法仍然是最有效和最科学的方法之一。

---

① 《保护非物质文化遗产公约》，联合国公约与宣言检索系统（https://www.un.org/zh/documents/treaty/files/ich.shtml）。

② Dam Kuper, *Anthropology and Anthropologist: The Modern British School*, London: Routledge&Kegan Paul, 1983, p.5.

③ 参见［美］杰里·D.穆尔《人类学家的文化见解》，欧阳敏、邹乔、王晶晶译，商务印书馆2009年版，第152页。

因此，在联合国教科文组织《公约》的撰写中，有不少人类学者参与其中。本文从人类学的角度，把"非遗"放在一个更加深远和广阔的社会语境中认识，目的是结合国家的发展战略，找到一条更好的保护、传承和发展的路径。

二、从整体性的角度去理解"非遗"

人类学对文化的最重要的研究方式就是整体研究，必须要有一个研究背景的时空框架，才容易理解这样的概念和定义在这样的时代被提出来的原因及其背后的缘由。理解清楚这一缘由，才可以理解其与时代的关系，探明认识它的路径。

《公约》公布的时间是 2003 年，此时的人类社会已经由工业社会进入了后工业社会。在工业社会时期，人类似乎是以一种摧枯拉朽的势态横扫着一切传统文化，那时传统文化就是落后文化，在中国也一样，是需要砸碎的旧时代的文化代表。欧洲启蒙主义思想就极力否定传统的作用，将传统看作一种教条和对知识的羁绊。究其原因，就在于当时的人们经常存在一种偏见，这种偏见就是将传统理解为迷信和非理性的东西。

后工业社会是对工业社会的反思甚至是反叛。人类进入了后工业社会以后，现代和传统的对立才得以和解，传统才重新受到尊重，人们开始认识到"社会需要传统，因为它为人类的生活赋予了连续性""传统的终结就是对自然本性的泯灭"，还认识到在传统文化中，"过去"受到特别尊重，因为它们包含着世世代代的经验并使之永生不朽。①

在后现代的理论中，前工业社会主要是"与自然界的博弈"，工业社会集中于"与改造过的自然界的博弈"，而后工业社会则是一种"人际间的博弈"，主要涉及知识领域的差异。②"人际间的博弈"实际就是文化间的博弈，"知识领域的差异"实际就是文化间的差异。而非物质文化遗产是每个国家原生性的传统文化，因此，保持自己的传统文化，并将其作为文化差异性之间博弈的基点，成为当今许多国家文化建设与文化发展的重要手段，尤其是在许多非西方国家的传统文化在现代化的洗礼下被掩盖、被消失、被遗忘的特殊时期。从某种意义来讲，非物质文化遗产的保护是在后工业社会中兴起的一种新的民族复兴运动。

詹姆斯·费尔南德斯是一位后人类学者，他在自己的田野著作《布韦提：非洲宗教想象的民族志》一书中写道，"在芳族歌谣中我们看到了布韦提的源头""但它是一种全新的组合"。③芳族是赤道几内亚的一个主体民族，布韦提是这个民族的宗教信仰体系，但在西方殖民者的统治下，这一传统的信仰体系遭到了破坏，于是芳族的传统文化开始走向萎靡且各部分日渐割裂，在这样的背景中，芳族人"创生了对复兴的特殊要求"④。于是，他们开始关注那些已经脱节、充满矛盾和争议的民谣、宗教和传说，并恢复了布韦提信仰及仪式。在这里，值得我们关注的有两个特点：首先

---

① 参见郑曦原、李方惠《通向未来之路：与吉登斯对话》，四川人民出版社 2002 年版，第 43、52、125 页。

② 参见［美］乔治·瑞泽尔《后现代社会理论》，谢立中等译，华夏出版社 2003 年版，第 242 页。

③ James Fernandez, *Bwiti: An Anthropology of the Religious Imagination in Africa*, Princton, N.J.: Princeton University Press, 1982, p.73.

④ James Fernandez, *Bwiti: An Anthropology of the Religious Imagination in Africa*, Princton, N.J.: Princeton University Press, 1982, p.73.

是历史经验创造了芳族人对复兴的期望；其次，复兴是用"这些经验的残渣"[1]重新建构出来的。也就是说，我们今天能看到的芳族的传统文化，也就是他们的非物质文化遗产，是后来复兴并在原有的经验残渣中重建出来的，并非所谓的"原汁原味"。其实在中国，在许多非西方国家都是一样的，都经历过传统文化遭受到破坏的历史。如中国的传统文化在 20 世纪初就开始作为封建文化被移风易俗，1949 年以后，又面临"破四旧，立四新"，一度成为封建迷信而被彻底扫除，直到非物质文化遗产保护工作的开始，这些地方性的传统文化才得以复兴。

在一个整体的时空框架中，我们看到了非物质文化遗产的复杂性和多变性，它并非"原汁原味"，而是夹杂了许多新的建构和新的创造。为此，我们一定要看到，按照科学的观点，没有什么东西是确定的，所有的东西都是在特定的框架下做出的不同解释。但大部分文化的最深根源中，有着一种本质上的相似性，即它是可创造的，这种相似性是人类真正团结的起点，可成为人类共存的新准则的基础，牢牢维系于人类各种传统的多样性之中。[2]通过这样的论述，我们看到的是非物质文化遗产的保护是为了坚定我们今天的民族信念，坚定我们的文化自信和寻找未来的发展方向。我们没有回头路可走，文明不会重复，只会不断地向前发展，重要的是要在自己文化的根部找准民族文化发展的基础。

---

[1] James Fernandez, *Bwiti: An Anthropology of the Religious Imagination in Africa*, Princton, N.J.: Princeton University Press, 1982, p.73.

[2] 参见郑曦原、李方惠《通向未来之路：与吉登斯对话》，四川人民出版社 2002 年版，第 126、225 页。

三、从历史性的角度去理解"非遗"

作为传统文化体系中的"非遗"不是今天才出现的，而是随着一个民族的发生发展一直流传下来的。我们要保护它、研究它，离不开历史的视野。费孝通先生曾提出"三维直线的时间序列（昔、今、后）融成了多维的一刻"[1]的理论，也就是说，做研究不仅要站在此刻进行思考，还要回望历史和未来，只有站在一条动态的时间轴上，才可以理解当下所要研究问题的意义。所以他指出，"要了解一种文化就是要从了解它的历史开始""这种文化的根是不会走的，它是一段一段地发展过来的"。他还说："中国的人类学研究离不开传统和历史，因为它的历史长，很多东西都是从这里面出来的，因此，许多的问题都要回到这里面去讲起。"[2]法国著名的历史学家布罗代尔也明确指出"长时段"具有优先地位：它们是"所有社会科学学科共同进行观察和反思的最有用的单位"[3]。尤其中国是一个古老的文明之国，不仅历史源远流长，而且还留下了许多作为历史证物的文献和文物，让我们看到今天"非遗"的来龙去脉。费孝通先生当年到中国艺术研究院讲话时曾说道："前几天你们这里的乔建中先生，送给了我一本书，叫《土地与歌》，他是西北人，他在书中写到了'花儿''信天游'，

---

① 费孝通：《对文化的历史性和社会性的思考》，载中华炎黄文化研究会主编《费孝通论文化与文化自觉》，群言出版社 2005 年版，第 511 页。

② 费孝通：《文化的传统与创造》，载《费孝通文集》（第 16 卷），内蒙古出版社 2009 年版，第 351、353 页。

③ ［法］费尔南·布罗代尔：《历史与社会科学》（Fernand Braudel, "Geschichte und Sozialwissenschaft", in Bloch, Maro/Fernand Braudel/Lucien Febvre et. al., *Schriftund Materie der Geschichte. Vorschlage zur systematischen Aneignung historischer Prozesse hgvon Claudia Honegger*, S.80）。转引自［瑞士］雅各布·坦纳《历史人类学导论》，北京大学出版社 2008 年版，第 55 页。

他是你们这儿研究音乐的专家、学术带头人，他把现在还存在的民间的音乐，一直（梳）理到历史上的诗经，看它是怎么一步一步发展过来的，从诗经到信天游，这是民间的一个大矿场。"①从乔建中先生的研究中，我们看到今天在西北民间还存活的"花儿""信天游"的源头。从历史的角度来研究当下存活的非物质文化遗产非常重要，项阳研究员通过长期的田野考察和文献查找而总结出"接通历史与田野"的研究方式，看到许多民俗活动中的礼乐不仅源远流长，而且可以接通到宫廷礼制，是中国文化的一部分。"礼失求诸野"，中国历史上的许多文化之所以得以保存，不仅是通过文献记载，而且通过民间传承。他提出"中国传统社会何以重视乐，如果仅仅是审美和欣赏以供娱乐的用乐是否会值得古人如此重视？当然不是这样"②。他通过文章告诉我们，民间礼俗中的许多用乐都来自宫廷的礼制用乐，历史上国家礼制仪式用乐从宫廷、京师到各级地方官府的用乐具有一定的相通性，尤其是在雍正禁除乐籍这一历史节点上，使得曾经的官方礼乐转为民间礼俗仪式所用。当这些国家礼乐的承载者转而服务于民间，则意味着国家礼制仪式向民间礼俗仪式的转化或称文化下移。在这种意义上，当下在民间的许多仪式为用的音乐类型、乐曲、乐调、乐律，甚至涵盖乐队组合、乐谱等，在主导层面都是历史上官属专业乐人的传承，这是"官乐民存"的意义。民间和官方向来是你中有我、我中有你，和我们想象的由民间自发创造的"原汁原味"的地方文化不一样。

通过历史文献研究，我们能说得清楚许多"非遗"的来龙去脉。如笔者曾考察过安塞剪纸，在考察中发现，这里的剪纸与中原的风格很不一

① 方李莉：《费孝通晚年思想录》，岳麓书社 2005 年版，第 11 页。
② 项阳：《接通的意义：历史人类学视域下的中国音乐文化史研究》，中国文联出版社 2014 年版。

样。追溯其原因，这里有浓厚的汉唐之风，但内地主要流行的是明清以后的风格。笔者考察了解到，这里从战国、秦汉一直到唐宋都是重要的边关要塞，说明在当时和中原的交流往来很多，因此，汉至唐宋时期中原的文化影响在剪纸和刺绣中都隐约可见。而元明清时期的中原文化对这里的影响不大，是因为此时蒙古已在我国的版图之中，这里不再是重要的军事要塞，这一带也不再受到当政者们的重视。而且这一地区地势险要，境内沟壑纵横，川道狭长、梁峁遍布，此后这里极少与外界交流，其民间文化和民间艺术的发展就显示了较多的独立性。[①]

通过上面的举例，我们看到群体文化遗产需要历史解释，而且只有把"非遗"放在历史解释维度才能清楚其所蕴含的真正意义和价值。

人类学家认为，文化和社会形式在本质上与语言中的语法相类似。这也许是一个特殊的文化语法，是存在于所有文化之间共有的普遍语法。[②]也就是说，我们在研究和解释非物质文化遗产的时候，不仅要看到其表面的现象，还要找出其背后的意义和语法部分。

因此，做非物质文化遗产研究的学者需要有人类学的知识和历史学的知识，这样的知识可以帮助我们认识中国社会和文化在农业时代的基本状态，如《乡土中国》就是研究中国非物质文化遗产的一本重要读物，其里面描绘的中国社会血缘与地缘的关系就是乡土中国基本的关系结构。如果不具备这样的一些知识，就难以解释清楚非物质文化遗产的来龙去脉，容易发生以讹传讹、随意搭配和建构的现象。

① 参见方李莉《西行风土记——陕西民间艺术田野笔记》，学苑出版社 2010 年版，第 53 页。
② 参见 [英] 阿兰·巴纳德《人类学历史与理论》，王建民、刘源、许丹等译，华夏出版社 2006 年版，第 90 页。

四、从动态性的角度去理解"非遗"

按照人类学的观点，"一种健康的族群文化从来不是一份被消极接受的来自过去的遗产"，其显示的是"共同体成员的创造性参与"，但是"如果没有一份可供加工的文化遗产，个人是无助的"。[①] 这样的观点说明，"遗产"并非让当代人被动接受的静态之物，而是可以让当代人参与其中的，并得到再生或再产生新的创造力之物，同时也告诫我们，当代发展需要文化遗产，尤其是可以代表本民族价值观的非物质文化遗产作为根基。

如果将"非遗"界定为还存活在我们今天社会中的某些传统文化，就一定要认识到，虽然我们谈论社会时常常把它说成是某种由传统界定的静止结构，但在更切近实际的意义上说并非如此，它是一个由各个规模和程度不同的组织单位成员间部分或完全理解的精密的网络……只是表面上看来才是社会制度的静态集合，而实际上它每天都在被个体参与其间的具有交往性质的特殊活动重新促动和创造性的再确认。[②]

也就是说，那些被我们列入保护名录的"非遗"项目，并不是存在于真空中的，而是当代社会与当代人积极参与的一部分，一定会受到当代社会中各种力量的共同作用和各种群体的相互推动，因此，不可将其看成静态的文物，看成过去社会遗留在那里、不能触摸、不能让它生长与发展的标本。我们要认识到，文化的传统是为了维持和延续它的生存并使其得到

① Edward Sapir, "Culture, Genuine and Spurious", in *Selected Writings of Edward Sapir in Language, Culture and Personality*, Berkeley: University of California Press, 1968, p.321.

② Edward Sapir, "Communication", in *Selected Writings of Edward Sapit in Language, Culture and Personality*, Berkeley: University of California Press, 1968, p.104.

充分表达。[①] 它的功能是：一方面，将人与其环境——它在地球上的栖息地以及四周的宇宙空间相连；另一方面，将人与人相连。[②] 凡是与人相连接的东西一定是复杂的和动态的，因为人是复杂的和动态的。另外，文化具有公共性，其缘由是"文化，因其作为被表演的文本而成为公共的"[③]。在传统社会，其公共性在于社区秩序需要不断被确认，因此常常出现在各种仪式中。而在当下的社会，其开始转化为社区的文化特征，常常出现在游客们观看的旅游景点中。这种场景和意义的变化极大地改变了"非遗"原本的价值，所谓"原汁原味"的保护也只能是形式，难以保存其形式背后的价值和意义。

这样的认识告诉我们，任何特定的群体——民族、宗教群体、部落，不能再被视为文化的孤立体，而应该用更宽广、动态的眼光来审视。[④] 也因此，任何一种将文化视为和谐一致的、静止的和孤立的观点都是错误的。这种错误在于传统不可能与现代性相分离，传统将继续存在于现代社会的方方面面。[⑤] 同时现代也离不开传统，因为新的形式要从先前的形式中生成。[⑥] 也就是说，传统是现代发展的基础，没有传统，现代就没有根基，但传统也必然要被从上一时代继承下来的文化遗产赋予新内容，并进

---

① 参见［美］杰里·D. 穆尔《人类学家的文化见解》，欧阳敏、邹乔、王晶晶译，商务印书馆 2009 年版，第 201 页。

② Leslie White, *The Evolution of Culture: The Development of Civilization to the Fall of Rome*, New York: McGraw-Hill, 1959, p.8.

③ Clifford Geertz, *The Interpretation of Cultures*, New York: Basic, 1973, pp.9-10.

④ 参见［美］杰里·D. 穆尔《人类学家的文化见解》，欧阳敏、邹乔、王晶晶译，商务印书馆 2009 年版，第 310 页。

⑤ 参见郑曦原、李方惠《通向未来之路：与吉登斯对话》，四川人民出版社 2002 年版，第 40 页。

⑥ Leslie White, *The Science of Culture: A Study of Man and Civilization*, New York: Grove, 1949, p.14.

行再创造。

因此，当我们研究非遗时，不能将其孤立在当下的社会之外，更不能让其脱离时代而发展。可以说，"非遗"保护的理念是在后现代语境下得以产生的，因为在后现代的语境下，人类开始恢复对传统的尊重，重新重视传统的价值。但正如詹明信所认为的，我们所需要的是在后现代世界中能够让我们找到进路的认知图式。然而，那些图式不是也不可能是各种旧的图式 ①，而应该是在旧的图式基础上的新的创造。阐述到这里，笔者要表达的是，一方面我们应该在人类社会更广泛的背景中去看待、研究和认识"非遗"，而不是将其孤立在人类社会进程之外，另一方面还要看到它是动态和不断向前发展的。

五、从未来性的角度去理解"非遗"

上文"非遗"的动态性不仅意味着它与历史有关，与现当代有关，还应该与人类的未来发展有关，因为所谓的动态就是不停地向前，而前方就是我们要行进过去的未来。所谓的活态就是要一直存续，有未来，有持续发展的可能性。所以研究"非遗"时不仅要眼光向后，从历史中去探源，还要立足当下展望未来，极目远望其可延伸的方向在何处，它的未来价值在什么地方。

笔者认为，现代社会之后，人类社会开始进入后现代社会，如果说现代社会的特点是生产性和工业化，后现代社会的特点就是服务性和知识化。有学者认为，现代性和全球化不仅体现在它的影响上，而且也体现在

① 参见［美］乔治·瑞泽尔《后现代社会理论》，谢立中等译，华夏出版社 2003 年版，第 257 页。

知识的反思性上。^① 所谓的后现代就是现代社会对知识进行反思的阶段。正是这种对知识的反思，增进了人们对于文化和传统的认识，在这样的认识基础上，遗产开始成为"资源"，所谓"资源"就是要为一定的社会活动服务，离开社会活动的目的，资源毫无意义，甚至可以说，失去了资源的存在价值。人们的消费观念也从物质消费逐步转向非物质消费，因此，文化资本、知识资本、象征资本、身体资本成为新的关键词^②，且都与人文资源有着密切的关系。所谓的"人文资源"按费孝通先生的定义，"就是人工的制品，包括人类活动所产生的物质产品和精神产品""是人类从最早的文明一点一点地积累、延续和建造起来的，它是人类的文化、人类的历史、人类的艺术，是我们老祖宗留给我们的财富"。这样的定义让我们看到了遗产与人文资源之间关系的密切性，为了论述这一关系和概念，笔者此前撰写了一系列"遗产到资源""遗产资源论"方面的文章，因为意识到了这是有关于非物质文化遗产发展的未来性的重要方面，也意识到只有在知识社会中，人文资源才得以存在，得以成为人类建构新的文化的基础。

知识社会最大的转变就是经济资本转向知识资本，发掘自然资源转向发掘人文资源，转型的后果是许多的经济开始与文化有关，而文化也开始成为现代经济的一部分。发掘人文资源和自然资源是有区别的，自然资源有限，因此需要争夺和垄断，但人文资源的开发是一种共享型的开发，不存在垄断和独占，同时可以减少对自然的破坏和垃圾的产生，是一种具有未来性的消费和生产方式，其核心在于人类从追求效益开始转向追求价值

---

① 参见［英］安东尼·吉登斯《现代性的后果》，田禾译，译林出版社 2011 年版，第 153 页。
② 参见方李莉《有关"从遗产到资源"观点的提出》，《艺术探索》2016 年第 4 期。

及意义。追求效益的生产主要是以物质为中心的，而追求价值和意义的生产则是以知识和符号为中心的，也可以说是以文化为中心的。这一社会发展的重要转型有两个方面的背景，一方面是人类社会从"与自然界的博弈"到"与改造过的自然界的博弈"最后进入了"人际间的博弈"这个阶段，前两个阶段都是人与自然关系的处理，着眼点主要是技术和生产力，后一个阶段最重要的问题就是处理人与人之间的关系，文化在这个阶段成了中心问题。这一阶段的文化再生产的方式，也从过去面对自然资源的摄取转移到了面对人文资源的摄取。也就是说，文化再生产的方式是在原有文化基础上进行重构，因此，遗产就不仅是放在博物馆里让人们参观的静态之物，而且是进入了社会发展的、具有创造力的行动之物。另一方面是今天的人类经历了四次工业革命，科技的发展将人类带向了一个物质丰裕的时代，但也感到了生态的危机，人们普遍希望通过人文的平衡将人类带向一个生态丰裕的时代，在这样的背景中，以往根植于自然而产生的传统文化有了新的发展机会。

以中国的传统文化为例，其内核是"天人合一"，提倡的是"尽己之性，而后可以尽人之性，尽人之性而后可以尽物之性，尽物之性而后可以赞天地之化育"。正是这样的哲学观点，使得中国人在改造自然的时候，追求的不是人工之美，而是"鬼斧神工""巧夺天工"的天趣之美、自然之美。如果我们用这样的观点和眼光来造物，整个世界的发展就会改变方向，和自然相处的态度也会得到改变，由以前与自然的对立改造转变为与自然的和谐相处，而且"中国人既不愿在武力上尽量扩张，向外征服；同时又不愿在财富上尽量积聚，无限争夺"[①]。这正是未来人类走向生态化和

---

① 钱穆：《中国文化史导论》，商务印书馆 1994 年版，第 163、222 页。

全球化所需要的文明态度，因此，笔者近年提出了"生态中国"的概念。其基本的观点是：人类的现代化发展已遇到了不得不转型的瓶颈，网络化和智能化的发展也为人类社会的转型做好了硬件上的铺垫，因此，未来的社会一定是高科技加高人文化的。在这样一个新时代来临之前，一定会有一场类似当年人类社会从农业文明转向工业文明之前欧洲所发生的文艺复兴。任何一场文艺复兴都是一个观念上的转型，这一转型的起点往往表现为回到文化展开的原点去重新思考：我是谁？我从哪里来？我要到哪里去？表面上是在复古，实际上是在调整前行的路标。如果说，当年发生在欧洲的文艺复兴解决的是人对自身的理性认识，今天如果我们再面临一次新的文艺复兴，其所要解决的恐怕是人对自身文化的重新认识。所以要改"我"为"我们"，再问"我们"是谁？"我们"从哪里来？"我们"要到哪里去？

今天的非物质文化遗产保护，"文化自觉""文化自信"理念的提出，包括在许多国家发生的民族传统文化的复兴，以及中共中央提出的重大国策"全面复兴传统文化"等现象，都是在这一背景下产生的。也就是说，人类社会已经进入了一个新的"文艺复兴"时代，表面上是复古，是再造传统，但实际上是在呼唤一个新时代的到来，目前还很难描绘出这个时代的具体模样，但有一点是肯定的：未来人类社会一定是朝着绿色的、可持续的、和平的方向发展，要从物质丰裕的工业化时代转向生态丰裕的智能化和知识化时代。而且在这一阶段，哪一个国家有先见之明，有率先掌握主动发展权的意识，哪一个国家就能成为走向世界前列的国家。为此，笔者有关生态中国的系列文章来论述这些观点时，有关非物质文化遗产保护的问题是其中重要的一环。

六、"非遗"保护的路径与方法

前文中笔者就"非遗"的概念和认识做了五个方面的陈述，在这些陈述的基础上，笔者将进一步对"非遗"保护的路径与方法提出一些思考。

第一，我们在讨论"非遗"保护与传承的方案时，一定要关注到"非遗"保护与传承的整体性，这一整体性指在对其进行保护与传承时一定不能脱离其具体的文化空间和时代语境，既要关注到其所具有的地方性特点，也要关注到这一地方性是在后现代性和全球化背景中的再地方性，既有地方性的特点，同时又有后现代性和全球化的特点蕴含其中。

第二，几乎所有的"非遗"都具有历史性，因此，在对"非遗"进行记录和研究的过程中，需要有两种并用的方式，一种是"系统陈述"，即将"非遗"按其在时间链上的位置处理，记录的是其作为历史表达的一种积累过程。另一种是"范式表达"，梳理记录非遗中"行为与事件之间的"关系，也就是"非遗"存在的现状叙述与解释。范式表述在现状记叙和解释中占主导地位，而系统陈述则在世系记录和解释中占主导地位。当下在许多高校已有非物质文化遗产保护的专业，笔者认为，其主要教程里应该有人类学、民俗学和中国历史学的课程，这对于学生相关能力的培养非常重要。

第三，通过前面的论述，我们认识到，非遗存活在当代社会，是当代社会的一部分，也是当代文化的一部分，而"文化是人类适应物理和社会环境的手段"①，是在不断适应社会环境和自然环境中得到不停发展和改变

---

① ［美］杰里·D. 穆尔：《人类学家的文化见解》，欧阳敏、邹乔、王晶晶译，商务印书馆 2009 年版，第 195 页。

的。"非遗"存活于此，也不例外。那么，动态的"非遗"保护应该如何进行？笔者认为可分为两个部分。一个部分是保存，可以通过文献、数字化的记录将其保存下来，建立提供给社会共享的数据库，也可以称之为"非遗"传承基因库。这里保存的是"非遗"的基因和种子，有些不适应当今社会发展的"非遗"，可以用各种科技手段记录、保存下来。而且要认识到，文化的消失和生物的死亡不一样，生物死而不可复生，但文化因为不适应当下的社会发展而消失，遇到了合适的社会土壤，只要有所记录，还可以复活，也就是所谓的文化复兴。这样的例子不仅在今天，在历史上也比比皆是。准确记录下来的东西不会走样，是可以做到属于某个时期的"原汁原味"的。

另一个部分是在"非遗"保护的过程中，一定要承认其中所蕴含的传承与创造的成分，一定要意识到"非遗"保护是时代的产物。每一个时代对于历史都有自己的解释方式，正如有学者所说的，一切历史都是当代史，之所以说其是当代史是因为其是由当代人重新解释过的历史，这样的历史在注重史实的同时，一定还会加入当代人的看法和当代人的选择。对于"非遗"的保护也一样，保护和传承的过程也是重新解释和建构新的价值和意义的过程。因此，要允许非遗在保护和传承的过程中有所创新。

第四，十几年来中国的"非遗"保护工作取得了很大的成绩，在长期的保护工作中，政府和民间的互动关系在微妙地发生着变化。如在早期，国家在"非遗"概念中强调的是保护，传承人只是作为这一国家事业中"被保护的个体"，而非具有自我认知、自我决策能力的"传承主体"[1]。在

---

[1] 麻国庆、朱伟：《文化人类学与非物质文化遗产》，生活·读书·新知三联书店 2019 年版，第86页。

这样的语境中，民间缺少主动性的话语空间，因为国家通过文化行政的所为，仍是"有形之手"，它推动非物质文化遗产与其承载者向着更加适合中国形式与特色的方向前进。但这毕竟是一场需要民众自觉投入的工作，正如赫尔曼·鲍辛格所说，"复兴和保护在某种程度上变成了民间的态度"①。为此，政府也在调整，以"非遗"概念中的"传承"来逐步取代"保护"，使其成为国家话语的核心词汇，使保护工作从以项目为中心的保护模式转化为以人为中心的传承模式。民众在"传承"中的角色，相对于在"保护"中有了更多的主动性和主体性。虽然工作的模式在转化，但有关理论探讨方面还主要停留在早期的重保护、重实用、重工作的层面。也就是说，当下的理论已经不能适应新的社会实践，因此，实际工作需要我们在理论研究上有所突破，需要建构新的"非遗"保护和传承理论来适应新的转化模式的开展。

第五，在"非遗"的保护和传承的工作中一定要有未来的眼光。笔者曾于2015年受英国伦敦大学学院（UCL）罗德尼·哈里森教授的邀请，参加了由欧盟艺术与人文研究理事会（AHRC）资助的"遗产的另类未来汇编研究"项目，该项目侧重研究遗产与人类未来发展的关系。这一目光的转型非常重要，其意味着"非遗"的保护和传承与人类的未来息息相关。当下，人类社会的未来正在从生产型的经济社会转向智能型的知识社会，涉及政治与文化的发展，还将带动经济模式和整个社会结构的调整、变化与转型，在新的知识社会中，"非遗"不再仅仅是保护和传承的对象，还是一项与国家发展战略紧密相连的可供开发、利用的人文资源，因为在

---

① ［德］赫尔曼·鲍辛格：《技术世界中的民间文化》，户晓辉译，广西师范大学出版社2014年版，第162页。

知识社会中，经济和文化是一体的。正如弗雷德里克·杰姆逊认为的那样，"经济的文化化与文化的经济化常常被认为是如今众所皆知的后现代性的特征之一"①。传统的将文化与经济分割对立的观念已经过时，在"非遗"保护与传承的过程中，我们一定要有这样的前瞻性意识和战略性眼光，一定要加强跨学科的基础理论知识的学习和研究，尽快地从实用型、工作型的层面训练转移到更高水平的理论型、实践型的研究中去。而注重理论研究与田野实践并重的人类学专业，应该成为"非遗"保护的基础性训练学科，并要培养和吸收更多的人类学者来参与这一工作。

七、结论

"非遗"的概念不仅是一个过去式，也不仅是一个现代式，还是一个将来式。我们一方面需要将其放在一个大的社会空间中来审视，另一方面还要将其放在一个长时段的历史维度中来理解。最忌讳将其从复杂的社会背景和动态的时间维度中抽离出来，作为固化静态的遗产加以标本化，使之看不到其自身蕴藏的活力及再生的能力。另外，我们还要看到，随着人口流动的加速，文化之间的相互交流和相互影响也在加强，因此有学者认为，在这样的时代，所有的文化行为都是间生性的，都是文化同化的产物②。即使我们希望通过"非遗"的保护来传承民族文化，但传承过程本身也是一个重新认识和重新解释的过程，我们不但不会回到过去，反而会

---

① ［美］弗雷德里克·杰姆逊、三好将夫编：《全球化的文化》，马丁译，南京大学出版社 2002 年版，第 61 页。
② 参见［英］奈杰尔·拉波特、乔安娜·奥费林《社会文化人类学的关键概念》，鲍雯妍、张亚辉等译，华夏出版社 2009 年版，第 39 页。

使得一个新世界得以产生。轴心时代是公元前 800 年至公元前 200 年，在世界上四个非同一般的地区，延绵不断抚育着人类文明的伟大传统开始形成——中国的儒道思想、印度的印度教和佛教、以色列的一神教以及希腊的哲学理性主义。这是一个在知识、心理、哲学和宗教变革方面最具创新性的时期，直至创造现代科学技术的西方大变革发生之前，没有任何历史阶段可与之相提并论。[1] 有学者认为，随着现代化能量的枯竭，以及反对现代性的具体统治形式和破坏性潜能的形式的出现，我们完全可以设想将会出现又一个轴心时代。[2]

凯伦·阿姆斯特朗说，轴心时代是产生精神天才的时代，我们则生活在一个产生科技天才的时代。但笔者认为，如果还有一个新的时代出现，则应该是一个精神天才与科技天才同时产生的时代，唯有如此，人类才不至于生活在科技与精神发展极度失衡的社会。要做到这一点，我们必须重回轴心时代去寻找资源，正如欧洲通过文艺复兴，从希腊的哲学理性主义中吸取养分而发展出了现代科学，今天我们能否从同处轴心时代的先秦文明中吸收"天人合一""天地人和"等生态思想来为新的时代建构服务？我们之所以强调非物质文化遗产保护的重要性，就是因为在其中蕴含着有在精英社会中已经消失的这些珍贵的传统文化因子。

这些传统文化因子分布在不同地域，尤其是广大的乡村空间中，是相对于全球化的"本土性"知识，以前这些知识没有受到重视，但今天，在学界提出了"再本土化"的概念，其是指对本土知识的维护、再发现或创

---

[1] 参见［英］凯伦·阿姆斯特朗《轴心时代：人类伟大宗教传统的开端》，孙艳燕、白彦兵译，海南出版社 2010 年版，第 2 页。

[2] 参见［美］大卫·雷·格里芬编《后现代精神》，王成兵译，中央编译出版社 2011 年版，第 20 页。

造，特别是那些有利于农业经济和社会发展的知识。[①] 笔者认为这种可以维护、再发现、再创造的本土知识，既是我们所要保护的非物质文化遗产，从某种意义来讲，也是可以开发和利用的人文资源。

这样的理论改变了人们对于知识的认识，知识不再仅仅属于精英阶层，乡土的手艺知识、乡土的民俗知识、乡土的农业知识也开始登上大雅之堂，与精英知识相互交换，在交换中极大地丰富了人类的知识基因库。而且我们还看到，以往认为是传统的落后的地方，现在却成了人文资源的富矿区，成为新的文化发展地和新的文化经济发展区等。[②]

另外，我们还要看到，作为传统文化的非物质文化遗产在当今时代受到关注是有其深刻的社会因素的，人类社会当下已经历了从蒸汽机，到电气，到互联网，再到智能等四个阶段的工业革命，通过这样递进性的不断深化发展，人类社会正在超越工业文明，进入一个智能化和知识化的新型社会，这将是一场人类社会的巨大革命，是需要高科技和高人文同时发展，从而寻找到新的文化生态平衡的社会。也就是说，科技的发展将人类从物质匮乏的农业文明带入了一个物质丰裕的工业文明，但工业文明对大自然的破坏使其遇到了一个难以可持续发展的瓶颈，于是人类的文明将进入一个全新的转型期，这将是一个不亚于当年从农业文明进入工业文明那样的巨大的文明转型。其最大的特征就是人类不仅在开发自然资源，而且还在开发人文资源；其在建构一个新的物质世界的同时，也在建构一个新的人文世界，在这样的世界里人们将要努力的目标是将物质和人文的发展

---

① 参见［英］阿兰·巴纳德《人类学历史与理论》，王建民、刘源、许丹等译，华夏出版社 2006 年版，第 82 页。

② 方李莉等撰写的国家重点课题：社会转型中的工艺美术发展总报告书《手工艺正在重塑中国生活方式与中国哲学观》，出版中。

合二为一，与此同时，也会把文化的发展与经济甚至政治的发展合而为一。最终的目标是将人类社会推到一个生态丰裕的新时代，传统的具有生态价值的农业知识、人与自然相处的智慧在这个时代都将成为建造一个新时代的资源。如果从这一角度来认识非物质文化遗产，我们就可以认识到中共中央、国务院提出的"全面复兴传统文化"的重大国策，以及习近平主席提出的"绿水青山就是金山银山"的内在含义。未来人类社会的发展趋势，一定是朝着绿色的、和平的、可持续发展的方向进步的。哪一个国家能首先有如此的理念，首先寻找到一条如此的道路和如此的可持续发展模式，哪一个国家就能成为率先转型、率先发展的国家，笔者希望这个国家就是中国，在这样的过程中加深对"非遗"概念的认识意义重大。

总之，这是一个通往崭新时代的入口，有许多我们值得思考的问题，包括如何将非物质文化遗产的思考列入国家发展的大战略之中，而不仅仅是为了响应联合国教科文组织的号召所做的工作。当然，要做到这一点，唯有将非物质文化遗产放置于如此广阔、深远的文化语境和社会空间中去认识，才会更加清楚地看到其在这个时代的完整样貌，更加深刻地理解其所蕴含的内在价值和意义，及其与中国未来发展及前途的关联性。

（原载《中国非物质文化遗产》2020 年第 1 期）

中西方文化遗产保护理念辨析

——兼论中国特色文化遗产保护发展理念的理论建构

李颖科

中国文物保护的传统悠久，早在商周时期就有保护古代遗物的理念意识和行为习惯。20 世纪 20 年代，北京大学考古学研究室 [1] 和故宫博物院 [2] 相继成立，标志着中国现代意义上的文物保护工作正式展开。中华人民共和国成立后，特别是改革开放 40 年以来，我国文物保护事业得到了飞跃式的发展，基本构建起单体文物、历史地段、历史性城市等多层次文物保护体系，文物保护、利用在理念、方法、实践等领域均取得了较大进展。2005 年国务院下发《国务院关于加强文化遗产保护的通知》，在国家层面加快了我国从"文物保护"走向"文化遗产保护"的进程。不过，需要指出的是，长期以来，中国的文化遗产保护 [3] 在很大程度上受西方影响，没

---

[1] 1922 年北京大学国学门下设考古学研究室；1952 年北京大学历史系设立考古专业。

[2] 故宫博物院成立于 1925 年 10 月 10 日。

[3] 本文所说的"文化遗产"，主要指历史文化遗产中的物质文化遗产，即不可移动文物和可移动文物。

有形成富有自身特色的文化遗产保护发展理念。本文拟在对比分析中西方文化遗产保护理念差异及原因的基础上，探索论证中国特色文化遗产保护发展理念的理论建构，并就这一理念的主要内涵作简要阐释。

一、中西方文化遗产保护理念差异及原因分析

文化遗产作为一种文化符号，是文化表象的外在载体，它应是思想意识、科学技术以及社会生产的集中体现。在中西方两种文化体系下，由于哲学思想、艺术审美差异以及社会文明发展历程的不同，必然引发中西方文化遗产保护不同的理念认知和实践规范。

（一）价值差异及原因分析

文化遗产作为一种具有多重价值的公众资产，既包含了所能反映出见证历史活动的自身价值和美学价值，亦包含着社会价值以及由此衍生出来的经济价值。对于历史上留存下来的文物古迹，中国人主要是考量它与社会主流价值观的关系，其价值主要体现在与之相关的历史事件、历史人物，以及由此产生的美学价值和社会价值上，因此更多地关注整体风格、人文环境与象征意义；西方则强调科学与理性，以历史信息的准确性作为判定文物古迹美与否的标准，更为强调遗产自身价值，更多地关注遗产的真实性和对遗产实体元素的保留。形成这种表象差异的原因是中西方不同历史文化背景下的审美崇尚、价值取向之间存在巨大差异。

一方面，中西方的审美崇尚是源自不同标准的。中国人的审美倾向在于"美即是善"，核心思想是"尚善"。而西方认为"美是和谐与比例"，核心思想在于"求真"。以善为美的具体内涵是重教化、尚伦理；而以真

为美的具体内涵是重科学、尚真诚。以建筑遗产为例，中国古建筑无论从宫廷到官府还是民宅、寺庙，基本呈现以"主体居中、轴线对称、序列递进"为准则的水平铺陈排列形态，凸显不偏不倚的中庸之道，这种建筑形态承载着我国古代的宗法观念和封建礼制，建筑集合群是一个内向封闭系统，映衬着规范明确、等级森严的宗法礼制，开间、色彩、装饰囿于严格的礼制等级，受宗法守旧思想的影响，一直沿用木构框架体系。而以古代希腊建筑为代表的西方建筑，突出单体建筑，布局也不刻意追求对称，反而突出差异与不规则性，建筑整体简洁朴素。[①] 影响遍及世界的"希腊古典柱式"堪称古希腊哲学美学思想的集中体现，它是数学、比例、人体美的凝集，强调各个部件和谐地组合。再如古希腊的帕台农神庙，其正面的高与宽完全按照黄金分割定律而设计，体现了整个西方古建筑重视立面形象的设计构思，是重视几何概念和各比例关系和谐的结果。不同的审美崇尚形成了不同的遗产保护理念，中国人更注重意义的传承，西方人则更注重信息的可读。

另一方面，中西方的天人观念侧重不同的哲学思想。中国传统文化重和谐、包容，主张天人合一、顺其自然，强调曲线与含蓄美，尚悟性，表现内向；而西方文化重对立、斗争，主张征服自然，提倡竞争扩张、优胜劣汰，强调规模与平直性，尚理性，表现外向。以园林为例，东方建筑讲求意境，特别重视人居与环境的统一，讲究风水，在小小庭院中融入微缩的山水意境，也融入了崇尚自由、崇尚自然的精神，园林的布局、立意、选景皆强调虚实结合，文质相副，或追求自然景致，或钟情田园山水，或

---

① 参见刘天华《文化传统和建筑学——简论中西方建筑差异之原因》，《上海社会科学院学术季刊》1986 年第 1 期。

曲意寄情托志。人工的建筑与空间场所常常是意境的点睛之笔，对于建筑与空间场所的重建就是意境的重现。历史上的重要景观建筑多次损毁后多次重修，即源于对意境和精神境界的不懈追求。如《岳阳楼记》所记载"政通人和，百废具兴。乃重修岳阳楼，增其旧制，刻唐贤今人诗赋于其上"，每一次岳阳楼的重修就是"先天下之忧而忧，后天下之乐而乐"的精神延续。而西方园林则以平直、匀称和规模宏大、气势雄伟为美，如开阔平坦的大草坪、巨大的露天运动场以及宏伟壮丽的高层建筑等皆强调体现几何图形的分析性，而平直、空阔、外露等无疑都是深蕴其中的重要特点，其几何式园林则体现了天人对立、天人相分的思维与精神理念。每座建筑都是一个独立、封闭的个体，常常有着巨大的体量与超然的尺度，远远超出了实际需要，重在表现一种理念，赋予建筑向上与向四周扩张的性格，在某种意义上，它反映了西方人征服自然的外向、进取的行为模式与价值取向。在两种不同哲学思想的引导下，中国人更看重整体的和谐，西方人则更看重个体的精确。

（二）认知差异及原因分析

目前国际奉行的对历史文物建筑的修复原则可以总结为原真性原则[①]，以及由此衍生出的可识别性原则、全面保护原则、原址保护原则、

---

① 《威尼斯宪章》将"原真性"原则引入历史文化遗产保护领域，提出"将文化遗产真实地、完整地传下去是我们的责任"，并由此衍生出可识别性原则、全面保护原则、原址保护原则、缜密原则、最有必要和最小干预原则等，成为之后有关国际文件和宪章共同遵循的基本原则。从《威尼斯宪章》多款条文中，可归纳总结出"可识别性原则"（第9条）、"全面保护原则"（第14条）、"原址保护原则"（第7条）、"缜密原则"（第9条）、"最有必要和最小干预原则"（第15条）等原则。（接下页）

缜密原则、最有必要和最小干预原则、可逆性原则 ① 等。其中"原真性原则"（Authenticity）成为西方建筑遗产保护修复的核心思想，中西方遗产保护者对此原则基本表示认可，但由于价值认知和哲学思想的差异，在具体的技术标准和原真程度的认知上，二者并未达成一致，由此带来对可识别性原则、最有必要和最小干预原则等认知程度上的差异。

原真性原则体现于在保护原始环境、修复过程中尊重建筑材料与工艺技术的原真性。尽管各国都以"原真性"作为文化遗产保护原则的核心内容，但是对于保护的不同方面，原真性的具体内容有所不同。《中国文物古迹保护准则》规定所有的保护措施都必须遵守"不改变文物原状"原则 ②，该原则是对原真性原则的本土传承。国内对何谓"原状"大体有三种理解：一是原状即为初建状态，如 1970 年在五台山南禅寺大殿大修工程中就以恢复至唐建中三年（782）的原状为目标；二是以该建筑"某个历史时期的建筑形态特征"为原状，如在故宫大修工程中因为康乾时期是历史上最佳的原状，且明永乐创建时期的原状建筑物大部分不存或改观，难以以之作为原状来保护，因此提出恢复故宫在"康乾

（接上页）其中，第 7 条规定："不得整个地或局部地搬迁文物建筑。"第 9 条规定："任何一点不可避免的增添部分都必须跟原来的建筑外观明显地区别开来，并且必须要有现代标记。……完全保护和再现文物建筑的审美和历史价值，必须尊重原始资料和确凿的文献，不能有丝毫臆测。不论什么情况下，修复之前和之后都要对文物建筑进行考古和历史的研究。"第 14 条规定："必须把文物建筑所在的地段当作专门注意的对象，要保护它们的整体性。"第 15 条规定："预先就要禁止任何的重建，只允许把还存在的但已散开的部分重新组合起来，粘结材料必须是可以识别的，而且要尽可能地少用，只要能保护文物和再现它的形状就足够了。"

① 《巴拉宪章》在遵循"原真性"保护准则的基础上，提出"可能削弱文化重要性的改变措施都应该是可逆的。在条件允许的情况下，可将其恢复到改变前的状态。"（第 15 条）可概括为"可逆性原则"。

② 《中国文物古迹保护准则》（2015 年修订）第 2 条规定："所有保护措施都必须遵守不改变文物原状的原则。"

盛世"时的面貌；三是视"原状"为"原真"现状保存，不仅肯定"现状建筑形态特征"，还肯定"现状中所表达出来的所有历史信息、历史的氛围"。如始于 2002 年北京故宫大修工程中武英殿的修复，面对民国时期加改的"老虎窗，暖风阁，工字廊上的人字梁"，菱花窗，由于不是破坏性改动，为尽量保存各历史阶段的历史痕迹，采取了"现状保护"的方式。此三种不同理解中，第三种最为接近国际主流的原真性原则的界定，然而在实际操作中，前两种理解也各有其存在的理由，并为遗产保护界所认可。

可识别原则指保持文化遗产的历史纯洁性，为修缮和加固所添加的物件须与整体和谐，但又须与原有部分明显区别，让人可以识别并区分真假。意大利在对罗马大角斗场进行修复时，采用了各种方法以实现对历史信息的"时阶式"表达。在加固过程中，为区别于原来的灰白色石灰石，加固砌筑的部分一律用红砖。又如对有些因战争或地震倒塌了的文物建筑进行"复原"修复，需在原来的断壁残垣上沿加一条紫铜带，两侧略略挑出，或用有明显区别的材料沿界砌一条虚线，从而强调历史的可读性。这种方法对于砖石建筑比较容易实现，但对于我国木结构建筑体系的某些工艺特征和文化审美，泾渭分明的可识别性受到了挑战。如有人对民居窗木构件的修补部分采取不经油饰或清漆留白的处理方式进行区隔，但在具体措施和最终效果上并未令人满意。有争议者认为彩画的修复只有两种可能：完全不做修复或全部重饰，由于油饰彩画具有保护其所附着构件的功能，"重新进行油饰彩画"的干预方式本身是古建筑传统的保护方式，尽管难以达到可识别的效果，却是遗产原真性的体现。由此可见，在可识别原则上，中国人喜欢藏而不露，主张和谐而含蓄的可识别；西方人则喜欢泾渭分明，主张强烈而明显的可识别，二者的认知存在一定差异。

最有必要和最小干预原则指最大限度保存文化遗产原存部分，尽量避免添加和拆除，但其中"最大限度"的"限度"是难以订立评价标准的。《威尼斯宪章》规定"对任何重建都应事先予以制止，只允许重修，也就是说把现存但已解体的部分重新组合"。而《中国文物古迹保护准则》第33条规定"原址重建是保护工程中极特殊的个别措施。核准在原址重建时，首先应保护现存遗址不受损伤，重建应有直接的证据，不允许违背形式和原格局的主观设计"。由此可见，在我国原址重建尽管是特殊情况，却是被允许的。与西方文物建筑大多为独立形制不同，我国历史建筑多以院落形式存在，如其中某一建筑损毁，势必影响整个建筑集合的完整性。正是在此原则上，中国人重视完整性、习惯干预、倾向重建或恢复原状；而西方人重视真实性、避免干预、反对重建并注重现状。①

产生认知差异的原因有很多，但建筑体系特点和遗产保护历程之间的差异是其主因。

一方面，二者分属两个完全不同的建筑结构体系。砖木、土木结构是中国古代建筑的主体。由于砖木、土木结构建筑体系具有相当灵活的调节机制，因此其能够在统一的构筑体系中，针对不同地区的自然条件，进行灵活的调节，形成多元的构筑形态和有机的建筑形象。中国古代官式建筑多为木构建筑，民居、城墙、堤坝多为生土建筑，二者相对西方石质建筑结构来说都易受损，在强度和耐久性上都要差一些。另外，构件的榫卯连接也降低了结点处的强度。因此，对砖木、土木结构建筑而言，造成破坏

---

① 参见郭旭东《"重建"反映的中西文物保护理念与方法差异的原因探讨——由"东亚地区文物建筑保护理念与实践国际研讨会"〈北京文件〉引发的思考》，载《城市发展研究——2009城市发展与规划国际论坛论文集》，中国城市科学研究会2009年版，第157—161页。

的原因有屋顶渗漏、基础非均匀沉降、长期荷载作用，以及地震、虫蛀、风化、水土流失等自然灾害。且由于单体木构建筑框架结构的整体性，可能导致局部受损而残留部分无法再利用，需要推倒后整体重建，因此经常性的维修和对毁损构件的替换是必不可少的。木构古建筑的维修周期为20—50年，不定期的损毁与重建的循环也使民众心理上习惯性接受重建。即便是生土建筑材料损坏后的维护方式也通常是补充新的填充材料，并尽量使新旧材料混成一体达到加固的效果。这种方式与现代西方文化遗产保护理念中的可识别性原则互相矛盾。西方国家古建筑基本上是石质结构，其所使用的花岗岩、大理石等材料具有坚固、不易风化和不易受生物侵蚀的性质，石材防火性能好，即便受破坏垮塌后构件保存完整性依然较高，需重建时尚存的构件可使用率高。如古希腊、古罗马时期的一些神庙、宫殿，虽历经千年、饱经风雨，但其主体轮廓依然保持至今。因为即便建筑几经损毁，但在重建过程中，只需要通过复制补充遗失的构件即可按照原样重新搭建，其原有构件的使用保证了重建后的原真性，这与木构建筑的重建形成巨大反差。因此，西方人没有形成采用新材料完全重新建造古建筑的心理习惯。同时，这种原有构件与新增构件混合重建但可区分的方式也促成了现代西方文物保护理念中的可识别性原则。所以中国的建筑遗产保护应当采取有别于西方以石质材料为主要构件的建筑物的保护理念和原则。

另一方面，二者文化遗产保护发展历程各有千秋。西方近现代文物保护和修复观念的形成，始于18世纪90年代的法国大革命期间。[1] 早期对希腊古神庙维修时仅考虑其使用价值，直至文艺复兴时期人们才开始关注

---

[1]　参见陈薇《中西方文物建筑保护的比较与反思》，《东南大学学报》1990年第5期。

古建筑的艺术价值。18 世纪后半叶，以国家为主体，由社会精英、知识分子推动的历史文化遗产保护事业逐渐在英国、法国以及意大利等欧洲国家拉开帷幕，强调文物建筑历史价值学派的影响越来越广泛，进入 20 世纪后对历史价值的保护已经成为保护工作的主要方向。在历经前后两百年时间之后，西方社会逐渐形成并完善了他们对历史文化遗产的价值认识。与西方相比，我国遗产保护工作起步晚了近百年，古建中尽管也提到维修与利废，但基本与西方早期认知相似，仅限于功能上的考量，直至 20 世纪初期，随着营造学社的建立，我国现代文物保护理念始见端倪。20 世纪 50 年代文物建筑保护理论与管理体系开始建立，20 世纪 80 年代才开始迎来文化遗产保护理论与方法的发展。西方国家是在资本主义社会生产力充分发展的前提下，使传统和现代之间保持了较多的历史延续性，各种社会问题、城市化进程使遗产遭到破坏的同时，国民保护意识也在逐渐增强。而我国现代化属于外缘式现代化，文化遗产在经济和精神领域的重要价值还未得到与之相称的重视和认同。

深刻认识和准确把握中西方文化遗产保护理念的差异及原因，有助于中国特色文化遗产保护发展理念的理论建构。

二、建立中国特色文化遗产保护发展理念的必要性和重要性

目前，国际文化遗产保护交流与合作强调的保护理念是以《威尼斯宪章》等一系列文件精神为原则的。而《威尼斯宪章》主要是依托西方石质建筑结构及价值认知理念形成的保护理念与实践规范，这一套关于保护文物建筑及历史遗址、遗迹的国际主流原则，虽有其足够的权威性和广泛的

适应性，但正如宪章的前言所说"每个国家有义务根据自己的文化和传统运用这些原则"，它不是一剂万能的灵丹妙药。中国现代文化遗产保护制度的建立主要借鉴于西方发达国家，近年来文化遗产保护理念和保护方法正在逐步与国际接轨，但在此过程中，无论就人类文化发展的客观规律，还是就不同文化地域、不同民族的文化遗产特性来看，《威尼斯宪章》都在很大程度上存在着"水土不服"。各国纷纷探讨适合本国的遗产保护发展理念，进一步对国际普遍遵循的保护原则展开"本土释义"，提出原真性应该尊重各地区不同的建筑背景与民族、文化差异。1972 年 11 月联合国教科文组织通过的《保护世界文化和自然遗产公约》、1994 年 12 月日本古都奈良会议上通过的《奈良文件》、1999 年 3 月在美国得克萨斯州圣安东尼奥通过的《圣安东尼奥宣言》和 2005 年 10 月在中国西安通过的《西安宣言》等都是对《威尼斯宪章》的补充和发展。

中国作为一个享誉世界的文明古国，拥有独特而丰厚的历史文化遗产，如何对中国文化遗产进行保护、保存、利用和传承发展是一项重要的时代课题，同时也是做好人类文化遗产保护发展工作的重要组成部分。长期以来，在中国文化遗产保护发展中，由于受西方文化遗产保护理念的影响和制约，至少到目前为止，我们尚未形成符合自身文化遗产特性、文化发展客观规律和遵从中国传统审美崇尚、价值取向的保护发展理念。在相当大程度上，人们总是用西方的理论、学术观点、原理、概念、标准来对待中国文化遗产保护与发展，往往使遗产保护发展与实际要求产生出入，其结果既使大量理应得到有效保护的文化遗产没有得到很好的保护，又使一些不应损毁的文化遗产遭到破坏甚至消亡，文化遗产的文化、社会和经济价值没有得到充分彰显，可持续发展也受到严重影响。事实证明，文化遗产保护发展面临的最大敌人不是风霜雨雪等不可抗拒的自然力量或战争，也不是完全缺乏相应的保护发展技术，而是各种片面和错误的认识观念。在今天新的时代条件下，我们必须在深入理解中西方文化遗产保护理念差异及深层原因的基础上，建立符合中国文化遗产特性和遵从中国传统审美崇尚、价值取向的保护发展理念。唯其如此，才能切实有效地保护好、传承好、发展好我国种类繁多、特色鲜明、底蕴丰厚的文化遗产，才能充分发挥好文化遗产推动经济社会发展的现实功用。

三、中国特色文化遗产保护发展理念的理论建构

（一）理论依据

由上可知，不同的文化遗产特性和不同的审美崇尚、价值取向决定了中国与西方在文化遗产保护发展上具有不同的理念认知和实践规范，而这正是建立中国特色文化遗产保护发展理念必须考虑的重要因素。从理论依据上来说，建立中国特色文化遗产保护发展理念，首先要坚守文化发展的客观规律，努力发挥人的主观能动性；其次要严格遵循中国文化遗产的固有特性和中国传统的审美崇尚与价值取向；最后要与时俱进，充分体现发展时代内涵。

1. 文化发展的客观规律

文化发展是一个扬弃和创新的过程，每一个时代的文化总是在继承前一时代的文化精华并剔除其糟粕，同时再融入本时代新的文化成分而不断加以创新的基础上发展起来的。没有对以前文化的继承，文化的发展就没有根基。相应的，只是一味地继承，而不融入新时代新的文化因素，不加以创新，文化的发展只能是一种毫无生机、毫无价值的僵死的重复。文化

遗产作为文化的物化表现，其发展也必然是一个扬弃和创新的过程。例如，就可移动文物而言，无论是青铜器、瓷器、陶器，还是金银器、玉器等，一个时代的器物形制总是在继承前一时代优点特长的同时不断加以创新和发展的；就不可移动文物来说，一幢古建筑或一座古塔，其外在形式和风格也是在继承和创新的过程中发展变化的。文化遗产本身的发展如此，相应的，对其保护也应如此。换言之，对任何一种文物古迹的维修保护，都应根据其本身的特性及现存的实际情况，采取局部或整体加固措施，特殊情况下，为了使其更好、更长久地留存于世，也可考虑通过改变其原有结构或材质加以维修保护，而不能教条地恪守"保存现状""原封不动"的所谓维修保护原则。众所周知，唐代大雁塔之所以能够饱经1300 多年的风风雨雨而至今仍旧巍然耸立在古城西安，就在于明代维修保护时在其外围加固了一层砖。不难想象，如果明人维修保护大雁塔时完全采用"保存现状""原封不动"的做法，那么我们后人将无从看到这一古塔杰作。再比如，20 世纪 80 年代初，如果没有西安市委、市政府和广大市民齐心协力对西安明城墙的大规模维修保护，那么保存至今的明城墙的残破景象将是不言而喻的。事实上，在我国历史上，前人在维修保护许许多多文物古迹时，都程度不等地根据文物古迹本身的特性和当时的实际情况，采取了积极有益的创新措施实施保护，从而使许多重要的文物古迹得以保存至今而且还将继续保存下去。

2. 主客体有机关系辩证

辩证唯物主义认识论告诉我们：主体与客体之间不仅是反映和被反映的认识关系，更为重要的是改造和被改造的实践关系，主体在改造客体的过程中认识客体。从主体与客体的有机联系，尤其是从主体对客体的能动性角度来说，我们在保存文化遗产"原真性"的同时，要积极发挥遗产保护工作者的主观能动性，不能割裂客体与主体的有机联系，使文化遗产与遗产保护者处于相互隔绝、彼此孤立的状态。遗产保护者不应该目睹文物古迹日渐遭受风吹雨淋、自然风化和人为破坏却垂手而立、无所作为，人为地延误或丧失制止遗产损毁、破坏恶果出现的有利时机，而要坚持创新发展理念，切实发挥主动性和创造性，不断增强做好新时代文化遗产保护发展的责任感和使命感。

3. 中国文化遗产的固有特性

中国文物以建筑物和大遗址构成最主要的类型，而砖木、土木结构建筑体系又是中国古代建筑的主体。正如前文所说，由于砖木、土木结构建筑体系具有相当灵活的调节机制，因此能够在统一的构筑体系中，针对不同地区的自然条件，进行灵活的调节，形成多元的构筑形态和有机的建筑形象。这完全不同于西方国家以石质结构为主的古建筑，如古希腊、古罗马时期的一些神庙、宫殿，具有不易破损、保存时间长等特点，虽经数千年风雨剥蚀，但其主体结构、基本轮廓依然保存至今。而中国文物建筑的砖木、土木结构建筑材料是极易毁损的材料，它较之石质材料在强度和耐久性上都要差一些，容易糟朽、变性、风化、流失、受虫蛀。另外，构件的榫卯连接也降低了结点处的强度。因此，对砖木、土木结构建筑而言，造成破坏的原因有屋顶渗漏、基础非均匀沉降、长期荷载作用以及地震、虫蛀、自然风化、水土流失等，经常性的维修和对毁损构件的替换是必不可少的。因此，中国文化遗产保护发展应当采取有别于西方以石质材料为主要建筑构件的西方的保护理念和原则。

4. 中国传统的审美崇尚与价值取向

从文化学、社会学、民俗学的角度来讲，中国文化遗产的表现形式、内容构成、价值特征在很大程度上反映着中华民族的审美崇尚和价值取向。反过来，作为深层文化结构的审美崇尚和价值取向又在很大程度上决定着保护发展文化遗产的理念、方法和趋向。比如，中国人的美即是善、以善为美，重教化、尚伦理的审美倾向和重和谐、包容，主张天人合一、顺其自然，强调曲线和含蓄的价值取向，决定了中华民族在文化遗产保护发展中更多地关注整体风格、人文环境与象征意义。而西方以真为美，重科学、尚真诚的审美意向和重对立、斗争，主张征服自然，提倡竞争扩张，强调规模与平直性，尚理性的价值取向，决定了西方在文化遗产保护发展中更多地关注遗产的真实性和对遗产实体元素的保留。

今天，建立中国特色文化遗产保护发展理念，应充分遵从我国传统的审美崇尚与价值取向，在理念、思路、方法及成效评估上应更多地关注文化遗产的整体风格、人文环境与象征意义，真正走出一条富有中国特色的文化遗产保护发展新路子。

5.发展的时代内涵

从一定程度上来说，衡量一种文化遗产保护发展理念是否合理、科学、有效，关键是要看该理念是否充分体现出发展的时代内涵，具体讲，就是能否有效保护遗产本体、优化周边环境；能否有效传承遗产的历史文化信息、展现教育价值；能否有效承载遗产所在民族或地区的审美习惯、价值追求；能否有效提高遗产区居民的生活质量和幸福指数；能否有效促进经济社会发展，惠及全体人民。今天，建立中国特色文化遗产保护发展理念，要不断增强人们在面对新时代社会发展诉求时的能动性理性认知，紧紧地把发展的时代内涵融入文化遗产保护发展理念、思路和举措之中，切实把文化遗产资源作为新时代文化建设的重要内容和文化建设质量、特色的有力支撑。

（二）理论基础

1. 价值论

在西方哲学理论体系中，价值论是与存在论和认识论并列的理论分支，价值观是哲学世界观的重要内容，价值思维是哲学思维的重要组成部分。将价值论运用于我国文化遗产保护发展理念的构建，集中体现为价值哲学对遗产保护发展理念的目标取向性，它会影响遗产保护发展在理论上的系统性、观念上的认同性、意念上的连续性、情感上的可原性、数理逻辑上的相容性、自然法则上的和谐性和语义逻辑上的一致性。价值普适性和价值多样性决定了我国既应有对西方文化遗产保护理念的兼容吸收，确立人类对待文化遗产态度上的共同追求和理想目标，也应在尊重这些代表人类基本价值共识的公约的同时，充分考虑我国文化的独特性，一方面需要对我国传统儒家思想、农本思想等价值观进行诠释和取舍，另一方面要结合我国国情对文化遗产价值体系和评判制度进行创造性探索。

2. 系统论

文化遗产保护是一个系统工程，运用系统论有助于厘清文化遗产保护系统内部、系统环境以及系统变化之间的逻辑关系。首先，文化遗产保护涉及建筑、考古、历史、地理等相关学科，是一个由各个子系统构成的整体，包括管理、法律、教育科研等各个亚系统，各子系统间相互影响、相互作用；其次，社会环境、自然环境和人是文化遗产保护系统外部边界的三大要素，社会环境中的政治制度、宗教信仰、经济状况和科技水平都对文化遗产保护发展有着巨大影响，而自然环境的差异可能导致保护手段与方法的区别，作为保护主体的人决定着保护研究、保存制度和民众意识；最后，系统内部之间关系链接，如教育培训对管理队伍的充实，法律体系对预防、治理、修缮的规定等，影响着文化遗产保护发展的实际运行状况。总之，系统内部结构的维护是任何文化遗产保护获得成效并不断发展的基础，结构优化是文化遗产保护发展中的重要内容和根本保障。

3.控制论

控制论是研究系统的状态、功能、行为方式及变动趋势，控制系统的稳定，揭示不同系统共同的控制规律，使系统按预定目标运行的技术科学。借鉴现代控制论思想对文化遗产保护发展的意义在于，将文化遗产看作一个控制系统，探讨如何利用最优控制、最优设计和系统辨识使文化遗产保护发展达到最佳状态。尽管控制论发端于自然科学，但它所探讨的关于系统的相关关系、组织结构、运行机制、控制过程等方面，具有重要的方法论意义。从理论上讲，适合于工程的、生物的控制论的理论与方法也适合于分析和说明文化遗产保护发展管控问题，如新技术在文化遗产保护发展中的应用，分级干预保护中的控制方法等。

（三）研究内容

我国特色文化遗产保护发展理念研究内容可结合上述理论方法从三个层面进行探讨。

1.宏观层面

运用价值论方法，解析我国传统哲学思想对文化遗产保护发展理念的影响，包括各个流派的价值观思想，如儒家的道德哲学对文化遗产真善美价值的释义，道家的自然主义超越价值观与文化遗产意境美学的关系，墨家的功利实用价值观对文化遗产价值的认知及对修复方式的导向，以及宗法礼制、符号象征等民俗观念对建筑制式的影响。同时也应了解西方主流价值观对西方文化遗产保护发展理念的指导意义，相关流派的主要思想及发展历程，以及对世界文化遗产保护发展理念的主要影响。

2. 中观层面

运用系统论的方法，研究文化遗产保护发展与外部边界环境之间以及文化遗产保护发展内部各子系统间的相互渗透，揭示其通过系统良性运行机制所形成的有机联系性与系统整体性。外部环境研究包括如何将文化遗产保护纳入生态环境建设，以生态环境建设促进文化遗产保护发展，以文化遗产保护发展提升生态环境的文化内涵。内部结构主要研究内容应涵盖如下方面：一是保护管理体系，包括研究如何建立或优化文化遗产登录制度、建筑管理制度、保护官员制度、公众参与制度及监督体系等；二是资金保障体系，包括如何构建以国家为主体、市场资金参与运作、民间慈善及文化基金支持相结合的全方位资金保障体系；三是教育科研体系，包括如何设立并发挥文化遗产保护发展的研究机构、教育体制与培训体系的作用；四是法律保障体系，充分掌握我国法律保障体系现状和国家、地方各级法律法规内容，研究如何加强法律法规建设对我国文化遗产保护发展的规范、指导和引导作用。

3. 微观层面

运用控制论的观点，进一步对国际普遍遵循的文化遗产保护修复原则展开"本土释义"，开发适合我国文化遗产结构特点的保护、修复技术。如对文化遗产资源进行分级干预，针对不同的遗产状况采用维持现状、加固性修复、修补性修复、复原性修复、重建性修复、适应性再利用等手段。研究运用新技术对文化遗产风貌进行维护，对文化遗产进行科学考据和技术处理，对数字博物馆进行信息化建设等。

（四）研究方法

1. 对比分析法

对比分析法是对客观事物加以比较，以认识事物本质和规律并做出正确的评价。在对比分析中，运用时间标准、空间标准、经验或理论标准、计划标准等对所比较的客观事物做出客观的评价。从中西方文化遗产的特性、材质、空间位置、历史风俗、民族心理特点等不同角度来分析评价中西方的文化遗产保护方法和理论体系。

2. 田野工作法

田野工作法又称为田野调查、现场调查、实地调查，是一种在各个学科里广泛应用的方法。田野工作法，对研究文化遗产与社会变迁、环境演变、群体审美意识、民族风俗等方面的关系有很大帮助，这也有助于我们认识中西方文化遗产保护理念和保护方法的异同。

3. 个案研究法

利用中西方各国不同时期、不同地域、不同风格且具有典型特征的文化遗产，进行个案研究，以在合理归纳的基础上做出科学公允的评价，分析其原因，明晰其态势，总结其规律。

四、结语

结合上述理论建构的相关内容，按照新时代中国特色社会主义文化建设的实际需要，紧扣文化遗产的历史内涵和时代价值，中国特色文化遗产保护发展理念的主要内涵可概括为：保护为主，发展为要，保护与发展并重；传承为主，创新为要，传承与创新并举。

第一，文化保护是文化发展的前提和基础，文化发展是文化保护的宗旨和目标。党的十八大以来，习近平总书记多次强调指出，要像爱惜自己的生命一样保护好历史文化遗产，让收藏在禁宫里的文物、陈列在广阔大地上的遗产和书写在古籍里的文字都活起来，成为坚定文化自信、推动文化繁荣的深厚滋养。在新时代中国特色社会主义伟大实践中，我们要始终坚持保护为主的理念，既要开展抢救性保护，还要加强养护巡查和监测保护，要利用新科技、新材料、新方法、新工艺，力求以最先进的科学技术实现最高效、最持续的保护。与此同时，要坚持以发展为要的理念，秉持保护是为了更好的发展，发展是积极的保护的工作思路，努力使我国丰厚的文化遗产资源不断为坚定文化自信，推动社会主义文化繁荣兴盛，促进经济社会发展服务。只有坚持保护与发展并重的理念，才能使文化遗产永葆延续文脉、传承精神、丰富内涵的生机与活力。

第二，文化传承是文化创新的基础，文化创新是文化传承的时代要求。没有传承，文化遗产的创新发展就没有根基；而一味地传承，不加以创新，文化遗产的保护发展只能是僵硬的重复。习近平总书记在党的十九大报告中指出，要加强文物保护利用和文化遗产保护传承，实现中华文化的创造性转化和创新性发展。新时代赋予文化遗产事业新的定位和使命。首先，文化遗产保护发展要坚持传承为主的理念。我们知道，中国文化遗产是华夏文明的记忆载体，蕴含着中华民族特有的思维方式、审美情趣和价值取向，凝聚着中华民族的精神文化标识，蕴藏着中华民族智慧的符号基因。保护发展文化遗产，要注重遗产精神内涵的挖掘传承，着力彰显"厚德载物、居安思危、乐天知足、崇尚礼义"的中华文化精神，传承"自强不息、爱国为民、崇尚和平、勤劳勇敢"的中华民族精神，延续中华民族一脉相承的精神追求、精神特质和精神脉络。其次，要坚持创新为要的理念。传承文化遗产，要按照时代发展的实际需要，重点做好创造性转化和创新性发展，使之与现实文化相融相通。一方面，要按照时代特点与要求，对那些至今仍有借鉴价值的内涵和陈旧的表现形式加以改造，赋予其新的时代内涵和现代表达方式，激活其生命力，实现其创造性转化。另一方面，要按照时代的新进步、新进展，对文化遗产的内涵加以补充、拓展、完善，增强其影响力和感召力，实现其创新性发展。总之，只有坚持传承与创新并举的理念，新时代文化遗产保护发展才能更具生生不息的价值与魅力。

（原载《中国文化遗产》2020 年第 1 期）

本体·信息·价值·作用

——关于文化遗产保护传承的几个理论问题

曹兵武

让文物活起来，让文化遗产得到有效保护和合理利用，已经成为关于新时期文化遗产事业的强烈呼声。从理论上说，实现中华民族的复兴，必须从三种文化资源中汲取丰富营养，进行继承创新：一是传统文化，它维系了中华民族数千年的持续发展，二是包括马列主义在内的西方先进文化，它们不仅给予中华文化巨大的冲击和启迪，也是中华民族走出帝制走向共和、自立于世界民族之林的理论指引与思想力量，三是立足现实、实事求是的科学发展文化，这是由复杂多变的国际国内形势和快速发展的科学技术及中华民族复兴的内在要求所决定的。因此，文物保护利用和优秀传统文化传承问题受到社会各界的广泛重视，而关于文物与文化遗产的价值与作用等若干理论问题，也亟须予以探讨。

一、古玩—文物—遗产：认知递进与实践升级

文物和文化遗产（以下简称"物"）作为优秀传统文化的载体，国人对其的认知与态度大致可以分为"古玩—文物—遗产"几个不断递进的发展阶段。[①] 举个例子，一件物品，比如一个实用的杯子能成为文物，不仅包含功能方面的转变，也包括人们对其价值认知和物人之间相互关系的一种转换。但是，如果说古玩主要还是基于个人喜好的收藏、把玩和研究，并在中国社会和文化中具有非常悠久的传统，文物则是清末民初西学东渐、国家开始正式介入对古物古迹的管理之后的新概念和社会事业的拓展，当然其内涵也由文玩清供扩展到了几乎所有具有历史、科学和艺术价值的考古、历史和古生物等遗存。这是一场革命性的转变，不仅是物的种类、内涵的扩大，也包括物人关系的外延与拓展。1930 年，国民政府出台了中国历史上第一部专门的《古物保存法》，并经过其后几十年的发展，最终于 1982 年发展为中华人民共和国时代的《文物保护法》。这里的古物与文物尽管有一字之差，表现的却是由借鉴西学时的科学中立态度向民族与历史情感的一种妥协。因此，文物概念包含着一种强烈的精英科学价值观和国家意识、文化认同的视角在内。至于文化遗产，则是 1972 年联合国教科文组织通过的《保护世界文化和自然遗产公约》（以下简称《世界遗产公约》）首先予以明确界定的，我国自 1985 年加入公约并开始申报世界遗产后，文化遗产的概念与相关理念逐渐进入公众视野。2005 年国务院公布每年 6 月第二个星期六为中国文化遗产日后，我国进入全民关注和参与遗产事业的新时代。因此，文化遗产概念标志着物人关系的大众化，标示着

---

① 参见文社选编《古玩·文物·遗产：为了未来保护过去》，北京燕山出版社 2009 年版。

祖先遗存不仅应经过精英传导给大众而被普遍认知，更应该在大众的心理和社会实践层面被认知、接受和传承，融入历史本身的进步与发展。

由此看来，"古玩—文物—遗产"这三个概念与其对应的三个发展阶段以及相关认识和社会实践活动，不仅是"物"本体内涵层面的物理性扩展，也体现了相关信息与价值的发现、积累与增值，以及遗产与人关系的全面变化——遗产作为历史与祖先的馈赠，不仅可以成为个人的珍爱，也具有传统认可的历史、科学与艺术三大价值，具有经济、文化、社会等方面的价值和作用，也是建构新型群体认同与社会关系的重要媒介，已然成为人类社会可持续发展的宝贵资源。

如果把中国加入《世界遗产公约》并开始申报世界遗产、21世纪初设立中国文化遗产日视为遗产理念的觉醒期，那么当下"让文物活起来"和"用起来"的提出，则标志着文化遗产进入一个新的深入发展期。在文化遗产事业发展的这个新阶段，遗产的保护与利用已不仅仅是过去通常认为的政府与行业研究者的职业职责，而应该是政府领导、行业专家指导、公众全面参与的现代社会具有普遍性的一项事业和社会实践。与文化遗产阶段相适应，需要探索包括政府、各行业机构、研究者、公民及其他相关社会力量共同参与的适应现代社会多元主体、多个层次、多种形式的保护模式，需要探索管理性保护、规划性保护、科技与工程性保护、日常维护等多种保护实践的结合，需要探索利用型保护、发展中保护的活态与动态保护理念——当下遗产的保护利用已经成为一项整合科技、法规、政策、社会实践的系统性工程，因此，也需要探索更具包容性和综合性的遗产理论与方法[1]，尽可能遏制遗产

---

① 参见曹兵武《文化遗产的综合保护》，《学习时报》2009年8月31日；曹兵武《留住城市历史之根铸造城市文化之魂——福州三坊七巷探索以社区博物馆综合保护与传承城市文化遗产》，《国际博物馆（中文版）》2011年第2期。

面临的自然与人为的破坏性因素①，以实现遗产本体的延年益寿，遗产信息保存的真实、完整和系统性，以及遗产价值的充分呈现。这个新阶段还要求我们以全球化和信息化为背景，以可持续发展的生态文明建设为目的，重新构筑人与遗产及环境的关系，通过理论创新和科学实践，构建优秀传统文化传承理论和实践体系。

在这方面，近年来发展较快的基因和信息理论与技术对遗产保护及文化的传承与发展具有一定的启示性。基因控制着个体乃至细胞层面生物的繁衍演化，而人作为生物与文化双重适应的特别动物，文化也是人类的群体性适应手段和进化手段。个体的DNA借助细胞分裂复制增生与合成等实现其生命历程，群体的文化则借助学习、传承和创新助推人与人之间和整体性社会的发展。文物和文化遗产作为文化的物化载体，其保护、传承和创新（变异）与个体的基因遗传、展现和变异、演化具有某种共通性，为人的超时空文化传播与学习借鉴提供了一种包含着类似文化DNA或者文化模因式的具体介质。② 这种理论方法与思维方式对文化遗产与文物的保护利用具有重要的指导意义。

二、本体与信息：重识遗产及其价值体系

所谓遗产，是指历史或者祖先（包括大自然）的馈赠，是人类生存与

---

① 参见曹兵武《业态—生态—心态——兼谈文化遗产综合性保护利用传承体系与生态文明建设》，《中国文化遗产》2015年第2期。

② Kate Distin, *Cultural Evolution*, Cambridge：Cambridge University Press, 2011；参见刘静《中国传统文化模因在西方传播的适应与变异——一个模因论的视角》，《西北师大学报（社会科学版）》2010年第5期。

发展的前提条件之一。它超越我们而存在——既先于我们而存在，又应经过我们和子孙后代而存在，并和人类社会的历史、现在及未来有各种各样的内在联系。

当代社会通常将遗产分为有形（物质）和无形（非物质）两类。有形遗产就是通常所说的具有历史、科学与艺术价值的文物，它有材质、工艺技术等成因特性和功能特性（包括原生、次生、衍生、潜在的等），类型上则包括古遗址、古墓葬、古建筑、石窟寺、石刻、壁画、近现代重要史迹及代表性建筑等不可移动文物，历史上各时代的重要实物、艺术品、文献、手稿、图书资料等可移动文物，以及在建筑式样、分布均匀度或与环境景色结合方面具有突出普遍价值的历史文化名城、街区、村镇、景观等。

无形遗产即非物质文化遗产，是指各种以非物质形态存在的、与人类生活密切相关、世代相承的传统文化表现形式。根据联合国教科文组织《保护非物质文化遗产公约》的定义，无形文化遗产是指被各群体、团体、有时为个人视为其文化遗产的各种社会实践、表演、知识和技能等，可以扩展到与其表现形式有关的工具、实物、工艺品和文化场所等。

通常所说的文物或者文化遗产具有已经被《文物保护法》权威采用的历史、科学、艺术三大价值，既非遗产的全面价值，也非其核心价值。遗产的价值是相对于人而言的，价值建基于遗产与人的关系，价值及其构建依赖于社会文化背景和社会实践过程。因此，遗产价值是可以不断挖掘、拓展和提升的。当然，我们可以对遗产价值进行分类分级，建立价值体系和框架。

遗产的首要价值就是其存在价值——只有存在着，才能进入人与遗产的关系范畴，才能谈得上价值。因此，文物和文化遗产事业首重"保护"二字，保护其本体之存在，以及这种存在的真实性、完整性、连续性要素。

其次是信息价值。① 遗产是信息载体，它已经预先完成了相关信息的编码注入工作，而相关信息被后人发现、感知、认知，才能有所谓的历史、科学和艺术价值以及其他价值。也就是说，遗产学只有客观地揭示遗产从材料经过工艺技术的本体性及其蕴含的相关信息，揭示其蕴含的文化模因，才能产生其相对于后人的相关价值链条的延展，在遗产初造与使用价值之外赋予其对于今人和后人所具有的不断拓展的新的价值。这就是围绕遗产保护与利用而形成的文化传承。

遗产信息又可分为本征信息——如遗产本体的时间与空间信息、材料构成、工艺技术、形式功能等；延伸信息——如在其生命历程中参与的与人类社会相关的历史事件等互动信息；象征信息——其所具有的文化分类或者价值等方面的作用等。我们所说的文物具有唯一性、不可替代性，这也并非相对于其传统的三大价值而言，而是相对于上述其本体的存在性与信息载体而言。由此观之，文物和文化遗产的原真性、完整性、代表性等特性，其实也是其信息价值的内在属性和要求，是保护、利用和传承过程中必须予以充分尊重的。对文物或遗产，人所需求的已不再是其原初的使用性功能及其价值，而是其存在和荷载的作为文化模因和历史记忆的信息，包括最近大家开始关注的经济价值、教育价值、社会价值等，也同样是在前述各种信息基础上以及由信息重构的文化模因及其在人的认知过程与社会实践中的延伸拓展。

① 参见曹兵武《文物即媒介——谈谈信息时代的文物与文物工作》，《中国文物报》2012年11月3日；龚德才、徐津津《文物保护学视角下的文物信息学》，《中国文化遗产》2015年第2期。

因此，我们可以尝试从遗产载体和信息论视角，对文物或遗产价值试作归纳和梳理如下。

1. 存在价值：有就是有，无就是无，真就是真，假就是假。这是遗产一切价值的载体和基础，因此，对其本体和信息，均应尽可能地要求原真性、完整性和代表性。

2. 历史价值与科学（工艺技术）价值：遗产信息价值的第一层次派生性价值，可以据以重建人的社会历史或探索遗产形成过程中的科学与技术等问题。

3. 审美、群体身份等符号象征性价值：遗产信息价值的第二层次派生性价值，遗产本体、本征信息及历史科学信息等对人的审美与情感产生的作用，具有一定的主观性。

4. 文化、教育价值及其他衍生价值：在前述信息与价值基础上产生的新的使用性价值，或其他次生的使用价值及创造性转化利用价值，更多地通过遗产事业和遗产产业等社会性实践得以实现与不断拓展。

5. 经济价值：上述价值的稀缺性等特性在现代社会中的货币化、数字化表现。

在这个遗产价值体系或框架中，越往后的价值，其与人和现实的关系越密切、越普遍，当然也越主观。然而，遗产的一切价值最终都体现在其作为文化基因的复制增生传导机制上，即便是经济价值，也是其传播与复制增生的一种度量或者润滑剂。因此，遗产的价值体系实际上可以看作一个不断拓展的价值链，与不同社会发展阶段、需求以及不同的人的认知等具有密切关系。

遗产作为人类生存及其环境的物证，纯粹是历史科学与历史价值的视角，而遗产作为发展的资源，则是社会发展与生态文明具有整体性的现实与未来视角。遗产是古，遗产工作是今，遗产事业则应贯通古今和未来。

物成为文物和遗产的前遗产阶段都必然会经过人工与自然编码而被注入特定的信息，因此，今天的遗产学首先是解码，即通过专家的发掘考证释读和价值认知，然后按照现代社会的传播学理论与文化需求再进行编码，比如博物馆通过收藏与展示对文物的去脉络化和再脉络化，以及以历史、科学、艺术等价值范式形成的格式化，最终以展览展示与宣教活动等文化产品形式呈现给公众进行阅读和解码。这期间当然会有不断地纠错、反复、深化和完善，也会有变异与误读。如此这般，不同时代围绕遗产进行的编码、解码、传播、转化，构成了遗产内含的文化模因在人类社会中的复制增生过程，从而使得遗产融入了连续不断的文化传承与社会发展进程中。

三、保护与传承：探索综合性的遗产保护利用体系

自觉的文物古迹保护行为是英法等进行工业革命较早的国家在 19 世纪兴起的现代社会实践，在民国时期传入我国。但早期的文物保护或者说传统的文保基本上是本体层次的保护，即对濒危文物古迹的抢救——救命、治病或修复，而达到信息保护和文化模因（DNA）保护，超越对历史遗失的情感惋惜，有意识地与文化传承、经济发展和社会建设结合起来，则是一件更为复杂的事情，这种保护不是简单的"修旧如旧"，不仅对本体的原真性、完整性和代表性应该有更加系统、真确的要求，而且要重视与物质性遗产相关的非遗和传承等文化行为与机制方面的因素，以确保信息、知识和其他相关价值在保护中得到尊重和传承。因此随着认识的提高，博物馆等文博机构普遍地开始将非物质文化遗产与物质性遗产一同纳

入新的博物馆定义和工作范畴。

非遗讲求的就是传承，它既涉及记忆，更涉及和记忆关联的物与人甚至知识体系或空间场所。所以，非遗并非无物、无实、非物甚至反物，而是要特别强调遗产中无形部分在文化传承中的重要性。打个不恰当的比喻，如果说物质性遗产是信息与价值的编码载体，非遗在某种程度上是解码与复制的过程之一。发展到近来文博、文创概念的提出与实践，更是主动推动遗产以各种各样的方式和社会大众关联起来，使保护和传承成为具有普遍性的社会实践。

因此，在传统的修复、科技保护、救命治病式本体保护之外，遗产事业应探索拓展遗产保护与传承的内涵与外延，大力加强养护型保护、维护、呵护，加强无形遗产及其载体传人的保护，加强景观和遗产环境保护，加强遗产价值与功能的衍生和转换。更重要的是，将保护上升为一种文化和文化的自觉，加强政策与制度性保护，加强对人的参与及其行为和发展的科学性研究与实践完善，建构合理的人与遗产关系以及相应的制度安排与文化氛围培育，等等。这些都应是当下遗产学讨论和遗产工作探索的范畴。

例如，2008年中国文物保护基金会在组织首届中国文化遗产保护年度十大杰出人物评选时，候选人之一、居于北京市崇文区（现东城区）东花市斜街的佘幼芝女士，作为佘家第17代子孙，坚守祖先的遗训，坚持为明末抗清英雄袁崇焕守墓、面临内外交困而难以继续守墓一事，曾引起高度关注。佘幼芝的祖先、袁崇焕将军的部下佘义士冒死偷去被皇上处死后悬挂于城头的袁崇焕头颅在自家安葬，并要求子孙世代守墓。佘义士的行为首先体现了一种义，而其子孙世代坚守先人遗训守护烈士墓园，则是一种孝。因此，这个事件不仅涉及作为文物保护单位的袁崇焕墓园的保护，也涉及一种家族守墓的传统文化和制度安排能否延续。它们都是凝聚中华优秀传统文化的一组特别的遗产，遗产的保护和遗产的传承在这一事件中是整体性纠结在一起的。经过专家呼吁和各界努力，事情最终有了一个基本圆满的结果。①

按照国际文化财产保护与修复研究中心（ICCROM）的权威定义，所谓"保护"就是阻止对文物或遗产的自然和人为破坏，以人工干预方式去除相关的破坏性因素。由此看来，遗产保护不完全是文物医学、文保科技问题，也是文物环境、遗产社会学问题乃至系统工程和社会性实践，甚至是文化本身可持续性的问题。作为遗产，只有传诸未来，才有保护价值或者说达到了保护的目的。

因此，科学的遗产保护体系应该包括抢救性保护、预防性保护、利用性保护等方面的内容，既要保护遗产本体的存在，又要保护其功能性存在及其荷载信息的传递。文物和生命体有些相像，追求其长生不死、永恒存在是不可能的，而延年益寿、信息及文化模因的流传甚至发扬光大则是可能的。某种程度上说，人既是生命信息 DNA 的载体②，也是文化遗产的媒介。只有通过人，遗产及其信息才有意义，才能传播，其价值才能彰显，遗产中的文化基因才能传承。人与遗产，是相辅相成的。这里的人绝不能仅限于非遗传人等个别的人，而应是社会或文化中的每一个人，区别只是他们在角色与定位上有所不同而已。

---

① 参见中国文物保护基金会编《人与遗产——2008 年度中国文化遗产保护杰出人物纪实》，学苑出版社 2008 年版，第 251 页。

② 参见［英］里查德·道金斯《自私的基因》，卢允中、张岱云、王兵译，吉林人民出版社 1998 年版。

四、物—人—事—理：构建新时期遗产事业的理论支撑

上述论述又引出了人是目的还是手段这个哲学层面的问题。在传统观念中，相对于物，人似乎总是目的——工具为人所造，物为人所用，人总是将自己凌驾于万物之上。但是，这个世界有没有值得人为之献身的事物？即便品性自私、贪生怕死的人，对此问题恐怕也不能简单地给予否定性答案。这仅是意识层面的一种认识，并涉及人的进化与历史的方向等问题。而最近的科学研究则发现，在无意识的遗传和基因层面，按照道金斯"自私的基因"理论，人只是基因的载体，是基因遗传和种系繁衍的中介，因为细胞与机体都是基因的载体，是一种基因为自身生存繁衍而打造的机器[①]。在这里，人似乎又成了手段。

因此，就生物的演化来说，个体是夹在基因与群体之间的过渡体，基因操控着个体，而群体又大于个体。就"整个的人"这种生物群体性进化来说，无论个体还是群体，均是既有竞争又有协作，因此，个体的使命不仅包括谋求过上一种自我满意的生活，也在于生命基因的传播与文化的传承、文明的赓续。

人之于其他生物体的区别，主要在于人有文化，人的适应与演化除了自然法则之外，还有文化在起作用——人是自然与文化双重适应与演化的物种。德国哲学家雅斯贝斯 1989 年在《历史的起源与目标》一书中提出人类几大重要文明各有其历史的轴心时代的概念[②]，这个时代的显著特征便是人类相对于周遭自然与文化环境的自我意识的整体性觉醒及其产生的

---

① 参见［英］里查德·道金斯《自私的基因》，卢允中、张岱云、王兵译，吉林人民出版社 1998 年版。

② 参见［德］卡尔·雅斯贝斯《历史的起源与目标》，魏楚雄、俞新天译，华夏出版社 1989 年版。

长远而巨大的影响，但这并未使得人变得更自私，而是使得文明的方向感与责任心更强，探索、协作与竞争的范围更加深广。轴心时代中国传统的主要代表之一儒家学说的代表性观点便是个体应修身养性、格物致知，然后追求齐家治国平天下，这样将人生一层一层扩展开去。

人被视为能超越自身肉体进行适应的文化型物种①，工具、物以及符号化的信息等只是人体的延伸，帮助人实现自己的目的。遗产作为特殊之物，是超时间超空间凝聚着前人文化密码的给予人的超越型延伸介质。因此，人又是一种能够赋灵的动物——其自身超越自然的生物体的固有禁锢，并可以提取万事万物的信息，又反身赋予其意义和价值——"万物生成皆神圣，一草一木总关情"（出自文学作品《悟空传》），这不仅是文人的咏叹，也是人自身的社会实践活动之一。"人是万物的尺度"（古希腊哲学家普罗泰戈拉语），但人与物的关系也并非利用、拓展、延伸这般简单，人总是在建构物的价值意义以及物人关系的新的创造性范式，且总是在不断超越。万物既然被人所用，被人改造，被人唤醒，人自然也应对它们负有责任。

就文化与遗产范畴来说，现在的文物可能主要是过去人们的日用品，是人用以获取生存资源、改善生活条件的手段，后来又发展出祭品、随葬品，物被用来沟通天人和生死，以达到人的超自然的愿望；某些物还成了贡品、礼品，用来协调社会中的人际关系；成为可以交换欣赏的艺术品、商品等，用来丰富人的需求，标识人的品位、地位和社会身份。将物作为科学研究的标本，当成藏品、展品，则赋予了这些物以新的功能和价值，而这是文博考古事业等的新探索与新贡献。② 在这个新视角下，人们要关

---

① 参见［美］路易斯·宾福德《后更新世的适应》，曹兵武译，《农业考古》1993 年第 3 期。
② 参见曹兵武《博物馆是什么？——物人关系视野中的博物馆生成与演变》，《中国博物馆》2017 年第 1 期。

注的不仅是文物、遗产本身，也要关注它们去脉络化与再脉络化之后作为信息、知识、价值的客观性载体，以及联系过去、现在与未来以及人与世界整体关联性的独特作用。这已经形成了一整套完整、系统的学科范式。物的科学性、审美性、历史性价值的发现可追溯到古希腊时期的吕克昂（Lykeion）学园的收藏和缪斯神庙献祭的漫长历史，而其在文艺复兴之后的最终汇流与突破，则发明了一种新型的社会机构和体制——博物馆和文博事业等①，并在 19 世纪中晚期形成了考古学、博物馆学与文物保护科学等。同理，博物馆藏品之外的古迹遗存也因而受到博物馆化和遗产化的对待与处置，而且其历史性基因的占比也越来越重要，文物与遗产渐渐作为信息与知识资源、大众旅游对象以及历史记忆和文化基因的载体而跻身于现代社会，并促成了真正的文化自觉。鉴于人类文化的模因主要就是知—行模因，因此，文物与遗产便可以被视为人类文化宝贵的 DNA。也因此，文博事业其实也可以被视为一项负责人类文化传承的专门事业。

人与物与人的结合与互动，正是社会实践活动（事）的核心内容，而这也是文化模因得以展开并形成人类社会历史过程的过程，其间所体现的理（社会与文化的价值取向），也是人及其社会的信息积累和价值实现结果。就文物与遗产来说，无论其处于哪种形态、哪个阶段，都可作如是观。因此，文物的信息挖掘、功能研究、价值阐释，其实就是其与人的关系的研究，也是对人超越肉体的适应与演化方式的研究，这种研究不仅指向过去，同样也指向未来。人类社会的发展与进步就是人的这种超越性所带来的时间空间和合作秩序不断扩展的结果。

---

① Jeffrey Abt，"The Origins of the Public Museum"，Sharon Macdonald ed. *A Companion to Museum Studies*，Blackwell Publishing Ltd.，2006.

因此，遗产学视野中的物与人均是认识的具有信息源功能的枢纽性载体，而事——无论是其相互作用的现场时空还是历史事件本身，都是建立具有相互关系的整体性认知的一个框架，人们对它们历时态演变的认识，则建构了人类历史和意识中的世界与世界观。遗产与人的关系既串联过去，也面向未来。

正如遗产事业已证实的那样，文物的功能、信息与价值会随着历史进程和文化背景的变化而变化和扩展，因此，围绕物，关于文化，总是可以不断讲出新的故事、发现新的价值、形成新的历史观和世界观的建构结果。因为遗产价值总是相对于人而言的，因此价值既有客观性，也有主观性，而主观未必就是反科学的。在文物的价值体系中，信息与科学性要求真，艺术性追求美，而人与社会长期的历史发展，尽管不能剔除基因与人性的自私性，但必然要导向更广阔的协作与善——真善美对于人与社会的发展需求其实具有内在的统一性，因此，人类文化的演进方向总是具有政治正确和伦理道德正确的客观要求。文博事业其实某种程度上也是在以物以遗产为媒、以物人关系建构为核心，为历史科学与艺术塑像，为真善美塑像①，使其具有具象性、可感知性，从而发挥文化教化的功能。

厘清上述的物、人、事、理的相互关系后，我们应该更清醒地认识到，文博事业应一方面以保护为己任，另一方面以利用为鹄的，这犹如鸟之双翼，推动自身并引导人类的文化与文明在传承与建设中科学地可持续发展。

（原载《中国文化遗产》2019 年第 1 期）

---

① 参见曹兵武《作为媒介的博物馆——一个后新博物馆学的初步框架》,《中国博物馆》2016 年第 1 期；曹兵武《为历史、科学与艺术塑像——博物馆空间及展览论》,《东南文化》2013 年第 4 期。

从考古遗址到世界文化遗产：良渚古城的价值认定与保护利用

刘　斌　王宁远　陈明辉

　　良渚古城遗址是我国已公布的 500 余处大遗址中重要的史前时期大遗址。近年来，有关大遗址考古与大遗址保护越来越受到国家文物局和考古界的重视。2005 年财政部、国家文物局联合发布的《大遗址保护专项经费管理办法》把"大遗址"定义为"价值突出、规模体量较大、影响深远的遗址，主要包括反映中国古代历史上涉及政治、宗教、军事、科技、工业、农业、建筑、交通、水利等方面重要历史文化信息的大型聚落、城址、宫室、陵寝、墓葬等遗址、遗址群及文化景观"。大遗址的产生除了历史上著名的古城址（如汉唐长安城）、古墓葬（如历代帝王陵）外，史前时期大遗址的发现与确立主要依赖于考古工作的积累，是一个从无到有、从小到大的积累过程，良渚古城遗址便是如此。

　　良渚古城遗址通过 80 余年的考古发掘与研究，大致可分为三大阶段：单一遗址的发现，遗址群聚落的确认，良渚古城及水利系统的发现及总体格局的认识。在研究方法、技术手段和研究内容上，良渚古城遗址的考古也从以研究器物和遗迹为主，走向多学科合作的关注动植物和气候等自然环境、遗址兴废过程与原因、材料分类与来源等全方位的全息式考古模式。从 2007 年发现良渚古城开始，逐渐揭示出了一座距今 5000 年的超大规模的古王国都城，实证中华 5000 多年的文明史。数十年的考古实践证明，长期扎实的考古工作是认识文化遗产、认定文化遗产价值的基础，而考古发现、研究与保护的互动最终能实现遗产价值，让古代遗产成为当今文化的一部分。

一、良渚考古与良渚古城遗址的价值认定

（一）良渚考古八十多年历程

1936 年浙江西湖博物馆的施昕更先生（以下省略敬称）在浙江余杭良渚一带进行调查，发现了十余处以黑陶为特征的新石器时代遗址，对其中六处遗址进行了小规模发掘，并出版《良渚——杭县第二区黑陶文化遗址初步报告》[①]一书，成为良渚文化和浙江史前考古的发端。在传播论与黄河中心论的旧史观影响下，良渚一带的发现被认为是龙山文化向东南传播的一支。

20 世纪 50 年代，随着基本建设的蓬勃发展，中国的考古事业进入了黄金时代。长江下游地区发掘了十余处新石器时代遗址，学界逐步建立起长江下游地区新石器时代的文化序列，并认识到其与海岱龙山文化等的差异性，1959 年夏鼐正式提出"良渚文化"的命名。[②]作为良渚文化的命名

---

① 参见施昕更《良渚——杭县第二区黑陶文化遗址初步报告》，浙江省教育厅 1938 年版。
② 参见夏鼐《长江流域考古问题——1959 年 12 月 26 日在长办文物考古队队长会议上的发言》，《考古》1960 年第 2 期。

地，良渚遗址于 1961 年被公布为浙江省重点文物保护单位。

浙江省文物考古研究所（以下简称"浙江省所"）于 1981 年发掘余杭瓶窑吴家埠遗址①，发现了马家浜文化、崧泽文化和良渚文化的堆积与墓葬，并在当地建立工作站，从此良渚一带开始有了长期稳定的考古工作。随后组织的两次调查又发现不少遗址，1986 年在"良渚发现 50 周年会议"上，王明达提出"良渚遗址群"的概念，并公布"已知的地点多达四五十处"。②

1973 年，南京博物院在江苏吴县草鞋山遗址第一次发现随葬玉琮、玉璧等大型玉礼器的良渚文化墓葬③，良渚文化的玉器从此为学界所知。到 20 世纪 80 年代初期，考古工作人员先后在江苏吴县张陵山④、常州武进寺墩⑤，上海青浦福泉山⑥ 等地发掘随葬玉器的良渚文化大墓，良渚文化的社会发展水平逐渐被认识。

浙江作为良渚文化的命名地，直到 1986 年才第一次在余杭反山遗址发掘出良渚文化的高等级墓地。反山遗址出土了数以千计的精美玉器，尤其在 M12 的"玉琮王"和"玉钺王"上发现了完整的神徽形象，这对解

---

① 参见浙江省文物考古研究所编《余杭吴家埠新石器时代遗址》，载《浙江省文物考古研究所学刊：建所十周年纪念（1980—1990）》，科学出版社 1993 年版。
② 王明达：《良渚遗址群田野考古概述》，载余杭县政协文史资料委员会编《文明的曙光——良渚文化》，浙江人民出版社 1987 年版。
③ 参见南京博物院《江苏吴县草鞋山遗址》，载《文物资料丛刊》（第 3 辑），文物出版社 1980 年版；南京博物院《苏州草鞋山良渚文化墓葬》，载《东方文明之光——良渚文化发现 60 周年纪念文集》，海南国际新闻出版中心 1996 年版。
④ 参见南京博物院《江苏吴县张陵山遗址发掘简报》，载《文物资料丛刊》（第 6 辑），文物出版社 1982 年版。
⑤ 参见南京博物院《1982 年江苏常州武进寺墩遗址的发掘》，《考古》1984 年第 2 期。
⑥ 参见上海市文物管理委员会编著，黄宣佩主编《福泉山——新石器时代遗址发掘报告》，文物出版社 2000 年版。

读良渚玉器的纹饰内涵和器物造型具有划时代的意义。①

1987 年，浙江省所在余杭瑶山遗址又发现了 12 座良渚文化的高等级墓葬，并且首次发现良渚文化的祭坛遗址。②1991 年，在余杭瓶窑汇观山遗址又发现了与瑶山遗址十分相似的良渚祭坛和墓地，从而使良渚祭坛的功能和性质得到进一步认识。③

1987 年及 1992 年至 1993 年，通过对莫角山遗址的发掘，学界认识到这个面积 30 多万平方米、相对高度约 10 米的大型土台是良渚时期人工堆筑营建的大型宫殿基址。④如此规模宏大的建筑遗址，加之反山、瑶山、汇观山等遗址出土的大量精美玉器，反映出此地区应是良渚文化的中心所在。

从 20 世纪 80 年代末到 90 年代，良渚一带的考古工作几乎没有中断。1998 年至 2002 年浙江省所对良渚一带约 50 平方千米的范围进行了拉网式的详细调查，共确认遗址 130 多处。

2006 年，葡萄畈遗址发现了一段良渚时期的古河道。浙江省所对河岸进行了解剖，发现 3 米多高的河岸下面铺垫着一层石头，我们推测葡萄畈村所在的南北向高地可能是良渚时期的苕溪大堤，也可能是围绕着莫角山的城墙。2007 年 3 月至 11 月，经过发掘最终确认了四面城墙。2007 年 11 月，浙江省文物局和杭州市政府共同召开新闻发布会，宣布发现面积达 300 万平方米的良渚古城。

---

① 参见浙江省文物考古研究所反山考古队《浙江余杭反山良渚墓地发掘简报》，《文物》1988 年第 1 期；浙江省文物考古研究所《反山》，文物出版社 2005 年版。
② 参见浙江省文物考古研究所《瑶山》，文物出版社 2003 年版。
③ 参见浙江省文物考古研究所、余杭市文物管理委员会《浙江余杭汇观山良渚文化祭坛与墓地发掘简报》，《文物》1997 年第 7 期。
④ 参见杨楠、赵晔《余杭莫角山清理大型建筑基址》，《中国文物报》1993 年 10 月 10 日；浙江省文物考古研究所《余杭莫角山遗址 1992—1993 年的发掘》，《文物》2001 年第 12 期。

自 2007 年之后，在国家文物局和浙江省文物局的大力支持下，良渚考古开始进入长期的、有计划的阶段。随着良渚古城的发现，以往了解各遗址年代与性状的散点式的考古计划已无法适应新发现的要求，以古城为核心、厘清古城内外功能布局与发展过程，成为良渚古城发现以后的工作目标。因此，浙江省所于 2008 年在张忠培的指导下，按照"三年计划、十年目标、百年谋略"的方针，制订了良渚古城遗址的考古工作规划。十年来，浙江省所按照这一方针，总体勘探、重点发掘，先城外、后城内，逐渐厘清了以古城为核心的约 100 平方千米范围内的遗址分布格局以及古地貌、古环境等情况。

2010 年以来，浙江省所通过对城内外 10.8 平方千米的勘探，摸清了良渚古城遗址的城墙、台地、河道的边界和演变过程；通过勘探和数字高程模型分析，发现了外郭城的城墙及美人地等外郭城范围的遗址分布情况；经过对美人地、扁担山、里山等长条状台地的解剖发掘，确认了外郭城的堆筑形式、使用年代等情况。由于良渚古城西部紧邻瓶窑镇，目前仅确认了围绕着良渚古城的北、东、南三面的 6.3 平方千米的外城。

2009 年，余杭彭公一带取土发现了岗公岭水坝，浙江省所随后通过组织开展对其周边区域的调查，在岗公岭以西又发现了老虎岭、周家畈、石坞、秋坞等水坝遗址。2010 年初，浙江省所发现岗公岭水坝堆筑的青泥是以草包裹的形式垒筑而成的，经北京大学碳十四实验室测年确定为良渚时期。2013 年，通过遥感分析和钻探，又发现鲤鱼山等另一组较低的水坝遗址，将这些连接两山的水坝与 1999 年确认的 5 千米长的塘山水坝相连接，最终我们厘清了由 11 条水坝构成的庞大的水利工程。①2015 年，浙江省所

---

① 参见刘斌、王宁远等《2006—2013 年良渚古城考古的主要收获》，《东南文化》2014 年第 2 期。

分别对鲤鱼山和老虎岭进行考古发掘，并在老虎岭发现了打破坝体堆积的良渚文化晚期的灰沟。11 条水坝的碳十四测年数据为距今 5100—4700 年。至此，我们于 2016 年召开新闻发布会，宣布发现中国最早的水利系统，这一发现也使良渚古城遗址的范围扩大到约 100 平方千米。

无论从宏大的规模，还是从城市体系的复杂性及建筑的巨大工程量等而言，良渚古城都不亚于同时期的古埃及、苏美尔和哈拉帕文明。高等级的墓葬与玉礼器的发现也证实良渚时期甚至已经出现统一的神灵信仰和森严的社会等级分化。如今学术界已普遍公认良渚文化已进入早期国家社会。[①]

（二）多学科全息考古　全方位揭示良渚古城遗址的价值

良渚考古工作在大遗址考古理念的指导下开展，科技考古和多学科合作成为极重要的研究手段，取得了显著效果。

1. 田野考古测量控制系统极大提高测绘效率

随着良渚古城的确认，我们对良渚遗址的认识完成了遗址点→遗址群→都邑考古的跨越，考古工作的基本着眼点也相应地从对 130 多个遗址点的分散认识发展到将整个遗址群作为一个特大型都邑遗址来认识。因此，其内部所有的发掘记录和研究必须建立在一个统一的考古测量控制系统之上。为此，浙江省所与北京大学考古文博学院合作，建立了一个目前全国最大规模的田野考古测量控制系统。此系统实际应用范围为几百平方千米，并可根据需要无限扩大。

---

① 参见赵辉《良渚的国家形态》，《中国文化遗产》2017 年第 3 期；Colin Renfrew and Bin Liu，"The Emergence of Complex Society in China：the Case of Liangzhu"，*Antiquity*，Vol.92，2018，pp.975-990. 中文版参见 [英] 科林·伦福儒、刘斌《中国复杂社会的出现：以良渚为例》，陈明辉、朱叶菲、宋姝、姬翔、连蕙茹译，《南方文物》2018 年第 1 期。

这套测量控制系统以良渚古城为中心，涵盖遗址区及周边范围。控制网分"区""块""方"三级。其中，每个"区"为边长 2500 米的正方形，每"区"下分 25 个边长 500 米的"块"，"块"下又设 2500 个边长 10 米的"方"。"区"依坐标法编号，具有扩展性。控制网内各个发掘的探方都各自对应唯一的探方编号。随着测量手段的发展，我们又对该系统的测控方式进行了改良。最初设计的控制网，每区都需设置较高密度的固定测控点作为测量控制，这种方式需要投入大量的人力和物力。后来我们使用动态 GPS（RTK）设备，采用最新的连续运行参考基站系统（CORS）测量方式，实时引用测绘主管部门设置的测量基点的差分数据，不再埋设实体的加密控制点，从而在保证测量精度的前提下，极大地减少了投入、提高了测绘效率。目前良渚遗址群内的所有考古发掘项目都是基于这套坐标系统进行记录的。

2. 地形图和地面影像为遗址分析及遗址规划保护提供基础

遗址区矢量地图是建立地理信息系统（Geographic Information System，GIS）的基本要求。我们对遗址区进行测绘和航拍，并对原有的地图资料进行矢量化处理。目前我们已获得非常完备的各类地图资料，包括全余杭区 1∶10000 比例、瓶窑和良渚两镇 380 平方千米的 1∶2000 比例以及古城重点区 20 余平方千米的 1∶500 比例的矢量地图。同时，我们也很注重收集历史时期的地图资料，因为早期的地图可能保留的原有信息更丰富、破坏更少。我们收集了清代末期余杭地区的水系图、20 世纪 30 年代的杭州地区都图地图、20 世纪 40 年代侵华日军 1∶50000 比例的军用地图等资料。这些资料对很多已被破坏或消失的水道等信息都有记录，对现代实测地图具有很好的补充作用。

数字正射影像是基础地理信息的另一种重要载体。我们除获得遗址群范围的 GOOGLE 公司 60 厘米分辨率的地面影像外，陕西西安大地测绘及十月科技有限公司还对古城及周边 120 平方千米的范围进行了无人机航拍航测，获得了分辨率高达 8 厘米的高清数字正射影像图。

在全国各类大型遗址中，良渚地区可能是地图资料最为齐备的地区。这些基础地形信息的获取是 GIS 工作的前提，为遗址分析及规划保护提供了基础。

3. 田野考古数据库系统充分满足考古发掘和研究的实际需求

田野考古数据库是考古记录系统改进的一项重要工作。浙江省所在 2003 年即开始以 ACCESS 方式自行设置田野考古的前端记录系统。随着十多年的改进和实践，我们的记录系统基本上已经可以满足田野工作的需要。与其他一些类似软件相比，田野考古数据库系统因其基于考古发掘和研究的实际需求而由考古领队自己设计，因此在系统的易用程度、与实际考古工作流程的契合度、与考古工作各类表单的对应关系等诸多关键要素上，更符合实际考古工作的需要。在后期整理中，此系统在查询、统计和纠错等环节的操作和界面简洁明了，通过与 WORD 软件的整合，各类考古表单的填写和考古报告的编写均能做到一键完成，极大地提高了工作效率。目前经过若干个大型遗址考古发掘和整理的实践证明，此系统在维护和开放性等方面要优于其他专业开发的软件，是考古领队真正易于掌握且有效的工具。我们始终认为，一个考古软件系统的成功与否，关键在于考古领队和发掘人员是否愿意使用。而要领队和发掘人员愿意使用，其前提是此软件可使考古记录工作量减少、在易用性和开放性等方面具有优势，且符合考古工作的一般流程。

4. 利用 GIS 技术成功寻找到良渚古城的外围结构

GIS 技术在良渚遗址的考古工作中获得广泛应用，在良渚古城外围结构的寻找、水利系统的分析、溢洪道等结构的寻找中发挥了巨大作用。

2009 年底，我们利用良渚古城区域 1∶500 比例的线划图制作了数字高程模型（Digital Elevation Model，DEM），结果有惊人的发现：莫角山标准的长方形轮廓，以及其上的大小莫角山和乌龟山这三个高台显示得非常清晰。更为重要的是，我们明确地发现良渚古城东南部外侧存在着一个长方形结构体，它是分别由美人地、里山—郑村、卞家山构成的北、东、南三面墙体，并与良渚古城的东墙和南墙相接续。经过对美人地等地点的发掘，这里被证实是良渚古城外郭的一部分。

所谓"数字高程模型"，就是把地图上不同高程的范围依照某种色系的变化涂上不同的颜色。即使一道城墙被破坏后呈若干分散的小段，若其基本高程一致，在 DEM 平面图上就显示为相同的颜色，这样就很容易把它们联系起来观察。DEM 反映的是单纯的地表高程变化，所以能从复杂的地表植被和建筑的视觉干扰中将纯粹的高程信息直观反映出来。因此，DEM 是在本地区寻找城墙结构的最有效方法。

发现水利系统之后，我们又利用 DEM 分别在高坝东区和西区发现了溢洪道的重要线索。根据水利工程的原理，良渚这种大规模的坝区一定会有溢洪道。水利专家认为，溢洪道无法设置在人工土坝之上，因为过水容易冲垮，推测可能会利用库区内低于坝高 1—2 米的石质山口当作溢洪。但是自然的石质山口通过一般的考古勘探等手段无法判断，因此，我们根据复原的坝顶高将各个库区的数字地图制成 DEM，通过设定，将低于坝高 0.5、1、1.5、2、2.5 的高程点分别标注为特别的颜色，结果在高坝的东区和西区都发现了符合溢洪要求的山口。其中东区的溢洪道位于坝东侧的一处小山口，高程为 28.9 米，低于东组 30 米坝高 1.1 米。经过实地勘察，此山口为石质基础，后经水利测算，其宽度满足百年一遇降水的泄洪要求，因此起到了溢洪道的作用，这是良渚时期人们有意选择的结果。水库最高水位是由溢洪道高度决定的，因此，在明确了溢洪道高度之后，水利专家利用 GIS 软件计算出良渚水利系统的库区总面积为 13.29 平方千米、总库容为 4635 万立方米。

5. 运用遥感手段完整揭示出良渚水利系统结构

遥感（Remote Sensing，RS）手段是良渚考古中应用的另一项重要手段。RS 技术成本低廉、影像直观，成为良渚大遗址考古中结构性研究的最重要手段之一。

在发现高坝系统后，我们利用解密美国 20 世纪 60 年代的科罗娜（Coroana）间谍卫星影像进行观察。2011 年初，发现在高坝南面约 3 千米的鲤鱼山存在一个明显具有人工痕迹的大型坝体，经钻探证实这个近 300 米长的坝体的确由人工堆筑，同时发现在鲤鱼山的东西两侧共有 3 段人工坝体。这些坝体连接平原上的孤丘，坝高约 10 米，形成低坝系统。它不只增加了坝体的数量，关键在于低坝通过其东面的小山体连接到塘山，又通过西侧绵延的低丘向北连接到高坝，从而揭示出塘山、高坝和低坝共同构成的良渚水利系统的完整结构，意义重大。

同时，RS 技术还被应用于良渚古城及塘山长堤的结构研究和功能分析上。我们利用 Coroana 影像的立体像对古城和塘山进行高程复原，进而找到良渚古城西水门位置，且经过勘探加以证实，同时对塘山长堤的结构和功能机理进行了分析。

6. 动植物考古和良渚稻作农业调查全面再现良渚时期动植物种类及古气候

通过对良渚遗址群内发掘出土植物标本的鉴定及地层的孢粉分析，我们对良渚时期的植物种类及古气候有了全面的了解；并且获得了良渚时期的除水稻之外的大量其他可食用植物标本，如菱角、芡实、桃、李、甜瓜等。通过对遗址中出土的动物标本（其中猪骨占绝大多数）的研究，我们已经鉴定出 50 多种动物。对动植物标本的研究为我们提供了良渚时期人们的食谱，同时也显示出良渚时期的生态景象。

对外郭城以内大面积的钻探调查显示古城外郭之内区域的现有高地基本为居住地，居住地之间为大面积水域，并无水稻种植。而钟家港等古河道发掘出土的大量陶片以及玉器、石器、漆木器、骨器等的加工废料和胚料，也反映出良渚古城的居住者除统治者外主要是工匠阶层。

另外，在城中宫殿区莫角山两侧及莫角山南面的池中寺遗址发现了总量达 20 多万千克的炭化稻废弃堆积，推测为宫殿区粮仓失火后的废弃堆积，说明良渚古城内有大量的粮食储备。我们与日本东京大学合作，对这些炭化稻米进行同位素分析，结果显示这些稻米来源于不同的产地。

7. 多学科合作的综合研究丰富了对良渚古城遗址的认识

近十年来，多学科合作研究是良渚考古的重要方式。我们和国内外多家科研单位和高校合作，从"资源与环境""技术与信仰""水利与工程"等方面进行社会考古学角度的全面观察，使得对良渚遗址的认识日益丰富。

在古环境方面，我们对良渚古城出现之前的环境、气候、水文等进行研究，确定了良渚文明出现的环境背景。在本地区良渚堆积之上普遍分布着一层纯净的黄粉土，学界一般认为是洪水堆积层。通过分析，我们获知这层黄粉土的成分主要来自长江口的泥沙，是海相的咸水沉积物，且泥沙颗粒从濒临杭州湾的临平到西侧的良渚一带逐步变细，说明其成因应与钱塘潮有关，这为良渚后期的衰亡提供了一种可信的环境解释。

在地质考古方面，我们拓展了仅对石玉器出土物进行岩性鉴定的传统方法，对良渚整个区域的自然岩石分布进行了全面的勘察，从而在资源与环境的角度获得了很多的新信息。我们计划分三步完成石玉器的研究：第一步，研究作为建筑材料的良渚城墙垫石。岩石学家首先对古城四面城墙解剖点所有暴露的垫石（共 10524 块）进行岩性、磨圆度、块度的鉴定和统计，发现绝大部分垫石都是散石，很少为人工开采。地质学家对古城周边分水岭以内 200 平方千米的所有山地进行调查，形成区域岩性分布图，进而与垫石的质地、磨圆度等进行对比，获知取石地点多位于山脚和冲沟位置，并利用 RS 手段和地质及考古勘探资料恢复良渚时期的河道水系。考古学家根据垫石质地和形态对垫石进行分垄计算，推定良渚垫石的运载方式为竹筏运输，并根据河道及采石点位置还原其可能的运输路径。通过实地的采集搬运和铺装等实验考古，进而计算出整个垫石工程的用工量为 8.4 万工。

第二步，对整个 1000 平方千米 C 形盆地内的良渚文化石器进行全面鉴定，同时将野外岩性调查的范围扩大到整个区域的山地。目前研究尚在进行中，我们发现良渚时期人们对石器石料的采集有非常明确的选择，并有若干种重要的石料是通过跨流域远距离运输而来的。在石器石料的调查过程中，我们还在天目山系发现了玉矿的重要线索，为未来第三步的玉器来源研究奠定了重要基础。

在良渚水利系统研究过程中，我们还与河海大学共同成立"古代水利系统与工程技术合作研究中心"。在校地两处设立联合实验室，将专业机构有机引入良渚水利系统的研究中，使我们对良渚水利系统的功能、结构、性质等的认识获得质的提高，并引起了国家水利部门的高度关注。

二、良渚考古与良渚古城遗址的保护

距今约 4200 年，良渚古城所在的杭州余杭盆地遭遇了持续性的大洪水，良渚古城从此销声匿迹。直到战国时期，这一地区才开始重新出现人类生活痕迹。汉代人口渐多，莫角山宫殿的高地上留下了许多汉、六朝时期墓葬，这虽对良渚的史前遗址造成了一定程度的破坏，但并未伤及遗址的总体格局。南宋时期这一带成为临安城的郊区，我们在遗址边缘也发现了少量这一时期的房址和墓葬。因此良渚古城的核心区总体保存完好。

良渚古城遗址的保护历程可以分为四个阶段。

第一阶段，从 1936 年到 20 世纪 80 年代，遗址区内的村镇处于缓慢发展状态，遗址与城镇化的矛盾并不突出，同时文物市场不发达，盗掘现象罕见。1958 年，杭州市民政局组建大观山果园，并兴建了社会福利院和儿童福利院。现知的良渚古城核心区域莫角山、皇坟山、姜家山等高地被划归果园，直到 2016 年均保持果园状态，客观上使这几处重要遗址避开了城镇化的破坏。1961 年良渚遗址被公布为浙江省重点文物保护单位。

第二阶段，20 世纪 80 年代到 90 年代中期，反山、瑶山遗址的发掘加大了遗址的保护力度。此阶段当地经济快速发展，城镇化的速度加快，城镇基本建设增加，村民富裕起来，兴起建房热潮，导致村镇建设规模不断扩大、人口密度不断增加。遗址保护与当地村民生产生活和经济发展需求的矛盾日益突出，遗址的保护问题成为考古和文物保护迫切需要解决的大问题。

这一时期的考古发掘工作多为配合基本建设项目，主动性的考古发掘工作极少，但在此过程中，浙江省所始终有着较强的课题意识与保护意识。在反山、瑶山、汇观山、莫角山等遗址的发掘过程中，我们决定采用保护性发掘；在发掘完重要遗迹后，我们即采用回填保护，并积极呼吁当地政府参与保护。余杭区政府对于遗址保护向来也高度重视，在反山、瑶山遗址发掘之后随即进行了征地保护，并在 1987 年成立了专门的保护机构——余杭县良渚文化遗址管理所，负责良渚遗址的日常巡查和保护工作，这一机构的设置对遗址保护起到了关键作用。

1987 年，我们在配合老 104 国道拓宽的考古发掘中发现了莫角山遗址，第一次认识到大观山所在的高地为良渚时期人工堆筑而成。在浙江省文物局和余杭政府的努力下，为了保护遗址，公路部门最后决定将 104 国道向南改道。1992 年至 1993 年为配合长命印刷厂扩建，我们对大观山果园台地的中心部位进行大面积揭露，发现了用一层沙一层泥的方式夯筑的建筑基址，使我们进一步认识到莫角山遗址的重要性。在各方努力下，当地政府决定将长命印刷厂搬迁他处。

第三阶段，20 世纪 90 年代中期至今，进入主动性保护为主的新阶段。从 20 世纪 90 年代中期开始，学界对良渚遗址的研讨日益深入，其历史价值和地位也愈发彰显。1994 年良渚遗址因其在中华文明起源阶段无与伦比的重要价值和保存的完整性，被国家文物局列入中国申报"世界遗产名录"预备名单。1996 年国务院批准良渚遗址群为第四批全国重点文物保护单位。1996 年在"纪念良渚文化发现六十周年国际学术研讨会"上，学界普遍认为良渚文化是中华五千年文明的曙光，甚至已进入文明时代。①

随着改革开放的深入，各地的建设热潮一浪高过一浪，地处杭州市

---

① 参见浙江省文物考古研究所编《良渚文化研究——纪念良渚文化发现六十周年国际学术讨论会文集》，科学出版社 1999 年版。

郊的良渚、安溪、长命、瓶窑一带的城市化与工业化迅猛发展，集镇与乡村急速翻新与膨胀。到 20 世纪 90 年代末，遗址群北侧的大遮山共出现大小石矿 30 多家，使良渚遗址每日笼罩在隆隆的炮声和弥漫的粉尘之中。2000 年至 2002 年，浙江省政府痛下决心，花费两年时间关停良渚遗址周边的 31 家石矿，彻底消除了采石经济对遗址环境风貌的破坏。

杭州市与余杭区政府为遗址保护制定了许多政策法规，同时建立和完善了有效的管理机制。1995 年浙江省人民政府公布《良渚遗址保护群规划》，划定了 33.8 平方千米的保护区，并对遗址群内的建设规模进行了严格限制，从此良渚遗址进入了规划管理阶段。浙江省所专门成立了良渚工作站，负责良渚遗址的考古工作，并配合审批实地踏查、勘探和出具考古意见。2001 年 9 月，浙江省人民政府批准设立杭州良渚遗址管理区，面积 242 平方千米，组建正区（副厅）级杭州良渚遗址管理区管理委员会（以下简称"良管委"），原良渚文化遗址管理所划归至良管委，更名为杭州良渚遗址管理所。杭州良渚遗址管理区的设立是良渚遗址保护史上的里程碑，在管理区统一协调遗址保护与社会经济发展，为促进良渚古城遗址的长远保护提供了组织保证。2002 年 9 月，杭州市公安局余杭分局瑶山派出所成立，专门负责打击针对良渚遗址的违法犯罪活动。2002 年，杭州市颁布了《杭州市良渚遗址保护管理条例》，使良渚遗址保护有了专门的针对性法规，该条例于 2013 年进行了修订。2002 年，浙江省政府成立良渚遗址保护专家咨询委员会，委托制定《良渚遗址保护总体规划》（该规划最终于 2013 年获得通过）。为配合保护规划的制定，浙江省所对良渚遗址群进行了进一步调查，制定了《良渚遗址五年考古工作规划》，提出了近期规划与远期目标，从而使良渚遗址的考古工作开始走向计划有序的发展阶段。2004 年以来，良管委颁布了《良渚遗址保护区文物保护补偿办法》，对保护范围内村、社区的集体经济进行补偿奖励①，首创了文物保护补偿机制。

第四阶段，21 世纪以来，良渚古城遗址的研究与保护走向国际。2006 年至 2007 年良渚古城及 2009 年至 2015 年良渚古城外围水利系统的确认，使良渚古城遗址的规模位于同时期世界前列。2007 年之后，良渚古城开始进行系统的、持续的考古工作，每年持续 300 天以上，考古工作人员也从原先的几人发展到如今的 20 余人，包括 10 余名研究人员和 10 余名专业技工。良渚古城的研究方向除传统考古外，还包括数字考古、动物考古、植物考古、地质考古、环境考古、文物保护等，同时还招聘勘探队伍，不间断地对遗址范围进行全覆盖式勘探和系统调查。

2009 年 6 月，国家文物局在良渚召开 "2009 大遗址保护良渚论坛暨良渚国家遗址公园启动仪式"；同时，国家文物局和浙江省文物局授牌成立了良渚遗址考古与保护中心，实行双重管理，由浙江省所和良管委共同管理。如今我们已经初步建成一个符合世界遗产地要求、符合国际标准的考古与保护研究基地，开启了良渚遗址考古与保护的新篇章。良渚遗址考古的实践证明，考古工作站的工作模式是一个地区考古工作得以长期深入开展的有力保障，是百年大计的大遗址考古工作的内在要求。

三、良渚考古与良渚古城遗址的展示与利用

从 20 世纪 90 年代中期良渚文化博物馆建立开始，展示和利用便伴随

---

① 参见黄莉《建立补偿机制有效保护遗址——良渚遗址文物保护补偿机制的实践与思考》，《浙江文物》2016 年第 1 期。

着考古成果和遗址价值的深化而不断推进。1994 年，位于荀山南侧的良渚文化博物馆建成开放。2008 年至 2017 年是良渚古城考古成果进展最迅速的十年。随着考古发现与研究的深入，原博物馆已经无法容纳新的内涵，2008 年的展陈内容已经远远落后于良渚古城的最新认识，为配合良渚古城遗址申遗，2017 年 8 月，良渚博物院闭馆改陈，2018 年 6 月底最终完成并重新开放。复旦大学的策展团队与良渚考古人员通力合作完成了改陈设计，使展陈尽量科学、完整地展示出良渚考古研究的新进展和新认知。[1] 建成后的良渚博物院每年吸引四五十万游客前来参观，成为宣传展示良渚文化的重要窗口。

良渚古城遗址展示的另一个重要组成部分是遗址公园内的现场展示，包括生态环境展示、遗址本体、遗迹现场模拟展示、数字动画展示等。在遗址公园建设过程中，考古人员以张忠培提出的"遗址定性公园、公园表现遗址、切忌公园化遗址"为原则，积极参与遗址公园的展示设计。

目前，良渚古城的环境整治已经初步完成：古城内外可通视，站在古城的宫殿区，可清楚地看到古城处于三山环抱之中，向东为开阔的平原，周边地形地貌一览无余，视野相当开阔。遗址本体展示已经基本完成：莫角山（包括大小莫角山和乌龟山）、城墙、瑶山、反山、姜家山、池中寺、水坝遗址等均以绿植标识，遗址本体大部分清晰可辨，遗产区的总体框架结构初显。南城墙解剖点、反山剖面、老虎岭水坝剖面采取原真展示。反山王陵墓葬采取复原展示，在墓地原地面覆土加高数十厘米，在原位置放置铜质墓坑，墓坑内按原位摆放仿制的玉器、石器、陶器等随葬品。每

① 参见高蒙河、宋雨晗《从"良渚全考古"到"良博全展示"——以良渚博物院 2018 年改陈策展为例》，《东南文化》2018 年第 6 期。

座墓均配以图文解读，基本复原了墓葬出土情景。瑶山祭坛、大莫角山F2及小莫角山F17则采取地表模拟展示手段，同样在覆土加高的基础上，通过玻璃纤维增强混凝土（GRC）手段原址展示祭坛、墓坑或基槽、柱坑的形状，大致可模拟发掘出土时的土质、土色。莫角山宫殿区内的其余房屋台基和沙土广场、池中寺炭化稻谷堆积及房屋台基、姜家山和文家山墓地则均在原位置作了标识物展示，如房屋台基以树皮铺装展示、沙土广场以粗砂铺装展示、池中寺的炭化稻谷堆积及房屋台基以绿植标识、姜家山和文家山墓葬以卵石铺装展示等。

四、结语

良渚遗址的考古、发掘、科学研究与保护、展示经历了八十多年的艰苦奋斗和不断探索，取得了丰硕的成果。尤其是2013年至2017年，我们完成了《良渚古城综合研究报告》一书的撰写，为良渚古城遗址申遗文本的编撰提供了丰富翔实的资料。根据最新考古成果，划定了14.3平方千米的包括城址、水利系统和瑶山在内的申遗区；基于城址、外围水利系统、分等级墓地、玉器这四个基本价值要素，认为良渚符合《实施〈世界遗产公约〉操作指南》的标准Ⅲ（"能为延续至今或业已消逝的文明或文化传统提供独特的或至少是特殊的见证"）和标准Ⅳ（"是一种建筑、建筑或技术整体，或景观的杰出范例，展现人类历史上一个或几个重要阶段"）。良渚古城遗址的申遗文本已于2018年1月26日正式上报至联合国教科文组织，申遗工作进入最后的冲刺阶段。

良渚古城遗址的考古、保护、展示和申遗工作能取得今天的成绩，其中凝结了数代考古人的汗水和心血。历次重要的考古发现均得到国家文物局、浙江省文物局以及浙江省、杭州市、余杭区各级政府的大力支持，也得到了当地老百姓的理解、帮助与奉献。正是这一步步的发现和保护，从点到面，最终才有了今天这样一个保存基本完整的良渚古代王国。当我们站在这高高的有五千年历史的良渚王国的宫殿基址上，我们的内心充满了敬畏和感恩！

（原载《东南文化》2019 年第 1 期）

让文化遗产活起来

王福州

习近平总书记倡导让文化遗产活起来，一个重要蕴含就是从精神资源角度对文化遗产进行再阐发、再挖掘和再转化，释放蕴藏的物质、精神和制度潜能，让文化遗产从典籍、考古、博物馆，从民间、大众以及历史中走出来，续写传统文化复兴的煌赫篇章。

一、全面认知文化遗产内涵

《中华人民共和国文物保护法》和《中华人民共和国非物质文化遗产法》相继通过实施，以法律形式奠定了文化遗产在当今时代的地位。文化遗产既包含思想、文化、哲学等精神领域的内容，也包括承载文化信息的典籍、建筑、器物等物质形态的载体，其物质与非物质属性互为表里，相辅相成。古建、遗址、文物等物质遗产，从甲骨、金石、简牍、书籍到现代出版等记录文字的物质载体的革新，从诗经、楚辞、文赋、唐诗、宋词、明清小说到近代文学的革命，无不彰显传统文化与物质遗产创新发展的密切关联；非物质文化遗产具有口头性、行为性、技艺性等特点，特别是非遗文化所蕴含的精神，既是民族精神的核心质素，也是国家软实力的重要组成部分。

文化遗产具有时代性和民族性。从时代性上看，遗产的承载以人为本体和主体，历史上浩如烟海的名家大儒为各个时代留下了丰富的精神遗产，他们的智慧成果存在于经史子集等典籍、著述和注疏中，对引领文化潮流至关重要。民族精神是文化遗产的内核，接续于五千年传统文化累积淘洗形成的文脉，是文化遗产保持鲜活的内在根据。从民族性上看，同一个时代，不同民族的文化各有特点，除了历史、艺术和科学价值，各类文化空间对丰富遗产内涵起着关键作用，以时间为循依的文化空间，如中国的二十四节气及重大节日浓缩了中国人的天文观、岁时观、生命观等，反映族群的文化传统、生活节奏、节俗庆典等，体现文化认同、价值认同和民族认同。

在习近平新时代中国特色社会主义思想指引下，传统文化参天大树上生发新枝，以民族精神为内核的文化遗产已成为传统文化复兴的重要承载和依托。

当下，我们要助力传统文化发生"化学裂变"，从史诗、民俗仪式、民间技艺中找寻现代艺术再生产的索引，借助载体通过图书、音像、传媒完成当代转换，文化空间类资源与会展、旅游结合，实现价值转换。

二、以长远眼光营造文化生态

文化生态是文化遗产活起来的关键要素。文化生态建设非一日之功，需要从长远着眼，遵循文化发展的自身规律，重视文化的区域特征、民族差异、风俗信仰、地方传统等因素，同时不忽视自然生态、人文生态、社会生态的综合构建，建立良好的文化生态运行机制，这对文化遗产的生存、发展和成长尤为重要。

加强传统熏染。文化生态建设倚重文化传统，传统文化是文化遗产的重要组成部分，在以文化人、构建和谐的社会关系等方面发挥着重要作用。从农事节气到生态伦理，从带有乡土气息的节庆活动到民间艺术，从耕读传家、父慈子孝的祖传家训到邻里守望、诚信重礼的乡风民俗，无不承载着厚重的传统文化基因，蕴含着朴素的生活哲理与伦理观念。要让传统文化融入人们的日常生活，走入人们的精神世界。

注重经典滋养。文化遗产在不同时代都被传承弘扬，并不断衍生出新的文化形态。当下要加强精神产品与社会生产的对接，引导传统文化经典主动而有序、积极而稳妥地走进公共文化服务领域，特别是农村地区的公共文化服务如农村文化站、农家书屋等，透过物化载体窥见智者的思想、技艺和文化，通过展览欣赏文物间的内在逻辑关联，还原一段历史、一个事件甚或一种文化形态，让文化经典从文物中走出来，滋养心灵。

构建特色引领的机制。区域文化生态建设突出区域文化特色，以地域文化为基础，设置规范实验区，对文化遗产进行整体性保护。我们国家疆域辽阔，民族众多，文化形态多样，加强区域文化生态建设，既符合国情，也是激活跨地域、多民族文化遗产内生机制的有效措施。"百里不同风，十里不同俗"，区域文化生态建设在原有文化圈带链的基础上，深入挖掘原生态文化，突出地域文化特色，并引入现代元素文化，如设立闽南、徽州、晋中、潍水等文化生态区；突出民族文化特色，如设立热贡、羌族、客家等文化生态区；还有为突出艺术门类文化特色设立的宝丰说唱、果洛格萨尔等文化生态区，实施整体性保护理念。同时，也要加强自然环境、人文环境、社会环境的综合营造，有利于区域内物质遗产和非物质遗产的分类保护，有利于遗产同依附环境的整体统筹，有利于文化遗产内生机制的建立完善。

三、激活内生机制

文化遗产是完整的资源体系，只有通过制度建设、人才培养、精神引导等方式，打通遗产体系的气脉，才能实现系统性内生机制的激活，实现文化遗产社会价值的最大化。

完善精细管理。完备的管理制度是激活内生机制的重要保障。对于文化遗产而言，保护和传承是第一任务，包括建立完备的资料体系和史料档案，建立完整的传承梯队和链条，适应不同遗产的衍生、存在和发展规律，每类遗产背后都要有学术智囊支撑，实现精细化分类管理。对古籍、文物、古建等物质文化遗产，要加强对其文化价值的研究，找寻"活起来"的持续条件、支撑要素和实现路径。非物质文化遗产涵纳精神遗产和制度遗产内涵，对传统民俗、民间文学、传统技艺等非物质文化遗产，注重从精神资源角度进行再阐发、挖掘和转化，让表演艺术、手工制作和俗谚俚语在不同舞台以不同方式进行阐发、表达并实现转化。

实现文化引领。实现文化引领必须适应文化的活态流变特性，传承从表面看依托物品、工具和场所，实则是以人为核心，围绕文化展开的创造。文化传承必须着眼人的思想、意识、观念等内在结构要素，关注人、自然、社会、文化的变量交互。同时，必须适应生态涵养的缓慢特性，传承人的创造过程是借助技艺风格、程式技巧、行为法则进行修炼，需要经过长期积累；"技进乎道"，由原始生疏到高深莫测甚至只可意会不可言传的玄妙，更需漫长过程。

合理开发和利用。文化遗产与市场和产业紧密相连，开发利用必须围绕实现文化的公益性和公共性职能，满足大众文化需求。当前，要警惕两种倾向，一是防止将文化遗产庸俗化，淡化文化内涵，掠夺式开发，让文化遗产沦为单纯的表演性产品，部分传承人受利益和市场驱使，热衷于媒体推介，游走于各色商业氛围浓厚的展销展览。非遗作为丰厚的精神资源，应该进行卓有成效的阐发、挖掘和转化，遗产的活力在于原生态特性，不能离开其依附的环境和生态，文化要素不能轻易被删除、置换、恶搞甚至塑造、到固定场景中展演。无论是直接索引开发、借助载体进行的转化性开发还是利用文化空间类资源进行的转化，都必须坚持遗产的文化属性。二是防止将文化遗产功利化。以文物类遗产为背景的衍生品、文创产品和复制品，必须由制造向创造转化，形成以文化牵引的衍生品牌，防止以复制、戏说和衍生的名义，陷入物质利益，淡忘本体职责；非遗自身已形成的品牌具有文化内涵和独特标识，经过市场检验并取得了公众信赖，如"老字号""百年老店"等，必须坚持完成文化的传承，才能在新时代获得生机；以非遗为蓝本的产业，通过仿制或创新进行的产业化经营和商业化利用要凝聚现代审美、创意设计和艺术创造，融入现实生活，丰富公共文化并带动旅游就业。

（原载《人民日报》2018 年 5 月 30 日）

文化遗产活起来的内在理路

王福州

文化遗产活起来，存在着许多层面的现实解读和阐释，既包括外在丰富的艺术活动和文化实践，又包含对其内在规律性的挖掘与探讨。所有这些都离不开对活起来的"内在理路"的探索，包括对文化遗产内在结构的解析和内在因素的挖掘，即着重从精神资源角度对其进行再阐发、再挖掘和再转化，释放其蕴藏的物质、精神和制度潜能，让文化遗产从典籍、考古、博物馆，从民间、大众以及历史中走出来，续写中华传统文化复兴的煌赫篇章。

一、把握内核　注重复合特性

中华文化有序传承五千年，累积形成了大量文化遗产的诸存在形式，遗产中包孕着民族的情感，是构筑中国精神、中国价值、中国力量的重要凭借。唯有把中华传统文化讲清楚，文化遗产"活起来"才有凭借，创造性转化和创新性发展也才有可能。对遗产的重视程度显示着文化在人们心目中的分量。东方文化侧重对人的精神和风俗的改造，而西方早期的文化则侧重于对自然的改造。随着经济社会的发展、技术的进步，人们的思维总会发生变化，既体现于对待传统的态度包括依赖性更强，寻根意识更浓厚等；同时体现于对待文化的态度，更加重视其多样性，更加趋向其与社会生活方式的融合，而所有这些最终都归结于对待遗产的态度，更加注重对其情感的把握并特别注重其精神真实。

第一，情感以活态文化形式内蓄于遗产。无论物质文化遗产还是非物质文化遗产，其内必蓄蕴着人类的情感。为了使内在因素变为一件艺术品，就必须借用外在的因素作为表现形式，因为感情总会寻求表现的手段，即寻求物质的形式，一种能唤起感受的形式，这是情感的本性；同时内在因素又总是制约着外在形式，正如思想观念决定着我们的言词，而不是相反。对文化遗产的敬畏，除了慨叹其历史的悠久，便是对其生命特征的好奇，特别对其生命、活力或生机更有兴味。当我们谈论遗产的"精神"特性时，并非指其当初的创造者具有的艺术创造精神，而是指作品本身具有的活态性质。当人们把一件绘画作品、一座建筑或一场舞蹈比喻成"鲜活的""充满活力的"或"栩栩如生的"生命体时，人们的所指其实就是文化遗产的精神内核。无论遗产类别，也不论载体形式，其内皆蕴含着人类的情感。从形态学的角度，我们将物质文化遗产和非物质文化遗产视作文化遗产的两种存在形态，遗产类型的丰富和种类的繁多是我们观察视角的不同；若从结构层面，两种存在形态便有了精神结构上的同一性。由于内蓄情感的存在，文化便以活态的方式传承，但活态文化的传承毕竟不是由文字或图像完成的，而是靠言传身教才能活下去，活化沿着整合—分割—重新整合的路径，以追求杂交能量的产生。当初的创造者将自己的艺术个性和审美创造以作品形式结构的方式灌注并铭记于形式构架，这些看似来自艺术家个体的神韵和灵气，也一定带有时代的风格和社会文化的印痕。因为个性精神和文化素养只有暗合于时代、社会和民族的文化传统才能够得以施展、彰显和弘扬。从文化的角度情感既是情感文化，也是活态文化，以口传、民间、活态和非物质的形式进行着代际间的传承赓续。它承续于中华文脉，体现为民族精神和时代精神，同时对接核心价值体系；不但是创造性转化和创新性发展的动力，而且是激发全民族文化创造的内在驱力和活力。

唯有把握内隐的无形之神，才能留下外显的有形之物，以文字为载体的文献及其范式正在挤对以文物古迹为载体的实物遗存和以口传心授为载体的非实物文化艺术传承及其范式。无人质疑文化遗产的物质功用，而对其精神功用的认知则经历了复杂的历史过程。国际上，联合国教科文组织自成立以来，一直致力于人类文化遗产的保护，在使经济获得发展的同时，积极寻找破与立的标准，以及舍与得的平衡点。1972 年联合国教科文组织通过了《保护世界文化和自然遗产公约》；1976 年世界遗产委员会成立，开始致力于有形物质文化遗产的保护工作；1978 年首批遗址列入"世界遗产名录"。在此期间，就有会员国对保护无形文化遗产表示了关注，集中体现于 2003 年联合国教科文组织《保护非物质文化遗产公约》的颁布，表明国际社会完成了从认识到实践的文化反思。而在中国国内，"活态"最早出现在梁启超的著述中，指出"凡史迹皆人类过去活动之僵迹也，史家能事，乃在将僵迹变为活化——因其结果以推得其情态，使过去时代之现在相，再现于今日也"。尽管活态文化与非物质文化遗产并不等同，但是口传的、民间的、活着的和非物质的研究异常活跃。2005年国务院颁发的《关于加强文化遗产保护的通知》中明确指出文化遗产包括物质文化遗产和非物质文化遗产，特别是《文物保护法》和《非物质文化遗产法》相继通过实施，国家以法律形式奠定了文化遗产在当今时代的地位。

第二，复合性是文化遗产的基本特征。无论有形无形的形式，还是物质非物质的表达，事实上文化遗产已衍化为具象符号——艺术的、文化的抑或精神的符号。文化遗产涵盖物质文化遗产和非物质文化遗产两种存在形态，一方面，其复合性体现于物质性，承载文化信息的典籍、建筑、器物等物质形态的载体，无疑都具有物质属性，而不论其作为直接载体还是间接载体的形式。古建、遗址、文物等物质文化遗产的诸存在形式，必然有其内在形式和结构，其内都蕴含着民族的情感。无论是物质遗产，还是从甲骨、金石、简牍、书籍到现代出版等记录文字的物质载体的革新，从诗经、楚辞、文赋、唐诗、宋词、明清小说到近代文学的革命，无不彰显传统文化与物质遗产创新发展的密切关联。另一方面，其复合性体现于非物质性。文化遗产作为欣赏对象，必然与主体的情感发生作用，并通过情感直接影响审美个体，进而间接地影响社会和时代。"非物质的王国中的一切事物没有任何理论可言。没有物质存在的东西不能以物质手段具体化。属于未来精神的东西只能在感情中实现。而艺术家的天才是通向感情的唯一渠道。"[①] 就像图腾代表情感，长期以来人们习惯将文化遗产视作具象符号——文化的符号、艺术的符号抑或精神的符号，无论是有形无形，还是物质非物质，表达的都是内心对遗产内在情感的尊崇和敬意。再者，物质性和非物质性都统一于真实。1994 年，世界文化遗产奈良会议发表《奈良真实性文件》(*The Nara Document on Authenticity*)，在《威尼斯宪章》的基础上，提出必须关注与"真实性"紧密相连的"多样性"问题。一

---

① ［俄］瓦·康定斯基:《论艺术的精神》，查立译，腾守尧校，中国社会科学出版社 1987 年版，第 22 页。

方面肯定"真实性是决定价值的基本要素"，另一方面也强调每一种文化对文化遗产真实性的评估并不相同。笔者认为，在"多样性"问题之外，"活态性"亦是对遗产（尤其是无形文化遗产）"真实性"认知的挑战。如何探知与解析无形文化遗产发生、转换、消解、重构的动态过程及其背景环境和决定力量，成为今天的现实问题。无论有形无形，还是物质非物质都是从不同层面对文化遗产复合特性的通俗表达。

第三，活态成为遗产复合特性的本质。循着情感的线索追逐文化的脉络，文化遗产的两种存在形态——物质文化遗产和非物质文化遗产无疑是最好的依托。文化遗产的复合特性由物质文化遗产延展而来，除了文献、文字的载体，以及物质的载体所传承的文化部分，人们还发现了非物质的载体，即以活态文化形式传承的部分。比如民俗就是一个重要领域，不但是文化行为，而且是文化人类学的领域，像民间传说、民俗、儿歌、民谣等，钟敬文、顾颉刚等作为先驱很早就注意到了他们的存在价值并着手搜集整理；另一个是表演艺术，包括传统戏曲、各种表演艺术，从宋金到元明清，像《货郎担》中的《女弹》，身段、记谱、唱腔等全靠师徒做心灵上的技艺沟通，通过口传心授和耳提面命活跃于乡野民间，而文献记载和录像传承只是近年来才出现的，无论文献与录像都难以将心传的内容传递下去。无论是从现实存在的角度，还是从活态文化的角度，都必须增强对口头文化传统价值的认识、对活着的时间的理解、对活化文化空间的认知，让沉睡于乡间村落的思想智慧、口传智慧和工巧智慧尽快苏醒，让那些濒危或面临消亡的遗产尽早摆脱困境，构筑以活态民间文化为基础的中华文化共同体。

活态作为遗产复合特性的表征，亟须在三个层面得到强化。一是遗产本体层面，人作为活体文化的承载，取决于那些一代又一代将其传统、技能和习俗的知识传递给社区其他成员或其他社区的人，也就是承载非物质文化遗产的主体——相关社区、群体和个人。同时注重"过程"，强调保护的重点在于世代传承或传播非物质文化遗产所涉及的过程而非结果。我国针对自己的遗产实际，国务院已公布的四批国家级名录均采用了十大门类的分类方法，包括民间文学、民间音乐、民间舞蹈、传统戏剧、曲艺、杂技与竞技、民间美术、传统手工技艺、传统医药和民俗等。这一分类方法既参考国际惯例，也糅合了国内学者专家对非物质文化遗产的理解，以求让名录有最大的覆盖面和代表性。在关注与物质的对应关系的同时，更加注重非遗自身的活态特性，既反映我们对非遗本质认知的不断深化，同时也彰显我们在保护层级、保护理念和保护方法上与国际惯例的调整、变化与适应。二是历史观层面，那些流传下来且具有独特价值的艺术品，其内在的情感意蕴一定生发于艺术创造的原初过程中，我们若通过解读相关文献史料对其进行发掘，就必须努力还原其创生期的历史情境和文化空间。尽管实现起来很困难，但我们必须努力实现，因为这不但事关研究方法态度，更关系客观真实，机械照搬要不得，历史上我们也曾有过教训。史料并不等同史学，当年傅斯年在创建中央研究院历史语言研究所时就深受强调历史之实证性的兰克主义的影响，20 世纪 50 年代我们的思想史家也曾因深受苏联日丹诺夫哲学史定义的影响而忙乱。现在有必要对历史的认知范畴、历史学知识以及专业课程设置做出相应调整，因为对历史不但要有现实关怀，而且要反对用一种没有时空性的知识框架去解释原本活生生的历史事件。只有历史研究的对象宽泛了，历史研究方法和历史教学方法也才会有新方向。相关联的一项现实工作是文化遗产学升级为国家一级学科的时机已经成熟，将历史与人文领域的相关专业进行重新整合，并从现历史门类下的二级学科升级为一级学科，既彰显历史门类学科积淀的丰厚，也显示文化遗产在当今时代的地位与作用。三是从文化层面，比以前更加宽广，不仅是文献，而且除了物质的还有非物质的口传心授的活态文化的传承。20世纪美术史研究的一个重大变化便是艺术史自觉纳入文化史的范畴，对艺术品不仅只是超越历史的永恒的艺术价值，还有其历史研究的价值和意义。鸦片战争，西洋文化闯入中国，构成三千年历史之大变局。严酷的现实，知识分子睁开眼看世界的同时，也开始了对传统的反省，"五四"时期的国粹论和西化论者似乎针锋相对，但意愿都是为着中华民族的振作与新生。凡此种种，无不牵涉历史文化领域的专业性问题，而专业性又必然牵涉人类文化遗产的问题。

二、营造空间　涵养文化生态

文化生态的涵养非一日之功，需要日积月累久久为功，更为长久的策略是依托文化空间。几千年的文明成果累积既必然地体现在各个时期的艺术活动和作品中，也一定会类似基因般内藏于文化遗产的两种存在形态，即物质文化遗产和非物质文化遗产中，成为其构成诸要素的基本核心或底色。表面看是民族性抑或地域性等因素，深入看则事关文化根性甚至文化空间。因为不同的区域和族群总有各自独特的审美情趣和思维惯习，对应于区域自然环境、族群文化心理和语言习俗的差异，自然呈现文化的独特性。所有这些不但体现在艺术活动及其流传物——如文化遗产等方面，而且反映在族群思维模式的延续上，审美心理必定带有族群和地域的特性，文化遗产无疑就是代际传承的精神文化，活态是其重要特征，抛开活着还是活过的论争，都统一于活化这一文化本质。由于其内蕴含着民族的情感，更由于其作为活态文化的形态，无论空间的营造还是生态的涵养，最终都是为着达成文化传承的目标，体现于如下四个方面。

第一，时间维度。中华文明有序传承几千年，累积形成了大量的文化遗产，以物质形式或非物质形式留存下来。从农事节气到生态伦理，从乡土气息的节庆活动到民间艺术，从耕读传家、父慈子孝的祖传家训到邻里守望、诚信重礼的乡风民俗，无不承载着厚重的传统文化基因，蕴含着朴素的生活哲理与伦理观念。这些文明成果最终以遗产的方式沉淀累积下来。从时间的维度，文化遗产作为符号，包含着文化、艺术和精神的多重形式。同时作为精神承载，客观的物质性之上一定有主体的情感被赋予，最终以灵气相外现，以活态相延续。一方面活态所依附的物质载体，其物质的形式会不断消失并再生，但接受者还是可以通过多种方式感受其感性的漂移和动态的鲜活，最终以民族精神、时代风范和文化品格等文化方式传承赓续；另一方面活态是创造者的个性、思想以及美学趣味的外在呈现形式，不但具有美学的、文化的和意识形态的属性，而且必定具有难以言说的玄妙，这也正是艺术作品独特风格形成的内在原因。

第二，空间维度。生态特别是文化生态建设非一日之功，需要从长远着眼，遵循文化发展的规律。我们国家疆域辽阔，民族众多，文化形态多样，整体性存在于与生态相关的辽阔区域，既要突出自然环境、人文环境、社会环境的综合营造，有利于区域内物质遗产和非物质遗产的分类保护，同时又有利于遗产同依附环境的整体统筹，有利于文化遗产内生机制的建立完善。重视文化的区域特征、民族差异、风俗信仰、地方传统等因素，同时不忽视自然生态、人文生态、社会生态的综合构建，建立良好的文化生态运行机制，这对文化遗产的生存发展成长尤为重要。另一重要环节就是注重传统与经典的滋养。传统文化是文化遗产的重要组成部分，在以文化人、构建和谐的社会关系等方面发挥着重要作用。文化遗产在不同时代都被传承弘扬，并不断衍生出新的文化形态，要让传统文化不但融入人们的日常生活，而且要走入人们的精神世界。当下，要加强精神产品与社会生产的对接，引导传统和经典主动而有序、积极而稳妥地走进公共文化服务领域，特别是重视农村地区的公共文化服务，如农村文化站、农家书屋等。通过有形物质载体展现智者的思想、技艺和文化，通过多种形式的展览展演欣赏遗产间的内在逻辑关联，进而还原一段历史、一个事件甚或一种文化形态，让文化经典从文物中走出来、滋养心灵。

第三，价值维度。文化遗产是完整的资源体系，只有通过制度建设、人才培养、精神引导等方式，打通遗产体系的气脉，才能实现系统性内生机制的激活，滋养更具时代特色的新文化、新思想、新理论，实现文化遗产社会价值的最大化。对于文化遗产而言，保护和传承是第一要务，包括建立完备的资料体系和史料档案，建立完整的传承梯队和链条，适应不同遗产的衍生、存在和发展规律，每类遗产背后都要有学术智囊支撑，实现精细化分类管理等。对古籍、文物、古建等物质文化遗产，要加强对其文化价值的研究，找寻"活起来"的持续条件、支撑要素和实现路径。非物质文化遗产涵纳精神遗产和制度遗产内核，对传统民俗、民间文学、传统技艺等，注重从精神资源角度进行再阐释、再挖掘和再转化，让表演艺术、手工制作和俗谚俚语在不同舞台以不同方式重新焕发生机活力。文化遗产与市场和产业紧密相连无疑也是文化遗产活起来的应有之义，但开发利用必须围绕实现文化的公益性和公共性职能，经济效益永远服从社会效益，以最大程度地满足大众文化需求。当前有两种倾向值得警惕，一是防止将文化遗产庸俗化。淡化文化内涵，竭泽而渔搞掠夺式开发，让文化遗产沦为单纯的表演性产品，部分传承人受利益和市场驱使，热衷于媒体推介，游走于各色商业氛围浓厚的展销展览，淡忘了自己的传承职责。遗产作为丰厚的精神资源，应该进行卓有成效的阐发、挖掘和转化，但须以适度为基本原则，特别要注意防止疏忽精神功用，特别是人格的塑造和心灵的美育。遗产的活力还在于原生态特性，不能离开其依附的环境和生态，文化要素不能轻易被删除、置换、恶搞，甚至塑造到固定场景中展演。无论是直接索引开发、借助载体进行的转化性开发，还是利用文化空间类资源进行的转化，都必须坚持遗产的文化属性。二是防止将文化遗产功利化。创新必须守正，以文物类遗产为背景的衍生品、文创产品和复制品，必须由制造向创造转化，形成以文化牵引的衍生品牌，防止以复制、戏说和衍生的名义陷入物质利益，淡忘本体职责；非遗自身已形成的品牌，具有文化内涵和独特标识，经过市场检验并取得了公众信赖，如"老字号""百年老店"等，必须坚持完成文化的传承，才能在新时代获得生机；以非遗为蓝本的产业，通过仿制或创新进行的产业化经营和商业化利用，要凝聚现代审美、创意设计和艺术创造，融入现实生活，丰富公共文化并带动旅游就业。

第四，传承环节。传承从表面看依托物品、工具和场所，实则是以人为核心，围绕文化展开的创造。文化传承必须着眼人的思想、意识、观念等内在结构要素，关注人、自然、社会、文化的变量交互。同时，必须适应生态涵养的缓慢特性，传承人的创造过程是借助技艺风格、程式技巧、行为法则进行的修炼，需要经过长期积累。"技进乎道"，由原始生疏到高深莫测甚至只可意会不可言传的玄妙，更需漫长过程。传承无疑具有时代性和民族性特点。从时代性上看，遗产的承载以人为本体和主体。历史上浩如烟海的名家大儒为各个时代留下了丰富的精神遗产，他们的智慧成果存在于经史子集等典籍、著述和注疏中，对引领文化潮流至关重要。民族精神是文化遗产的内核，接续于五千年传统文化累积淘洗形成的文脉，是文化遗产保持鲜活的内在根据。从民族性上看，同一个时代，不同民族的文化各有特点，除了历史、艺术和科学价值，各类文化空间对丰富遗产内核起着关键作用。如中国的二十四节气及重大节日浓缩了中国人的天文观、岁时观、生命观等，反映族群的文化传统、生活节奏、节俗庆典等，体现文化认同、价值认同和民族认同。习近平文化观是传统文化参天大树上的新枝，汇聚传统文化、红色革命文化和社会主义先进文化精髓，以民族精神为内核，是新时代有内涵、有力量的思想文化，是传统文化复兴的重要承载和依托。要让传统文化发生"化学裂变"，注重从史诗、民俗仪式、民间技艺中找寻现代艺术再生产的索引，借助载体通过图书、音像、传媒完成当代转换，文化空间类资源与会展、旅游结合，实现价值转换。

三、打通气脉　激活内在因素

"艺术作品的外在性和内在性的同一是艺术形式的决定因素，由此才能产生艺术的情感激发作用。只有当最内在的东西（内容性）可以直接统觉到，即其深刻的本质可以获得感性外在形式时，而外在的东西又与人的内在性质相适应时，艺术作品才能构成有效的第二直接性。"[1] 我们常将文化遗产比喻成有机生命体，它无疑具有艺术活力或能够展现出生命的具体形式，这个形式不是象征着情感，而是包含着情感，"弥漫于艺术作品的形式因素与美学因素之中"[2]。所有这一切，皆因当初的创造者利用艺术

---

[1] ［匈］乔治·卢卡契：《审美特性》，徐恒醇译，中国社会科学出版社 1986 年版，第 14 页。

[2] ［美］苏珊·朗格：《情感与形式》，刘大基、傅志强、周发祥译，中国社会科学出版社 1986 年版，第 70 页。

品与生命体间的类似性，把各种各样的人类精神、情感、个人经验和想象灌注于作品。这绝非时间的厚度将其神化，更深刻更内在的原因在于，它呈现了一种无与伦比的独特审美自由，使遗产人格化、情感化了。遗产的"纯粹内在性"与审美体验的"纯粹内在性"相契合，既是遗产气脉通畅的表征，也是其内在因素被激活的显现，取决于如下三个先决条件。

第一，正确认知遗产体系的有机性。有机性或生命活力不只是存在于外在形态，更必然存在于内在构成诸要素中。正是因为内在构成诸要素间的有机与和谐，才使得因为艺术生命（遗产）与自然生命存在着事实上的相似性，也使得我们有底气回答生命的有机性到底居于文化遗产的何种位置的疑问。从文化角度考量，其有机性不仅仅是功能上的，更是精神上族群的文化凝聚和个体沟通，是主体与主体之间、历史主体与现实主体之间的纽带和桥梁。今天少有人质疑文化遗产的复合特性，相反人们对遗产的非物质特性表现出特殊的兴趣。文化遗产作为生命有机体，一方面表现为形态结构间的谐和，物质文化遗产和非物质文化遗产作为文化遗产的两种存在形态，不但存在着结构上的同一性，而且血脉相连，以生气相贯通，气韵、精神、意蕴等非物质的因素充斥其间，内在构成要素间以及系统层次间和谐共生。李白的诗作中，字里行间就回荡着一种气势、一股血性，《蜀道难》血气充盈、大气磅礴，构成极为完整的有机整体，这也绝非诗歌、书法和绘画遗产所独有的法则，而是所有艺术门类的共同特征，特别是书法，与其说它是意念与技法交流的产物，不如说是生命与技艺的合力展示。另一方面表现为构成要素间的有机性，物质、非物质、艺术、文化、价值、资源等作为文化遗产的内在精神构成要素，彼此间同样存在有机性。自然生命体吸收周围的因素到体内来，除了同化作用即生长的原理，还有排异现象，析出的因素被排出体外，分解之后重回无机结构，直到动态平衡。艺术整体与生命特征一样，其有机性体现于构成要素间的协调功能，除了排列上的秩序性，还有各构成部分之间都存在着内在关联，通过文化要素的关联作用而实现整合，这期间情感通过结构化因子而实现耦合。所有这些发生在内部的变化绝非机械的叠加和重合，而是生命体征的显现，不但发生于两种存在形态中，而且存在于每一个构成要素中，形成动态的且是彼此关联的生命整体。

第二，理性看待评价标准的先天缺陷。文化遗产就像"玻璃加透明性"一样表现人的内在精神，成为民族的文化符码和精神寄托。在我国，文化遗产从概念内涵、理论建构到保护实践，皆起步于文物，包括等级体系在内的有关文化遗产的重大事件，大多都起步于文物或者说物质文化遗产。中国的权威遗产话语体系主要围绕文物、遗址、建筑群和文化景观等载体，建构起了对遗产的认知、理解、保护与利用体系。它一方面循着遗产的本性进行拓展，从不可移动文物到可移动文物，从物质文化遗产到非物质文化遗产，从个体遗迹到整体环境（历史文化名城、名镇、名村）；另一方面循着行政管理序列逐渐完备，吸纳借鉴国际已有标准范例并嫁接于县市、省和国家等保护层级，构筑了具有中国特色的遗产等级体系。分类无疑成了认知和理解文化遗产复杂性的关键环节，表现于学术层面，适用于文化遗产的分类标准有很多，诸如按照时代、地域、形态、质地、来源、属性、价值等因素。在这些试图厘清文化遗产何为的种种尝试中，唯有以价值为标准的遗产分类被纳入法律法规与行政治理的范畴，以此为基础构筑了我们所熟知的文化遗产体系。在这一体系下，遗产因有价值而得到保护，遗产价值的高低决定了遗产等级的高低，进而衍生出遗产社会地位高低、保护层级先后、资源分配多少等一系列区别性和连带性结果。换言之，价值与等级成为遗产话语中的同义词，等级成了评判遗产价值高低的关键。等级体系既涉及社会地位的高下和资源分配的阶序，同时价值认同和区分体系又巧妙地将价值、等级、行政、包容、排斥、保护等遗产议题置于同酬。价值无疑成了我们对文化遗产进行分类的内在依据，且在当前实践和未来前景中成为重要而又具有决定性的因素。非物质文化遗产是在文物体系的基础上延展而来的，由于存在先天缺陷，尽管现实以各自独立的两个体系而存在，也难免会有自然的和人为的壁垒和梗阻。其中，文物的"三等级评定"和非遗四级名录中项目和传承人的"代表性认定"，无疑是影响两大系统内部循环的最大瓶颈。

第三，逐步推进对遗产核心价值的科学认知。通过考察遗产价值的高低，进而区分遗产等级，并据此确定遗产的重要程度，已成为我国遗产保护体系的特有模式。透过这一模式也使得我们反思由于价值评定等级存在的悖论而引发的对价值体系存在的合理性、规范性与科学性的困惑，直至国家治理体系下对遗产等级制度的信心。文化遗产等级体系的划分依据在于对遗产价值的判断，而价值认定又存在着疏离核心价值且审美和艺术价值过于笼统粗疏、类型不足等弊端。一方面是物质文化遗产领域应该对进入保护体系的定级标准进行深入解析。现行对文保单位的确定以及对具体文物的价值评定以《文物保护法》为基本依据，对历史、艺术和科学价值的归属量化存在现实困难，对其真正价值的估价判断也就难以做到科学准确。特别是近年来，随着非物质文化遗产热，受大遗产观的影响，人们不仅重视遗产自身可能具备的物质功用方面的价值，还对其精神功用方面，包括记忆、情感、教育的社会价值以及文化传统延续和多样性的价值表现出了特别关注。不但精神功用难以估价且社会和文化的价值也相当宽泛，如果只是简单地将社会价值、文化价值与三大价值并列，既可能造成对其价值认知的局限性，又可能导致对其价值评估时的误导。特别是精神价值只可意会难以言传，如果表述空洞、说教意味浓厚，势必造成民众对文化遗产"原真性"的敬畏，甚至为了可见的经济利益导致损及文化遗产的种种行为和怪相。

另一方面是非物质文化遗产领域应该对进入各级名录体系的传承人和项目的"代表性"作出更为本质的解读和阐释。可以说，正是非物质文化遗产概念的出现，才催生了物质文化遗产向文化遗产复合特性的拓展和转变。从根本上说，这不失为一场精神革命，对改变文化遗产的气氛有着强大的作用。因为精神的东西只能在感情中实现，艺术家的创造才是通向感情的唯一渠道。特别是"当宗教、科学和道德发生动摇，当外在的支柱岌岌可危时，人类便把自己的注意力从外表转向了内心"①。在西方尼采的时代，诸如文学、音乐和绘画这些敏感的区域和门类，率先"脱离没有灵魂的现实生活而朝向那些给'非物质'的灵魂带来自由天地的力量和理想"。而在我国非物质文化遗产的存在历史并不长，但社会和公众对其寄予厚望，短短十多年时间保护成绩举世公认，并赢得了缔约国的广泛赞誉，名录制度无疑起到了引领和示范作用。现行非遗四级名录体系中，对入选项目的评选是以"价值"为前提的，除了行政区域的限定外，仅仅以历史、文化、艺术、科学等价值是否"重大"为依据，认定与价值评估中不可避免地存在着主观与未知。在已进行的国家级四批名录评选中，固然制定了诸多确切的标准，但也几乎不可能明确界定遗产的价值。这一切都对我们正确认识遗产制造了难题，也从侧面表明，遗产是一个极其复杂的艺术和文化现象。模糊的价值评定并不能给予文化遗产合适、恰当的保护，恰恰

---

① ［俄］瓦·康定斯基：《论艺术的精神》，查立译，腾守尧校，中国社会科学出版社1987年版，第25页。

由于遗产价值的狭隘化和等级化，阻碍了现今的遗产管理进程。一个现实而紧迫的任务摆在面前，对入选名录体系的项目或传承人《非遗法》都强调其要有"代表性"，而对内涵的阐释与解读至为关键。某种程度上，代表性的意义首先是荣誉性，肯定其在本行业或领域的特殊贡献与地位，具有精神鼓励作用；然后才是引领性和示范性，遗产类别不同，传承与保护的规律各异，特别是在初期，需要做出样板和示范，除了热情，还要有高远的眼光和科学的方法。

面向民众，演进生活

——中国"文化和自然遗产日"主题变迁记

高　舒

2019年6月，全国"文化和自然遗产日"的非物质文化遗产宣传展示活动落下帷幕，伴随着"在生活中弘扬，在实践中创新""传承文化根脉，共筑民族未来""非遗保护，你我同行"的口号，这一年的"非遗"活动主题——"非遗保护　中国实践"，得到了民众的积极响应。

2019年，距离联合国教科文组织颁布《保护非物质文化遗产公约》16年，距离中国政府批准加入《保护非物质文化遗产公约》15年，距离国务院设立第一个全国"文化遗产日"已经13年。与前者的规约、制度属性不同，在已经走过的13年里，文化遗产日已成了一个面向民众、作用于民众，与民众参与、体验、认知直接关联的重要"非遗"活动平台，每年上千的地方活动都在强调着这个特殊日子所具有的不容小觑的文化属性和社会功能。

不论是2005年国务院决定于次年设定的"文化遗产日"，抑或2017年后融入了自然遗产而具备新身份的"文化和自然遗产日"，这个不变的特殊日期——每年 6 月第二个星期六，见证着我国非物质文化遗产事业走过一个个标志性的年份，不断强调着国家、民众与文化遗产的紧密关系，而每年遗产日活动的不同主题，折射出中国非物质文化遗产保护之路的进程，以及非物质文化遗产在广大社会民众中的真实面相，体现着中国政府和民众携手进行保护工作的心力和成效。

一、设立中国的"文化遗产日"

在世界范围内，"文化遗产日"活动形式以欧洲首开先河。每一年 9 月的"欧洲文化遗产日"（European Heritage Days），都会开展持续一个多月的丰富活动。该活动由欧盟委员会发起于 1985 年，原型是法国文化部在每年 9 月第三个星期六开始的文化遗产公众开放日（Journées Européennes du Patrimoine），由于欧洲许多国家的效仿和响应，欧盟理事会与欧盟委员会于 1999 年开始联合主办欧洲文化遗产日，使之成为覆盖整个欧洲乃至其他大洲相关国家的文化盛会。目前，该遗产日活动已有全球 50 个国家参与，每年举办活动超过 7 万场，成为欧洲范围内覆盖面积最广、参与人数最多的文化活动。

与之相似的，还有每年夏季六七月在美国首都华盛顿特区国家广场上举办的持续两周的史密森尼民俗节（Smithsonian Folklife Festival）。我国文化部曾在 2014 年与之合作，举办了以"中国：传统与生活"为主题的大规模活动，仅这一届民俗文化节的活动就吸引了近百万名观众，笔者也曾于 2017 年由中国文化部外派驻其主办方史密森尼民俗和文化遗产中心，亲身参与民俗节的组织工作。史密森尼民俗节以"民俗"为名，实际包含了全世界几乎所有的文化遗产样态，堪称现今世界上影响最大的民俗文化节。它首次举办于 1967 年，宗旨是宣传和尊重世界上不同种族的民间艺术遗产，目前已经有来自全世界的两三万名音乐家、艺术家、表演艺术家、手工艺人、工人、厨师、民间故事讲演者展示过他们的技能、知识以及审美，体现了其所在群体的特定传统和创造活力。

与欧洲更接近于文化古迹免费开放日的"遗产日"相比，我国的文化遗产日形式出现得较为晚近，在内容丰富程度和组织模式上更接近于美国史密森尼民俗节，但由于增加了更多的非物质文化遗产工作座谈、学术研讨的内容，又与中国民众生活紧密联系，显示出"遗产日"的中国特点。这一点与"非物质文化遗产"这一外来名词进入我国社会生活的进程有着必然联系。

2003 年 10 月，《保护非物质文化遗产公约》（后文简称《公约》）在联合国教科文组织第 32 届大会上通过，首次明确界定："'非物质文化遗产'指被各社区、群体，有时为个人，视为其文化遗产组成部分的各种社会实践、观念表述、表现形式、知识、技能及相关的工具、实物、手工艺品和文化场所。"次年 8 月，我国第十届全国人民代表大会常务委员会第十一次会议决定，加入这一《公约》，成为世界范围内较早的一批签约国，"非物质文化遗产"一词开始融入中国语境。就在这一年的全国两会上，冯骥才先生第一次提出了学习欧洲，设立全国"文化遗产日"的建议，并提交了《关于建议国家设立文化遗产日的提案》。

2005 年 3 月，国务院办公厅下发《关于加强我国非物质文化遗产保护工作的意见》确定了非物质文化遗产保护工作的目标、指导方针和原则，当年 6 月，中央宣传部、中央文明办、教育部、民政部、文化部联合颁布了《关于运用传统节日弘扬民族文化的优秀传统的意见》，推动了春节、清明节、端午节、中秋节四大传统节日进入国家法定假期。我国非物质文化遗产保护事业得到了党和国家的高度重视和充分支持，当年 7 月，郑孝燮等 11 名专家学者联名致信党中央、国务院领导同志，倡议设立全国"文化遗产日"，很快得到了认可。但在考量"文化遗产日"如何设立的初期，则出现了关于具体日期选择的讨论。有人提出，将"文化遗产日"固定设置在农历五月初五端午节，既与国家法定假日设置一致，日期好记、有辨识度，又保证了民众有空余时间参与，但考虑到"文化遗产日"应该打破单一民族、特定民俗的符号意义，具有更为广泛的全国代表性，"文化遗产日"最终确定在没有任何特殊附加意义的日期——每年 6 月的第二个星期六。

2005 年 12 月，国务院公布决定，从 2006 年起，每年 6 月的第二个星期六为全国"文化遗产日"，目的是营造保护文化遗产的良好氛围，提高人民群众对文化遗产保护重要性的认识，动员全社会共同参与、关注和保护文化遗产，增强全社会的文化遗产保护意识。相较于"欧洲文化遗产日"（European Heritage Days）由欧盟委员会和欧盟理事会组织，史密森尼民俗节（Smithsonian Folklife Festival）由美国半官方半民间性质的史密森尼民俗和文化遗产中心组织，中国文化遗产日一直由中国各级政府组织。文化和旅游部非物质文化遗产司作为中国非物质文化遗产保护工作的国家主管行政部门，组织发布历年文化遗产日非遗活动的主题、口号和重点内容，中国 31 个省（自治区、直辖市）、5 个计划单列市文化行政部门的相关非物质文化遗产保护机构，确保这项工作在全国范围内有序地开展，如果涉及在具体城市举办非遗主场活动，承办省份和城市则需要把握遗产日非遗活动的主要特点，比如 2019 年 6 月 7—8 日，在广州进行的"文化和自然遗产日"全国非遗宣传展示活动启动仪式暨主会场展演活动，主办方广东省人民政府就组织了围绕 40 项列入联合国教科文组织非遗名录名册项目的"非遗保护　中国实践——中国列入联合国教科文组织非物质文化遗产名录（名册）项目展示体验活动"。

二、不断演进的遗产日主题

现今看来，全国"文化遗产日"的设立，充分提升了民众对国家文化遗产的认识和包容度，持续推动各级政府对文化遗产的保护工作，高度体现了国家对保护文化遗产的战略远见。而我国非物质文化遗产与民众生活关系的持续性演进，从历年"文化遗产日"非物质文化遗产活动的不同主题尤可见一斑。将这13年简单划分，可大致以2010年为界，呈现我国非物质文化遗产各个时期的工作特点。

1. 面向民众，落实非遗概念（2006—2010年）

2006—2010年，我国非遗在以往传统文化保护工作基础上和国际社会推行《公约》的背景下，积极履行加入《公约》的义务和承诺，加强对非物质文化遗产保护工作的总体思考和顶层设计，开展了一系列保护工作实践。

2006年，我国首个文化遗产日，作为遗产日正式进入公众视野的第一年，恰逢国务院于5月20日发布了包括10类518个项目的"第一批国家级非物质文化遗产名录"（国发〔2006〕18号）。全国文化遗产日提出了"保护文化遗产，守护精神家园"的主题，大力推介属于中国的非物质文化遗产10大类别，即：民间文学、民间音乐、民间舞蹈、传统戏剧、曲艺、杂技与竞技、民间美术、传统手工技艺、传统医药、民俗，反映了国家开展非物质文化遗产保护工作的布局与决心。就在这样的实践背景下，当年10月，文化部颁发了《国家级非物质文化遗产保护与管理暂行办法》（后文简称《办法》），进一步细化了上述国务院办公厅的《关于加强我国非物质文化遗产保护工作的意见》（后文简称《意见》）的有关内容，对国家级非物质文化遗产名录项目的保护单位、代表性传承人以及管理措施等提出了具体要求；明确规定了国务院文化行政部门、省级政府文化行政部门和县级政府文化行政部门的职责，保护单位的条件和职责，代表性传承人的条件等内容。

2007—2008 年，我国"非遗"工作进一步细化，文化遗产日延续第一年的社会意识普及角度，将主题定为"保护文化遗产，构建和谐社会"，继而提出"文化遗产人人保护，保护成果人人共享"，促使人们将对非遗的关注点从传承内容——项目转移到了传承主体——传承人身上。2008 年 6 月，中华人民共和国文化部颁发了《国家级非物质文化遗产项目代表性传承人认定与管理暂行办法》，作为与前文国务院办公厅《意见》相配套、与文化部《办法》相衔接的部门规章，这份文件进一步细化了上述两个文件中有关传承人的内容，对认定国家级非物质文化遗产项目代表性传承人的原则、传承人的条件、传承人申请和审批的程序、传承人的义务、撤销传承人资格的办法等内容，作了明确规定。这一年，国务院公布了第二批"国家级非物质文化遗产名录项目"，此后原则上每两年评选一批国家级非物质文化遗产名录项目的工作节奏形成常态。

2009 年，国家文物局创设主场城市活动机制，非物质文化遗产司随之跟进。这一年开始，文化遗产日提出了非物质文化遗产活动的主题——"弘扬民族文化，延续中华文脉"，此后每年的文化遗产日，非物质文化遗产系统经常会选取特定的城市举办主场活动。

值得一提的是，2010 年，这一年全国非物质文化遗产队伍全面开展的全国非遗资源普查工作基本完成，普查总量达到 86 万项，我国非遗国家、省、市、县四级名录体系和传承人保护制度基本建立，这标志着中国非物质文化遗产保护工作基本摸清家底，初步建立了比较完备的文化遗产保护制度，文化遗产保护状况得到明显改善，非遗工作进入了协调统一的全面发展阶段。这一年文化遗产日的非物质文化遗产活动主题确定为"非遗保护，人人参与"，文化部在京举办了"巧夺天工——中国非物质文化遗产百名工艺美术大师技艺大展"，展览了入选联合国教科文组织"人类非物质文化遗产代表作名录"项目，还设置了琢玉、雕镌、陶埏、编扎、髹饰、金作、织绣、画绘等9个单元，集中展示了全国23个省（自治区、直辖市）100多名工艺美术大师的318件代表作，同时邀请了百名工艺美术大师及其传承人现场展示，与公众直接交流，成为新中国成立以来参展大师最多、展陈方式最为生动的工艺美术展，生动地体现了非物质文化遗产活态传承的特点，吸引了公众的广泛关注，每日参展人数都达到一万余人。

2. 演进生活，发展中国经验（2011—2019 年）

如果说，此前的文化遗产日已经在全国范围内引发了人们对非遗甚至文化遗产新概念和保护方式的认识革命，随着 2010 年国家非物质文化遗产工作机制的逐步确立和完善，2011 年之后，文化遗产日主题的视角从国家高度更进一步贴近民众。强调关注生活中的非遗，让非遗再现社会生活，走入现代生活，让社会民众充分意识到身为非遗的社会传承人的重要性，已成为新的趋势。不断演进的遗产日主题需要与实际工作进一步结合，同时也呼唤着非遗政策法规的进一步完善和保护工作意义的深度开掘，首先就是相应法律的出台。

2011 年 2 月 25 日，十一届全国人大常委会第十九次会议审议通过了《中华人民共和国非物质文化遗产法》（以下简称《非遗法》），就在遗产日当月——6 月的第一天正式实施。《非遗法》作为中国非物质文化遗产保护领域的一部基本法律，它的制定、颁布和实施，表明中国的非物质文化遗产保护工作迈入了依法保护的新阶段。这一年的文化遗产日非遗活动的主题毫无疑问地被设立为"依法保护，重在传承"，全力宣传《非遗法》

对非物质文化遗产的调查、非物质文化遗产代表性项目名录、非物质文化遗产的传承与传播以及相关法律责任的原则性规定，中国非物质文化遗产保护事业全面进入了有法可依的历史时期，保护工作第一次拥有了强有力的法律保障，民众也充分感受到国家对非物质文化遗产有法可依、违法有责的明确态度。国民的喜悦溢于言表，2012 年继续提出了"活态传承，重在落实"的主题，也为 2013 年联合国教科文组织保护非物质文化遗产公约颁布 10 周年的系列活动做好了铺垫。

2013 年，是我国非物质文化遗产保护工作的"回顾总结之年"和"展望未来之年"，文化遗产日非物质文化遗产活动的主题被确定为"人人都是文化遗产的主人"，文化部系统总结 10 年来的"非遗"保护工作，并举办了一系列活动，如在中国国家博物馆举办展览展示 2013 年春节文化摄影（视频）优秀作品，邀请"非遗"保护领域的知名专家学者解读近年来国家保护非物质文化遗产的方针原则、理念思路、政策法规、制度机制、办法措施等，《公约》精神和中国经验成为当年遗产日非物质文化遗产活动中两个最重要的关键词。

此后多年，我国"文化遗产日"非物质文化遗产活动主题紧扣国家大政方针，2014 年主题是"非遗保护与城镇化同行"，口号为"非遗传承，人人参与"；2015 年主题是"保护成果，全民共享"，及至 2016 年的"文化遗产日"，这一年非物质文化遗产活动主题是"加强文化遗产保护，振兴传统工艺"，而举办了 11 年的"文化遗产日"也即将具有新的历史使命。此次文化遗产日非遗活动选取传统工艺为切入点，结合文化部、教育部自 2015 年在全国数十所高校先后启动的"中国非物质文化遗产传承人群研修研习培训计划"，强调了非遗保护融入当代生活的基本导向，扩大了高校和专家的深度参与，活动形式更加丰富多样，受众范围更加扩大，展示了研修、研习、培训计划中对纺染织绣、陶瓷烧造、金属工艺、雕刻塑作、漆艺、建筑营造、编织扎制、家具木作、工艺绘画、服饰制作、造纸和笔墨砚制作、印刷等传统工艺项目的保护成效。

根据国务院于 2016 年 9 月对住房城乡建设部的批复，同意自 2017 年起，将每年 6 月第二个星期六的"文化遗产日"调整设立为"文化和自然遗产日"。2017 年的"文化和自然遗产日"非遗活动以第六届中国成都国际非遗节为主场，主题为"非遗保护——传承发展的生动实践"，口号为"保护非遗——在生活中弘扬，在实践中振兴""保护传承非遗，展现生活智慧""活力社区，活态非遗""振兴中国传统工艺"，全国 1700 多项活动同步开展，全面推广非遗传承发展的生动实践经验，突出展示党的十八大以来非遗保护工作所取得的优秀成果。随后，2018 年，文化和自然遗产日非遗活动的主题为"多彩非遗，美好生活"。天津市作为文化和自然遗产日的非遗活动的主场，举办了全国非遗曲艺周活动，国家级曲艺类非遗项目 127 个大项全部参加，在我国非遗保护工作历史上首次实现了国家级曲艺类非遗项目的集中会演，全国非遗公开课、非遗影像展在内的 3700 多项活动也同步展开。

当中国国内非物质文化遗产事业蒸蒸日上的同时，我国列入联合国教科文组织非遗名录名册的项目也已经达到 40 项。刚刚结束的 2019 年"文化和自然遗产日"顺应"非遗保护，中国实践"的主题，我国 40 项列入联合国教科文组织非遗名录名册的项目齐聚广州市，通过展览、展演、座谈、论坛等系列活动，展示中国非遗之美，展现我国非遗传承发展的生动实践，彰显非遗保护之中国责任，为国际非遗保护事业贡献中国智慧、中国经验。主会场活动期间，全国各地还举办了非遗宣传展示大中型活动 3200 多项，全面提升了各级非遗代表性项目的可见度、美誉度和影响力。

三、变化的主题与不变的宗旨

在与中国文化遗产日同行的 2006—2019 年，"非物质文化遗产"逐渐从一个新词变成为一个热词，其中的历程凝聚了全国广大非遗工作者的心血，也呈现着千千万万普通老百姓重新接触、认识、享受非物质文化遗产的生活。经过一年年一系列可参与性强的活动，文化遗产日不仅是文化遗产传承人的节日，也深入人心，成为全社会民众自觉的文化聚会。

回顾党中央、国务院高度重视非物质文化遗产保护工作，设立文化遗产日后不断完善、增添自然遗产内容，加大展览展示宣传力度，积极开展理论研究，组织参与国际交流与合作。13 年来，我国文化遗产日始终由政府主导，围绕着遗产的持有者，即代表性传承人为代表的社区、群体和个人传承主体，使遗产持有者的传承地位不受干扰、不受损害，使遗产的整体性和传承性得到保障，保证了一系列活动顺畅有效进行，也形成了一系列的活动品牌。"把遗产交给未来"古琴昆曲系列活动已经连续举办了9 年，在中国国家图书馆举办"非遗讲座周"，发展出了"非遗讲座月"，至今已经 7 年，2018 年开始的"非遗公开课""非物质文化遗产代表性传承人抢救性记录工作成果展映"等非遗影像宣传活动也产生了广泛的社会影响。这些品牌活动结合各年的遗产日主题，焕发不竭的吸引力，提高了非遗的传播质量，突出了具体类项的鲜明特色，让非遗在新的历史时期产生了更广泛的社会影响。

为了更多样化、更清晰地向民众展示遗产，我国的文化遗产日从无到有，每年主题各不相同。纵观前文历数的年年变化的非遗活动主题，推动了以"人"为载体、自发自觉的保护方式，宣传了国家文化立法的效力，普及了地方性政策法规建设，调动了各级政府在保护中的行政积极性，发挥专家、学者在学术科研工作中的关键作用，展现了政府主导的非遗工作的卓越成效，提升了民众保护非物质文化遗产的自觉性，让民众深切体验到中国非物质文化遗产保护事业在国际社会保护非物质文化遗产的大背景下的重要性，也充分获得了对中华民族优秀传统文化的再度认知和强劲自信。

关注看似年年更新的遗产日非遗主题，也要注意到它十数年不变的核心元素：人。文化遗产继续发展的良好氛围、对文化遗产系统知识的认识、社会文化遗产的保护意识都指向"人"。非遗保护中的"人"，不仅指从事具体非遗项目的传承人，不只是从事具体非遗保护工作的执行人，也包括每一个具有社会性的公民个体。这恰恰体现了非遗的特性——它根植于日常生活中，自人诞生以来就承载着与每一个社会个体相生相伴、演进更新的基因。每一年的遗产日、每一年提出的新主题都是一个历史条件下的文化切片，既是一个终点，也是一个新的起点，需要国家政府的全力支持、社会资源的合理调配等来推动；与此同时，民众在生活的润物无声之中与非遗事项相互依存，又在文化遗产日期间能够实地接触、感受、体验在自我生活背景内外的多元而丰富的非遗事项，不仅进一步认识到中国多达87万项的非遗知识宝库的魅力，还能进一步体会到非遗与当代生活相融合的现代价值，这在一定程度上已经具备了保护人类共有的非物质文化遗产的意义。

四、结语

曾几何时，外来的"非物质文化遗产"概念走入中国，华化为一个外部为圆、内部为方、图形中心为古陶鱼纹的中国非物质文化遗产标志。天圆地方，内外对应，隐含"文"字，象征着"世代循环，永不消失"，表达了非物质文化遗产存在空间有极大的广阔性，而国民提出了更朴素而智慧的解读，认为选取一个相扣的"手型"来作为中国非物质文化遗产标志，寄予了国家和每一个民众都要呵护非物质文化遗产、坚守精神家园的心念。今时今日，我国非遗保护法律法规体系、名录制度、分类保护政策、传承能力建设、国际交流与合作等各项工作持续推进，逐渐走出了一条有中国特色的非遗保护之路。非遗传承发展的环境得到了明显的改善，"见人见物见生活"的保护理念不断深入人心，中国有 40 个项目列入联合国教科文组织非物质文化遗产名录（名册），总数位居世界第一，"文化遗产日"以"文化和自然遗产日"的新面貌更全面地关照吾乡吾土的优秀遗产。

13 年来，每年"文化和自然遗产日"里多姿多彩的非遗活动在城市、在乡村、在社区、在校园成为亮丽风景。一个以政府主导的公益活动为形式，以文化和自然遗产为主题，面向中国民众、演进生活的传统文化专属日，使公众成为主动的参与者，成为这一天的主人，更使国家文化遗产日成为全民的文化遗产日，使保护非物质文化遗产的举措转化为每一个公民的自觉行为。人民群众充分体验着作为文化遗产的创造者和享有者的身份，国家则矢志不渝地坚持做好文化遗产的保护者，正应了 2019 年文化和自然遗产日的非遗主题："非遗保护，中国实践"，在传统与现代的碰撞中、在中国与世界的交流中，推动中华优秀传统文化创造性转化、创新性发展，为促进人类文明互鉴和构建人类命运共同体做出贡献。

（原载《中国艺术时空》2019 年第 4 期）

"一带一路"话语体系建设与文化遗产保护[*]

朝戈金

2014 年 3 月 27 日，习近平造访联合国教科文组织巴黎总部，在其演讲中提出了"文明交流互鉴"这一重要观点："文明因交流而多彩，文明因互鉴而丰富。文明交流互鉴，是推动人类文明进步和世界和平发展的重要动力。"^① 2016 年 8 月，在"推进'一带一路'建设工作座谈会"上，习近平明确提出要加强"一带一路"建设的"话语体系建设"。^② 那么，从中国政府提出的"一带一路"建设倡议回顾联合国教科文组织（下称"教科文组织"）在文化遗产领域制定的多边公约，进而思考当下的文化遗产保护如何在 21 世纪人类可持续发展的多维图景中发挥其应有的作用，兼及如何让中国多民族的非物质文化遗产在"一带一路"话语体系中转化成不同文化间的对话资源，从而更好地实现"民心相通"这一"五通"之

---

* 本文为中国社会科学院登峰战略优势学科建设"中国史诗学"2017 年度项目的延伸性成果。

① 习近平：《在联合国教科文组织总部的演讲》，2017 年 6 月 15 日，新华网（http://news.xinhuanet. com/politics/2014-03/28/c_119982831_2.htm）。

② 《习近平在推进"一带一路"建设工作座谈会上发表重要讲话》，2016 年 8 月 17 日，中国政府网（http://www.gov.cn/guowuyuan/2016-08/17/content_5100177.htm）。

本，这些问题的讨论便构成了本文的基本工作思路。

一、文化遗产：概念与内涵的发展

在刚刚过去的半个多世纪里，教科文组织陆续出台了若干国际标准文书以加强文物和文化遗产的保护，主要包括《关于武装冲突情况下保护文化财产的海牙公约》(1954)、《关于禁止和防止非法进出口文化财产和非法转让其所有权的公约》(1970)、《世界版权公约》(1952签订，1971修订)、《保护世界文化和自然遗产公约》(1972，下称《世遗公约》)、《保护水下文化遗产公约》(2001，下称《水下遗产公约》)、《世界文化多样性宣言》(2001)、《保护非物质文化遗产公约》(2003，下称《非遗公约》) 以及《保护和促进文化表现形式多样性公约》(2005，下称《多样性公约》)。教科文组织的持续发力也反映了在现代化和全球化时代"文化与发展"这一命题已然引起了国际社会的重点关切，尤其在"文明冲突论"和911事件的影响下，以承认并尊重"文化多样性"为主题的文明间对话、文化间对话和宗教间对话也频繁进入联合国系统的议事日程。作为承担教育、科学、文化、传播的政府间组织，教科文组织不断发展公约、建议案和宣言以及指导方针，一方面通过多边公约帮助各国进一步加强国际合作，另一方面也要吸纳各国国内立法、行政的实践和政策。1998年3—4月，在瑞典斯德哥尔摩召开政府间文化政策促进发展会议并通过了《文化政策促进发展行动计划》。该计划明确指出："更新遗产的传统定义"，并承认所出现的一些新的文化遗产类别，尤其是文化景观、工业遗产和文化路线；加强对包括口头传统在内的遗产的研究、清查、登记和编目工作，以便能够为实施传统和科学的保护政策制定适当而有效的文件。

在此进程中，文化遗产的概念从内涵到外延也发生了重大变化，指涉越来越广：不仅指分布在世界各地的物质遗产，也指植根于不同文化传统中的非物质遗产，尤其是那些与人的生活世界息息相关的口头传统、表演艺术、仪式、节日、传统知识和传统手工艺等文化表现形式。这样的拓展显示出一种相辅相成的双重导向：一则引导人们承认"共享遗产"，并将之作为"人类共同遗产"来进行表述；一则引导人们承认文化多样性及其形塑的多重文化认同，并将之视作推动可持续发展的创造力源泉。以下，我们围绕几个重要公约作一简略梳理，以便对目前全球范围的文化遗产保护与话语资源的相互关联形成大致的把握。①

1972 年《世遗公约》将自然遗产和文化遗存的保护融会贯通，在认同人类与自然和谐共处的同时强调二者之间的平衡。在该公约框架下，遗产主要包括自然和人工环境中具有"突出的普遍价值"的文化遗产和自然遗产，例如具有历史、美学、考古、科学或人类学价值的文物、建筑群和遗址等不可移动的物质文化遗产。"世界遗产名录"中以文化遗产、自然遗产和自然文化混合遗产三类作划分。随后，在该《公约》长达 45 年的实践中又发展出了更为广泛的遗产类型。迄今为止，世界遗产委员会已识别并定义了几种特殊的文化与自然遗产类型，包括文化景观、城镇、运河与文化线路，并制定了具体的指南以便对这些遗产申报列入"世界遗产名录"进行评估。诚然，这种开放性的拓展与文化多样性的讨论也有着内在

---

① 限于篇幅，这里仅列举教科文组织在文化遗产领域制定的国际标准文书，但仍然需要关注联合国环境规划署通过的《保护生物多样性公约》(1992) 及其框架下的"生物圈保护地"，以及联合国粮农组织发起的"农业文化遗产"等项目。

关联①，而与遗产相互依存的地方社区对保护这些遗产及其环境也扮演着不可或缺的角色。随着第 41 届世界遗产委员会大会于 2017 年 7 月 12 日在波兰克拉科夫落幕，列入"世界遗产名录"的遗产项目已达 1073 处，涉及 167 个缔约国；其中文化遗产 832 处，自然遗产 206 处，自然与文化双遗产 35 处；另跨境遗产占 37 处，濒危遗产占 54 处，还有摘牌 2 处。193 个《世遗公约》缔约国中还有 26 个国家尚未产生世界遗产名录项目。

教科文组织于 1992 年发起世界记忆工程。其目的是实施其《组织法》中规定的保护和保管世界文化遗产的任务，促进文化遗产利用的民主化，提高人们对文献遗产重要性和保管必要性的认识。从概念上讲，世界记忆工程是世界遗产名录项目的某种延续，但侧重于有世界意义的文献记录，包括博物馆、档案馆、图书馆等记忆机构或民间社会及非政府组织保存的任何介质的珍贵文件、手稿、口述历史的记录以及古籍善本等。截至 2015 年 10 月 6 日，世界记忆工程国际咨询委员会第 12 届会议在阿联酋阿布扎比闭幕，各国被列入"世界记忆名录"的文献和文献集合达到 346 份。值得注意的是，在联合国教科文组织第 38 届大会期间批准的《关于保存和获取包括数字遗产在内的文献遗产的建议书》（2015）② 已成为迄今为止保护世界文献遗产的"标准工具"（normativetool），并将电子形式的文献也纳入了保护范围。

2001 年《水下遗产公约》规定，"水下文化遗产"系指至少 100 年

---

① 参见徐知兰《UNESCO 文化多样性理念对世界遗产体系的影响》，博士学位论文，清华大学，2012 年。

② UNESCO, "The Recommendation Concerning the Preservation of, and Accessto, Documentary Heritage, Including in Digital Form", July 11, 2017（http: //unesdoc.unesco.org/images/0024/002446/244675e.pdf）.

来，周期性地或连续地，部分或全部位于水下的具有文化、历史或考古价值的所有人类生存的遗迹，如遗址、建筑、房屋、工艺品和人的遗骸，及其有考古价值的环境和自然环境；船只、飞行器、其他运输工具或上述三类的任何部分，所载货物或其他物品，及其有考古价值的环境和自然环境；具有史前意义的物品。古沉船、沉没的城市、被水淹没的洞穴和其他对人类具有重大文化或历史意义的水下遗存在该公约中被给予了广泛关注和高度重视。随着公约的生效，国际社会在文化领域又有了一套完整的法律文书，不仅为长期被忽视的水下遗产提供了与陆地遗产同等的全面保护，同时从技术和专业角度促进国际交流与合作，这对水下遗产的合理保护来说不可或缺。1980 年以来，已有 49 处海洋和海岸遗产先后对接《世遗公约》进入世界遗产名录；2007 年以来，按照公约专门设立的"水下文化遗产优秀实践"公布制度已产生 7 项优秀实践。

而在 2003 年《非遗公约》的框架下，过去一直被忽视的各种传统文化表现形式和文化空间得到了前所未有的关注。随着"非物质文化遗产"这一新概念的普及，加入《公约》的国家已经发展到 174 个之多（截至 2017 年 5 月 12 日），全球范围的非物质文化遗产，包括各种社会实践、观念表述、表现形式、知识、技能以及相关的工具、实物、手工艺品和文化空间都进入了人们的视野。该《公约》所界定的遗产领域主要包括：（1）口头传统和表现形式，包括作为非物质文化遗产媒介的语言；（2）表演艺术；（3）社会实践、仪式、节庆活动；（4）有关自然界和宇宙的知识和实践；（5）传统手工艺。截至 2016 年 12 月 2 日，保护非物质文化遗产政府间委员会第 11 届常会在埃塞俄比亚首都亚的斯亚贝巴闭幕，全球列入该公约名录的非遗项目达到 429 项，其中"人类非物质文化遗产代表作名录"为 365 项，"急需保护的非物质文化遗产名录"为 47 项，"优秀保护实践名册"为 17 项；跨国联合申报项目共 30 项。

在教科文组织主导的文化遗产保护运动中，上述公约框架下的各类遗产名录中到底有多少来自"一带一路"国家还有待仔细统计，但是可以肯定的是，"丝绸之路"沿线的文化遗产及其之于文化间对话的历史人文价值和促进文化多样性的意义阐释空间得到了持续的彰显和拓展，不论是海路还是陆路。鉴于"一带一路"建设倡议的基本框架基于传统概念上的丝绸之路而设计，本文认为有必要分析"遗产线路"或"文化线路"这一遗产类型及其概念之于促进区域间文化对话的特殊意义。"将线路作为文化遗产的一部分"专家会议期间（1994 年 12 月，西班牙马德里）讨论了"遗产线路"或"文化线路"这一术语的概念，进而提出如下定义。

遗产线路的概念丰富多彩，它提供了一种有效的构架，使相互理解、多种历史观的共存及和平文化能在其中发挥作用。遗产线路由各种有形的要素构成，这些要素的文化意义来自于跨国界和跨地区的交流和多维对话，说明了沿这条线路上展开的运动在时空上的交流互动。[1]

而该公约《操作指南》在附件 3《特定类型遗产列入〈世界遗产名录〉指南》中规定，一条遗产线路是否具备列入《世界遗产名录》的资格，下列五点应予以考虑：（1）重新考虑具有突出的普遍价值的相关要求；（2）遗产线路的概念；（3）遗产线路可被视为一种特殊的动态的文化景观；（4）对遗产线路的认定基于各种力量和有形要素的集合，以见证线路本身

---

[1] 教科文组织世界遗产中心：《实施〈世界遗产公约〉操作指南》，中国古迹遗址保护协会译，教科文组织 2016 年版，第 69—70 页。

的重大意义；（5）真实性条件也将基于线路的重要性和其他组成要素。线路的使用时间也要考虑在内，可能还需考虑其现今使用的频率和受其影响的族群对其发展的合理意愿。其中有关"遗产线路"的概念，则包括：

> 基于运动的动态、交流的概念、空间和时间上的连续性；
>
> 涉及一个整体，线路因此具备了比组成要素的总和更多的价值，也因此获得了其文化意义；
>
> 强调国家间或地区间交流和对话；
>
> 应是多维的、不同方面的发展，不断丰富和补充其主要用途，可能是宗教的、商业、行政的或其他。①

从上述定义及其阐释看，文化线路作为遗产类型的提出秉承了教科文组织早期开展的"丝绸之路整体研究项目：对话之路（1988—1997）"②的基本思路，为国际社会重新认识和反思人类的交往行动和文化间对话对于当前的和平文化建设和可持续发展的重要意义。长期在国际层面参与世界遗产保护和管理工作的景峰对《世遗公约》规定的文化遗产类型及其概念史的发展，包括国际国内有关丝绸之路及其沿线的文化遗产保护作出了全面系统的钩沉和梳理，其中也肯定了教科文组织和世界遗产委员会围绕丝绸之路与文化间对话的相互促进而做出的不懈努力。③2014年，哈萨克

---

① 教科文组织世界遗产中心：《实施〈世界遗产公约〉操作指南》，中国古迹遗址保护协会译，教科文组织2016年版，第69—70页。

② 巴莫曲布嫫：《"丝绸之路"作为方法——联合国教科文组织"对话之路"系列项目的萌蘖与分享》，《西北民族研究》2018年第4期。

③ 参见景峰《丝绸之路文化线路系列跨境申遗研究》，科学出版社2015年版。

斯坦、吉尔吉斯斯坦和中国共同申报的"丝绸之路长安—天山廊道"以"文化线路"列入世界遗产名录，也充分说明跨境遗产案例一直是促进缔约国之间加强协作，带动缔约国与咨询机构、政府间委员会、专业研究中心以及当地社区进一步互动与沟通的对话实践，其中的经验乃至一些教训都为"一带一路"话语体系建设如何结合文化间对话、促进文化多样性提供了参照和前鉴。

沿着这个方向，我们再讨论丝绸之路沿线的非物质文化遗产及其存续现状和保护实践之于促进文化间对话的意义看来也是必要的。非物质文化遗产本身就具备源远流长的人文传统，既是文化多样性的熔炉，也是可持续发展的保障；而文化多样性既是人类的共同遗产，也是"一带一路"国家至关重要的文化资源。那么，在"一带一路"话语体系建设中，中国和相关国家的非物质文化遗产便构成了提供对话活力和资源的重要抓手。

二、"一带一路"建设倡议与非物质文化遗产保护的国际合作

正如中国政府在《推动共建丝绸之路经济带和21世纪海上丝绸之路的愿景与行动》中所宣示的那样，增进沿线各国人民的人文交流与文明互鉴，让各国人民相逢相知、互信互敬，共享和谐、安宁、富裕的生活[①]，是"一带一路"倡议惠及于民的中国方案。只有倡导文明交流互鉴，尊重各国发展模式的自主选择，存异求同、兼容并蓄、美美与共，才能真正促

① 参见国家发展改革委员会、外交部、商务部《推动共建丝绸之路经济带和21世纪海上丝绸之路的愿景与行动》，2017年6月11日，国家发展和改革委员网（http://www.ndrc.gov.cn/gzdt/201503/t20150328 _ 669091.html）。

进文化间对话。而如何在尊重文化多样性和人类创造力的前提下，结合相关国家的文化遗产保护实际，深入挖掘共享遗产之间的文化联系，营造文化间对话的良好氛围，提炼出一系列共识性话题，推进双边和多边的人文交流，就成为国家文化遗产领域的政策制定者和学界不可推卸的责任。

2017 年 5 月，教科文组织总干事博科娃在"一带一路"高峰论坛的"增进民心相通"平行主题论坛发言，呼应了习近平主席所提出的"丝路精神"，体现了中国与教科文组织富有活力的合作。截至目前，双方在文化、教育、科学、信息传播等领域的合作取得了丰硕成果，以下数字反映了一些基本情况：联系学校 8 所，教科文组织教席和姐妹网络 20 个，生物圈保护区 33 个，创意城市 8 个；世界遗产名录 52 处；非物质文化遗产名录 39 项，以及世界记忆名录 10 项。这些合作和参与反映了中国认可教科文组织在文化领域通过的若干公约和相关标准文书的理念，进而积极参与其实践的姿态。大而言之，这些基于国际合作的一系列实践依托的是联合国教科文组织与成员国之间的互动和协作，相关项目和计划同样在许多成员国形成了辐射；尤其是文化遗产保护已然成为相关《公约》缔约国普遍关注的共同事项，并在几十年的发展中形成了国际社会共同使用和相互理解的话语系统，这便为"一带一路"建设倡议的话语体系建设奠定了良好的话语资源和对话空间。

非物质文化遗产维系着相关社区、群体和个人的文化认同和持续感，在民众的传承和实践中世代相传，在当下具有重要的文化意义和社会功能。令人稍感遗憾的是，国内学界和政策制定者对文化遗产如何融入"民心相通"的话语建设尚未给予高度关注，在近期出版的研究报告中，既有"一带一路"的大数据分析，也有"五通"的指数统计，但在"民心相通"

这个专题下没有找到任何有关勾连文化遗产与人文交流的信息①；即便是《列国志》也几乎无涉文化遗产保护的基本情况②。以下，我们仅以非物质文化遗产保护的国际合作为主线，通过相关的几个话题来讨论"一带一路"的话语体系建设问题。

首先，如何从非物质文化遗产保护观察"一带一路"国家在文化领域的合作关系？《愿景与行动》将"一带一路"的范围描述为："丝绸之路经济带重点畅通中国经中亚、俄罗斯至欧洲（波罗的海）；中国经中亚、西亚至波斯湾、地中海；中国至东南亚、南亚、印度洋。21世纪海上丝绸之路重点方向是从中国沿海港口过南海到印度洋，延伸至欧洲；从中国沿海港口过南海到南太平洋。"习近平在"一带一路"国际合作高峰论坛开幕式上发表的主旨演讲中表示，"一带一路"建设植根于丝绸之路的历史土壤，重点面向亚欧非大陆，同时向所有朋友开放。不论来自亚洲、欧洲，还是非洲、美洲，都是"一带一路"建设国际合作的伙伴。③鉴于下文要做一个初步的统计分析，这里还是需要确定目前通过各种方式响应"一带一路"倡议的国家范围。虽然未见特别明确的说法，但以笔者所见，近年研究"一带一路"建设倡议的宏观报告中，分别有63国、65国和80国等数种统计依据④，这种数字上的变动恰恰说明"一带一路"是一个开

---

① 参见北京大学"一带一路"五通指数研究课题组《"一带一路"沿线国家五通指数报告》，经济日报出版社2017年版；国家信息中心"一带一路"大数据中心《"一带一路"大数据报告（2016）》，商务印书馆2016年版。

② 参见王胜三、陈德正主编《一带一路列国志》，人民出版社2015年版。

③ 参见习近平《携手推进"一带一路"建设——在"一带一路"国际合作高峰论坛开幕式上的演讲》，人民出版社2017年版。

④ 依次参见以下3种著述《"一带一路"沿线国家五通指数报告》《"一带一路"大数据报告（2016）》《一带一路列国志》，出版信息见前揭。

放的概念，"一带一路"国家范围在逐步扩大，可能还会不断延展。

中国社会科学院民族文学研究所口头传统研究中心"'一带一路'国家非物质文化遗产保护研究课题组"依据国家发改委主办的"中国一带一路网"的"各国概况"栏目中所列入的"一带一路"沿线和周边国家，加上已经与中国签订合作协议的国家，再加上《"一带一路"国际合作高峰论坛成果清单》中所列与中国签署了合作协议的国家，那么包括中国在内的"一带一路"国家共计 84 个①。根据教科文组织官网非物质文化遗产专题（ich.unesco.org）的相关数据进行统计，在这 84 个国家中共有 78 个国家加入《非遗公约》②；爱尔兰等 16 个国家虽已加入该公约但尚无非遗项目列入。因此，"一带一路"国家中有 63 个缔约国已有非遗项目入选公约名录，共计 258 项，具体入选的名录类别情况为：人类非物质文化遗产代表作名录 220 项，占 85%；急需保护的非物质文化遗产名录 30 项，占 12%；优秀保护实践名册 8 项，占 3%。目前，全球已加入《非遗公约》的国家共 174 个，在教科文组织公布的 429 项非遗名录项目中，由"一带一路"国家独立申报或联合申报的项目数量占 60.1%，比例明显高于全球各地区列入名录的平均水平。若包括非缔约国，全球共有 113 个国家有非遗项目入选公约名录，其中"一带一路"国家占 55.8%。另外，在以国家计名入选公约名录超过 10 项的 13 个国家中，中国、韩国、克罗地亚、土耳其、蒙古、印度、越南和伊朗 8 个国家属于"一带一路"范围，也

---

① 中国一带一路网（www.yidaiyilu.gov.cn/.）。

② 俄罗斯、马尔代夫、南非、新加坡、新西兰及以色列等 6 个国家尚未加入《非遗公约》；然而，俄罗斯有 2 个项目在《公约》生效之前被教科文组织宣布为"人类口头和非物质遗产代表作"，后于 2008 年自动转入"人类非物质文化遗产代表作名录"。

高于全球平均水平。① 课题组成员郭翠潇采用量化和数据可视化方法对来自"一带一路"国家的名录项目进行了系统梳理，并分别从项目数量、类别、领域、国家分布、时间分布、联合申报等角度进行了统计分析，反映了"一带一路"国家参与《非遗公约》实施的基本情况、特点以及合作关系。② 这样的统计分析或许还可以走得更远，比如可以进一步围绕"丝绸之路经济带"北线、中线和南线以及"21 世纪海上丝绸之路"西线和南线的划分，继续探讨相关国家的非遗传承、实践及保护策略。

就目前的分析看，在"一带一路"国家中，尤其是在传统的丝绸之路沿线国家中，我们可以做出基本判断，非物质文化遗产得到这些国家社会各界的重视，在抢救、保护、传承、弘扬、清单编制、申报等环节的工作中，这些国家的政府、民众和相关专业人员都秉持比较积极的姿态，以不同的方式努力落实教科文组织在非物质文化遗产保护方面所倡导的原则和方法。较其他地区而言，传统丝绸之路沿线上一些国家因为自然环境相近、地域上彼此相邻、文化上长期互动和交流、天然阻隔不多等原因，更容易形成民族学所定义的"经济文化类群"和"历史民族区"等区域性文化板块。若是结合这一区域的名录项目来看，把文化遗产的保护工作与人类社会的发展进步的关联作为主要考量维度，则该区域和次区域目前为外界所知晓的遗产项目，从诸多方面为我们提供了大量鲜活的样例，昭示着人类文明的进步和发展，民众的诗性智慧和惊人的创造力在不同的国家或地区文化传统中以什么样的方式，成为维系和协调社会组织、传递知识和价值观、提供无可比拟的审美愉

---

① 以上统计详见郭翠潇《"一带一路"国家〈非遗公约〉名录项目数据统计与可视化分析》，《民族文学研究》2017 年第 5 期。

② 以上统计详见郭翠潇《"一带一路"国家〈非遗公约〉名录项目数据统计与可视化分析》，《民族文学研究》2017 年第 5 期。

悦、建构人与自然的关系、发展人自身的综合能力的重要源泉。这方面的例子实在是太多了，这里随手举例说明。在中国新疆维吾尔自治区的维吾尔族中间长期流传着的麦西热甫，就是一个生动的事例。麦西热甫是维吾尔族传统文化的一个极为重要的载体。作为一种综合性的文艺表现形式，该项目集纳着成系列的民俗实践和表演艺术形式，将饮食和游艺、音乐和舞蹈、戏剧和曲艺等整合为一体。不仅如此，麦西热甫还是民间的"法庭"，负责断是非、调节冲突，也是"课堂"，教导民众礼仪规矩、道德伦理、文化艺术及传统知识等。这就等于说，一种综合性的民间文化遗产，以其生命力和影响力参与了社会文化的模塑和建构。

其次，如何结合《公约》精神促进"一带一路"国家的人文交流。在《非遗公约》的框架下，教科文组织建立起来的三类非遗名录连同国际援助一道成为保护非物质文化遗产的四重国际合作机制。与生物进化的线性特征不同，文化的进化往往是通过非线性的方式达成的，有时可能要跨越遥远的时空距离。不同文化之间的交流互鉴对于人类进步而言，其意义和作用往往超乎我们的预想。文化交流上的难和易也往往都与文化交流的特质有关。

通过《非遗公约》名录观察文化合作的现状，颇能说明问题。在世界遗产名录中，按主题统计，海洋与海岸 49 处，陆地建筑 149 处，文化景观 103 处，林地 91 处，城市 190 处；按跨境统计，共有 38 处（其中文化遗产 19 处，自然遗产 16 处，混合遗产 2 处，濒危遗产 1 处），虽然涉及65 个国家，但在已列入的 1073 处遗产中占比不高。而综观非遗名录，有个现象引起我们注意，那就是"一带一路"国家完成的跨国联合申报比起其他地区来，在数量上多，在参与范围和规模上也比较大，且不论《非遗公约》较之《世遗公约》还"年轻"太多：在"一带一路"国家已列入名录的 258 个项目中，有 20 项是两个或两个以上国家联合申报的，占所有联合申报项目的三分之二。^①其中有两个项目的联合申报超过了 10 个国家：一是"猎鹰训练术：一项活态人类遗产"，由 18 个国家联合申报；二是"诺鲁孜节"，由 12 个国家联合申报。一看便知这两个项目都是主要在传统丝绸之路沿线国家的主导下完成的。阿拉伯联合酋长国牵头发起"猎鹰训练术"的联合申报，参与国家还有奥地利、比利时、捷克共和国、法国、德国、匈牙利、意大利、哈萨克斯坦、大韩民国、蒙古、摩洛哥、巴基斯坦、葡萄牙、卡塔尔、沙特阿拉伯、西班牙、叙利亚，这些国家横跨亚洲、欧洲和非洲。诺鲁孜节由伊朗发起，参与申报国家还有阿富汗、阿塞拜疆、印度、伊朗、伊拉克、哈萨克斯坦、吉尔吉斯斯坦、巴基斯坦、塔吉克斯坦、土耳其、土库曼斯坦、乌兹别克斯坦。丝绸之路沿线国家尤其是中亚国家联合申报的项目明显高于其他地区就是这类文化遗产拥有诸多共享因素的一个表征。

假如我们看一看保护非物质文化遗产政府间委员会评审机构就"猎鹰训练术"所作决议，就会对《非遗公约》及其《操作指南》所蕴含的理念有更为切近一点的理解。决议指出：猎鹰训练术最初是一种获取食物的方法，但随着时间的推移，该传统在社区内部和不同社区之间逐渐形成了与自然保护、文化遗产及社会参与的更多关联。训练猎鹰，繁育它们，与它们建立更为密切的关系，成为许多国家的常见做法，虽然在一些具体环节上有所不同，但训练猎鹰的基本方法，大体上是相同的。训鹰人认为他们自己是一个群体，还认为训鹰活动意味着与过去的联系，与自然环境和传统文化传统的联系。决议特别强调该传统为相关社区提供了归属感、自豪

---

① 详情参见朱刚《"一带一路"倡议与非物质文化遗产保护的国际合作》,《西北民族研究》2017 年第 3 期。

感和持续感，以及增强了文化认同。也强调该传统对"自然状态"的尊重，以及对自然环境的保护，对保护猎鹰物种的积极意义等侧面。这里传递了至少以下几层意思，包括但并不限于：关于非物质文化遗产的保护有助于增强关于人类文化多样性的理解和包容，有助于鼓励和推动不同文化之间的彼此欣赏和对话，有助于增强特定文化传统的社区和民众对自身文化的自豪感和自信心，有助于环境保护和人类在利用自然资源时应有的小心谨慎、取用有度的态度，有助于在动物的使用和驯养过程中具有人性和人道主义的情怀，也就是说给予动物应有的关爱和尽量顺应它们的天性而与它们建立关系等。这些层面的考量乃是一种既尊重不同文化传统，又符合现有联合国人权文件精神的立场。这里鲜明地、毫不含糊地传递了关于非物质文化遗产保护与人类社会可持续发展之间的直接关系，进而对这种关系对人类社会长久发展的意义做出了比较完整的阐释。

共同参与"诺鲁孜节"申报的 12 个国家在地域上相邻，文化上长期相互影响，具有彼此相同或相近的文化事象，这并不难理解。从联合申报这个行动本身也可以看到历史上丝绸之路在推动各个国家之间相互交流、相互影响方面的直接的或潜隐的作用。另外，这种基于扩展的分批多次申报的过程，也是增进相互了解和彼此欣赏的有益实践。"诺鲁孜"意为"新的一天"，具体时间指春分之日。从这一天开启的新年庆祝活动往往也是人们祈求未来生活繁荣的日子。在大约为期两个星期的节庆活动中，相邻各民族民众用象征纯洁、光明、财富和生命活力的饰物装扮环境和居所，与亲人们围聚在餐桌旁，享用大餐。也会隆重装扮起来，探亲访友，与邻里交换礼物，对长者表达敬意等。大型的公共仪式活动也会以多种方式进行，音乐、舞蹈、其他类型的街头表演等都构成了诺鲁孜的组成部分。评审机构在决议中认为，诺鲁孜节日实践的开展，涉及民间文化活动的诸多方面，包括庆典、仪式、游戏、餐饮、音乐、舞蹈、口头艺术、手工艺等。因此，该遗产项目有助于加强社会的文化认同和持续感，有助于通过家庭和公共集会促进和平、和谐和相互尊重，并通过社会之间的互动增进不同社区的彼此了解。在新的历史条件下，该传统也会借助大众传媒、因特网、研究机构、非政府组织和其他方式向更远的地区传播。而据联合国新闻报道，现在全球每年有 3 亿人在 3 月 21 日共同庆祝这个传统节日。

最后，如何把握非物质文化遗产的跨界共享与增进"民心相通"的话语关系。习近平总书记在 2014 年召开的中央民族工作会议上指出：民族地区是我国的资源富集区、水系源头区、生态屏障区、文化特色区、边疆地区、贫困地区。只有了解了这个"家底"，才能真正了解我国的基本国情。布歇在其题为《文化间交流的语用学：一个矛盾视角的有界开放性》文章中，解释了为什么文化间沟通总是应该在语境中进行，尽管在文化交流中通常会产生误解，但人们可以争辩说，促进相互理解实际上是全人类的共同利益。要成为文化间的人，沟通不能被偏见所侵染。人类无法避免评估各种情境、语境、关系、人群和文化，关键是持有相互尊重和开明的态度，而不是鄙夷和偏见。只要承认人类各种互动方式都是有意义的，以及他们行动或相互行动的逻辑是多元化的，文化间交流就变得更加可敬。价值理解是良善和合理的，因为这种多样性和多元性总是使社会充满活力，乃至比以往任何时候都更能促进现代生活的创造性和互动性。[1] 教科文组织《非遗公约》的快速发展和深入人心正好为我们创造了文化间沟通

---

[1] Dominique Bouchet, "Pragmatics of Intercultural Communication: The Bounded Openness of a Contradictory Perspective", *Pragmatics and Society*, Vol.1, No.1, 2010, pp.138-154.

和交流的特定语境。

"民心相通"的话语资源在我们熟悉的大量非物质文化遗产项目中都能观察到，例如近年来列入 2003 年《公约》名录的烤馕制作和分享文化、蒙古包制作技艺、皮影戏、剪纸艺术等，到处都洋溢着文化彼此影响的痕迹，到处都体现着人类极为出色的学习能力和再创造能力。而且，就以"沟通民心"而言，从口头传统（如玛纳斯、格萨尔、江格尔、兰嘎西贺等史诗）到表演艺术（木卡姆、阿依特斯、呼麦、多声部民歌），从传统节日（端午、春节、中秋、清明、泼水节）到人生仪礼（成年礼、婚礼），从有关自然和宇宙的知识和实践（珠算、二十四节气、中医针灸、太极拳、少林功夫）到传统手工艺（宣纸、龙泉青瓷、坎儿井、多民族的乐器），这些传统文化的表现形式不论进入公约名录与否，大多跨界共享，通过民间互动、交流对话，水到渠成。润物无声的文化互鉴往往比那些官方设计并推行的规划更为有效和持久。

前文已述及，"文化遗产"这一概念几十年来已大大拓宽，尤其是通过相关公约搭建的国际合作机制，各国申报或联合申报的遗产项目逐步进入国际视野，从整体上提升了文化遗产的可见度，也增强了人们对保护文化遗产及其重要性的认识。中国是世界上文化多样性和生物多样性最为丰富的国家之一，拥有 56 个民族，说着 130 多种语言，语言系属复杂。他们操持着不同的经济生活方式，拥有不同的文化传统，发展出令人叹为观止的地方性知识体系。这些知识和文化既是顺应环境的结果，也是指引人们更好地生存和发展的智慧。关于文化遗产领域的探讨，对理解中国的文化格局和现状也有极其重要的启迪意义。郝时远在其题为"'一带一路'与文化多样性"的主题讲座中，全面分析了中国文化多样性如何助力和丰富"一带一路"民心相通的若干问题。他指出：

我国边疆少数民族地区由于历史的原因，与周邻国家和地区存在着传统的交往关系，其中包括语言相通、文化相通、习俗相通、宗教相通等因素。例如新疆地区的多民族、多文化、多语言和宗教信仰等因素，与中亚几个国家都能够相通，跟西亚的国家也能够相通，甚至与其他伊斯兰国家也能够相通。这是我们的优势还是劣势？承载这些文化的少数民族，在"一带一路"建设的对外开放中，应该在民心相通方面发挥更大的作用。

习近平总书记引用司马迁总结先秦、秦汉历史有关"夫作事者必于东南，收功实者常于西北"的说法，指出："一带一路"建设，"对民族地区特别是边疆地区是个大利好。要深入实施西部大开发战略，加快边疆开放开发步伐，拓展支撑国家发展的新空间"。这一"新空间"就包括了边疆民族地区的文化多样性优势，也包括了承载多样性文化因素的各民族人民在实现"以人为本"的发展中发挥的对外"人心通"的优势。从这个意义上说，中国民族政策中尊重差异、缩小差距的基本理念，与"一带一路"大棋局倡导的人文精神和互利共赢是完全相通的。①

值得注意是，近年看到有这样的说法，即践行民族政策、尊重民族认同会导致族群间的疏离感，会削弱民族团结。联合国开发计划署《2004年人类发展报告——当今多样化世界中的文化自由》就有对这些质疑的有力回应，可见持有这些看法不光在国内，在国外也有；不光今天有，以前就有。所以，引用该报告中的话来说：鼓励多样性并不排斥忠诚和国家统一；多样性并不是剧烈冲突的根源；鼓励文化自主权并不是传统主义对人

---

① 参见郝时远《文化多样性与"一带一路"》，《光明日报》2015 年 5 月 28 日。

权的排斥和拒绝；多样性并不妨碍人类增长和发展。[①] 这样的论断是意味深长的。

三、余论："丝路精神"与"一带一路"话语体系建设

2017 年 5 月，习近平主席倡导要弘扬"和平合作、开放包容、互学互鉴、互利共赢"的"丝路精神"，为丝绸之路注入新的时代内涵。作为"增进民心相通"平行主题会议上的首位发言人，教科文组织总干事博科娃也回顾道，"在几千年里，丝绸之路的传奇故事讲述着遇见——民众间、文化间、宗教间、知识间的遇见。丝绸之路讲述了相互理解驱动下的人类进步的故事，提醒我们没有一种文化能够孤立封闭的发展繁荣"。进而她指出，通过代表古老丝绸之路精神的教育、文化与科学创新等软实力连接各国人民将为和平与共同繁荣创造新的机遇："一带一路倡议是一种软实力基本建设——为青年一代提供知识、价值观和开放的思想，让他们可以塑造更全纳、更和平的社会、掌握多样性的语言、能穿行于各种文化之间。"文化遗产保护与"民心相通"关系密切，发掘其中的话语资源可以为共建"一带一路"提供基于历史文化记忆、人文思想脉络和多重身份认同的智力支持，丰富"文明交流互鉴"的学理阐释。

以"共商、共建、共享"的理念为当前的全球治理提供中国方案，已经体现在国家层面的庄严表述中——利益共同体、责任共同体和命运共同体——成为向世界发出的诚挚呼请。冲破地域或区域障碍，沟通世界、促

[①] 参见联合国开发计划署组织编写《2004 年人类发展报告——当今多样化世界中的文化自由》，中国财政经济出版社 2004 年版，第 2—5 页。

进入类和平，"一带一路"倡议当能发挥积极作用。文化遗产保护的中国实践能为促进世界文化多样性和维护人类永久和平提供什么对话资源，则是我们今天应当思考的重要话题。

民心相通是"一带一路"建设的社会根基。有学者认为，"一带一路"不仅是一个经济事件，更是一个文化事件，是中国文明型崛起的标志。[①]在今天看来，这种有关"崛起"的言说已经与"文明交流互鉴"的平等对话精神构成了并不那么和谐的"强势"之声。不过，我们也注意到，还有一些学者已经从尊重文化差异和促进文化间对话的视角关注"一带一路"区域合作问题及其发展走向。[②]不论怎样，营造文化间对话的和谐氛围，让文化遗产成为交流、合作和相互理解的话语资源，既要讲好"中国故事"，也要讲好"人类故事"，才能在地方、国家、双边或多边、区域或次区域层面改进文化间对话及和平文化建设的环境、能力和方式。写到这里，遥想跨越了数千年的古今丝绸之路，跟随先哲们的脚步，我们迎来的无疑是一次次意义深远的"旅行"。

（原载《西北民族研究》2017 年第 3 期）

参考文献

［1］教科文组织创意处非物质文化遗产科编：《2003 年〈保护非物质文化遗产公约〉基本文件》，教科文组织 2016 年版。

［2］巴莫曲布嫫、张玲译：《联合国教科文组织：〈保护非物质文化遗产伦理原

---

① 参见赵磊《一带一路：中国的文明型崛起》，中信出版社 2015 年版。
② 参见刘威、黄晓琪《主动应对文化差异助推"一带一路"区域合作》，《中国社会科学报》2017 年 4 月 21 日。

则〉》，《民族文学研究》2016 年第 3 期。

　　［3］Smith，Laura Jane and Natsukoeds Akagawa，*Intangible Heritage*，London and NewYork：Routledge，2009.

国家历史身份的载体：
中国世界遗产保护事业的发展与挑战

吕　舟

世界遗产经过 40 多年的发展，已经形成了一个庞大的具有广泛世界影响的资源保护和国际对话平台。1985 年中国加入《保护世界文化和自然遗产公约》（以下简称《世界遗产公约》）之后，不仅成为拥有世界遗产数量最多的国家之一，而且在世界遗产的保护和管理方面取得了巨大的成就，成为世界遗产这一联合国教科文组织的旗舰项目发展的重要推动力量。世界遗产是一个有着 192 个缔约国的具有极为广泛的世界性对话和交流平台。在这样一个平台上，如何展现中国悠久的历史、丰富多彩的文化和绚丽的自然美景、丰富的生物和生态多样性，展现中国对世界文明的贡献，表达中国的历史文化，强调国家和民族的认同，是中国的历史责任。

一、世界遗产体系

世界遗产是联合国教科文组织（UNESCO，以下简称"教科文组织"）在 1972 年针对世界各国在社会发展过程中，普遍面临的历史遗产快速消失，自然环境不断遭受破坏的情况，提出的针对文化和自然遗产的保护项目，并以国际公约（《世界遗产公约》）的形式，号召世界各国参与这一项目。

《世界遗产公约》把保护的对象定义为：

第 1 条　在本公约中，以下各项为"文化遗产"：

文物：从历史、艺术或科学角度看具有突出的普遍价值的建筑物、碑雕和碑画、具有考古性质成分或结构、铭文、窟洞以及联合体；

建筑群：从历史、艺术或科学角度看在建筑式样、分布均匀或与环境景色结合方面具有突出的普遍价值的单立或连接的建筑群；

遗址：从历史、审美、人种学或人类学角度看具有突出的普遍价值的人类工程或自然与人联合工程以及考古地址等地方。

第 2 条　在本公约中，以下各项为"自然遗产"：

从审美或科学角度看具有突出的普遍价值的由物质和生物结构或这类结构群组成的自然面貌；

从科学或保护角度看具有突出的普遍价值的地质和自然地理结构以及明确划为受威胁的动物和植物生境区；从科学、保护或自然美角度看具有突出的普遍价值的天然名胜或明确划分的自然区域。[①]

《世界遗产公约》规定要建立"世界遗产目录"及"处于危险的世界遗产目录"，即今天人们通常所说的"世界遗产名录"和"濒危遗产名录"。《世界遗产公约》把"突出的普遍价值"作为世界遗产的基本标准，

---

① UNESCO, "World Heritage Convention", 1972, http://whc.unesco.org/archive/convention-ch.pdf.

即列入世界遗产的对象应当具有突出的世界性的价值和影响，在与类似的遗产相比较时应当具有独特性。文化遗产中能够列入的对象应当是人类最为杰出的艺术作品，或能够见证对人类历史具有重大影响的历史事件的遗物。

根据联合国系统国际治理机制，《世界遗产公约》建立起了一个以缔约国大会为基础，世界遗产委员会为执行机构，教科文组织的世界遗产中心为秘书处，专业咨询机构为顾问的构架。基于《世界遗产公约》，教科文组织与公约缔约国共同建立起了一个针对世界遗产的国际治理体系：各缔约国申报和管理世界遗产地；咨询机构对遗产地的价值、保护管理状况和真实性、完整性进行评估，提出改进建议；每年的世界遗产委员会大会根据咨询机构的建议，讨论决定新的遗产名录，对世界遗产的保护状况进行讨论和评估，要求缔约国改进保护管理状况，决定是否将存在问题的遗产地列入"濒危名录"或从世界遗产名录中删除，决定是否通过世界遗产基金对存在困难的遗产地给予援助；作为秘书处的世界遗产中心处理关于世界遗产的日常工作，并保障世界遗产委员会大会和缔约国大会与教科文组织的联系，在世界遗产的保护、管理中体现教科文组织的发展战略。

1976年，《世界遗产公约》的缔约国达到了26个，1977年6月召开了第一届世界遗产委员会大会。大会通过了《实施世界遗产公约的操作指南》，这是除《世界遗产公约》之外，在世界遗产的申报、保护、管理过程中最为重要的文件。这一文件在之后世界遗产委员会大会上根据世界遗产发展的情况不断进行修订和调整。

1977年，第一届世界遗产委员会大会通过的《实施世界遗产公约的操作指南》规定了世界遗产必须满足的标准。其中文化遗产6条，自然遗产4条。

文化遗产的标准：

a. 展现了一项独一无二的艺术的或美学的成就，是一项人类创造性的天才杰作；

b. 在一个时间区段中或世界的文化区域内，在建筑学、纪念性雕刻艺术、园林和景观设计、相关艺术，或人类聚居点的持续发展方面具有相当大的影响；

c. 独一无二，极端罕见，或是伟大的遗迹；

d. 在表现一项重要的文化、社会、艺术、科学、技术或工业的发展方面最具特征的结构类型；

e. 在自然作用下变得脆弱，或由于不可逆社会文化及经济变化变得极易损毁的重要的传统建筑风格，建造方法，或人类聚落富有特征的例证；

f. 与具有特别的历史重要性和意义的观念或信仰，事件或人物具有非常重要的关联。[1]

对于符合以上标准的遗产还需要考虑保护的状况，并需要经过真实性的检验。真实性包括了设计、材料、工艺和位置环境等方面的内容。真实性并不局限于原始的形式和结构，也包括了所有在其存在过程中具有艺术或历史价值的后期改动和添加。[2]

自然遗产的标准：

a. 反映地球进化历史的一个主要阶段的杰出实例；

b. 反映持续的地质演变过程，生物进化以及人类与自然环境相互作用

---

① "Operation Guidelines for the Implementation of the World Heritage Convention", 1977, http://whc.unesco.org/archive/1977/cc-77-conf001-8reve.pdf.

② "Operation Guidelines for the Implementation of the World Heritage Convention", 1977, http://whc.unesco.org/archive/1977/cc-77-conf001-8reve.pdf.

的杰出实例；

　　c. 包括独一无二的、稀有或最为独特的自然现象，形态，特征或区域的异乎寻常的自然美景；

　　d. 稀有或濒危动植物物种的栖息地。自然遗产要符合完整性的要求。

　　基于这样的标准，世界遗产委员会在 1978 年召开的第二届大会上开始建立"世界遗产名录"。1978 年共有 12 个遗产地列入世界遗产名录。

　　《世界遗产公约》由于强调了对历史、文化和环境的保护，反映了 20 世纪后期人类的基本价值观。世界遗产所坚持的基本标准，使得列入世界遗产名录的遗产地成为被世界认可为最具代表性或最为杰出的人类或自然遗产，激发了遗产地所在国家的自豪感，也带动了社会、经济的发展。这使得《世界遗产公约》成为世界缔约国最多、最具普遍意义的公约。截至 2016 年《世界遗产公约》的缔约国已经达到了 192 个。经过近 40 年的发展，世界遗产名录上遗产地的数量从 1978 年的 12 处扩大到了 2016 年的 1052 处，包括 814 处文化遗产，203 处自然遗产，以及 35 处既是文化遗产又是自然遗产的被称为混合遗产的遗产地。

二、中国世界遗产的基本情况

　　1985 年 11 月第六届全国人民代表大会常务委员会第十三次会议批准中国加入《世界遗产公约》。中国成为这一公约的缔约国[①]（当年包括中国在内，其缔约国的数量为 87 个）。1986 年，中国向世界遗产委员会提交

---

① 参见中华人民共和国建设部、中华人民共和国国家文物局、中国联合国教科文组织全国委员会《中国世界遗产年鉴》，中华书局 2004 年版。

了包括 28 个项目的世界遗产预备清单。1987 年，中国第一批 6 个遗产地被列入世界遗产名录。

加入《世界遗产公约》之后，中国一直积极参与世界遗产的相关事务，先后在 1991—1997 年、1999—2005 年、2007—2011 年三次当选世界遗产委员会成员国，2002 年当选世界遗产委员会主席国，2004 年在苏州举办了第 28 届世界遗产委员会大会。

根据世界遗产涉及的相关方面，中国建立起了一个基于现有政府部门职能的针对世界遗产申报和保护、管理的工作体系：由设在教育部的中国联合国教科文组织全国委员会负责相关的对外工作，国家文物局负责国内与世界遗产中文化遗产的相关工作，住房与城乡建设部负责自然遗产，并主管混合遗产的相关工作。国务院直接负责申报世界遗产名录项目的最终批准。

1987 年，中国申报的泰山、长城、明清皇家宫殿、莫高窟、秦始皇陵、周口店北京猿人遗址六处遗产列入世界遗产名录，其中泰山因既符合自然遗产标准，又符合文化遗产标准而被列为混合遗产。对于第一次申报世界遗产项目的中国而言，这是一个良好的开端。这次申报成功地将最为著名的名胜古迹列入世界遗产名录，向世界展示了中国文化的丰富和历史的悠久，展现了中国文明的魅力。

至 2016 年底，中国已有 50 处文化和自然遗产被列入世界遗产名录，这些遗产分布在湖北、山西、安徽、辽宁、吉林、江苏、云南、重庆、福建、澳门、西藏、北京、广东、河南、江西、陕西、四川、河北、内蒙古、山东、湖南、贵州、浙江、广西、天津、新疆、甘肃、宁夏等 30 个省、直辖市、自治区和特别行政区内。

从自然遗产的角度，中国的世界遗产反映了中国丰富的生物多样性、自然地理环境多样化，壮美的自然景观；从文化遗产的角度则反映了中国悠久的文明历史和丰富多彩的文化多样性，向世界表达了中国的历史观和文化观，展示了中国多民族文化的交融与发展。

在中国已列入世界遗产名录的文化遗产中，25万年前的周口店北京猿人遗址代表了旧石器时代在现今中国范围内的早期人类文明；安阳殷墟反映了古代中国的文明成就；秦始皇陵，丝绸之路项目中的汉长安城遗址以及长城项目中嘉峪关所属的汉代长城遗址，丝绸之路项目中的唐代大明宫遗址、隋唐洛阳城遗址、大小雁塔及玄奘墓塔，大运河项目中的隋唐运河，龙门石窟、敦煌莫高窟、大足石刻（宋）、元上都遗址、明清皇家宫殿（包括北京故宫和沈阳故宫）、明清北京皇家坛庙、明清皇家陵寝、澳门历史城区等构成了对中国历史的基本表述。

中国作为一个有着悠久连续文明发展的国家，文化也呈现丰富的层次性，在这一方面现有世界遗产也有一定的表达，例如苏州古典园林可以视为对中国传统士大夫文化的表达；平遥古城是对传统城市文化的表达；皖南古村落是对中国乡村文化的表达。

中国作为一个多民族国家，有着丰富的民族和地区文化的多样性。在中国现有的世界遗产中，拉萨布达拉宫古建筑群（包括罗布林卡、大昭寺）、丽江古城、元阳哈尼梯田文化景观等在一定程度上表现了中国多民族文化的基本特征。

三、世界遗产的发展与观念的变化

20世纪90年代初，《世界遗产公约》强调文化遗产是伟大艺术品和人类重大历史发展的见证的局限性开始显露。该定义在一定程度上难以涵盖一部分新兴国家反映地区和民族文化特征的遗产，这些遗产很难根据当时的世界遗产标准被列入世界遗产名录。世界遗产委员会在 1992 年的《实施世界遗产公约的操作指南》中表示："基于对乡村景观、传统村落和当代建筑的关注，世界遗产委员会建议对这些类型做进一步的研究，以帮助操作指南确定这些类型的遗产可能具有的突出普遍价值。"①

20 世纪 80 年代末到 90 年代，随着经济全球化进程的展开，对文化多样性的保护成为世界各国关注的议题，这不仅深刻地影响了许多国家自身民族政策的调整，也影响到教科文组织的文化政策和世界遗产保护的发展。1988 年，时任教科文组织总干事的马约尔在教科文组织的刊物《信使》上为教科文组织发起的"文化十年"项目撰文："过去 20 年的经验已经证明文化不能与社会的发展相脱离，无论这个社会处于什么样的经济发展水平或它的社会和经济向什么方面发展。"他指出："从现在开始，文化应当被视为发展的灵感的直接源泉，同时发展也应当把文化放在一个社会调节器的中心位置上。"他强调了"文化十年"项目要实现的目标："承认发展的文化维度""肯定和丰富文化身份""拓展参与文化生活""促进国际文化合作"。②

教科文组织赋予文化遗产的促进社会发展的功能在很大程度上影响了对文化遗产价值的判断，影响了各《世界遗产公约》缔约国对世界遗产的认识。这种变化也影响到对世界遗产保护的评估。

1994 年在教科文组织总部召开的关于世界遗产全球研究的专家会议针对当时世界遗产名录的情况提出：

---

① "Operation Guidelines for the Implementation of the World Heritage Convention", 1992, http: // whc.unesco.org/archive/Opguide92.pdf.

② UNESCO, "The Courier", November 5, 1988.

欧洲相对于其他地区而言在世界遗产名录中所占比例过大；历史城镇和宗教建筑相对于其他类型的遗产所占比例过大；基督教遗产相对其他宗教遗产所占比例过大；

古代遗产相对于史前遗产和20世纪遗产所占比例过大；"杰出"的建筑遗产相对于乡土建筑遗产所占比例过大；

总体而言，相对于所有活态文化，特别传统文化所具有深度、丰富程度、复杂性和它们对环境的影响而言，它们在世界遗产名录中的数量太少。甚至世界遗产名录中的传统聚落也仅仅包括了它们的建筑价值，而没有考虑它们更丰富的经济、社会、象征性和哲学维度以及多样性的与自然环境的相互作用。这一贫乏的人类社会文化的表达是由于过于简单地划分文化和自然遗产，而忽视了这样的事实：对于大多数人类社会而言，景观是由人类创造或因人类聚居活动而形成的，它们代表并反映了人类生活，并因此具有了文化的意义。①

在这样的情况下，世界遗产委员会在原有纪念物、建筑群、遗址的文化遗产类型的基础上提出了一个新的类型——文化景观。1994年的《实施世界遗产公约的操作指南》对文化景观的概念作了说明：文化景观"展现了在自然环境所给予的条件和物质限制及内在或外在的持续的社会、经济、文化作用下，人类社会、聚落的进化。对它们的选择既应当基于它们所具有的突出普遍价值，又应基于它们对于特定地理——文化区域的代表性，以及对这一区域基本和标志性文化要素的展示"②"文化景观这个词包

---

① http://whc.unesco.org/archive/global94.htm#debut.

② "Operation Guidelines for the Implementation of the World Heritage Convention", 1994, http://whc.unesco.org/archive/Opguide92.pdf.

括了人类与自然环境相互作用所显示出的多样性"①。

文化景观强调了人类文化与自然环境的相互作用，促进了对文化遗产与自然遗产之间关系的思考。这一概念的提出和确定，为新兴国家的遗产列入世界遗产名录提供了新的可能性。尤其是与文化景观概念伴生的圣山、圣地等遗产内容成为新兴国家，特别是非洲、中亚等地区国家关注的遗产类型。

历史城市一直是世界遗产的重要类型，1978 年在世界遗产委员会第一批的世界遗产名录中就列入了厄瓜多尔的历史城市——基多。但历史城市的情况较之建筑群或历史纪念物要复杂得多，城市生活的延续使这类遗产呈现"活态"的特征。

在某种程度上，文化景观也与历史城镇存在同样的特征。如菲律宾水稻梯田以及后来列入世界遗产名录的欧洲葡萄园等都处在因功能延续而导致持续的变化过程当中。这类被称为"活态遗产"的对象，由于生活的存在而具有的内在活力，造成物质环境以及历史遗存的改变，在这样的情况下如何运用真实性的标准对遗产进行评估，如何看待物质材料的真实性和文化本体的真实性之间的关系就需要做进一步的分析和界定。针对这样的情况，世界遗产委员会 1992 年通过了对世界遗产的真实性和完整性标准做进一步评估和修订的可能性的决议。根据这一决议，1994 年在日本奈良召开的专家会议通过了《奈良真实性文件》，将真实性的表述放到了特定的文化背景当中，对真实性标准做了新的阐述。

《奈良真实性文件》提出："文化遗产的多样性存在于时间与空间之

---

① Operation Guidelines for the Implementation of the World Heritage Convention, 1994, http://whc.unesco.org/archive/Opguide92.pdf.

中，需要对其他文化及其信仰系统的各个方面予以尊重。在文化价值出现冲突的情况下，对文化多样性的尊重则意味着需要认可所有各方的文化价值的合理性。""一切有关文化项目价值及其相关信息来源可信度的判断都可能存在文化差异，即使在相同的文化背景内，也可能出现不同。因此不可能基于固定的标准来进行价值性和真实性评判。反之，出于对所有文化的尊重，必须在相关文化背景之下来对遗产项目加以考虑和评判""取决于文化遗产的性质、文化语境、时间演进，真实性评判可能会与很多信息来源的价值有关。这些来源可包括很多方面，譬如形式与设计、材料与物质、用途与功能、传统与技术、地点与背景、精神与情感以及其他内在或外在因素。使用这些来源可对文化遗产的特定艺术、历史、社会和科学维度加以详尽考察。"①

《奈良真实性文件》提出的对真实性标准的调整，使得对真实性的关注从物质材料转向文化精神，从现代主义跨入后现代主义。

四、建立中国世界遗产的国家战略，推动世界遗产保护，讲好中国故事

世界遗产保护的发展也对中国文化遗产保护产生了极大的影响。2000年以后中国世界遗产的保护进入跨越发展的时期，2004年第28届世界遗产委员会大会在苏州召开，促进了中国社会对世界遗产的认识，激发了对世界遗产的热情。在文化遗产领域，国家文物局和无锡市政府2006—

---

① 联合国教科文组织世界遗产中心、国际古迹遗址理事会、国际文物保护与修复研究中心、中国国家文物局主编：《国际文化遗产保护文件选编》，文物出版社 2007 年版，第141—142 页。

2013 年举办的无锡论坛，连续讨论了世界遗产中各种类型文化遗产的保护问题，讨论了世界遗产与社会可持续发展的关系，促进了对世界遗产的深入研究。大学、研究机构也设立了大量关于世界遗产的研究部门和项目，通过世界遗产认识世界文化和自然资源保护的发展趋势。

中国在世界遗产的申报中也呼应了教科文组织和世界遗产委员会对新的世界遗产类型的关注：2009 年五台山作为佛教圣山列入世界遗产名录；2011 年杭州西湖以文化景观的身份申请并列入世界遗产名录；2013 年红河哈尼梯田文化景观列入世界遗产名录；2014 年"丝绸之路：天山—长安廊道"和中国大运河同时列入世界遗产名录。这些项目在价值认知、形态类型等方面都极大地超出了中国原有不可移动文物——文物保护单位的范畴，呈现一种更为整体的民族传统文化精神保护的特征。

2007 年应世界遗产委员会大会的要求，国家文物局及教科文组织世界遗产中心（WHC）、国际古迹遗址理事会（ICOMOS）、国际文化财产保护与修复研究中心（ICCROM）针对中国世界遗产保护维修的方法和原则，在北京召开了"东亚地区文物建筑保护理念与实践国际研讨会"。这是一次在 1994 年"奈良真实性会议"之后，把文化遗产的保护放到特定文化背景中进行评价和讨论的重要会议，促进《奈良真实性文件》之后对世界遗产保护的基本问题——真实性标准的阐释。会议最终文件《北京文件》提出："文物建筑与遗址本身作为信息来源具有根本的重要性，体现在诸如形式与设计、原料与材料、用途与功能、位置与环境，以及传统知识体系、口头传统与技艺、精神与情感等因素中。任何维修与修复的目的应是保持这些信息来源的真实性完好无损。在可行的条件下，应对延续不断的传统做法予以应有的尊重。""文化遗产的根本特征是源于人类创造力的多样性，文化多样性是人类精神和思想丰富性的体现，也是人类遗产独特性的组成部分。因此，采取审慎的态度至关重要。修复过程中必须充分认识到遗产资源的特性，并确保在保护和修复过程中保留其历史的和有形与无形的特征。"①

中国尽管已经是拥有世界遗产最多的国家之一，但在通过世界遗产表达自身的历史和文化方面，也依然存在着一些空白区域，如在表达中国早期文明方面仍然缺少相应的世界遗产项目。在周口店北京猿人遗址（25万年前）和殷墟（前1300）之间，尽管有已在申报世界遗产预备名录上的红山文化遗址（公元前4000年左右）和良渚文化遗址（公元前3300年左右），但要最终列入世界遗产名录仍需进行大量艰巨的工作。在反映中国丰富的民族多样性方面也存在不足，在中国现有的世界遗产中仅有布达拉宫、丽江古城、元阳哈尼梯田等少量涉及民族文化的遗产地，尚不足以表达中国在民族文化方面的丰富多彩，不能充分表达中国作为一个多民族国家，民族文化对中国整体文化的贡献。在反映中国文明对世界文明发展的影响方面也存在很大待完善的空间。在中国现有世界遗产中，"丝绸之路：天山—长安廊道"反映了中国在近1500年的时间当中对世界文明间交流、对话的影响，五台山等世界遗产地反映了中国对世界最重要的宗教之一佛教发展的推动作用，"孔府、孔庙、孔林"反映了儒家思想产生、发展对世界的深刻影响，但仍然缺少对那些改变了世界生活方式，促进了世界文明进程的成就的表达，如对于中国丝绸制造、瓷器、纸张、茶叶生产等相关产业遗存在世界遗产名录中尚无体现。在近现代历史方面，中国作为第二次世界大战中付出牺牲最大的、反抗侵略并取得最终伟大胜利的

---

① 联合国教科文组织世界遗产中心、国际古迹遗址理事会、国际文物保护与修复研究中心、中国国家文物局主编：《国际文化遗产保护文件选编》，文物出版社2007年版，第382—383页。

国家之一，尚无相关的遗产在世界遗产中得到反映。同样，当代中国对世界文明的影响，哪些对象能够具有代表性地反映这样的过程、具有潜在的世界遗产价值也需要给予特别的关注、及早进行必要的研究和管理。

世界遗产作为一个国际交流对话的平台，推动它的健康发展，首先需要认识和理解国际普遍关注的议题，需要关注不同地区和国家关注的议题，才能有效地发挥中国作为一个世界遗产大国的重要作用。一些国家在这方面的经验也值得中国给予特别的关注，例如意大利在整个国际文化遗产保护运动中曾经具有的巨大影响力，日本长期以来在教科文组织和世界遗产领域的进取，韩国在这一领域快速的发展，都值得中国认真思考和借鉴。

五、结论

世界遗产促进了中国文化和自然遗产保护的发展，促进了保护观念和保护、管理技术的成长，今天中国的世界遗产保护在教科文组织世界遗产公约系统中已经具有巨大的影响力。中国已有的 50 处世界遗产地已初步构成了对中国国家文化、历史形象的表述，促进了其他国家对中国文化和历史的认识。尽管如此，中国在世界遗产的领域中仍有更完整、系统地表达中国文化和历史观、表达国家文化身份的空间。同时中国也有可能在教科文组织世界遗产的领域中发挥更为积极和重要的作用。要实现这样的目标就需要：

（一）制定国家战略，促进中国与其他国家的交流与对话，发挥中国的影响力

世界遗产本身是一个国家向世界表达自己的历史观和文化观的重要舞台，应当是国家文化战略的组成部分。世界遗产的申报、保护、管理、国际交流和援助都应当置于这样一个整体战略的框架之下。例如丝绸之路申遗的过程是中国联合中亚国家及相关国际组织形成和表达共同历史观和文化观的过程，这一过程不应因申遗结束而停滞，需要在申遗之后不断深化和延续，真正建立起广泛而深入的以丝绸之路为基础的遗产保护、文化交流的对话网络，建立相关的有针对性的研究机构和基金，有效和实质性地推动当代丝绸之路的文化保护和文化交流，使中国能够在未来丝绸之路沿线遗产保护和文化交流方面真正发挥主导作用。

（二）制定世界遗产的申报策略，建立有权威性的协调机制和审查机制

建立清晰的世界遗产申报策略，减少申遗项目选择上的偶然性，把世界遗产作为表达中国历史、文化成就的重要途径。2016 年在第 40 届世界遗产委员会大会上通过了对每年申报世界遗产数量进行更严格限制的决议。这一决议将每年接受新的世界遗产申报项目的数量限制在 35 项，同时要求每个缔约国一年申报的项目不超过一项，且在申报项目的处理中强调自然遗产优先，非洲等特定地区优先，从 2018 年开始执行，试行 4 年。这一状况无疑将给中国的世界遗产申报带来更大的压力，在这样的情况下，如何最充分地利用每一个申报世界遗产的机会，选择最为恰当的遗产地申报世界遗产，就需要建立一个具有权威性的协调和审查机制，保证基

于国家战略的世界遗产申报目标的实现。

（三）建立中国的国家遗产名录

在世界遗产实施严格数量控制的前提下，如何更好更充分地展现中国自身的文化、历史和自然环境特征，应当考虑在现有世界遗产预备清单的基础上建立中国遗产名录，按照世界遗产的标准和要求对遗产地进行保护、阐释和管理。一方面为申报世界遗产做好准备，另一方面使这些遗产地与中国已列入世界遗产名录的遗产地一起更为系统、深刻地展现中国文化、历史和自然环境、生态、生物的丰富多彩。并通过中国遗产的保护，进行保护理论和实践方法的探讨，通过推广中国的遗产保护经验，促进世界遗产保护的发展。

（四）加强遗产保护理论和方法的研究和探索

世界遗产的发展过程所反映出的趋势，展现了遗产保护与当代社会生活之间越来越紧密的联系。在世界遗产的语境中，文化遗产保护的变化与发展尤为突出，从强调真实性到强调真实性与完整性并重，从强调伟大艺术作品和重要历史见证物的保护到关注文化多样性的保护、关注文化的相互作用和影响。这些变化不仅影响了申报世界遗产的文化遗产类型的变化，影响了对文化遗产价值的研究和表述，更影响了人们对遗产，特别是文化遗产在当代生活和社会可持续发展方面作用的关注。对遗产意义和作用认知的变化，促进了对遗产价值的再认识，并使人们能够从更为宽阔的视角看待遗产，看待遗产在当代社会中的作用。在关于文化遗产价值的讨论中，对于文化价值和社会价值的讨论都为中国文化和自然遗产保护提供了新的探索方向。理论的探索、保护经验的积累不仅有助于中国形成反映自身文化和价值观念的保护体系，而且通过形成完整和系统的保护理论体系和保护方法，才能使中国的遗产保护真正影响和促进世界遗产保护的发展。

（原载《中国科学院院刊》2017 年第 7 期）

参考文献

［1］K. E. Larsen，*Nara Conference on Authenticity in Relation to the World Heritage Convention*，Tapir Publishers，1995.

［2］联合国教科文组织：《世界文化报告》，北京大学出版社 2002 年版。

［3］国家文物局：《世界遗产与可持续发展》，文物出版社 2012 年版。

［4］A.Galla，*World Heritage Benefits Beyond Borders*，New York：Cambridge University Press，2012.

"新常态"下对中国文化遗产事业的地位认知

贺云翔

包括"文化遗产"在内的中华民族传统文化在近现代有过三次命运：1840 年到 1949 年，主要是怀疑和否定；1949 年到 1977 年，主要是彷徨和破坏，当然，具体到不同的文化遗产门类，则又有不同的情况，其中在全国重点文物保护单位和重要的可移动文物保护及相关博物馆建设方面也有较大成绩；1978 年到今天，主要是初识和复兴，其中，党的十八大以来习近平总书记一系列新思想尤其引人注目，为文化遗产事业提供了新认知、新价值、新目标。也可以说，中国文化遗产事业在国家发展"新常态"下需要做出战略性适应。

中国发展"新常态"是习近平总书记在 2014 年 5 月 9—10 日于河南考察工作时提出 [1]，此后，他多次对"新常态"的内涵和要求做出解释 [2]。"新常态"下，国家发展必须遵循经济规律的科学发展，遵循自然规律的可持续发展，遵循社会规律的包容性发展；中国经济要从高速增长转为中

---

[1] 参见《新常态，新在哪？》，《人民日报》2014 年 8 月 4 日。

[2] 参见顾钱江、张正富、王秀琼《习近平首次系统阐述"新常态"》，2014 年 11 月 9 日，新华网（http://www.xinhuanet.com/world/2014-11/09/c_1113175964.htm）。

高速增长；经济结构不断优化升级，服务业和消费需求逐步成为主体；经济发展动力从要素驱动、投资驱动转向创新驱动；制造业要从"中国制造"转向"中国创造"，城乡差距逐步缩小，居民收入占比上升，发展成果要惠及更广大民众，要发挥"市场"和"政府"两个作用；"改革"和"法治"双翼齐飞等。国家一系列适应"新常态"要求的政策、举措、项目等陆续出台。其实，从"中国梦"的提出到"新常态"的强调，中国新一轮现代化事业发展蓝图徐徐展开，世界为之瞩目。

在"新常态"的概念和内涵中，虽然没有直接提及"文化遗产"，但是我们从习近平总书记在十八大以来的一系列讲话中，仍然可以发现"文化遗产"事业是其中不可缺失的内容。从理论上说，"文化遗产"是指先民在历史上创造并保存到今天的一切文化遗存。① 它包括可移动文物、不可移动文物、历史文化名城名镇名村、文化景观、农业遗产、工业遗产、红色遗产等物质形态遗产类型，也包括传统的语言、文字、习俗、技艺、节庆、戏曲、音乐、美术、民间知识等在内的非物质形态的遗产类型，还包括古籍、历史档案、家谱等文献类遗产。② 可以说，"历史"与"传统文化"是"文化遗产"的内在含义。关于"文化遗产"的地位和作用，国内外许多学者都做过大量研究，笔者只是就阅读党的十八大以来习近平总书记的一系列讲话之后，对中国新常态下的"文化遗产"所拥有的地位认知做一初步的梳理。

---

① 参见贺云翱《文化遗产学初论》,《南京大学学报（哲学·人文科学·社会科学版）》2007 年第 3 期。

② 参见《国务院关于加强文化遗产保护的通知》, 2005 年 12 月 22 日, 中华人民共和国中央人民政府网（http://www.gov.cn/gongbao/content/2006/eontent_185117.htm）。

一、文化遗产是国家与民族走向未来的坚强基石

当今世界的任何国家和民族都是历史的产物，作为历史进程中形成的文化遗产，自然成为观察世界不同国家和民族文化创造性、文化特征性的最佳视角。此外，在习近平总书记的话语中，包括物质文化遗产、非物质文化遗产、文献遗产在内的"文化遗产"系统还是不同国家和民族的"文明成果"，是一个国家和民族历史文明与现代文明的重要构成。如他于2014年3月27日在联合国教科文组织总部发表演讲时说："中国还有大量文明成果被教科文组织列入世界文化遗产、世界非物质文化遗产、世界记忆遗产名录。"[1]

文化遗产作为不同国家与民族历史的重要见证与载体，自然成为每个国家与民族走向未来的基石，也是国家和民族最坚实的凝聚力和最持久的精神家园所在。习近平总书记指出："人类已经有了几千年的文明史，任何一个国家、一个民族都是在承先启后、继往开来中走到今天的。"[2] "一个国家和民族的文明是一个国家和民族的集体记忆。"[3] "当代中国是历史中国的延续和发展，当代中国思想文化也是中国传统思想文化的传承和升华，要认识今天的中国、今天的中国人，就要深入了解中国的文化血脉，

---

① 习近平：《文明因交流而多彩，文明因互鉴而丰富》（2014年3月27日在联合国教科文组织总部的演讲），载《习近平谈治国理政》，外文出版社2014年版。

② 习近平：《在纪念孔子诞辰2565周年国际学术研讨会暨国际儒学联合会第五届会员大会开幕会上的讲话》（2014年9月24日），2014年9月24日，新华网（http://www.xinhuanet.com//politics/2014-09/24/c_1112612018.htm）。

③ 习近平：《文明因交流而多彩，文明因互鉴而丰富》（2014年3月27日在联合国教科文组织总部的演讲），载《习近平谈治国理政》，外文出版社2014年版。

准确把握滋养中国人的文化土壤。"①为此，要"科学对待文化传统。不忘历史才能开辟未来，善于继承才能善于创新。优秀传统文化是一个国家、一个民族传承和发展的根本，如果丢掉了，就割断了精神命脉。我们要善于把弘扬优秀传统文化和发展现实文化有机统一起来，紧密结合起来，在继承中发展，在发展中继承""只有坚持从历史走向未来，从延续民族文化血脉中开拓前进，我们才能做好今天的事业"。②即使"在 21 世纪的今天，几千年来人类积累的一切理性知识和实践知识依然是人类创造性前进的重要基础。只有不断发掘和利用人类创造的一切优秀思想文化和丰富知识，我们才能更好认识世界、认识社会、认识自己，才能更好开创人类社会的未来"③。

从习近平总书记的讲话中，我们可以进一步感受到文化遗产事业对一个国家和民族所具有的根本性、奠基性意义。保护好、利用好各类文化遗产既是建设一个现代化国家不可缺少的伟大事业，也是政府和所有公民应尽的责任、义务与享有的权利。

---

① 习近平:《在纪念孔子诞辰 2565 周年国际学术研讨会暨国际儒学联合会第五届会员大会开幕会上的讲话》(2014 年 9 月 24 日)，新华网 (http://www.xinhuanet.com//politics/2014-09-24/c_112612018.htm)。

② 习近平:《在纪念孔子诞辰 2565 周年国际学术研讨会暨国际儒学联合会第五届会员大会开幕会上的讲话》(2014 年 9 月 24 日)，新华网 (http://www.xinhuanet.com//politics/2014-09-24/c_112612018.htm)。

③ 习近平:《在纪念孔子诞辰 2565 周年国际学术研讨会暨国际儒学联合会第五届会员大会开幕会上的讲话》(2014 年 9 月 24 日)，新华网 (http://www.xinhuanet.com//politics/2014-09-24/c_112612018.htm)。

二、文化遗产是文化自觉和文化自信的根本依据

近代以来，中国文化发展进程中一个严重的现象就是缺少立足于自我文化基础上的文化自觉和文化自信，把继承民族传统文化与学习西方先进文化完全对立起来，传统文化被不断地质疑、批判、否定、破坏甚至毁灭，有人把"传统文化"不分精华与糟粕而定义为"封建主义""封建迷信""旧世界""四旧"，甚至把中国历史上存在的封建专制主义、"学而优则仕"、官员贪腐、裙带关系、阶级对立、缺少自然科学思维等问题统统说成是由孔子或"儒学"造成的。许多人一味倾慕西方，有人形容其为"外国的月亮都比中国圆"。一些激进的口号，如"打倒孔家店""取消汉字""取消中医""破四旧立四新"等也大行其道。人们不相信在中华五千年文明的基础上能够建设一个自立于世界民族之林的现代化国家。一个国家或民族如果抛弃了自我文化根基、文化血脉、文化精神、文化土壤、文化积淀、文化优势，"文化自觉"和"文化自信"是难以立足的，更难以做到具有独立地位的"文化创新"，出现的只能是"文化模仿""文化跟风"甚至"文化扭曲"。

对中国近代以来"传统文化"的命运，习近平总书记也发表过看法。他说："对传统文化我有两个方面感受，一方面感受到传统文化受到了破坏，特别是'文化大革命'破坏严重，批判一切，老祖宗好的东西也批掉了，如批师道尊严等，内伤是很大的。直到现在仍有负面影响，在造反有理的旗帜下，什么都可以破坏。改革开放后，资产阶级、资本主义腐朽的东西跟着商品进来了。对传统文化造成双重影响，'文革'、改革开放后资本主义、资产阶级腐朽的东西，以至于很多社会现象让人感慨：人心不古！另一方面，我们感到传统文化深入人心，是中华民族精神基因的传

承。"① 正是基于对中华文化强大生命力的坚强信念，他才特别警惕当代仍然出现的漠视传统文化的社会行为，如 2014 年 9 月 9 日，他在北京师范大学参观"尊师重教、筑梦未来——庆祝第 30 个教师节主题展"时，对一些地方把古代经典诗词散文从课本中去掉的做法称为"去中国化"，"是很悲哀的"！② 这对中华优秀传统文化是一种何等的关爱情怀，它还从另一个侧面反映出即使在当代，知识界和教育界的一些同志们仍然没有意识到"文化自觉"和"文化自信"的严重缺失。

习近平总书记对"历史传统""文化传统""传统文化"在"文化自信"和"文化自觉"方面的重大价值的认识走在时代的前列，他最为精彩的表述就是"四个讲清楚"。他说："独特的文化传统，独特的历史命运，独特的基本国情，注定了我们必然要走适合自己特点的发展道路。""要讲清楚每个国家和民族的历史传统、文化积淀，基本国情不同，其发展道路必然有着自己的特色；讲清楚中华文化积淀着中华民族最深沉的精神追求，是中华民族生生不息、发展壮大的丰厚滋养；讲清楚中华优秀传统文化是中华民族的突出优势，是我们最深厚的文化软实力，讲清楚中国特色社会主义植根于中华文化沃土、反映中国人民意愿、适应中国和时代发展进步要求，有着深厚历史渊源和广泛现实基础。"③ 立足于历史和民族文化的基础上认识现代中国，这是一种实事求是的科学方法论，这种方法论还成为他提出"世界文明多样性"的立论依据。

---

① 《习近平主席曲阜讲话：世界儒学传播，中国要保持充分话语权》，2014 年 9 月 29 日，观察者网（https://www.guancha.cn//xi-jin-ping/2014_09_29_271934.shtm）。
② 许路阳：《习近平北师大谈教育：去中国化很悲哀》，《新京报》2014 年 9 月 10 日。
③ 习近平：《把宣传思想工作做得更好》（2013 年 8 月 19 日在全国宣传思想工作会议上的讲话），载《习近平谈治国理政》，外文出版社 2014 年版。

作为文化遗产工作者，我们知道，人类从旧石器时代开始就创造了文化多样性，距今五千年左右，又在"文化多样性"的基础上创造了"文明多样性"，出现了中华文明、埃及文明、两河文明、希腊文明、印度文明以及稍后的印第安文明、阿拉伯文明等，这些是不争的历史事实。如今，这些创造了无限历史辉煌的"文明"多以"文化遗产"的形式保存在不同国家和地区，成为展示世界文明多样性的经典实证。习近平总书记以法国卢浮宫和中国故宫博物院的文物藏品、以古玛雅的奇琴伊察古城、以带有浓厚伊斯兰文明色彩的中亚撒马尔罕古城以及中国秦俑和法门寺地宫等出土文物为实例，阐述了"人类文明因多样才有交流互鉴的价值"[1]，"各种人类文明在价值上是平等的，文明没有高低、优劣之分""每一种文明都是独特的，一切文明成果都值得尊重，一切文明成果都要珍惜"[2]。承认世界"文明多样性"共生、互鉴、交流、合作，是树立"文化自觉"和"文化自信"的必要前提，习近平总书记的示范作用值得中国文化遗产工作者学习和敬重，他以"文化遗产"作为"文明多样性"的实证范例也让我们意识到文化遗产对人类而言具有更加深层的思想价值和动力价值。

三、文化遗产是创新发展的宝贵资源

党的十八大以来，有一个重要现象，即以习近平同志为首的党中央不仅特别重视"历史"和"中华传统文化"，而且还将其作为重要的思想创

---

① 习近平：《文明因交流而多彩，文明因互鉴而丰富》（2014年3月27日在联合国教科文组织总部的演讲），载《习近平谈治国理政》，外文出版社2014年版。

② 习近平：《文明因交流而多彩，文明因互鉴而丰富》（2014年3月27日在联合国教科文组织总部的演讲），载《习近平谈治国理政》，外文出版社2014年版。

新资源和治国理政资源。

党的十八大提出了新的"社会主义核心价值观",2014年2月24日,习近平总书记在主持十八届中央政治局第十三次集体学习时指出"培育和弘扬社会主义核心价值观必须立足中华优秀传统文化。牢固的核心价值观,都有其固有的根本。抛弃传统、丢掉根本,就等于割断了自己的精神命脉。博大精深的中华优秀传统文化是我们在世界文化激荡中站稳脚跟的根基。中华文化源远流长,积淀着中华民族最深层的精神追求,代表着中华民族独特的精神标识,为中华民族生生不息、发展壮大提供了丰厚滋养"①。以"富强、民主、文明、和谐,自由、平等、公正、法治,爱国、敬业、诚信、友善"为内容的社会主义核心价值观当然包容了中外优秀文化特质,但习近平总书记强调的首先是要立足于本民族的优秀传统文化,高度强调"传统"的"根本"与"命脉"性作用,而不是舍本求末、舍中求外,这样的"核心价值观"才能接地气、得人心、易实践。

习近平总书记善于从文化遗产中汲取创新资源的实例甚多。如他和其他中央领导人在观看了中国国家博物馆"复兴之路"历史展览后提出了影响遍及国内外的"中国梦"的理念;利用"丝绸之路"的历史创造和遗产概念提出了建设"丝绸之路经济带"和"21世纪海上丝绸之路"的构想,而且,习近平总书记先后在布鲁日欧洲学院、在中阿合作论坛第六届部长级会议开幕式、在纳扎尔巴耶夫大学、在莫斯科国际关系学院、在印度尼西亚国会上,都充分利用诸多文化遗产事实阐述"丝绸之路"以及相关的海上香料之路、万里茶道等"线路遗产"对中国和相关国家的深远意

---

① 习近平:《培育和弘扬社会主义核心价值观》(2014年2月24日在主持十八届中央政治局第十三次集体学习时的讲话),载《习近平谈治国理政》,外文出版社2014年版。另参见《习近平在文艺工作座谈会上的讲话》,2014年10月15日。

义。他以历史遗产为依据，以"一带一路"曾经给沿线国家与人民带来的文化交流和经济合作成就为实例，高瞻远瞩地构建了复兴古老的"丝绸之路"以造福中国与世界人民的宏大倡议，并且采取众多切实措施推动其落实。当然，中国文化遗产界在此过程中也积极推动"丝绸之路"进入"世界遗产名录"，或相继举办大型专题文物展览，使"历史"与"现实"实现了成功对接。

习近平总书记在治国理政方面善用历史文化遗产作为创新资源的实例还有：2014 年 4 月 19 日，在"反四风"进程中，他于十八届中央政治局第五次集体学习时特别强调运用历史智慧、推进反腐倡廉建设；2014 年 2 月 17 日，他在省部级主要领导干部学习贯彻十八届三中全会精神全面深化改革专题研讨班上指出"一个国家选择什么样的治理体系，是由这个国家的历史传承、文化传统、经济社会发展水平决定的，是由这个国家的人民决定的"。他在认识国家治理体系建设时同样深刻考虑到国家的"历史传承"和"文化传统"在其中的作用。当然，"文化遗产"和"文化传统"不仅指古代，近代以来的"红色遗产"和 20 世纪下半叶形成的"改

---

① 参见习近平《在亚欧大陆架起一座友谊和合作之桥》（2014 年 4 月 1 日在布鲁日欧洲学院的演讲），《顺应时代前进潮流促进世界和平发展》（2013 年 3 月 23 日在莫斯科国家关系学院的演讲），《共同建设"丝绸之路经济带"》（2013 年 9 月 7 日在纳扎尔巴耶夫大学的演讲），《共同建设 21 世纪"海上丝绸之路"》（2013 年 10 月 3 日在印度尼西亚国会的演讲），《弘扬丝路精神深化中阿合作》（2014 年 6 月 5 日在中阿合作论坛第六届部长级会议开幕式上的讲话），载《习近平谈治国理政》，外文出版社 2014 年版。

② 参见习近平《运用历史智慧推进反腐倡廉建设》（2013 年 4 月 19 日在主持十八届中央政治局第五次集体学习时的讲话），载《习近平谈治国理政》，外文出版社 2014 年版。

③ 习近平：《不断提高运用中国特色社会主义制度有效治理国家的能力》（2014 年 2 月 17 日在省部级主要领导干部学习贯彻十八届三中全会精神全面深化改革专题研讨班上的讲话），载《习近平谈治国理政》，外文出版社 2014 年版。

革开放"遗产同样构成了中国文化遗产和中华文化传统的有机组成部分。如习近平总书记在古田会议旧址及古田会议纪念馆考察时就指出"历史，往往在经过时间沉淀后可以看得更加清晰"，还要求随同考察的全体中央军委委员深入思考"当初是从哪里出发的、为什么出发的，接受思想洗礼，以利于更好前进"①。这正是学者们经常说的，人类为什么要了解历史？为什么需要文化遗产？因为我们只有知道自己是从哪里来的，我们才知道向哪里去！

四、文化遗产是建设特色及和谐城镇的必要力量

从党的十八大开始，中国提出"新四化"，即城镇化、信息化、新型工业化、农业现代化，其中城镇化尤其受到中央重视。中国需要什么样的城镇化？中央于 2013 年 12 月 13 日在北京专门召开"城镇化工作会议"予以明确。习近平、李克强、张德江、俞正声、刘云山、王岐山、张高丽等中央政治局常委出席会议，习近平在会上发表重要讲话。会上，城镇化进程中"文化遗产保护"问题受到高度重视。会议要求，在城镇化过程中，要提高历史文物保护水平，要传承文化，发展有历史记忆、地域特色、民族特点的美丽城镇。会议提出了推进城镇化的主要任务，其中涉及文化遗产部分出现了一个响亮的提法，叫"记得住乡愁"。

这次会议强调，"城镇建设，要实事求是确定城市定位，科学规划和务实行动，避免走弯路；要体现尊重自然、顺应自然、天人合一的理念，

---

① 曹智、李宣良：《全军政治工作会议在古田召开　习近平出席会议并发表重要讲话》，2014 年 11 月 1 日，新华网（http://www.xinhuanet.com/politics/2014-11/01/c_1113074055.htm）。

依托现有山水脉络等独特风光，让城市融入大自然，让居民望得见山、看得见水、记得住乡愁；要融入现代元素，更要保护和弘扬传统优秀文化，延续城市历史文脉；要融入让群众生活更舒适的理念，体现在每一个细节中……在促进城乡一体化发展中，要注意保留村庄原始风貌，慎砍树、不填湖、少拆房，尽可能在原有村庄形态上改善居民生活条件"[①]。事实上，特色城镇和人地和谐城镇曾经是中国许多传统城镇和村落的基本特征，这在国内外均有共识，然而，在中国数以万计的城镇中，今天能够保持这种文化特征的可以说已数量极少，大量历史街区、历史建筑等在建设进程中被拆除或被严重改造，许多所谓的老城、老街、老村也几乎以新仿、新建为主。迄今能够保存下来的各类遗产都具有珍稀性、不可再造性和唯一性。在这种背景下，尤其让人感动的是，2014 年 2 月，习近平总书记在北京市考察工作时强调，"首都规划务必坚持以人为本，坚持可持续发展，坚持一切从实际出发，贯通历史现状未来，统筹人口资源环境，让历史文化与自然生态永续利用、与现代化建设交相辉映"。他特别指出："历史文化是城市的灵魂，要像爱惜自己的生命一样保护好城市历史文化遗产……要本着对历史负责、对人民负责的精神，传承历史文脉，处理好城市改造开发和历史文化遗产保护利用的关系，切实做到在保护中发展、在发展中保护。"[②] 一位党和国家最高领导人把城市历史文化遗产保护工作提高到和爱惜自己的生命一样，这在中国历史上是第一次。

当然，如果回到实践中，我们仍会发现，不少地方在城镇化或城乡

---

① 《中央城镇化工作会议在北京举行》，2013 年 12 月 14 日，新华网（http://politics.people.com.cn/n/2013/1214/c1024-23841512.html）。

② 《习近平在北京考察 就建设首善之区提五点要求》，2014 年 2 月 26 日，新华网（http://www.xinhuanet.com/politics/2014-02/26/c_119519301.htm）。

一体化过程中，还是存在不尊重地上、地下历史遗存，不尊重山水自然格局，文物毁坏现象严重的问题，一些乡村风貌尽失，这类乡村的文化凝聚力和文化认同感淡薄，"去文化化"比较严重，"千城一面""百城同貌""文脉断裂""乡村失色"的现象饱受批评。我们各级政府和社会各界包括开发界如果能够如习近平总书记那样给予"文化遗产"以应有的理解、重视和尊严，中国的文化遗产事业和特色城镇化建设一定会取得更大成就。

五、文化遗产是国家"新常态"经济的特殊构成

文化遗产事业包括"保护"与"利用"两个部分，而保护、利用也是"发展"的题中之义，把文化遗产"保护"与"利用"及社会发展对立起来，是一种片面甚至是错误的认识。对此，习近平总书记同样有过十分精彩的表达，如他提出"在保护中发展，在发展中保护""在继承中发展，在发展中继承"，对"传统文化"要"创造性转化，创新性发展"，其中影响最为广泛的就是"让文化遗产活起来"的指示。2013年12月30日，中央政治局就提高国家文化软实力研究进行第十二次集体学习，习近平总书记在主持会议时指出，"提高国家文化软实力，要努力展示中华文化独特魅力。在5000多年文明发展进程中，中华民族创造了博大精深的灿烂文化，要使中华民族最基本的文化基因与当代文化相适应、与现代社会相协调，以人们喜闻乐见、具有广泛参与性的方式推广开来，把跨越时空、超越国度、富有永恒魅力、具有当代价值的文化精神弘扬起来，把继承传统优秀文化又弘扬时代精神、立足本国又面向世界的当代中国文化创新成果传播出去。要系统梳理传统文化资源，让收藏在禁宫里的文

物、陈列在广阔大地上的遗产、书写在古籍里的文字都活起来"。① 他这次讲话中关于"让文化遗产活起来"的精神成为 2014 年全国"文化遗产日"的主题。更让人敬仰的是，习近平总书记本人就是一个"让文化遗产活起来"的实践者。如前所述，他不仅把历史文化遗产资源当作思想创新资源和治国理政资源，而且对文化遗产的价值也有独到的看法，如他以可移动文物和不可移动文物为例，阐述"文明多样性"的实证和意义②；他指出"对待不同文明，不能只满足于欣赏它们产生的精美物件，更应该去领略其中包含的人文精神；不能只满足于领略它们对以往人们生活的艺术表现，更应该让其中蕴藏的精神鲜活起来"③。也就是说，即使是物质文化遗产，我们也应该去发掘、传播、弘扬、活化其独特的精神价值。在这方面，对文化遗产界而言，可谓任重而道远。

"让文化遗产活起来"，其意义不仅在于"文化建设"层面，同时也在于"经济建设""社会建设"及"生态文明建设"方面。我国许多文化遗产地本身就是风景名胜区、文化生态区、历史文化城镇或历史文化名村、特色旅游区等，是发展文化旅游、健康休闲、文化教育、文艺创作、文化创意等新型事业的不可再生资源。"文化遗产活化"以保护和确保文化遗产绝对安全为前提，但要做到"在保护中发展，在发展中保护"，不能变成"死保"，变成脱离民生、高高在上的"铁将军把门"地。尤其是一些非物质文化遗产，如果得到"活化"，将会变成具有强

---

① 习近平：《提高国家文化软实力》(2013 年 12 月 30 日在主持十八届中共中央政治局第十二次集体学习时的讲话)，载《习近平谈治国理政》，外文出版社 2014 年版。

② 参见习近平《文明因交流而多彩，文明因互鉴而丰富》(2014 年 3 月 27 日在联合国教科文组织总部的演讲)，载《习近平谈治国理政》，外文出版社 2014 年版。

③ 习近平：《文明因交流而多彩，文明因互鉴而丰富》(2014 年 3 月 27 日在联合国教科文组织总部的演讲)，载《习近平谈治国理政》，外文出版社 2014 年版。

大市场效应和具有独立知识产权的民族品牌产品，这方面的实例在国内外都举不胜举。

六、文化遗产是现代科学研究的重要对象

文化遗产事业既是党和政府主导的公共性事业，也是具有丰厚知识内涵和专业技能的现代科学事业，还是社会各界都可以参与并推动文化发展与繁荣的社会性事业。根据我们的实践，其中对文化遗产展开现代科学研究尤为重要，只有对各类文化遗产的来龙去脉、内涵、特征、动力、价值、现状等有了深切的调查与研究，才能理性地展开保护、利用、发展等一系列行动。

"文化遗产"作为一个学术领域，具有融基础性研究和应用性研究、历史研究与当代研究、文化研究与技术研究等诸方面于一身的特点。在这方面，习近平总书记的一些讲话也强调了文化遗产及历史和传统文化作为课题研究的重要性。如他在纪念孔子诞辰 2565 周年国际学术研讨会暨国际儒学联合会第五届会员大会开幕会上指出"正确对待不同国家和民族的文明，正确对待传统文化和现实文化，是我们把握好的一个重大课题"①；他不止一次提到的"四个讲清楚"，实际上是一系列内容广泛的与文化遗产有直接联系的科研课题。习近平总书记特别强调对"历史"和"传统文化"的学习，强调开展相关研究。2013 年 6 月 25 日，他在主持中央政治局"中国特色社会主义理论和实践"第七次集体学习时说"历史是最好的

---

① 习近平：《在纪念孔子诞辰 2565 周年国际学术研讨会暨国际儒学联合会第五届会员大会开幕会上的讲话》(2014 年 9 月 24 日)，新华网 (http://www.xinhuanet.com//politics/2014-09-24/c_1112612018.htm)。

教科书。学习党史、国史，是坚持和发展中国特色社会主义、把党和国家各项事业继续推向前进的必修课"，"要继续加强对党史、国史的学习，在对历史的深入思考中做好现实工作、更好地走向未来，不断交出坚持和发展中国特色社会主义的合格答卷"①；他要求"各种文史知识，中国优秀传统文化，领导干部也要学习，以学益智，以学修身""我们不仅要了解中国的历史文化，还要睁眼看世界，了解世界上不同民族的历史文化"②，他对曲阜孔子研究院在儒学遗产研究方面所取得的成就给予高度肯定，要求孔子研究院保持深入研究的态势，在东亚文化圈中居于主动，并承担国际学术交流职责③。我们相信，他自己对中华传统文化重要性的认识、对世界文明多样性的认识、对文化遗产活起来的认识、对城市遗产非凡价值的认识、对中华文明在世界未来发展中的责任与地位的认识都是建立在深入学习、思考和研究基础之上的。他对"传统文化"提出的"精神命脉""文化基因""活化""双创"等价值命题都有重要的学术认识和社会实践价值。

从习近平总书记的一系列讲话中，中国文化遗产界及社会各界当获得启迪，感知责任，明确方向，改进工作。

（原载《中国文化遗产》2015 年第 1 期）

---

① 《习近平主持中共中央政治局第七次集体学习》，2013 年 6 月 26 日，新华网（http://www. xinhuanet.com/politics/2013-06/26/c_116299439.htm）。

② 习近平：《依靠学习走向未来》（2013 年 3 月 1 日在中央党校建校 80 周年庆祝大会暨 2013 年春季学期开学典礼上的讲话），载《习近平谈治国理政》，外文出版社 2014 年版。

③ 参见《习近平主席曲阜讲话：世界儒学传播，中国要保持充分话语权》，2014 年 9 月 29 日，观察者网（https://www.guancha.cn/xi-jin-ping/2014_09_29_271934.shtm）。

考古学与文化遗产保护*

白云翔

文化遗产的保护越来越受到社会的广泛关注，考古学与文化遗产保护的关系也正在成为考古工作者思考和讨论的课题。

2001 年秋，国家文物局在南京召开全国考古工作汇报会，大遗址保护就是当时的两大议题之一。就中国社会科学院考古研究所来说，2007 年春成立了"文化遗产保护研究中心"；夏天（7 月 11—14 日），同有关机构合作，在内蒙古召开了"中国大遗址保护研讨会"。2008 年 1 月，在北京举办了以"考古学与文化遗产保护"为主题的"中国社会科学院考古学论坛"。文化遗产保护研究已经成为考古研究所的一项重要任务。

那么，考古工作和考古研究如何更紧密地同文化遗产保护相结合？考古工作者如何在文化遗产保护中发挥更大的作用？讲三个问题。

第一，关于正确地理解考古学与文化遗产保护的关系。

一方面，我国考古工作者的文物保护意识一直是比较明确的，并且进

---

* 该文为白云翔先生 2008 年 3 月 30 日在成都举行的"文化遗产保护与考古学论坛"的发言，根据录音整理。

行了长期的实践，为文化遗产保护做出了很大贡献，成为我国考古工作者的优良传统之一。忽视和漠视这一事实是不符合历史实际，也是不利于考古工作者在文化遗产保护中更好地发挥作用的。

但是另一方面，长期以来，考古学与文化遗产保护的关系并没有真正弄清楚，有时甚至将两者割裂开来；考古实践中的文化遗产保护还不够自觉；文化遗产保护中考古工作的作用没有得到足够的重视，考古工作者的作用没有能够很好地发挥出来。

究其原因，有机制问题，但从根本上说是认识问题。有鉴于此，不少有识之士近年来都在呼吁：加强考古学与文化遗产保护的结合是完全必要的。关于考古学与文化遗产保护的关系也有不少的提法，如文化遗产是考古学的一部分，把考古工作纳入文化遗产保护中来等，都是有道理的。但是，在我看来考古学和文化遗产是两个独立的事物，两者是一种互为依托的关系，是一种互为制约的关系，是一种互动的关系。

大家知道，考古学是一门根据实物资料研究人类社会的历史科学；文化遗产保护作为一个新兴的概念，其理论、方法和体系尚处在探索和建设之中，两者不能合而为一。但是，就考古学来说，考古研究离不开研究对象，离不开考古资源，如果没有保存良好的相关文化遗产（包括遗迹和遗物）可供研究，考古学就会成为无源之水、无本之木，这是一方面。

另一方面，考古发掘本身改变了文化遗产的保存环境和保存状况，在某种意义上带有"破坏"的性质。因此，考古实践中的文化遗产保护至为基本、至为关键。文化遗产保护事关考古学能否持续发展的大问题。就文化遗产保护来说，范围广，内容丰富，远远超过考古研究的对象，但就广义的遗址及其相关遗存来说，它是离不开考古学做支撑的：其一，遗址的保护没有考古学的研究，就谈不上对其科学价值的认识，就不知道保护什么、怎样保护。2001 年，我在南京召开的全国考古工作汇报会上所做的《考古发掘与大遗址保护》(《中国文物报》2002 年 5 月 3 日) 的发言中就明确提出："科学的考古发掘是大遗址保护的基础。科学的考古发掘促进大遗址的保护；没有必要的考古发掘，大遗址保护就缺乏坚实的基础。"最近张忠培先生进一步强调："考古工作是制定大遗址保护的前提，是大遗址保护和保护规划的基础工作。"(《考古》2008 年 1 月 22 日) 其二，基本建设过程中的田野考古已经成为并将继续是考古工作的主战场。2007 年，基建考古与主动性发掘的比例是 2000 ：30 左右。其三，田野考古过程中信息的收集和文物的保护直接关系到文化遗产保护的有效保护。其四，出土文物在保存过程中总是要发生变化的，结合考古研究，在相对的第一时间对文物进行细致的观察和记录，也是一种有效的保护。

总之，正确理解和处理考古学与文化遗产保护的内在联系和互动关系，是发展考古学和文化遗产保护事业的思想基础。

第二，关于考古实践中的文化遗产保护问题。

作为考古工作者，最基本的任务是考古发掘和研究。这就要求我们站在文化遗产保护的高度，探讨考古实践中文化遗产保护的方法论问题，以便在考古实践中最大限度地、自觉地与文化遗产保护相结合。从各地的实践来看，主要有以下方面。

其一，在考古项目规划过程中，不仅规划考古调查和发掘本身，而且把文物保护一并纳入其中，尤其是对于那些面临自然毁坏和人为毁坏威胁的遗址，首先列入考古工作之中。(既不能保护又不能发掘的现象，应当引起高度关注)

其二，在考古调查或文物普查当中，不仅限于发现和确认文化遗址，大致查明其堆积和分布状况、内涵、年代、性质等，同时调查其保存状况，提出保护的建议或方案。

其三，在考古发掘过程中，将文物保护贯穿始终。一方面，对出土遗迹和遗物最大限度地实施现场文物保护，即第一时间进行保护，边发掘边保护；另一方面，最大限度地记录各种现象，收集和提取各种信息，要不厌其精。

其四，在田野考古结束之后，对发掘的遗址及其各种遗迹和遗物及时提出保护方案，及早实施保护。

其五，加强田野考古资料的整理和发掘报告的编写出版，做到又好又快，形成系统的文字、图片及影像记录，以便永久保存。这是考古发掘本身所具有的"破坏性"特征所决定的。

其六，加强各种出土文物的分类整理和研究，形成科学详尽的文字、图片及影像记录，或做永久保存，或公开发表。这是文物的自然损毁性特质所决定的。当然，出土文物的各种处理和保护是不言而喻的。

上述考古实践中的文物保护需要一整套行之有效的办法，需要一系列的规范来保证，需要在实践过程中真正加以落实。目前，我们的许多认识、办法、规范和工作部署与上述要求还很不适应，需要加强研究。

第三，关于考古工作者如何在文化遗产保护中更好地发挥作用的问题。

就考古工作者来说，在各种考古实践中做好文化遗产保护是首要的任务、是最基本的要求、是义不容辞的责任。但又不能局限于此，还需要在更广阔的领域发挥更多、更大的作用。

一是积极参与文化遗产保护规划的制定和实施，尤其是大遗址保护规划的制定和实施。

二是积极参与各地社会经济发展规划，尤其是基本建设规划的制定。

三是加强考古学知识的宣传和普及，引导民众正确地鉴赏文物、自觉地保护文化遗产。

总之，加强考古实践中的文化遗产保护，更好地发挥考古工作者在文化遗产保护中的作用，任务艰巨、前景广阔，需要我们长期不懈地共同努力。

（原载《四川文物》2008 年第 3 期）

文化遗产保护的国际视野

陈　淳　顾　伊

　　文化遗产保护是一项国际性的课题，是世界各国政府所共同面对的重大责任，在全球工业化和经济一体化的潮流中，如何科学与合理地保护不可再生的文化遗产已成为各国政府部门和全社会公民必须重视和协调的一个重要课题。西方国家从工业化开始，就逐渐涉及各种文物的保护问题，由于各国历史背景、文化传统和文物多寡的不同，各国的政府逐渐在实践过程中发展和完善自己的对策，健全立法以应对遭遇的各种问题，并试图解决经济发展和文物保护这一对矛盾。随着国际交流的加强，大家意识到虽然各国国情不同，但是在文化遗产管理和文物资源保护中都会面临颇为相似的问题，而采取相应的科学对策便成为各国政府所关注的问题。

　　中国是一个文物大国，但是在文化遗产的保护方面起步较晚，特别是由于长期以来法制观念的薄弱、立法的滞后、文物法规在量刑和威慑力上的不足，在文物保护上显得处处力不从心。加上随着我国经济起飞，全国各地开始了大规模的基本建设和城市改造，现代化建设和妥善保护文化遗产便成为一对突出的矛盾。2000 年 7 月，媒体披露的古城定海一些古建筑在旧城改造中惨遭大规模破坏就是最明显的一个例证。向世界先进国家学习成功的经验，吸取教训，有助于我国文化遗产管理体制的完善。为此，本文试图从世界文化遗产保护的视野来探讨我国的文化遗产保护问题，希望从正反两方面历史经验的对照中获得有益的借鉴。

一、保护与发展

经济发展与古迹保护常常是一对矛盾。经济发展所带来的城市开发、乡村改革、铺设公路，都会带来地貌的改变，造成地上和地下文化遗产的破坏。受制于资金、人力等客观因素，政府不可能保护所有受到威胁的文化遗产，只能选择一部分作为重点保护对象，严禁对它们的改动和破坏。美国"国家登记"名册上的文化遗产、日本的指定保护遗址和我国历次公布的各级重点文物保护单位等，就是受到政府绝对保护的文化遗产，它们只占文化遗产总数的一小部分。绝大多数文化遗产是受到政府的相对保护，即当它们与发展建设形成冲突时，一般会对其进行清理和登记，留下一些信息后再行拆除。在基建中常见的考古遗址抢救性发掘就是一种相对保护措施。

在实践中，抢救性发掘有两种情况。其一是对基建施工中发现的考古遗址遗迹进行抢救清理，这种做法比较被动。首先，在施工中发现遗迹时已经破坏在先。比如在意外发现古墓时，墓道或墓室往往已被推土机推倒或铲掉，其中的文物也会被扰动甚至损坏，因此文物和信息已无法被完整地保存下来。其次，进行抢救性发掘会影响施工进度，造成经济损失，从而激化文物保护和经济建设之间的矛盾。有些意外发现经鉴定具有重大意义，从文化遗产保护的角度而言应当彻底停止基建工程或是拆毁某些已经完成的建设，以便全面揭露遗址并加以保护。可是建设方已经投入大量资金动工，肯定视其为一种干扰或额外负担。建设方通常会采取不配合甚至抵制的态度，其中包括不愿承担发掘经费、拒不停工，甚至不向文物部门通报考古发现。可见，这种发掘虽然能抢救部分文物材料，但完全是亡羊补牢，损失已无法弥补。另一种积极的抢救性措施是防患于未然，将调查和发掘作为施工计划的一部分来加以执行，避免不必要的麻烦。相形之下，它比前者较为主动。

从应急的抢救性发掘转向文化资源的有序管理是世界各国文物保护的发展趋势，也是解决保护与发展问题的一种有效措施。

20世纪70年代之后，许多国家纷纷立法以加大文物保护的主动性，把文化遗产的保护列为基建项目审批的重要部分，将防患于未然的调查、试探与发掘抢在基建工程实施之前进行。比如日本的《文化财保护法》规定，在国家登记的遗址内进行建设，需提前两个月通知文化事务局。由文化事务局调查后，决定对遗址提前发掘，还是追加其为指定保护对象。事先发掘还能保证发掘经费，日本大部分的发掘经费由发展商承担，发展商中有私人企业，也包括政府的有关部门，比如建设部和交通部。有些小公司承担不起发掘经费，所以法律没有强制发展商承担发掘费用。遇到这种情况时，由政府决定是否替发展商承担有关费用。但法律规定发展商必须支付保管和登记文物所需的费用，并负责发掘报告的出版。[1]

美国也立法确立了一套"顺从程序"[2]，规定涉及文化资源管理的有关政府部门必须服从文物保护法规的相关要求。国家公园管理局、土地管理

---

[1] H. Cleere, ed. *Approaches to the Archaeological Heritage*, Cambridge: Cambridge University Press, 1984, pp.82-88.

[2] D. Fowler, "Cultural Resources Management", in M. B. Schiffer ed. *Advances in Archaeological Method and Theory*, New York: Academic Press, Vol.5, 1982, pp.1-50.

局、美国工兵部队等大量涉及基建的部门，都聘有专职的考古学家管理有关文物保护事宜。在加拿大，发展商或企业要买地基建，到政府部门注册登记时会被要求与考古机构联系并签订合同，由这些机构对将征用的土地调查勘探，发现遗迹时先小规模试掘，如果该遗迹十分重要，由文物部门鉴定后决定是否将其上报给国家登记名册，实行绝对保护，或者对它进行全面发掘。当考古机构完成这些工作后，基建工程才能开始动土。[①]

面对这种国际趋势，我国的抢救性发掘似乎显得相对滞后，除了像三峡工程这样的大项目以外，在大部分的情况下，文物部门还是对施工中发现的文物进行抢救，而缺乏防患于未然的措施。文物工作者也曾呼吁过，将文化资源保护列为基建工程优先考虑的程序进行立法，让文物管理部门参与基建工程的审批与监督。但是，我国尚无这方面的法律规定。正是缺乏法律条文，文物部门被排除在建设项目的审批管理程序之外，导致了文物部门无法对施工中的文物安全加以监控。

值得一提的是，被动性抢救发掘的弊端已开始被逐渐正视，某些地区已采取了相应措施。比如成都市从 1993 年起规定在地下文物分布密集区域进行建设，要先进行文物勘探之后才能申请办理规划许可证，勘探费由市规划局向建设单位统一收取。如果这种措施能加以完善而成为全国性的法规，我国文化遗产保护也可望进入一个新的轨道。

抢救性发掘毕竟是一种相对保护。20 世纪 70 年代后期，西方国家对环境恶化和文化资源急剧减少而且不可再生的严峻现实有了更为深刻的认识。考虑到现有技术手段的时代局限，我们应当重视为未来的研究而保存

---

① 参见陈淳《为未来保存过去——美国、加拿大的文化资源管理与合同考古学》,《东南文化》1994年第 5 期。

有限的文化资源，在经费、技术和人力不足的情况下避免轻率地动土发掘，留待以后有更先进的技术和研究方法时再利用它们，以便充分保护文化资源的价值，北美考古界的"保存理念"正是这种认识的反映。在这样的背景下，不少国家越来越强调绝对保护的必要性，对发掘的态度可谓慎之又慎。丹麦国家煤气局在铺设输送管道的建设项目中，牵涉到大量古迹，政府为此制定了保护的措施。该管道的铺设从北海起遍布丹麦境内，长达 2000 千米。在实施保护时采取了五个步骤：第一，在计划阶段和国家煤气公司紧密合作，使用计算机绘制显示煤气管道沿线 7000 米宽的地带内所有遗迹的地图，煤气公司改变路线以避开这些遗迹。第二，当管道线在实地标出轨迹后，再核实遗址并精确加以定位，公司再次调整管道线路以避开可见的遗址，因此整个 2000 千米距离内的煤气管道将不会触及任何可见的遗址。第三，对沿线 30 米宽的范围进行考古调查，注意是否有人类的居住遗迹，一旦发现古迹即调整管道路线。第四，进行小型试掘以决定是否要进行正式发掘。第五，对保存较好的遗址进行全面发掘。其态度慎重和严谨不仅足以成为本国这类大型工程中文化遗产保护的表率，在世界范围内也可谓首屈一指。①

在我国，保护和发展的妥善协调也有可圈可点的实例。1995 年和 1997 年，在广州老城区中心的两处建筑工地发现了西汉时期南越国宫署御苑遗址，广州市政府决定遗址就地保护，原计划建筑的大楼易地兴建，偿还了 2 亿多元人民币的损失，并冻结了周边 4.8 万平方米内的建设和人口，公布了在遗址区内分期发掘的方案，计划将遗址建设成为南越王宫大

① H. Cleere ed., *Approaches to the Archaeological Heritage*, Cambridge: Cambridge University Press, 1984, pp.21-36.

型遗址博物馆。

丹麦和广州的这种保护模式要求大量的额外投入，在发展与保护的矛盾中，能如此完美地协调解决的例子几乎是凤毛麟角。由于为保护文化遗产绕道所需的额外支出总是远远超过发掘经费，因此发展商们很少能像丹麦国家煤气局和广州市政府那样，为文化遗产保护让路。这种现象不仅在我国存在，在一些发达国家也仍然是不易解决的一大困扰。由此可见，虽然抢救性发掘的进步使得文化遗产保护与 20 世纪初期相比不可同日而语，但是保护与发展这对矛盾仍然是文化遗产管理中的一个棘手问题。国际名胜古迹联合会第九次会议决议（1990 年 10 月）中的一段话可以作为发展与保护问题的小结："经济发展项目是考古遗存遭受巨大威胁的首要因素。因此，必须在经济项目实施之前，考虑研究考古遗存的保护问题。务必制定这样一种法律，使经费预算保障考古研究。法律体现的原则是，完善经济发展规划，最小限度的影响考古遗存。"[①]

二、保护与研究

文化遗产的保护最终还是为了利用，考古遗产是过去人类文化生活的见证，因此我们对考古遗产的利用很大一部分是通过对它们的科学研究来实施的。保护和研究相互依存：不保护就无从研究，不研究也失去了保护的意义。

然而在各国的实践中，研究与保护如何完满予以结合仍是有待于探讨的问题。其中抢救性发掘与科研的矛盾是各国探讨的热点之一，这里先介

---

① 国际古迹名胜联合会：《保护和利用考古遗存的宪章》，王素清译，《文物工作》1994 年第 4 期。

绍日本的现状以进行说明。日本自 20 世纪 60 年代初经济起飞以来每年考古发掘的遗址激增，单是在 1996 年，整个日本列岛就有大约 11000 个遗址进行发掘，这些抢救计划都是由管理部门的考古学家在公共和私人建设工程启动之前进行的。[①] 抢救性发掘是日本考古遗产管理（Archaeological Heritage Management 或 AHM）的重心，全日本有 6000 多位考古学家在为此工作，占全国考古学家人数的 90%，日本抢救性发掘的规模由此可见一斑。但是大量发掘也造成了材料的激增，许多遗址发掘后只来得及发表简报，正式考古报告却要滞后几年，甚至始终没有出版。考古学家们被大量的抢救性发掘所累，没有时间进行综合性研究。有人甚至担心，在这种状态下成长起来的新一代日本考古学家只满足于进行"为保存数据而发掘"。如果考古学家不是带着问题面对遗址，不是努力从调查发掘中取得科研上的进展的话，这种发掘实在和挖宝无异，即便按照严格的操作规程进行发掘，所获得的材料也很难说具有重大的学术意义，更遑论增进我们对过去的认识了。[②]

我国的考古活动也有不少与此相似之处，随着全国大量基建工程的展开，抢救性发掘消耗了地方考古专业人员的大部分精力。有些文物大省恰逢几处大型建设项目，比如筑路、铺设管道等，这些工程往往就是从遗址和古墓区上穿过的，文物考古部门即使全力以赴，仍然难以承担，于是只能靠组织大量民工仓促完成发掘任务。面对这种局面，虽然材料和数据在

---

① J. Habu and C. Fawcett, "Jomon Archaeology and the Representation of Japannese Origins", *Antiquity*, Vol.73, 1999, pp.587–593.

② K. Okamura, "Conflict between Preservation and Development in Japan: The Challenges for Rescue Archaeologists", in F. P. McManamon and A. Hatton, eds. *Cultural Resource Management in Contemporary Society: Perspectives on Managing and Presenting the Past*, New York and London: Routledge, 2000, pp.55–65.

激增，但这种材料和数据的积累一般难以促进研究工作的提高。因为对考古材料进行解读的关键信息往往不在于文物本身，而是有赖于对文物埋藏背景的细微观察和详细分析。

除了研究跟不上发掘外，发掘本身的成果也令人担心。为了保证发掘的科学性，各国都制定了控制发掘质量的标准，但是形式上的规定未必能带来高质量的报告和成果。有的研究者甚至认为某些标准限制了考古学家思维和才能的施展，使他们把主要精力放在编写报告以应付规定的要求上，而无法考虑自己主持的发掘是否有益于学术的精进。① 我国的三峡工程也存在这样的问题：由于时间仓促、人员不足和经费有限，三峡库区的抢救发掘工作只能采取以挖掘探方面积、砍树和赔田数量为工作进度的管理方式。而发掘单位为了赶进度，也难免为抢救而抢救，做表面文章，以应付上面布置的任务。②

不可否认，在人力和资源无法加大投入的情况下，抢救性发掘与研究之间的矛盾不会彻底消失，进行研究设计也许是将研究与抢救性发掘妥善结合的有效途径。所谓研究设计应当包括对某个地区已知文化遗产的分布、年代以及与这个区域有关的文化发展历史做通盘的了解和研究，提出科学的理论与方法，确定研究重点。对史前以及历史文化遗产而言，研究重点涉及年代学、生态环境及其变迁，人类的生存方式和经济形态，古人口统计、生产技术系统、居址形态等问题。针对一些重大的文化历史问题，在现有研究和资料的基础上，针对有关问题提出进一步的假设，并为验证这些假设制定详细的发掘和采样程序、设计可行的分析技术和方法来

① W. Green and J. F. Doershuk, "Cultural Resources Management and American Archaeology", *Journal of Archaeological Research*, Vol.6, No.2, 1998, pp.1-167.

② 参见陈淳、高蒙河《三峡考古发掘的实践和思考》，《中国文物报》2000 年 1 月 12 日。

解决这些重大历史问题。①

以三峡为例，目前虽然已集中了大量人力物力进行抢救性发掘，但各发掘单位基本上自行其是，没有集中或综合的研究目标。如果从解决文化历史问题的角度来看待三峡工程，应采取各方协作攻关的策略，针对需要解决的重大问题，如三峡地区生态环境的历史变迁、人口的变化、经济形态、生产方式以及地理交通和区域文化交流等课题，制定有的放矢的专题攻关。这样的抢救发掘和研究成果显然要比纯粹挖土方来得更有意义，在田野工作和经费的合理安排上也可以避免以探方面积和赔田为依据的简单管理方式，把有限的资金用到刀刃上，使三峡工程的资金投入得到更有价值的学术回报。

目前我国的抢救性发掘工作事先都缺乏详细的课题设计与研究计划，如果能做到带着科学的问题去进行抢救性发掘，在发掘中有意识收集某些材料和观察数据，而不是仅仅按常规收集受到威胁的文物和记录国家规定需留档的内容，应当可以获得更多、更有意义的文化历史信息，从而改变目前发掘报告仅仅在罗列地层和器物之后，初步断定其年代，以空泛的结论——"对研究本地区文化历史具有重大意义"作为交代的现状。

三、调查与评估

从理论上说，过去所有的人类生存生活的遗物和遗迹都是文化遗产，都值得珍惜。但在事实上，如前文所述，具体的保护和利用都是有选择

---

① D. Fowler, "Cultural Resources Management", in M. B. Schiffer ed. *Advances in Archaeological Method and Theory*, New York: Academic Press, Vol.5, 1982, pp. 1-50.

的，而这种选择是通过对文化遗产的调查和评估来决定的。

调查的目的是建立文化遗产的目录清单，了解它们的位置、重要性与存量。如果一个国家没有完善的调查和详细的登记，没有文化遗产的一本细账，在面对经济建设威胁文化资源时，遴选需要加以保护的对象时就会缺乏科学的根据。此外，对文化遗产缺乏通盘的了解，必然会导致保护上的疏漏。

遗憾的是，世界上真正做到全国性文化遗产调查登记的国家寥寥可数。丹麦在这一方面起步很早，19 世纪 60 年代时已完成了第一次普查。1983 年，丹麦的文化遗产调查工作交予地方政府，全部进行了复查，更新了记录，并将数据输入电脑。文化遗产登记名册可以在国家博物馆查询，数据库与地图不仅供博物馆等文物部门使用，也是各地管理部门的必备资料，以便在进行市政规划时作为参照的依据，尽量避免抢救性发掘，或者事先提请考古部门调查发掘。[1]

在英国，系统的普查也做得较好，建立有详细的文化遗产名册，且持续地予以更新和扩充。在电脑技术应用之前，英国就以精确的地图测绘而闻名。[2]与其相比，法国等国家建立的文化遗产分布图只说明了大概情况，而没有注明确切位置，显得较为粗糙。在亚洲，日本的文化遗产登记值得一提。登记程序在 1960 年和 1962 年间应政府要求由县教育部首先进行。那时建立了包括 138000 处遗址的登记清单。由此，在日本就形成了由各县教育部而非国家有关部门主理遗址登记的传统。目前登记在册

---

[1] H. Cleere ed., *Approaches to the Archaeological Heritage*, Cambridge: Cambridge University Press, 1984, pp.21-36.

[2] H. Cleere ed., *Approaches to the Archaeological Heritage*, Cambridge: Cambridge University Press, 1984, pp.54-62.

的有 300000 多处遗址。早在 1965 年和 1968 年间，全国登记遗址的分布图已经出版。日本的遗址登记主要是为了标明遗址位置，给城市规划做参考。[①]

我国在新中国成立之后就开展文物调查工作，20 世纪 80 年代开始进行较为正规的全国范围的普查，各省的文物遗迹地图也陆续出版。和其他国家相比，我国建立登记名册时应当更多采用新手段，特别是电脑、地理信息系统和全球定位系统等技术，并将文化遗产的详细分布图提供给地方主管部门和基建部门参考。总之，我国文化遗产登记清单的建立和利用都有待进一步的完善和系统化。

除了建立文化遗产登记名册、了解它们的存量和分布外，在对文化遗产的存弃进行抉择时还牵涉到对它们重要性的评估。我国的全国重点文物保护单位基本是专家意见综合而成，没有成文的评判标准，操作仍是经验性的。而在与基建项目发生冲突时，面对发展部门强调经济建设重要性的立场，文物部门往往拿不出法定的标准来据理力争。这在国际上也是一个尚未解决的问题，英国曾以法律形式表述了国家级重要文化遗产的评定标准[②]，各国学者对此也有所探讨，但由于每一处文化遗产都有其自身的特点，很难制定普遍适用的评定标准。

在考虑文化遗产的留存或发掘后放弃时，一般至少需要考虑以下三个方面：首先，现实的经济和社会因素。评估影响文化遗产的基建项目是否

---

① H. Cleere ed., *Approaches to the Archaeological Heritage*, Cambridge: Cambridge University Press, 1984, pp.82-88.

② A. J. Schofield, "Now We Know: the Role of Research in Archaeological Conservation Practices in England", in F. P. McManamon and A. Hatton, eds. *Cultural Resource Management in Contemporary Society: Perspectives on Managing and Presenting the Past*, New York and London: Routledge, 2000, pp.76-92.

十分重要，它带来的社会和经济效益是否足以抵消影响文化遗产所带来的损失。比如埃及的阿斯旺水坝工程和我国的三峡工程，都是这种考虑下的结果。其次，受到破坏威胁的遗址遗迹在当地的历史意义，有代表性的或是十分稀有的文化遗产会受到重点保护。最后，它和周围环境的关系，如果某个遗迹自身并不特别重要，但它是一个人文景观的有机组成，如果破坏或移动，则整个景观都受到影响，权衡利弊时，要将整个景观的重要性和建设性功利进行综合考虑。①

应当强调的是，随着学术研究的深入，人们对文化遗产重要性的评价也会发生变化。在北美，原来只重视保存完好的大型遗址，在聚落考古学兴起后，一些小型的短期栖居遗址也受到关注。②英国常有散布地表的石块遗迹，本来文化遗产保护不把它们包括在内，近年来认识到，这是中石器时代到青铜时代期间流动性很大的人群留下的生活遗迹，于是开始重视制定对这类遗迹的保护计划。③我国考古研究的进展也会带来不少对文物和遗迹价值的新认识，因此，如何确立文化遗产重要性评估的标准还需加强和不断修正。

---

① H. Cleere ed., *Approaches to the Archaeological Heritage*, Cambridge: Cambridge University Press, 1984, pp.82-88.

② 国际古迹名胜联合会：《保护和利用考古遗存的宪章》，王素清译，《文物工作》1994 年第 4 期。

③ A. J. Schofield, "Now We Know: The Role of Research in Archaeological Conservation Practices in England ", in F. P. McManamon and A. Hatton, eds. *Cultural Resource Management in Contemporary Society: Perspectives on Managing and Presenting the Past*, New York and London: Routledge, 2000, pp.76-92.

四、公众教育

公众在文化遗产保护与管理中的重要性，越来越为各国文物部门所重视。公众参与文化遗产保护出于两方面考虑，一方面文化遗产保护所用的经费是纳税人的贡献，应对纳税人有所回报；另一方面公众在文化遗产的保护中能起到无法替代的重要作用。让大众参与文化遗产保护的方式之一是现场参观。许多文化古迹都已向公众开放，但就教育大众的角度而言，仅仅开放是不够的。有人批评英国的文化遗产管理部门，文化遗迹保护花费巨大，但公众受益甚少，公众参观时只能从单调的指示牌中获得信息，管理部门提供的导游性小册子也因学术性太强，令普通观众难以理解而失去兴趣。相比之下，美国的文化遗产阐释工作比较成功，强调针对没有专业知识的普通观众，在文化遗产处采用各种手段，强化视觉效果，寓教于乐。[1]

为了供大众参观，有些遗迹进行了复原性的重建，这种做法是否合适，迄今褒贬不一。我国的一些遗址博物馆，比如半坡遗址博物馆、河姆渡博物馆中也都有这种重建的复原展示。对参观者而言，遗迹的复原景观能以最直观的方式重现先民的住居和生活环境，当然比晦涩难懂的说明与图表更受欢迎，因此在遗迹博物馆特别是史前遗迹博物馆中，复原性重建不失为一种值得推荐的展示方法。但是，有些重建就在遗迹上进行，甚至为了效果，毁掉原来的遗迹，造起新的仿制品。这种重建与造假古董无异，不但破坏了遗址和文物，而且有时新造的场景过于粗糙呆板，也会令

---

[1] H. Cleere, "World Cultural Resource Management: Problems and Perspectives", in H. Cleere ed. *Approaches to the Archaeological Heritage*, Cambridge: Cambridge University Press, 1984, pp.125-131.

普通参观者失望，失去了本来阐释遗迹、使展示生动化的意义。比较妥当的复原重建不应在原有遗迹上进行，应当在遗迹范围外建造。

除了对公众日常开放的遗迹外，还有一种现场参观是在考古发掘进程中向公众开放。日本有这种现场参观的优良传统。早在 1953 年，考古学家在冈山发掘时，就组织了一万多人次参观发掘现场，由考古学家向大家介绍考古发掘的基本要领和该遗迹的历史文化意义。参观发掘现场被称为"遗址解释会"①，这种与公众的沟通，在日本的文化遗产保护中收到了良好的效果。比如，1992—1994 年，考古学家发掘了青森地区绳文时代的三内丸山遗址。这项工作在电视和报刊上有广泛的报道，有几千名公众参观了发掘现场，考古学家鼓励人们前来参观，并志愿向公众做主动的介绍和解释。考古学家虽然并不认为他们有足够的政治力量来左右政府对该遗址作出是否加以保护的决定，但是他们希望公众认可该遗址的重要性。于是，尽管考古学家并没有组织公众来发起遗址保护运动，他们仅仅向民众宣传这个遗址的意义，但是居住在附近的居民马上自发组织起来向新闻界写请愿信并向当地政府部门进行游说以资助遗址的保护。他们的努力取得了成功，两个星期之后，当地政府宣布将对遗址进行保护。作为响应，考古学家组织了两天的公众会议，解释这个项目的意义，参加的观众达八千余人。②就我国的情况而言，每一处考古现场都会引来当地人民好奇的眼光，这是让大众了解考古、增进文化遗产保护意识的契机，如何发挥考古发掘现场的教育作用，值得我国的文物考古部门妥善考虑。

---

① H. Cleere ed., *Approaches to the Archaeological Heritage*, Cambridge: Cambridge University Press, 1984, pp.82–88.

② J. Habu and C. Fawcett, "Jomon Archaeology and the Representation of Japannese Origins", *Antiquity*, Vol.73, 1999, pp.587–593.

　　缩短公众与文化遗产距离的另一个途径是书籍、报刊、影视等媒体。国际上普遍的问题是，对这种途径的利用还不够充分，有关文化遗产的出版物和影视作品都相当有限。而且媒体追求新闻的轰动效应，通常是在有考古重大发现时才加以报道，并且报道时着重于渲染考古发现的历史艺术价值、神秘性和传奇性，把考古学家的科研工作简化为挖宝。这类宣传无益于公众认识文化遗产的重要性，反而会产生误导。

　　在媒体和文化遗产保护的结合中，也有不多的几个成功实例。英国考古学家约翰斯图策划的电视系列片《动物，植物，矿产》《年代》用通俗的语言解释史前考古学的成就，在英国引起轰动，创造了极高的收视率。尤为重要的是，它让公众了解了考古学是一门探知人类过去的科学，而文化遗产是过去文化的见证。[①]

　　由此可见，考古学家在普及教育中有着义不容辞的责任。丹麦国民可称是世界上最具文化遗产保护意识的公众了，丹麦有关保护文化遗产的法律并不繁复，也没有定罪的细则，但文物犯罪极为罕见。据统计，几乎每一百个丹麦人中，就有一个订阅考古期刊。这种传统当然和该国上下酷爱文物的民族主义传统有关，但不可忽视的是，从 19 世纪现代考古学诞生初期，丹麦的考古学家就从未懈怠过向公众做考古知识的普及。从创立"三期论"的汤姆森起，历任国家博物馆馆长都以大家手笔撰写普及读物，这已成为丹麦考古学界的传统。统计数据表明，1966—1976 年间丹麦出版的考古书籍，有 34% 是普及性的。[②] 在这种持续而有力的推动下，丹麦

---

① H. Cleere ed., *Approaches to the Archaeological Heritage*, Cambridge: Cambridge University Press, 1984, pp.54–62.

② H. Cleere ed., *Approaches to the Archaeological Heritage*, Cambridge: Cambridge University Press, 1984, pp.21–36.

国民人人深明保护文化遗产的大义，自然不足为奇。

我国近年来普及性的考古著作也开始增多，但离初具规模仍有相当距离。在考古学的研究中，普遍充斥了专业性极强的术语，学术争论围绕地层学与类型学展开，有时不同研究领域的考古学家之间交流尚有困难，离普通公众当然更加遥远。所以加强与公众的联系，不但要求文物工作者有为大众服务的意识，也是对考古学家学术水平的挑战：未经深入，也无法浅出。把堆积如山的考古材料还原成公众能理解的话语和其他学科可以利用的知识，应当成为考古工作一项任重而道远的目标。

除了普及教育外，文化遗产管理者们也越来越意识到将其纳入正规教育的重要性。以我国为例，考古发现不计其数，对中国史前史增进了不少新的认识，对历史时期的各个方面也多有补充和修正，但在中小学课本中，这些研究成果很少得到反映。今日的学童正是明天的大众，在学校教育中利用文化遗产的资料不失为事半功倍的普及方法。

尽管各国在文化遗产的管理中都有立法与行政措施，但不可忽视的是，文化遗产保护最有力的遵循者和监督者正是公众，有时他们发挥的作用尤胜于政府的法令。1962年，日本为建造铁路打算拆迁奈良的平城宫遗址，知识界人士和普通公民一致发起抗议，声势浩大，迫使政府勒令铁路公司绕道而行①。印度有些工厂污染严重，对附近的古迹造成损伤，也是普通公众示威上告。② 在文化遗产的保护中，大可加强文化遗产所在地

---

① K. Okamura, "Conflict between Preservation and Development in Japan: The Challenges for Rescue Archaeologists", in F. P. McManamon and A. Hatton, eds. *Cultural Resource Management in Contemporary Society: Perspectives on Managing and Presenting the Past*, New York and London: Routledge, 2000, pp.55-65.

② B. K. Thaper, "India", in H. Cleere ed. *Approaches to the Archaeological Heritage*, Cambridge: Cambridge University Press, 1984, pp.63-72.

人民的保护意识。比如，秘鲁的斯潘（Sipan）地区有大批古墓，附近农民常在耕作之余挖墓，出售其中的文物牟利。当地一座博物馆的考古学家试图改变这种现状，他们教育当地农民，使他们认识到古墓中是他们的先人，完整的保存墓葬，留待考古发掘有助于了解这些先人的生活。经过一段时间的教育，这些秘鲁农人成了文化遗产的自觉守护者，他们把古墓作为本地文化的象征，不再将其作为经济来源。①在我国定海古城区保护的抗争中，也是普通百姓状告当地政府，体现了公众在文物保护中的觉悟。人民对文化遗产的认识和感情需要教育与激发，教育虽然是一个漫长的过程，而且无法即刻生效，但是它影响深远，高素质的公民是文化遗产保护最根本的基石。

五、小结

在文化遗产保护的进程中，各国的坎坷是相似的：保护与发展是文明与功利的较量；管理与研究总有貌合神离的尴尬；调查与评估得不到足够的经费和技术支持；而公众教育缺乏吸引力，无法在这个信息爆炸时代和功利社会中引起人们的充分关注。

行至今日，困难与矛盾渐渐集中在上述几个议题上。将文化遗产保护的课题置于世界的视野之中，我们就会发现我国的困扰也是各国普遍的困扰，他国的发展经验能够作为我们的镜鉴。更重要的是，我们应当以全球

---

① F. P. McManamon and A. Hatton, "Introduction: Considering Cultural Resource Management in Modern Society", in F. P. McManamon and A. Hatton, eds. *Cultural Resource Management in Contemporary Society: Perspectives on Managing and Presenting the Past*, New York and London: Routledge, 2000, pp.1-19.

的视野，从文化遗产保护的发展趋势中发现自己哪些方面走在前列，而哪些方面尚有欠缺。

我国的文明自上古至今未曾中断，拥有大量地上和地下的文化遗产，我们有责任善加保管。我国文化遗产是举世瞩目的瑰宝，在世界文化遗产保护体系中，我国文物保护工作也有待做出世人瞩目的贡献，既可告慰于先祖，也当无愧于子孙。

从文化遗产保护的国际视野来看，我国需要在两个方面加大改革的力度。一是迫切需要完善法律制度。定海古城街区遭到破坏的案例不仅使文物界大为震惊，而且使我国法律界人士受到了震动。一些法学专家认为，目前没有针对此类事件的相关法律，从而使违法者可以逃避法律的制裁。而文化管理部门由于缺乏法律的武器，也无法对这种破坏行为采取有效的遏止措施。[①] 只有职责分明、有法可依，才能彻底改变文物保护的被动局面。

二是要加大对公众的教育力度，提高百姓的文化遗产保护意识。如果百姓的觉悟得到了提高，文化遗产的保护就能事半功倍。公众自觉的参与不仅使文化遗产的保护有了坚实的群众基础，而且可以对各种违法行为进行有效的监督。有了政府完善的法律保护和公众的全力支持，我们这个东方文明古国也能像世界其他国家一样，以现代文明和古代文明的交相辉映来体现中华民族的风范。

[原载《复旦学报（社会科学版）》2003 年第 4 期]

---

① 参见田远新《保护历史文化名城刻不容缓》，《中国文物报》2000 年 7 月 23 日。

编后记

　　《新时代文化艺术思想研究文库》分为"文艺高峰与中华民族新史诗研究""中国艺术学'三大体系'研究""中华优秀传统文化创造性转化、创新性发展研究"等主题，收录著述近200篇，展现了学术界对国家文化艺术发展的思考。同时，编选以研究报告的形式对各主题的学术研究近况做了梳理和阐释，合编为一部"研究报告集"。

　　文库得以顺利出版，要感谢各个主题的编选者鲁太光、陈越、杨娟、李修建、孙晓霞、金宁、李松睿、任慧、李彦平、张敬华、汪骁、宋蒙（排名不分前后）等的辛勤付出。感谢中国艺术研究院基本科研业务费项目对文库编辑出版的资助和支持。感谢文化艺术出版社，特别是杨斌社长、王红总编辑以及各位责任编辑，他们一丝不苟的工作态度令人感佩。更要感谢来自全国各大高校和科研机构的诸位学界同仁，他们不吝赐稿，让这套文库具备了应有的学术分量。

　　希望这套文库能够为新时代中国特色社会主义建设略尽绵薄之力，能够为新时代文化艺术研究和实践提供有益的学术参考和理论资源。

2021 年 8 月